아리랑

Songs of Ariran
by Nim Wales and Kim San, 1941
Korean translation edition © 1996 by Dongnyok Publishers.
Published by arrangement witn Helen Foster Snow Literary Trust & George Oakley Totten III
All rights reserved.

이 책의 한국어판 저작권은 Helen Foster Snow Literary Trust, George Oakley Totten III 를 통한
저작권사와의 독점 계약으로 도서출판 동녘에 있습니다. 신저작권법에 의해 한국내에서 보호를 받는
저작물이므로 무단전재와 복제를 금합니다.

아리랑

초판 1쇄 펴낸날	1984년 8월 30일
초판 26쇄 펴낸날	1991년 10월 20일
개정1판 1쇄 펴낸날	1992년 1월 15일
개정1판 8쇄 펴낸날	1993년 5월 10일
개정2판 1쇄 펴낸날	1993년 8월 10일
개정2판 24쇄 펴낸날	2004년 11월 5일
개정3판 1쇄 펴낸날	2005년 8월 15일
개정3판 32쇄 펴낸날	2025년 11월 20일

지은이 님 웨일즈·김산	편집 김현정 김혜윤 이심지 이정신 이지원 홍주은
옮긴이 송영인	디자인 김태호
펴낸이 이건복	마케팅 임세현
펴낸곳 도서출판 동녘	관리 서숙희 이주원

인쇄·제본 영신사 라미네이팅 북웨어 종이 한서지업사

등록 제311-1980-01호 1980년 3월 25일
주소 (10881) 경기도 파주시 회동길 77-26
전화 영업 031-955-3000 편집 031-955-3005 팩스 031-955-3009
홈페이지 www.dongnyok.com 전자우편 editor@dongnyok.com
페이스북·인스타그램 @dongnyokpub

ISBN 978-89-7297-483-3 (03840)

- 잘못 만들어진 책은 구입처에서 바꿔 드립니다.
- 책값은 뒤표지에 쓰여 있습니다.
- 이 도서의 국립중앙도서관 출판시도서목록(CIP)은 e-CIP홈페이지(http://www.nl.go.kr/ecip)와
  국가자료공동목록시스템(http://www.nl.go.kr/kolisnet)에서 이용하실 수 있습니다.
  (CIP제어번호: CIP2007000761)

조선인 혁명가 김산의 불꽃 같은 삶 **아리랑**

님 웨일즈·김산 지음
송영인 옮김

동녘

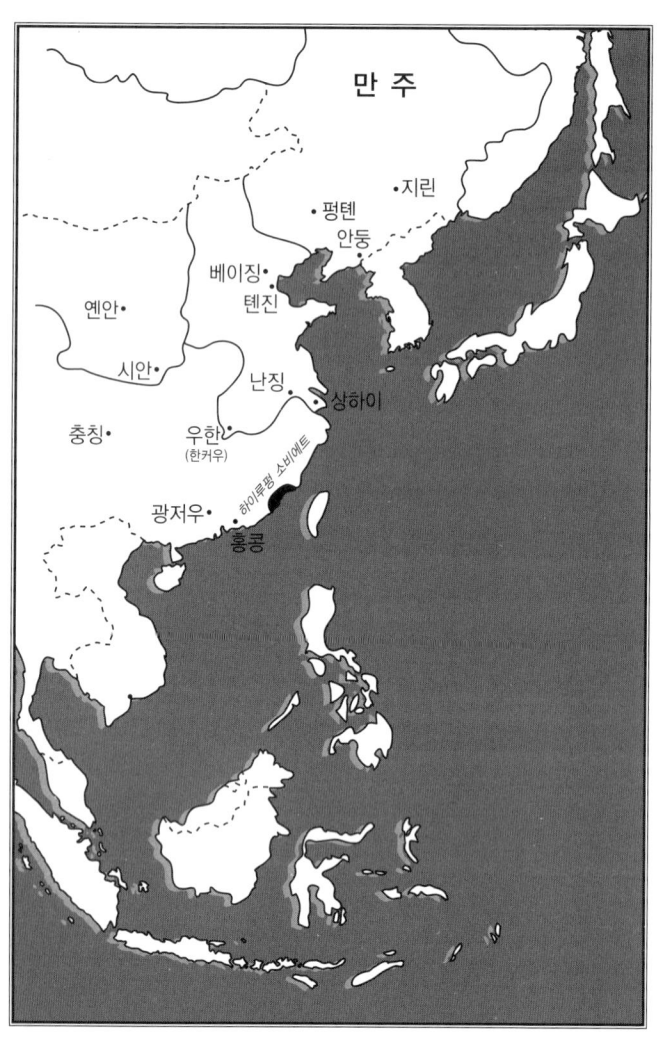

1920~30년대 김산의 활동 무대

아리랑

아리랑 아리랑 아라리요
아리랑 고개를 넘어간다.
아리랑 고개는 열두 구비
마지막 고개를 넘어간다.

청천 하늘에 별도 많고
우리네 가슴엔 수심도 많다.
아리랑 아리랑 아라리요
아리랑 고개를 넘어간다.

아리랑 고개는 탄식의 고개
한번 가면 다시는 못 오는 고개.
아리랑 아리랑 아라리요
아리랑 고개를 넘어간다.

이천만 동포야 어데 있느냐
삼천리 강산만 살아 있네.
아리랑 아리랑 아라리요
아리랑 고개를 넘어간다.

지금은 압록강 건너는 유랑객이요
삼천리 강산도 잃었구나.
아리랑 아리랑 아라리요
아리랑 고개를 넘어간다.

| 추천의 글 |

『아리랑』과 나

리영희

나와 님 웨일즈의 『아리랑(Song of Ariran)』*과의 만남은 지금으로부터 꼭 30년 전인 1960년 봄이었다. 훗날 장지락(張志樂)으로 본명이 밝혀진 주인공, '어느 조선인 혁명가 김산'의 생애에 관한 기록을 처음 읽으면서 받은 감동은 그 후 나의 삶이 방향과 내용에 지울 수 없는 크고 깊은 흔적을 남겼다.

이 나라를 무겁게 내리누르고 있던 지난 30년의 지적·사상적 암흑 속에서 가끔 『아리랑』을 펼치는 것은 나에게는 큰 위안이었다. 모색하다 지치고 좌절 때문에 실의했을 때는 '김산(金山)'을 찾았다. 그는 내가 감히 미칠 수 없는 높은 곳에서 나에게 빛이 되어 주고 힘이 되어 주곤 했다.

처음 읽은 『아리랑』은 1953년 일본 아사히쇼보(朝日書房)에서 출판한 일본어판이었다. 1959년 가을, 합동통신사 외신

---

* 영어판, 일어판의 제목은 『아리랑의 노래』이나 한국어판은 『아리랑』으로 되어 있음.

부 기자로서 미 국무성 후원으로 노스웨스턴대학 대학원 신문학과의 6개월 연수를 마치고 귀국하는 길에 도쿄의 어느 큰 서점을 찾았다. 당시의 일본은 한국에서는 상상조차 할 수 없는 출판의 전성시대였다. 수많은 책에 압도당해 몇 권의 책을 고르고 났을 때, 『아리랑의 노래(アリランの歌)』라는 책이 눈에 띄었다. 지은이는 님 웨일즈로, 옮긴이는 안도 지로(安藤次郞)로 되어 있었다.

책 제목이 눈에 들어왔을 때는 다만 "일본에도 재미있는 책이 있군……." 하고 중얼거리면서 시선을 다른 책으로 옮기려 했다. 그러면서 호기심으로 책 표지를 들추자 본 제목 밑에 작은 활자로 적힌 부제가 눈에 확 들어왔다.

'한 조선인 혁명가의 생애(一朝鮮人革命家の生涯)!'

그때의 나의 좁은 독서 범위에는, 그 후 무한한 사랑과 존경을 품게 될 헬렌 포스터 스노우(님 웨일즈)라는 젊은 낭만적·풍운아적 미국인 여성작가의 이름은 아직 들어 있지 않았다. 또 님 웨일즈가 에드가 스노우의 전처 이름이라는 것을 알지도 못했다.

이렇게 만난 『아리랑』과 '조선인 혁명가 김산'의 삶 그리고 저자 님 웨일즈의 정신은 나를 사로잡고 놓질 않았다.

그때는 광막한 중국 대륙에서 '인간의 제3의 삶'의 형태를 찾는 사회주의 혁명이 열화처럼 일어나고 있던 시기였고 우리나라에서도 건드리면 터질 듯이 혁명의 기운이 충전돼 있던 이승만 정권의 말기, 4·19혁명 직전의 시기였다. 1960년 봄! 이 같은 인류사적 배경과 인간실존적 일대 변혁의 환경에서 '김산'을 만났고 그의 삶을 알게 된 것이다. 내 나이 30세. 6·25전쟁 7년간의 소모적인 군대 복역을 강요당하고 나와, 남들보다 뒤늦게 의식의 눈이 뜨이기 시작한 청년이 '무엇을 할 것인가?', '어떻게 살 것인가?'의 질문을 자신에게 던지면서 해답을 찾아 헤매던 때였다.

'김산'의 삶이 바로 내가 찾고 있던 물음에 대한 답변이었다. 『아리랑』을 처음 읽었을 때의 충격과 감동은 30년의 세월이 지난 지금, 무슨 표현의 수단과 방법으로도 다 그릴 수가 없다.

나는 이 책의 감격을 도저히 독점할 수가 없었다. 마음과 사상이 통하는, 지금은 모두 60대를 넘은 벗들의 손에서 손으로 나의 『아리랑』은 전달되고 읽혔다. '반공을 국시의 제1로 삼는다'는 박정희 군사정권의 반지성적인 광적 반공주의하에서 이 '어느 조선인 공산주의 혁명가의 생애'에 대한 기록은 표지를 가린 채 그늘에서 돌려졌다.

그러는 몇 해 동안 '김산이 누구냐?'라는 수수께끼에 매달렸다. 하지만 누구도 해답을 내지 못했다. '김산'이 가명인 것은 분명한데, 조선공산주의혁명·광복운동에 상당한 지식을 가진 이들도 그 정체를 알아맞출 수가 없었다. 어떤 친구는 "김책(金策)이 아닐까?" 하기도 하고, 다른 이는 "최용건(崔鏞

健)이 아닐까?", "김두봉(金枓奉)이 제일 가까운데……." 등 그럴싸한 여러 인물이 거론되었지만, 생일·출생지·학벌·투쟁 경력 등 여러 가지 조항으로 검증해보니 북한에 생존하는 권력자들 누구에도 해당되지 않았다. 그러면 과연 그는 누구인가? 해방 후까지 살았던 인물인가? 해방 전의 가열한 투쟁 속에서 죽은 것인가?

그 궁금증은 1965년에야 풀렸다. 이 해에, 나는 주한미국 경제원조 기관에서 근무하다가 나와 종로에서 서적수입상 겸 서점을 차린 일제 때의 중학교 동창을 통해 일어판 『아리랑』의 개정판(みすず叢書)이 나온 것을 알았다. 곧 입수한 개정판의 첫 페이지에, 내 고향 압록강의 그 유명한 뗏목 타기의 사진이 실려서 반가웠지만, 이 개정판에서도 님 웨일즈는 김산의 본명이 'Chiang Chi-rak'이라고 영문으로만 밝혀 다소 실망을 했다. 한자로 장지락(張志樂)으로 밝혀진 것은 1980년대에 접어들어서였다.

그러는 사이에 나는 1960년대 초부터 본격적으로 현대 중국 혁명에 매혹되어 그 연구에 끌려들어 갔다. 『아리랑』 속에서, 김산을 중심으로 펼쳐지는 현대 중국 공산주의 혁명운동의 낱낱의 장면이 마치 현재 내 눈앞에서 벌어지고 있는 것처럼 생생하게 재현되는 것이었다. 초기 중국 공산주의 혁명의 지나간 역사로서가 아니라 주인공 김산과 함께, 내가 직접 총을 쏘고, 굶고, 쫓기고, 고문당하고, 그리고 한 여성과의 뜨거운 사랑도 하는 착각 속에 빠지면서 중국혁명을 공부하였다. 그렇게 20년 동안 나는 그 작업에 신들린 사람처럼 빠져들어 갔다. 그것은 학문하는 사람으로서는 마땅한 자세와 정신이 아니었는지도 모른다. 하지만 나는 학자가 아니라 저널리스트였고, 멀리서 '남의 일'을 '관찰'하면서 '연구'만 하는 태도보다는 김산이라는 혁명가의 뒤를 따르는 '당사자'의 심정이었다.

 정확하게 단정은 할 수 없지만, 그 당시 웬만한 지적 호기심과 사상적 관심을 가진 사람들 사이에서 나의 그 책이 오랫동안 소리없이 돌려가며 읽힌 것으로 미루어, 『아리랑』의 존재를 아는 사람도 드물었고, 따라서 그것을 가지고 있는 사람은 나만이 아니었던가 하는 생각이 들었다. 그랬던 만큼 이 책은 1960년대와 1970년대에 적지 않은 지식인들에게 의식의 눈을 뜨게 했고, 그들의 가슴에 불을 붙여주었으리라고 생각한다.

 1960년대에는 대체로 나의 동년배들, 즉 일제 때 중학교를 다녀 일본어가 자유스러운 이들 사이에서 읽혔다. 1970년대에 들어서자 나의 일본어판 『아리랑』은 해방 후 세대에게도 알려져서 읽히게 되었다.

 특히 박정희 정권하에서 유신독재 체제에 맞서 싸우다 옥살이를 하고 나온 대학생들 사이에서 애독서가 되었다. 그들 대부분은 징역 생활 동안, 일본어로 된 사회과학 서적을 읽기 위해서 초보적 수준의 일본어를 익혔다. 김지하(金芝河), 김정남(金正男) 등을 비롯한 수많은 젊은이들의 손을 도는 사이에『아리랑』은 어느새 헌책이 되고 말았다. 1970년대 중엽의 일이다.

옥살이를 하고 나온 젊은 지식인들 중에서 많은 사람들이 사회과학 분야 출판사나 서점을 시작했다. 1970년대 후반의 일이다. 새로운 사회와 새로운 삶을 그리는, 그러기 위해서 선행적인 새로운 사상과 행동양식을 그리는 젊은 후배들이었다. 그들은 그 당시 고려대학교 앞의 제기동에서 뚝섬 화양동으로 이사한 나의 새집 2층 서재로 찾아와 출판 구상을 털어놓았다. 하지만 여러 시간에 걸친 의논의 끝은 부정적이었다. 1970년대의 후반, 박정희 반공독재의 서슬이 퍼런 반공법과 국가보안법의 칼날이 함부로 내려쳐지던 그 시기에 '김산의 삶'은 아직 햇볕을 볼 수 없다는 상황판단 때문이었다. 그들은 안타까운 마음으로 아쉬움을 남기며 돌아가곤 했다.

그러던 어느 때인가, 나에게서 한 번 나간 책이 다시는 돌아오질 않았다. 팔도 어느 곳, 어떤 사람들 사이를 돌고 있는지 알 수 없는 상태로 소식이 끊긴 채 1980년대가 되었다.

이제는 잃어버린 것으로 단념하고 있던『아리랑』이 상상치도 않았던 작가 박경리 씨가 보낸 인편으로 주인을 찾아 돌아온 것이다. 소식 없이 집을 나갔던 자식이 돌아온 기쁨이었다. 책은 낡을 대로 낡아 있었다.

박경리 씨는 그 당시 대하소설『토지』의 후반부를 세상에 내놓고 있었다. 김산과 같은 시대의 일제 식민지하 조선인의 운명을 그린 그의 작품이 그야말로 『임꺽정(林巨正)』 이후의 한국문학사상 초유의 대작으로 파문을 일으키고 있을 때였다. 나의 『아리랑』이 다른 이도 아닌 박경리 씨에게까지 갔다가 되돌아오게 된 것을 안 나는 무척 반갑고 만족스러웠다.

그 후 언젠가 우연한 기회에 박경리 씨는 나에게 고맙다는 말과 함께, 자신의 작품에도 도움이 되었다는 이야기를 했다. 특히, 중국과 만주에서의 전투적인 독립운동가·혁명가들의 삶을 이해하는 데 큰 도움이 되었다고 했다. 그것만으로도 나의 『아리랑』은 고결한 낭만주의적 인텔리 혁명가 김산 선생이 이 땅에서 다하지 못한 유지의 일단을 대신 이룬 셈이다.

뜨겁게 존경했던 혁명가이자 사상가인 '김산' 이 그가 키운 중국공산당의 보안기관에 의해 '반혁명·간첩' 혐의로 처형당한 슬픈 이야기, 그가 인류의 미래 삶의 무습으로 확신하면서 정열과 목숨을 불사른 사회주의의 오늘, 일제의 쇠사슬에서 해방된 조선의 동포들이 하나가 되어 행복을 누릴 것으로 믿었던 조국의 분단과 골육상잔……. 이런 사실들 때문에 지금은 『아리랑』을 읽는 나의 마음이 30대, 40대 때처럼 설레질 않는다.

현실에 의해서 배반당하게 마련인 이상(理想)의 속절없음을 너무도 많이 보고 겪은 탓인지 모른다. 그러면서도 나는 이 나라의 많은 젊은이들이 『아리랑』을 읽으면서 극한상황 속에서 오히려 더욱 빛나는 '김산'의 사상가적 지성과 좌절 속에서 더욱 강인해지는 혁명가적 신념에 감동을 받는 한, 인간과 사회에 대한 희망을 버리지 않는다.

우리에게 이 신념과 희망을 버릴 수 없게 한 '김산'의 분신 님 웨일즈 여사에 관해서도 한마디 적지 않을 수 없다. 나는 미국의 동북부, 매디슨이라는 시골에서 노령을 외롭게 지내고 있는 그와 간접적으로 관계를 갖게 됨으로써 그의 간절한 염원을 알게 되었다. 님 웨일즈는 자신의 책이 남한의 이건복 씨라는 분이 경영하는 도서출판 동녘을 통해서 출판되었다는 사실을, 내가 그 한국어 번역본을 보내주어서야 비로소 알았다. 그의 기쁨은 대단했다. 남한에서 『아리랑』이 출판될 수 있으리라고 기대하지 않았기 때문이다. 그는 이건복 씨에게 감사의 뜻을 전해달라고 부탁해왔다.

나는 이건복 씨에게 그 뜻을 전하면서, 한국 출판환경의 특수사정 때문에 저자의 허락 없이 번역 출판한 미안함의 표시를 하는 것이 좋겠다고 권고했다. 이건복 사장은 기꺼이 동의했다. 그런 과정으로 작년 말 적지 않은 돈을 외롭고 가난하게 살고 있는 님 웨일즈 여사에게 전달하였다. 이 사장의 사의는 그 후에도 계속 전해지고 있는 것으로 안다. 아름다운 일이다.

님 웨일즈에게는 또 하나의 염원이 있다. 『아리랑』이 영화화되는 일이다. 이 일에 관해서는 관련된 문제가 협의 중에 있으니 다른 기회에 언급할까 한다. 그의 사신(私信)에는 언제나 조선인에 대한 존경과 조선민족에 대한 사랑이 애절하게 넘쳐 있다.

나는 헬렌(님 웨일즈의 본명)이 김산을 인간적으로 깊이 사랑한 것으로 생각한다. 1937년, 국민당 군대의 포위하에 있던 중국공산당 정권이 있는 삭막한 옌안(延安)을 찾아간 그는 동굴 속에서 만난 김산을 존경한 나머지 사랑하게 된 것 같다. 사랑이 없이 존경심과 사상적 공감만으로는 『아리랑』 같은 작품이 나올 수 없지 않았겠는가 하는 것이 나의 추측이다. 내가 가지고 있는 그의 편지 속에서 그 심정은 더 역력하다. 헬렌이 지난날의 '김산'을 회고하는 대목에서 언제나 진실로 사랑했던 애인에 대한 애절한 연정 같은 것을 느끼게 한다.

우리는 『아리랑』 속에서 '김산'을 만나면서 동시에 미모의 미국인 여성 헬렌을 만나게 된다. 30세의 헬렌이 죽음을 각오하고 장제스 국민당 군대의 삼엄한 포위망을 뚫고 옌안에 들어가지 않았던들 '김산'과의 만남은 없었을 것이고, 후대의 우리는 『아리랑』을 읽는 기쁨과 감격을 누리지 못했을 것이다. 그 두 사람의 만남은 그야말로 '우연'이었다. 그것은 이 민족(또는 동양)의 혁명운동사에 큰 사건으로 남아야 할 우연인 셈이다.

1991년 12월
한양대 교수
李泳禧

| 한국어판 서문 |

사랑하는 한국의 모든 독자들에게

님 웨일즈

올해 84세를 맞는 나는 지금으로부터 54년 전인 1937년, 그 당시 32세밖에 되지 않은 한 인물, 장래가 촉망되는 보기 드문 한 조선인 혁명가의 생애를 기록했던 옌안 시절로 되돌아간다. 1937년 9월 옌안을 떠난 후로 우리 사이의 연락이 끊겼지만, 풍문에 의하면 그는 나와 만난 그 이듬해가 아니면 그 후에 죽었다고 한다.

1980년대였다. 나를 깜짝 놀라게 한 소식이 들려왔다. 트로츠키주의자들과 스파이들이 스탈린에 의해 모조리 처형되던 시절, 유럽이 혼란과 위험과 공포 속에 몸부림치던 시대에 김산이 소련에서 돌아온 캉성*에 의해 처형되었다는 것이다. 구구한 구설들에도 불구하고 나는 아직도 이 이야기가 도무지 믿어지지 않는다. 아무리 생각해도 이해가 안 가기 때문이다. 그는 자신이 트로츠키주의자가 아님을 나에게 누누이 강조했을 뿐 아니라 그는 '스파이'와는 거리가 먼 사람이었다. 마오쩌둥과 조선 사이의 협력관계를 만들기 위한 순수하고 소박한 목적으로 옌안 여행을 했다고 그는 말했다. 옌안 공산당은 조선인들이 독자적 조직을 갖는 데 동의하지 않았고, 중국에 체류하는 조선인들이 중국공산당에 합류하기를 주장했다고 했다.

우리는 그 당시의 상황을 기억하는 것이 중요하다고 생각한다. 내가 옌안에 체류하고 있을 당시 일본은 1937년 7월 7일경 베이징을 점령하고, 상하이 같은 외국인 거주 지역을 제외한 중국 전역을 급속히 침식해가고 있었다. 당시 미국은 일본과 전쟁을 시작하였다. 1945년 8월 15일 일본을 패망시킨 후 미국은 일본을 지배하에 두면서 일본 내에 차츰 진보적 변화를 이끌어내 오늘날과 같은 세계적 위치에 속하는 나라로 만든 것이다. 1941년 일본에서 『아리랑』이 번역 출판되었고, 아직도 도쿄의 이와나미 출판사에서 계속 발행하고 있다.

나는 김산이 중국과 중국인들을 완전히 이해했는지 의심스럽다. 1927년에서 1988년 죽기 전까지 중국을 떠나지 않았던

---

* 캉성(康生, 1898~1975): 본명은 자오룽(趙容). 산둥 성 출신. 1930년 중국공산당에 의해 모스크바 파견, 1933년에 상하이에 잠시 체류한 것을 제외하고 1937년까지 코민테른에서 활동. 1939년, 옌안의 항일군정대학에서 강의. 1966년 8월, 마오쩌둥 아래서 국무원 부수상 및 당 통제위원장 역임. 문화대혁명 때 지도자의 한 사람으로서 이 시기 류사오치, 덩샤오핑을 '주정주의자'로 공격. 그 후 실각. 1973년 8월 제10기 중앙위원, 당 부주석, 중앙정치국 상무위원. 1975년 1월, 제4기 전인대(全人代) 상무위 부위원장을 역임하고 그해 12월 베이징에서 사망. 1980년에 문화대혁명 기간 중 린뱌오(林彪), 장칭(江靑) 등과 반당·반혁명 활동을 했다 하여 당적을 박탈당함.

레위 앨리(Rewi Alley)는 언제나 "중국에서는 만사를 예측하고 있어야 합니다"라고 말하지 않았는가. 천안문 사건이나 혹은 이해하기 어려운 사건들이 중국에서 일어날 때마다 매우 놀랍게 생각하는 사람들에게 나는 언제나 앨리의 말을 되풀이한다. 나는 중국이 안고 있는 문제점과 난관을 잘 이해하고 있고, 그들의 근대적 '민족국가' 수립을 위한 노력을 지지한다.

김산은 자주 중국인들이 자기와 매우 다르다는 점에 놀라곤 했다. 1930년대에 그가 일본경찰에 체포되어 징역을 살고 나오자 베이징 공산당이 그를 축출해버렸다. 이때 그는 그 충격으로 자살을 기도하기까지 했다. 그는 이런 일을 각오했어야 했다. 당시 중국에서는 공산당원이면 무조건 사형감이었으므로 공산당원들로서는 출옥한 인물이 누구고 그가 무슨 말을 하건 간에 일단 믿을 수 없었고 당연히 경계했다. 김산은 또한 한 조선인이 자신에 관한 거짓말과 험담을 하고 다니는 것에 분개하여 그를 죽일 생각까지 했지만 마음을 고쳐먹은 적도 있다. 왜냐면 중국인들은 거짓말하는 것을 대수롭지 않게 생각하기 때문이다.

김산에 대해 설명할 때 내가 늘 하는 말이 있다. '현대인'의 정신과 '현대인'의 심리를 소유한 사람이라고.

그의 영어 구사력은 아주 보잘것없었다. 그는 시제를 무시했다. 그러나 그와 의사소통하고 이야기하는 데는 아무런 지장이나 문제를 느끼지 못했다. 그는 독해에는 능통했으나 회화할 기회는 거의 없었다고 했다. 그는 나에게 대개 이런 식으로 이야기했다.

"광둥, 1927, 패망, 조선인 300명 죽다, 물속의 소금."

이런 식의 대화 후에는 으레 여기에 관련된 상세한 일들과 이 단어들이 말하려는 핵심을 찾아내기 위해 나는 하루나 이틀을 여러 가지 질문으로 보내야 했다. 그럴 때마다 그는 최선의 협력을 아끼지 않고 모든 이야기를 들려주었다.

나는 김산을 '참된 도덕'을 존중하는 사람이라고 늘 생각해왔다. 그는 거짓과 허위를 전혀 모르는 사람이었고, 거짓말 같은 것은 아예 해본 적이 없었다.

제3세계는 '미래를 잇는 다리'를 만들어야 한다. 3~4세기 동안 서양이 주도해온 문명과 문화에 만족하며 살 수만은 없기 때문이다. 좋은 점은 취하고 나쁜 점은 버리면서 새로운 시대를 열어가야 한다. 1938년에 나와 남편 에드가 스노우는 아주 훌륭한 '다리'를 궁리해냈다. 이것은 어떤 형태의 경제나 사회제도와도 공존할 수 있고 사기업체나 국가와 개인의 공동소유 기업체에도 부합하는 것이다. 이른바 '공업합작운동'이라는 것인데, 이 운동이 중국에서 시작된 후 인도를 비롯하여 다른 나라에 확산, 보급되었다. 이 운동의 본 의미는 '함께 일하다' 혹은 '팀워크'를 뜻한다.

1939년, 필리핀의 바기오 컨트리 클럽(Baguio Country in

Philippines)에서 『아리랑』을 집필할 당시 세계는 혼돈과 격동의 소용돌이 속에 있었다. 1939년에 시작된 제2차 세계대전과 더불어 일본은 그들이 부르짖는 이른바 '대동아공영권' 구조에 중국 외에도 극동의 여러 나라들을 추가하고 있었다. 해야 할 여러 가지 중요한 일들이 있었음에도 나는 만사 제쳐놓고 『아리랑』 집필에 전념했다. 당시와 같은 급박한 역사적 시기에 조선에 관한 책은 매우 중대한 의미를 갖는다고 판단했기 때문이다. 동양 공산주의자의 사고와 정신과 심리를 꿰뚫어 보게 하는 종류의 책으로서 『아리랑』은 유일한 지위를 차지했다. 특히 김산은 추종자가 아니라 천부적 지도자의 자질을 타고난 진보적 사고의 소유자로서 유망하고 훌륭한 모범적 인물이었다. 그는 이 책을 읽는 독자들의 생각에 변화를 가져다주었다. 그 예로 펄 벅(Pearl S. Buck) 여사와 그녀의 남편 리처드 월슈(Ricahrd Walsh)를 들 수 있다. 그들은 1941년에 『아리랑』을 출간했다. 당시 조선에 관한 최신 서적으로서 『아리랑』이 유일했고, 나의 태평양 관련 글 역시 마찬가지였다. 프랭클린 루스벨트 대통령의 자문인사들이 나와 접촉하였고, 나의 글을 주의 깊게 읽고 있으며 루스벨트 대통령에게 상세한 보고를 올렸다는 메시지를 보내오기도 했다. 후에 나는 루스벨트 대통령의 친서를 받았다. 서한에서 그는 나의 글을 통해 조선에 관해 알게 되었음을 감사하면서 시간을 내서 나와 만나고 싶다는 의사를 전달했다(그는 에드가 스노우에게 이미 중국에 관한 이야기를 듣고 싶다는 부탁을 했다).

문명은 다채로운 인간생활의 색상과 품성, 수준과 농도로 형성된다. 어느 시대 어느 곳을 막론하고 문명은 부서지기 쉽고 모자라는 면이 있으며 쉽게 몰락하고 파괴된다. 현재 일어나고 있는 문명에 대한 가장 큰 죄악의 하나는 쿠웨이트에 있는 수백 개의 유전에 불을 지르는 따위의 짓이다. 이러한 행위는 어느 각도에서 보든 죄악일 수밖에 없다. 어떤 경우라도 한국인만큼은 이런 야만적 행위를 하지 않을 것이라고 나는 확신하고 있다. 아시아에서 기독교를 가장 잘 신봉하는 민족은 한국인이라는 말을 극동에서 일한 선교사 친구들에게 들어 잘 알고 있기 때문이다. 나는 김산 자신에게 수많은 사연이 있었음에도 불구하고 그가 고대의 씨족·종족적 '보복 윤리'를 극복하고 초연히 일어선 인물임을 주목하게 되었다.

그는 말했다.

"나는 내 인생에서 오직 한 가지를 제외하고 모든 것에서 패배했다. 나는 나 자신에게만 승리했다."

여기서 그가 말하려는 것은 '복수'나 '살인' 같은 원시적 인간본능을 딛고 일어서 이를 극복하기 위하여 노력했다는 뜻이다.

김산은 진리를 추구하는 순례자였다. 나 자신이 그렇다. 나는 평생을 참된 사실과 진실 그리고 진실하고 고귀한 원리의 추구에 바쳐왔다. 소녀시절에 나는 존 버니언(John Bunyan, 1265~1321)의 『천로역정(Pilgrim's Progress)』이라는 책을 감명 깊게 읽은 적이 있다. 훗날 내가 성장하여 영국에 갔을 때 나는 버니언이 감옥에 갇혀 세계적 고전이 된 이 우화집을 저술한 장소인 베드퍼드셔(Bedfordshire)에 가보지 않고서는 견딜 수 없었다(나의 어머니 역시 버니언처럼 개신교 신자였고 베드퍼드셔 출신이다). 김산 역시 세계적 고전인 단테의 『신곡』을 탐독한 사람이었다. 그러나 단테의 『신곡』은 가톨릭 '서사시'이고 '혁신의 혼'이라고 불렸던 버니언의 글보다 시대적으로 훨씬 앞선 것이었다. 김산은 단테적 심리를 졸업하고 톨스토이즘과 아나키즘으로 나아갔고 곧 사회주의의 현대철학인 마르크시즘에 이르게 된다.

마르크시즘은 엄격한 정통파에서 약간이라도 빗나간 사람들을 통틀어 칭하는 트로츠키즘이라는 장식적 형용사를 굳이 언급하지 않더라도 레닌주의, 스탈린주의, 마오쩌둥 사상과 같은 많은 화신(구체화)을 배출한 사상이다.

김산은 일본경찰의 기록에서 보이는 '혼합된 마르크시즘(Mixed Marxism)' 혹은 1920~30년대의 동양이 겪은 상황 아래서 시대가 낳은 순교자였다. 1980년대에 그의 완전무결함이 명백히 증명되었고 스파이 혹은 트로츠키주의자 따위의 누명을 말끔히 벗게 되었다. 혹자의 주장대로 그가 캉성에 의해 비밀처형을 당한 것이 사실이라면 이 일이야말로 끔찍한

한국어판 서문 **21**

잔악행위요 용서받을 수 없는 죄악이다. 이러한 행위를 나는 반문명 행위라고 못박고 싶다.

33세의 김산은 일본의 억압 아래 있던 동시대 조선인들에게는 영명한 지도자요 사상가였으며, 뜨거운 영혼과 가슴을 소유한 순수한 인도주의자요 더없이 고귀한 인물이었기 때문이다.

나의 저서 『아리랑』이 1941년에 처음 출판되고 책을 내놓은 출판사가 큰 손해를 본 이래 오랜 세월의 침묵 속에서 다시 소생하는 것은 마치 유성들의 연결과 같다는 생각이 든다. 『아리랑』은 다행이도 자신의 생명을 가지고 있다.

최근 몇 년간 『아리랑』과 관련하여 맺어온 모든 한국인 친구들에게 따뜻한 우정과 감사를 보낸다. 특히 『아리랑』과 김산의 생애에 관련된 역사적 조명과 보충을 해주신 조지 토튼(George Totten) 교수와 개정판이 나오기까지 모든 수고와 협력을 아끼지 않은 김화영 여사(워싱턴, 북미주한국인권연합), 'Gratitude for Song of Arirang and Continuous Friendship in Enlightening The Spirit of Korea. Friends of Arirang, 1990' 이라고 새긴 아름다운 감사패를 가지고 나를 방문해준 롱아일랜드대학교 지창보 교수의 친절과 호의에 감사하는 바이다.

또한 이 자리를 빌어 『아리랑』을 애독하고 사랑하는 한국의 모든 독자들과 많은 애로와 난관을 무릅쓰고 이 책을 번역 출판해준 도서출판 동녘에도 깊은 감사를 보낸다.

매디슨, 코네티컷 주
1991년 10월 26일
Nym Wales (Helen Foster Snow)

차례

추천의글 | 리영희_6
한국어판 서문 | 님 웨일즈_15
서장 | 님 웨일즈_26

1. 회상_55
2. 조국에서의 어린 시절_70
3. 독립선언_85
4. 도쿄 유학 시절_108
5. 압록강을 건너서_122
6. 상하이, 망명자의 어머니_139
7. 때를 기다리는 사람들_159
8. 걸출한 테러리스트: 김약산과 오성륜_167
9. 결코 결혼하지 않으리라_177
10. 톨스토이에서 마르크스로_189
11. 중국 '대혁명'에 참가하여_202
12. 광둥코뮌_225
13. 하이루펑에서의 삶과 죽음_260

14. 상하이에서의 재회_301

15. 위험한 생각_316

16. 다시 만주로_326

17. 위대한 첫사랑_338

18. 아리랑 고개를 넘다_348

19. 당내 투쟁과 개인적 투쟁_378

20. 살인, 자살, 절망_389

21. 다시 대중운동으로_405

22. 다시 일본에 잡히다_418

23. 두 여인_441

24. 항일전선_457

25. 패배하더라도 좌절하지 않는 자만이_462

기록을 끝내며 | 님 웨일즈_475

해설 | 조지 토튼_481

역자 후기_510

서장

내가 그를 만난 것은 옌안(延安)에서였다. 그곳에 머물러 있던 1937년 초여름 어느 날, 나는 루쉰(魯迅)도서관에서 영문책자를 빌려간 사람들의 명단을 훑어보고 있었다. 불과 이러저러한 몇 권의 책만이 대출되고 있는 것 같았다.[1] 그런데 한 사람의 이름이 유난히 눈에 띄었다. 그 사람은 여름 내내 모든 종류의 책과 잡지를 수십 권씩이나 빌려가고 있었다.

나는 갑자기 호기심이 생겨서 "이렇게 많은 책을 빌려가고 있는 사람은 누군가요?" 하고 물어보았다. 당시 나로서는 영어로 대화할 수 있는 사람이 몹시 필요했기 때문이다.

"이 사람은 중화 소비에트에 파견된 조선 대표입니다. 지금 군정대학(軍政大學)에서 일본 경제와 물리, 화학을 가르치고 있습니다."

"어떻게 하면 이 사람을 만날 수 있을까요?"

"외교부에 가보세요."

나는 심부름꾼을 통해 언제 한번 조선에 관해 이야기 좀 나누었으면 좋겠다는 내용의 서신을 그에게 보냈다. 그러나 답장이 없었다. 나는 다시 한 통을 더 보냈지만 역시 아무런 답장이 없었다.

"그 사람은 극비 대표입니다. 아마도 당신을 만나려고 하지 않을 겁니다" 하고 어떤 사람이 알려주었다.

"아하, 그래요."

그제서야 나는 사정을 눈치채고, 이번 여름에는 조선에 대해 아무것도 알아볼 수 없을 것으로 생각했다.

그러고 나서 일주일쯤 지난 뒤였다. 내 호위를 맡고 있는 소년병[2]이 들어와서 웬 낯선 사람이 찾아왔다고 알려주었다.

"들어오시라고 해요."

임시 문으로 사용하고 있던, 솜이 든 푸른색 커튼을 학자의 손처럼 야윈 손이 옆으로 밀어젖혔다. 그러자 실내의 조명을 받으며 크고 인상적인 사내의 모습이 조용히 나타났다. 그는 당당하고 품위 있는 태도로 인사를 하였으며, 악수할 때 주의 깊게 나를 응시하였다. 밖에는 비가 억수같이 쏟아지고 있었고 창문이 종이로 되어 있어서 충분한 조명을 받지는 못하였지만, 윤곽이 뚜렷한 그의 얼굴은 묘하게도 중국인 같지는 않았고, 반(半)스페인풍의 사람처럼 아주 멋이 있었다. 순간적으로 나는 그가 유럽인이 아닌가 생각하였다.

"당신이 이 편지를 제게 보내셨습니까?" 하고 그가 영어로 물었다.

"아, 맞아요. 당신이 바로 제가 그토록 뵙고 싶어하던 그 조선 대표시군요."

"당신을 위해 조선에 관한 자료를 몇 가지 가지고 왔습니다."

그는 사무적이고 담담한 어조로 말하면서 한 묶음의 서류를 책상 위에 올려놓았다.

그는 접근하기가 매우 어려운 사람이었으며, 대답하기 곤란한 신상문제에 대한 질문을 꺼려하는 눈치가 역력했다.

나는 만년필을 꺼냈다. 그리고 호위병이 촛불을 켜주자 우리는 이야기를 하기 위해 자리에 앉았다. 한 시간쯤 지났을 무렵, 통계 숫자를 쓰고 있는데 손에 경련이 일어났다. 날씨마저 추웠다.

이 중화 소비에트의 수도는 산속에 있는 데다가, 중국 본토를 네이멍구(內蒙古), 만주와 갈라놓고 있는 만리장성의 북서쪽 성벽과 불과 50마일밖에 떨어져 있지 않아서 추울 수밖에 없었다. 호위병이 찻잔 두 개와 물이 끓고 있는 차 주전자를 가져다주었다.

'이 조선인은 틀림없이 음모가형이구나' 하고 나는 단정하였다. 위험하기 짝이 없는 지하혁명운동을 하면서 살아온 이 망명객은 수수하고 침착하며 자제력은 있었지만 예민하고 신경질적이었다. 야위고 감정을 잘 드러내는 저 얼굴에 아직 감옥의 창백함이 남아 있는 것일까? 그러나 그의 지혜롭게 반짝이는 눈동자는 정직하고 사리가 분명한 것 같아서 나는 용기를 냈다.

"저는 작년 여름의 대부분을 조선과 만주에서 보냈답니다." 나는 과감히 말을 꺼냈다.

"금강산도 구경하고 싶었고 조선을 알고 싶기도 해서 조선에 갔던 거지요. 그다지 많은 것을 배우지는 못했지만 등산은 마음껏 했어요. 금강산에 올라갔다가 최고봉 정상에서 몇 년 만에 처음 있는 지독한 태풍을 만나기도 했어요. 거의 모든 다리와 길과 쇠줄이 파괴되어 있더군요. 곳곳에서 급류를 건너지 않으면 안 되었어요. 하지만 조선인 안내자가 우리를 무사히 산 아래까지 데려다주었어요."

"맞습니다. 당시 조선에는 큰 물난리가 났었습니다."

"저는 그 후 서울의 어느 다리 위에서 그 광경을 다시 목격할 수 있었어요. 소, 돼지, 닭, 집이 흙탕물 속으로 마구 떠내려가고 있더군요."

"그렇지만 조선의 시냇물이 평상시에는 얼마나 맑고 깨끗한지 아십니까?"

이 질문에는 향수가 강하게 배어 있었다.

"중국에서는 맑은 강물이나 시냇물을 한 번도 본 적이 없습니다. 우리 조선 사람들은 강에서 투신자살할 수 있다는 것을 다행으로 여긴답니다. 중국의 강들은 그러기엔 너무 더럽지요."

"당신네 조선인들도 일본 사람만큼이나 자살을 좋아하는

모양이지요?"

"자살은 식민지 민중이 선택할 수 있는 불과 몇 안 되는 존엄한 인간의 권리입니다. 그러나 우리에게는 자살마저도 선택할 자유가 없습니다. 당신이 말한 서울의 그 다리 위에는 벌써 오래 전에 일본놈들이 푯말을 세워 두었지요. 거기에는 '5분만 기다리시오'라고 씌어 있습니다. 굶주린 아기 엄마들이 종종 자기 자식을 강물에 집어던지고는 자신도 뛰어듭니다. 그래서 전담 경찰을 파견해 혼자 그곳에 와서 심각한 얼굴로 강물을 내려다보는 사람을 감시합니다. 이것이 우리 조선 사람에게 베푸는 훌륭한 친절이라고 그놈들은 생각합니다. 안동〔安東 : 1965년 단둥(丹東)으로 개명하였다 ―편집자〕 부근에 있는 압록강 또한 자살하기에는 딱 좋은 곳이지요. 자살하지 않으려면 강을 건너서 망명하는 길 외에는 달리 방법이 없습니다."

"저는 자신의 권리를 위해 싸우기보다는 자살을 택하려는 민족에게 호감을 가질 수 없네요. 조선 사람들은 지나칠 정도로 유순하고 체념적이며 인종적(忍從的)입니다. 그네들은 경치만큼이나 목가적으로 보이더군요." 나는 쌀쌀하게 말했다.

"잘못 보셨군요. 1910년 이래 조선 사람이 왜놈들과 싸우지 않은 날은 단 하루도 없었습니다. 이것은 기나긴 이야기입니다. 아직은 한반도 내에서 식민지 체제를 때려 부수지는 못하고 있지만 만주에서부터 무장투쟁이 일어나고 있어요. 수천 명의 투사들이 투옥되었거나 처형당했습니다. 감옥은 언제나 만원입니다. 하지만 조선 사람은 결코 체념하거나 순종하지 않습니다. 단지 때가 되기를 기다리며 준비하고 있을 뿐이죠. 물론 조선 사람들은 천성적으로 유순하고 인종적입니다. 그러나 지독히 오랫동안 신음해왔던 참을성 많은 사람이 터뜨리는 분노보다 더 큰 분노는 없습니다. 그야말로 '유순한 물을 주의하세요'라고 해야 할 겁니다."

"그런 것 같군요. 우리 속담에도 '참을성 있는 사람의 분노를 조심하라'라는 말이 있어요."

"동양에서는 조선인을 사나운 민족이라고 생각합니다. 조선 사람들은 툭하면 말다툼을 하고 싸움을 벌입니다. 또 자존심이 강하고 예민합니다. 원수는 반드시 갚으며 여간해서는 용서해주지 않습니다. 또 자신의 잘못을 고치려고 애쓰며 결코 잊지 않습니다. 모든 조선 사람은 원수와 친구를 가지고 있습니다. 왜놈들은 개인적으로 우리 조선 사람들을 대단히 두려워합니다. 왜냐하면 우리들이 자기들과 너무도 닮았기 때문이죠. 조선인은 반도 민족입니다 그러니까 반은 섬의 민족이며 반은 대륙의 민족입니다. 또한 산악 민족이기도 하지요."

"당신은 일본이 조선 때문에 고전하고 있다고 생각하나요?"

"일본은 언제나 조선 문제로 애를 태우고 있습니다. 조선에는 왜놈 첩자들이 우글거리고 있어요. 이 앞잡이들은 아무리 작은 불평이나 반역의 사소한 징조라도 놓칠세라 경계하면서 눈에 불을 켜고 동정을 살피고 있습니다. 조선으로 우송되는 편지는 모조리 검열되고 있다고 생각합니다. 일본은 조선에서 비밀정보요원으로 구성된 대부대를 훈련시켜 왔습니다. 조선을 점령군으로 물샐틈없이 포위하기 전까지는 왜놈들은 단 한 놈도 편안하게 쉬지 못할 겁니다. 하지만 놈들은 이제 더는 조선을 군홧발로 짓밟을 수 없습니다. 과거와 같은 방식으로 수탈을 계속할 수도 없습니다. 바로 이것이 놈들이 무력으로 만주와 화베이(華北)를 점령하려는 이유 중의 하나입니다. 또한 일본이 새로운 식민지를 찾아내어 조선에 대한 압력을 늦추지 않으면 안 되는 이유이기도 하지요. 일본에게 조선은 인과응보의 거대한 창고입니다. 이 점은 불교신자가 아니라도 이해할 수 있을 겁니다. 그리고 오늘날 일본의 지배계급에게는 또 하나의 걱정거리가 있지요. 그네들은 일본 민중과 조선 민중 간의 협력을 두려워하고 있습니다. 조일 양 국민의 공통의 이해와 지리적 관계가 너무도 긴밀하기 때문에 어떠한 일시적인 안락도 허용될 수가 없습니다. 조선 민중은 일본 혁명의 매우 중요한 동맹자입니다. 일본인은 자국 내에서 높아지고 있는 내부 압력이 조선에 저장되어 있는 압력과 연합하여 폭발하기 전에 미리 일본군을 중국과 만주 전역에 진주시키는 일대 군사모험을 감행할 겁니다."

"하지만 지금 조선에서는 아무 일도 일어나고 있지 않잖아요?"

"지금 당장 어떤 일이 일어나는 것은 아닙니다. 역사는 예정된 때를 기다리고 있습니다. 그때가 오면 거세게 일어날 겁니다. 그때가 멀지 않았다고 생각합니다. 세계의 이목을 전혀 끌지 못하는 조그마한 일들이 지금 조선에서는 일어나고 있습니다. 만일 조선에서 오는 뉴스에 아무런 검열도 없다면 저는 희망을 잃기 시작할 겁니다. 일본은 절대로 조선에서 뉴스가 새어나가도록 내버려두지 않습니다. 당신은 이 점을 느낀 적이 있나요?"

"계속 느껴왔어요! 조선은 폐쇄된 나라였어요. 그곳에 있는 동안 저는 마치 아무런 소리도 들리지 않는 완전 밀폐된 통 속에 있는 느낌이 들었어요. 대기는 죽음처럼 음침하고 스산하더군요. 선교사들은 아무것도 말하려들지 않았습니다. 선교사들 말에 의하면 편지는 모조리 검열당하고 조선인들이 참석하는 모든 집회에는 반드시 일본인 첩자들이 온다고 하더군요. 저는 조선에 관한 서적조차도 구할 수가 없었어요. 출발하기 전에는 조선에 관해 입수할 수 있는 것은 닥치는 대로 읽으려고 했어요. 그러나 베이징에서 발간된 고작 세 권의 서적이 전부였습니다. 그 책에서는 아무런 지식도 얻지 못했어요. 출판목록도 조사해 보았죠. 그러나 현재의 정치·경제에 관한 서적은 단 한 권도 없었습니다. 그래서 무척 실망했어요."

"그럴 겁니다. 저 역시 조선에 관해 쓴 책은 모조리 읽었습니다. 그런데 중요한 문제들에 대해 조금이라도 진실되게 다룬 책은 한 권도 없었습니다. 읽을 만한 책이라고는 대여섯 권

뿐이었습니다."

"그렇다면 당신이 조선과 일본의 정황에 관한 모든 것을 말해줘야 할 것 같군요. 제가 조선에 대해 알 수 있는 방법이 그 길밖에는 없지 않겠어요?"

"힘닿는 데까지 기꺼이 노력해보겠습니다. 조선의 제반 문제를 세계에 알리는 것은 우리 조선 사람들에게는 대단히 중요합니다. 시간이 있을 때 연락해주십시오. 그러면 즉시 달려오겠습니다."

나는 그에게 감사하다고 말하고 다음날 오후에 다시 만나기로 약속하였다.

여러 가지 면에서 조선은 극동에서 가장 아름다운 나라이다. 선이 날카로우면서도 아름다운 산과 물살이 세찬 맑은 강, 비에 씻긴 듯한 깨끗한 기상과 푸른 정기가 넘치는 수려한 산수. 이렇듯 조선은 그 이름대로 금수강산이다. 그것은 어딘지 모르게 일본을 연상시킨다. 그러나 그것은 일본의 축소판이 아니라 더욱 확대된 느낌이다. 경치는 소박하지만 동산과 계곡이 영화 같은 풍치를 이룬다. 아담한 초가집들이 고대 희랍의 아카디아 촌장의 우아한 풍치를 방불케 하며 꼬불꼬불한 골목길 양켠에 오붓이 자리잡고 있어 자못 목가적인 정취를 자아낸다. 반짝이는 조약돌이 깔려 있는 냇가에서는 시골 아낙네와 처녀들이 무명옷을 눈처럼 희게 빨고 있다. 이상주의자와 순교자의 민족이 아니라면 이처럼 눈부시도록 깨끗한 청결을 위하여 그토록 힘든 노동을 감내하지는 않으리라.

 일본은 화려하기는 하지만 그림엽서류의 디자인처럼 약간은 인공적이다. 반면에 조선은 순수하고 자연적이다. 일본이 소리(픕)의 나라―게다짝 소리, 토막토막 끊어지는 발음, 오가는 교통수단들의 소음, 미닫이 창이나 문을 끊임없이 여닫는 소리, 조그마한 가구를 이리저리 옮겨놓는 소리 등등―라면 조선은 조용하고 부드럽게 움직인다. 끊임없이 고개를 위아래로 끄덕거리거나 연신 허리를 굽실거리며 손님을 맞이하지도 않는다. 인간관계에 스스럼없고 태평하다. 조선의 여인들은 다정하고 얌전하며 수줍음을 잘 탄다. 그네들은 흰 저고리에 남색이 흘러넘치는 듯한 치마를 허리 훨씬 위쪽에서 동여매며, 성모 마리아처럼 머리를 깔끔하게 빗어넘겨 낭자를 틀어 몸치장을 한다.

 나는 주저하지 않고 조선인이 극동에서 가장 잘생긴 민족이라고 단정한다. 그들은 키가 크고, 선이 굵으며, 강인하고, 힘이 세며, 항상 균형이 잘 잡혀 있어 뛰어난 운동선수들을 많이 배출하고 있다. 내가 조선에 있을 때 손기정이라는 조선 젊은이가 올림픽에서 금메달을 땄다는 소식을 들었다. 조선 사람들은 대단히 흥분하였으며, 그 뉴스는 어느 곳에서나 화젯거리가 되었다. 그러자 일본인들은 모든 신문사에 압력을 넣어서, 그 사람이 조선 이름을 가지기는 했지만 사실은 일본 사람이라고 하는 날조된 성명서를 내게 하였다. 일본에서는 일

서장 35

본인의 승리라고 하여 그 공적이 크게 보도되었다.

"도대체 그 사람이 조선인입니까, 일본인입니까?"

나는 호텔 서기에게 물어보았다.

"아마도 조선 사람일 겁니다."

그 일본인 서기는 빙그레 웃으면서 목소리를 낮추었다.

"하지만 그대로 발표한다면 조선놈들은 엄청나게 건방을 떨 겁니다. 그러면 사고가 일어나겠지요. 조선놈들이 바로 이 자리에서 축하행사를 시작하는 날이면 야단이니까요."

조선 사람 중에는 아주 잘생기고 이목구비가 뚜렷한 사람이 수두룩하다. 그 생김새는 보통 일본인과 중국인의 특징이 혼합되어 있는 것 같다. 조선 사람은 영화배우로서 일본과 중국 양국에서 모두 인기가 높다. 그 중에는 무성영화 시대의 멋진 곱슬머리 배우 하야카와 유키구니(早川雪州)—유일하게 미국 관중의 우상이 된 조선인 배우—를 연상시키는 사람도 있다. 그러나 지금 할리우드에 있는 조선인 배우 필립 안(안창호의 아들—역자)이야말로 가장 전형적인 사람이다. 중국 제일의 인기 영화배우 김찬(金燦)도 조선인인데, 뉴욕에서도 공연된 바 있는 영화 〈검은 매미〉의 주역을 맡고 있다. 조선 여인 중에는 우아하고 천사 같은 마음씨를 가진, 선녀같이 아름다운 아가씨가 수두룩하다.

이렇게 아름답고, 총명하며, 우수해 보이는 민족이 외형상 확실히 두드러진 점이 없는 조그마한 일본인에게 복종하고 있다는 것이 생물학적으로는 걸맞지 않은 듯한 느낌이 든다. 안짱다리의 작달막한 일본인 간부가 긴 칼을 차고 거들먹거리며 여러 명의 조선인들에게 거만하게 명령하는 것을 지켜보면서, 나는 동행한 선교사에게 어떻게 저럴 수 있냐고 물어보았다.

"아마도 열등감이 도리어 뛰어난 성취능력의 동기가 될 수도 있지 않겠어요?"

"하지만 조선 사람들은 바보임이 틀림없어요."

"아니에요. 그네들은 일본인들보다 훨씬 더 총명하지요. 일본인은 이제 겨우 근대적인 군비에서 선두를 달리게 되었을 뿐이에요."

조선에 나와 있는 선교사들은 진정으로 조선인을 사랑하며 그들을 찬양한다. 이 땅의 선교사들에게는 일본이나 중국의 전도 사업에서 나타났던 것과 같은 민족문제의 어려움은 하나도 없었다.

김산(金山)—이는 그의 대여섯 가지 가명 가운데 하나에 불과하다—은 다음날 오후 약속시간에 찾아왔다. 그 다음날도 또 그 다음날도 나는 조선에 대해 많은 질문을 하였고 일본에 대해서도 물어보았다. 그러면서 우리는 장시간 토론을 하였다. 처음에는 며칠 내로 일을 끝내버리려고 생각했는데 이럭저럭 하는 사이에 점점 더 깊이 빠져들어 가고 있다는 것을 느겼다.

나는 내 입장을 재차 확인하기 위해 이렇게 설명하였다.

"당신도 아시다시피 저는 개인적으로 조선에 대해 별 관심이 없어요. 물론 극동의 일반적인 배경을 확실히 알기 위해 조선에 관해 배우고 싶기는 합니다. 하지만 시간과 정력에는 한계가 있어 이 자료들을 모두 어떻게 처리해야 좋을지 모르겠어요. 실제로 흥미가 있는 것은 직접적으로 중대한 것, 즉 역사를 만들고 있는 운동(Movement)뿐입니다. 오늘날의 세계는 너무도 빨리 변화하기 때문에 다른 것에 한눈 팔 시간이 없을 지경입니다. 그렇기 때문에 중화 소비에트 운동에 대해 조금이라도 배우려고 고생고생하며 여기 온 겁니다. 그래서 저는 이 운동에 관한 책 한 권을 가능한 한 빨리 쓰려고 합니다.[3] 이 일을 위해 자료를 모으고 정리하는 데 전력을 기울이지 않으면 안 됩니다. 우리들 일은 내일까지 끝마쳐야만 할 것 같습니다. 안 그러면 산더미 같은 자료 속에 빠져 헤어나지 못할 거예요."

그는 약간 마음이 상한 것 같았다.

"물론 그렇겠지요. 저 역시도 지금까지 중국이 조선보다 더욱 중요하다고 생각해왔습니다. 그래서 가끔 조선인 동지들한테서 변절자라는 말을 듣기도 합니다. 사실 저는 1925년 이래 줄곧 중국혁명을 위해 전투에 참가하거나 지하운동을 해왔습니다. 그렇지만 이곳 극동지역에서 전쟁이 일어나면 조선은 곧바로 전략적 요충지가 될 겁니다. 머지않아 이런 일들이 일어나기 시작할 겁니다. 조선의 노동계급과 만주의 유격대 운동 사이의 긴밀한 관계는 물론이요, 조선 노동계급과 일본 노동계급 사이의 긴밀한 관계 때문에도 얼마 안 있으면 조선혁명이 극동에서 아주 중요한 요인으로 등장할 것입니다. 지금도 일본에는 30만 명 이상의 조선인 노동자가 있습니다. 전쟁이란 상황이 벌어지기만 하면 저는 곧바로 만주로 가서 그곳의 조선인 항일 무장독립운동을 지도할 작정입니다. 저와 가장 친한 친구가 지금 만주에서 제1전선군의 일개 사단을 지휘하고 있는데, 그 친구가 자기와 함께 싸우자는 편지를 몇 차례나 보내왔어요. 이 사단은 7,000명의 조선인으로 이루어져 있습니다."

나는 부담스러워하며 말했다.

"물론 그 모든 것에 대해 토론해야겠지요. 하지만 조선에 대해 너무 많은 관심을 갖게 될까 봐 정말 두렵습니다. 저는 언제나 소송에 패한 사람들이나 억압받는 소수에게 마음이 끌립니다. 저는 억압받는 소수를 육감으로 찾아낼 수 있어요. 여기서 당신을 찾아낸 것도 바로 그 육감이라고 생각해요. 제 육감은 틀리는 법이 없어요. 하지만 병적인 흥미는 아니라 할지라도 이것은 아주 비과학적인 거예요. 그래서 다시는 이런 일에 신경 쓰지 않겠다고 굳게 결심하고 있습니다. 별로 중요하지도 않은 문제에 정력을 낭비하게 되기 때문입니다. 지금

세계는 그다지 중요하지 않은 것들로 꽉 차 있어요."

"다수에게는 도움이 필요없습니다. 그건 그렇고, 아무튼 조선이 소송에 패한 것은 아닙니다."

"알고 있어요. 하지만 저는 지금 하나의 거대한 '억압받고 있는 다수'를 염두에 두고 있어요. 중국은 하나의 커다란 종속국입니다. 그렇지만 억압받고 있는 다수보다 억압받고 있는 소수에게 더 동정이 간다는 것은 인정해요. 다수는 자기 입장을 지켜나갈 수 있을 테니까 말이지요. 어쨌든 내일 다시 뵙기로 하지요."

다음날 루거우차오(蘆溝橋, Marco Polo Bridge)[4]에서 사건이 터졌다는 급보가 날아왔다. 7월 7일, 옌안은 홍분과 억측으로 떠들썩하였다. 마침내 일본과의 전쟁이 시작된 것일까? 아니면 아직 타협과 평화의 여지가 남아 있는 것일까?

김산이 찾아왔을 때 나는 그의 의견을 물어보았다.

"전쟁은 피할 수 없습니다. 저는 전쟁이 이미 시작되었다고 생각합니다. 설령 이번 사건으로 전쟁이 일어나지 않는다고 할지라도 그 다음 사건 아니면 또 그 다음 사건으로 일어나고야 말 것입니다. 일본에는 경제 제국주의 프로그램을 서서히 수행할 만한 잉여자본이 없습니다. 그렇기 때문에 약탈전술과 철저한 군사적·정치적 점령을 수행하기 위해서는 군대에 의존하지 않으면 안 됩니다. 중국과 경제적인 '제휴'를 하기에는 재정적으로 일본은 너무나 취약합니다. 그래서 먼저 중국의 군사력을 파괴하지 않고서는 중국을 안전하게 수탈할 수가 없습니다."

"중일전쟁의 결과는 어떠하리라고 생각하나요?"

"둘 중의 하나일 겁니다. 일본이 전 중국을 점령하여 대승을 거두거나 아니면 모든 것을 잃고 파멸해버릴 겁니다. 화베이에서 소규모의 군사모험을 한다는 것은 단지 중국을 궐기시킬 따름입니다. 만일 대중운동이 재빨리 일어난다면 그것은 일본을 삼켜버리고 말 겁니다. 그러므로 일본 군대는 중국이 민중을 동원하기 전에 커다란 도박을 감행할 각오가 되어 있습니다. 일본이 패배한다면 일본 내에서 틀림없이 혁명이 일어납니다. 그렇게 되면 일본은 중국, 조선과 손을 잡고 강력한 민주혁명연합에 동참할 겁니다. 그러면 세계 정치력의 중심이 동양으로 옮겨질 것이고, 소련은 전략적으로 중앙이 됩니다. 영국은 이 점을 알고 있습니다."

그날 오후에 우리는 전쟁 가능성에 대해 오랫동안 이야기를 나누었다. 그가 떠날 때 나는 이렇게 말했다.

"당신은 곧 만주로 떠나게 될 것 같군요."

그 다음 며칠 동안은 정신없이 바빴다. 하지만 속으로는 이 조선인의 말이 끊임없이 떠오르는 것이었다. 비록 풀리지 않는 중국문제들이 산적해 있었고 옌안에는 귀중한 정보가 수없이 많았지만, 나는 이 새로운 주제가 지극히 중요한 것이라는 점을 인정하지 않을 수 없었다. 김산 그 사람이 특이한 인물이라는 것, 이런 인물과 대화할 수 있는 귀한 기회가 다시는 오지 않으리라는 것 또한 명백했다.

그는 내가 7년 동안 동방에 있으면서 만났던 가장 매력 있는 사람 중 하나였다. 그해 여름, 나는 수없이 일어나는 손의 경련을 이겨내면서 대략 25명이나 되는 혁명가들의 자서전을 썼는데, 김산은 내가 만났던 그 혁명가들에게서도 좀처럼 볼 수 없었던 여러 가지 품성을 지니고 있었다. 처음에는 이러한 특징들을 명확히 간파할 수 없었지만 이윽고 이런 특징의 정체를 알아냈다. 그는 공포를 모르고 독립심과 완전한 마음의 평정을 가지고 있었던 것이다. 그의 견해는 명확했으며, 또한 그것은 이론과 경험 양쪽에서 주의 깊게 추론을 한 후에 나온 것이었다. 그는 추종자가 아니라 지도자로서 사물을 고찰하였다. 그는 조선혁명운동의 가장 중요한 지도자 중 한 사람이었으므로 이것은 아주 당연하게 느껴졌다. 비록 겉으로는 예의가 바르고 세상사에 무관심한 듯이 보이지만, 그 저변에는 힘이 있었다. 이 사람은 결코 무해한 인물이 아니었다. 충실하고 헌신적인 나의 친구가 될지도 모르지만, 또한 적이 될 수도 있었다. 그는 자신의 죽음이나 타인을 살해하는 것에 대해 아무런 두려움도 없을 뿐만 아니라, 도덕적으로나 지적으로도 그런 것이 잘못이라고 생각하지도 않았고, 또한 그런 것을 피하지도 않을 인물이라고 느껴졌다. 여기 있는 이 사람은 중국과 조선의 현대사를 주조해낸 저 수많은 대비극의 타오르는 불덩이 속에서 단련되고 형성된 사나이였다. 또한 단련된 의지와 결의의 강철 같은 도구뿐만 아니라 감각과 지각을 갖춘 정적(情的)인 존재로서 시련 속에서 나타난 사나이였다.

나는 이 사나이에 대해 좀더 알 수 있는 기회를 놓치지 않겠다고 결심하였다. 문제는 이 초연한, 속마음을 털어놓지 않는 인물에게 어떻게 하면 신뢰를 얻어낼 수 있을까 하는 것이었다. 그 사람은 자신에 대한 어떠한 개인적인 정보도 자진해서 제공해줄 것 같지가 않았다. 이런 활동을 하는 혁명가에게는 자신의 경력을 말할 수 있는 자유가 별로 없으며, 나 또한 물어보기가 상당히 두려웠다. 왜냐하면 지하활동을 하며 살아가는 사람들의 비밀을 섣부르게 다룬다면 그들의 목숨이 위협받을 것이기 때문이었다. 그러나 때로는 공격이 최상의 전술이다.

"당신은 정말 재미있는 사람이군요. 안 그래요?"

나는 단도직입적으로 물었다.

그는 고르게 난 하얀 치아를 드러내며 껄껄 웃었다. 나는 그가 웃는 것을 처음 보았다.

"저는 다른 사람에 비해 특별히 단순하지도 않지만, 그렇다고 해서 그다지 복잡하지도 않습니다."

"당신에 관한 책을 써보고 싶어요. 당신도 아시다시피 저는 될 수 있는 대로 빨리 여기 일을 마무리 지어야만 합니다. 게다가 몸도 별로 좋지가 않고 또 꽤 지쳐 있습니다. 아직 이곳에서 해야 할 일이 산더미 같아 매우 바쁘지만 만일 당신이 지난 이야기를 들려줄 의사가 있다면 저는 당신의 전기를 쓸 준비가 되어 있습니다. 저는 줄곧 당신 같은 사람을 소재로 소설을 한번 써보고 싶었어요. 당신이라면 훌륭한 주인공이 될 수 있으리라고 생각합니다."

"내 활동을 공식적으로 공개하는 것은 위험하기 짝이 없습니다. 저는 이미 중국에서 감옥살이도 했고 일본에서는 두 번이나 투옥됐습니다. 이 다음번에는 사태가 아주 심각할 겁니다. 어쩌면 어떤 부분은 말씀드릴 수가 있겠지만 전부를 말씀드릴 수는 없습니다."

"다시 한 번 숙고해보시고 결정이 되면 제게 알려주세요. 왜 당신 스스로 조선에 관한 책을 쓰지 않는지 노무시 일 수가 없군요. 그런 책은 거의 없더군요."

"사실은 이미 만주에 있는 어느 조선인 망명객에 관한 책을 조선어로 쓰기 시작했습니다. 제목은 『백의민족의 영상』이라고 붙였습니다. 언제 그 작업을 끝낼 수 있을지는 저도 모릅니다. 항일 빨치산 활동에 참가하기 위해 만주로 돌아간다면 마지막 장을 쓸 재료를 얻게 되겠지요."

"왜 그런 제목을 붙였나요?"

"왜냐하면 조선인은 흰옷을 즐겨 입기 때문입니다. 우리 민족은 늘 '백의민족'이라 불린답니다."

다음날 김산이 그 어느 때보다도 기쁜 기색으로 들어왔다. 이것을 보고 나는 누구나가 활기차고 쾌활한 이 옌안에서는 보기 드문 또 다른 성격을 그가 가지고 있다는 것을 깨달았다. 김산은 낙천적인 데가 없지는 않았지만 아주 신중하고 우울해 보이는 사람이었던 것이다.

"당신과 함께 책을 써야겠다고 결심했습니다" 하고 그는 큰소리로 말했다.

"사실 당신이 조선에 관한 책을 쓰려고 하는 것에 감사드립니다. 저는 중국인과 일본인 그리고 해외의 조선 동포들, 뿐만 아니라 영국인과 미국인까지도 이 책을 읽고 조선이 소송에서 완전히 패배한 것이 아니라는 사실을 상기해주기만을 바랄 따름입니다. 이런 이유로 저는 당신에게 모든 것을 다 말씀드리기로 작정했습니다. 이것으로 내가 고통을 받을지도 모르지만, 그렇다고 해도 그럴 만한 가치가 있을 겁니다. 어쨌든 조선 사람치고 자기가 죽을 장소를 미리 정해놓는 사람은 아무도 없으니까요. 언제 어느 곳에서 죽든 개의치 않지요. 그렇지만 당신이 2년 동안만 출판을 미뤄주신다면 더욱 감사하겠습니다. 그렇게 되면 저는 안전하게 만주로 가서 그곳의 조선인 무장투사들과 합류할 수 있을 겁니다. 그때쯤이면 아무에게도 피해를 입히지 않고도 이 모든 것이 이야기될 수 있을 겁니다. 왜냐하면 전쟁으로 모든 상황이 완전히 달라졌을 테니까요. 그때에는, 특히 조선인의 운동이 다시 일어나게 될 때에는, 이런 책이 대단히 값진 것이 될 겁니다."

이렇게 하여 우리는 작업을 시작하였다. 몇 주일 동안이나 매일같이 쉬지 않고 비가 내렸다. 거의 매일 오후 촛불을 켜놓고 손에 경련이 일어나 계속할 수 없을 때까지 김산의 이야기를 써내려갔다. 처음 시작할 때 그의 영어는 더듬거리고 느렸지만, 곧 놀라울 정도로 유창해지고 표현도 풍부해졌다. 책을 읽으면서 습득한 그의 어휘력은 뛰어났다. 비록 발음은 그다지 정확하지 않았지만……. 게다가 그는 일본어 교사였으며, 중국말에 능통했고 몽골어도 약간은 알고 있었다. 또 의학도로서 독일어와 라틴어도 공부하였다.

"당신 영어는 썩 훌륭해요. 더구나 당신이 이제까지 장시간 회화를 해본 적이 없었다는 말을 듣고는 정말 놀랐습니다."

"몇 가지 이유로 조선 사람은 누구나 외국어를 쉽게 배웁니다. 그런데 이것이야말로 우리들이 천성적으로 식민지 민족이라는 증거라고 왜놈들은 말합니다. 또한 자기네들이 외국어를 못 배우는 이유는 자기네들이 지배민족이기 때문이랍니다."

이야기가 핵심에 이르게 되자, 나는 이야기가 극적이며 흥미진진하게 전개되어 간다는 것을 알았다. 그리고 그 체험의 광대함에 놀랐다. 그의 이야기는 조선, 일본, 만주에 걸쳐서 전개되었을 뿐만 아니라 중국혁명의 박진감 넘치는 과정에까지 미치고 있었다. 오로지 유랑하는 조선인 혁명가였기 때문에 이렇게 폭넓고 다양한 체험을 할 수가 있었던 것이며, 또한 오로지 국외자였기 때문에 세 나라의 모든 운동과 민중에 대하여 이렇게 확실한 견해를 가질 수가 있었던 것이다. 그의 삶의 이야기는 전 극동의 변화무쌍한 모습들을 보여주었다. 그것은 새롭고도 싱싱한 해석이었다.

게다가 김산이 지극히 흥미롭고 복잡한 마음과 개성을 지녔으리라는 내 추측이 맞았다는 것을 오래지 않아 확인할 수 있었다. 그의 지적 생활은 단순하지도 평이하지도 않았으며, 정치투쟁과 혁명투쟁에 대해 고찰할 수 있는 모든 문제로 꽉 차 있었다. 그가 그 문제들을 해결한 방법은 실제적으로나 철학적으로나 흥미있는 것이었다. 무엇보다도 희귀한 것은 그가 이 모든 다양한 체험들을 모조리 경험하였을 뿐만 아니라, 그 경험을 뛰어난 설화의 정신과 형식으로 이야기할 수 있다는 것이었다.

오늘날 지식인은 도처에서 시련을 당하고 있다. 또한 지식인은 서로 싸우고 있는 주먹 사이에서 자신이 만들어낸 한 장의 휴지처럼 기진맥진해 있다. 현대는 사람들의 정신이 시험받고 있는 시대이다. 우리는 백 년을 단 하루 만에 파악해야 한다. 역사는 뇌세포의 진동보다 빠르게 흘러간다. 우리가 이해할 틈도 없이 여러 민족이 망하고 제국들이 뒤바뀐다. 구세계가 우리의 발밑에서부터 단절되어 버렸다는 것을 느끼고 있을 때, 창조되고 있는 새로운 세계가 유성처럼 돌진해와 우리를 혼란과 공포로 마비시키고 현기증이 일어나게 한다. 모래 주머니는 상아탑을 지킬 수가 없다. 자기연민을 위해 흘리는 눈물은 단지 절망과 환멸의 구덩이에 습기만을 더해줄 뿐이다. 나는 이따금씩 옌안에 있는 그 옹색한 방안에서 꾸밈없고 조용하게 자신의 신상 이야기를 해주던 김산의 모습을 생각한다. 그리고 미국이나 영국의 지식인 중에 철학적 객관성을 가지고 자기의 혹독한 시련을 이겨낼 수 있었던 사람이 과연 몇 명이나 될까 하고 생각해본다.

김산은 우리 시대에서 가장 많은 피를 흘리고, 가장 추악하고, 가장 혼란스러운 대변동 속으로 내던져진 한 명의 민감한 지식인이자 마음속 깊은 곳에서는 이상주의적인 시인이요, 작가였다. 그는 아무런 환상도 갖고 있지 않았지만 그렇다고 냉소주의자도 아니었다. 그는 사물을 있는 그대로 인식했지만 또한 변화와 진보를 확신하였다. 고통과 패배는 그의 꿈을 없애버리기는커녕 오히려 그의 사상이 한층 깊은 의미를 지니고 타오르도록 만들어주었을 뿐이다. 그는 객관적인 사실의 주인공이었지, 주관적인 언어의 노예가 아니었다. 육체는 빵으로 살찌지만 정신은 기아와 고통으로 살찐다. 구체적인 현실 속에서 생각하는 것이 아니라 상징에 의해 생각하는 것을 그만두어야만 비로소 지식인은 행동하고 결정할 수 있게 된다. 김산은 이 약점을 극복하였으며, 그래서 지식인적 패배주의라는 질병에 희생되지 않았던 것이다.

실제로 지식인이 남한테 배반당하는 경우란 없다. 오직 자기 자신과 자기 직업에 의해서만 배반당할 따름이다. 지식인의 책무는 미래의 모습을 그리는 것뿐만 아니라 실제로 존재하는 역사적 변화의 소재도 이해하고 분석해야만 하는 것이다. 여러 가지 다양한 세계가 자기의 단순하고 제한된 설계에 꼭 들어맞기를 기대한다면 얼마나 허무맹랑한 것인가! 역사를 비판하는 사람들처럼 그렇게 역사는 그 행동이 단조롭지도 않고, 그 계획이 옹졸하지도 않다. 기껏 하찮은 판단을 내리고 있는 자신들의 올림푸스 산의 권좌에서 그네들이 내던지는 것은 벼락이 아니라 고작 폭죽일 따름이다.

나는 노트로 일곱 권이나 되는 김산에 대한 상당한 자료를 정리하고, 고쳐 쓰고, 축약하였다. 그러나 가능한 한 원래 이야기에 가깝게 하였다. 모든 자세한 점에 있어서—대화까지도 포함하여—그것은 아주 믿을 만하다. 그것들은 아프고 힘든 고생을 하면서 김산의 구술을 받아쓰는 동안에 김산에게 들은 것들이다. 그는 놀라운 기억력과 뛰어난 이야기 감각을 가지고 있었기 때문에 이 일은 아주 수월하게 진척되어 나갔다. 그는 몇 년 동안이나 계속해서 암호로 일기를 써왔던 것이다. 비록 이 일기장들을 주기적으로 태워버렸다고는 하지만, 이 일기 덕분에 여러 가지 사건들이 그의 머릿속에 아주 생생하게 박혀 있었다. 그래서 별다른 어려움 없이 세세한 점까지 기억해낼 수가 있었던 것이다. 나는 실제로 알려지지 않은 문제를 다루는 귀중한 탐구가 지녀야 하는 신빙성을 손상시키는 짓 따위는 감히 생각할 수가 없었다. 그의 이야기를 읽기 쉬운 영어로 고칠 필요가 있을 때를 제외하고는 필자의 해석을 가하지 않고 김산 자신이 말한 대로 썼다.

그러므로 이 책의 장점은 이 책의 역사적이면서도 자서전적인 가치이다. 이 책은 현대의 몇몇 가장 극적인 사건들에 대한 직접적인 경험담은 물론이요, 나아가 동양의 혁명지도자들의 심정과 심리, 경험에 대한 우리들의 아주 한정된 지식을 새롭게 넓혀주리라고 생각한다. 옌안에서의 그 두 달 동안 나는 생각만 해도 지겨울 정도로 엄청나게 많은 임상반대신문(臨床反對訊問)을 이 사람에게 무자비하게 퍼부었다.

역사적 사건에 대해 이 책에 담겨 있는 상세한 정보는 거의 모두가 이전에는 어느 나라 말로도 쓰인 일이 없었던 것들이다. 광둥코뮌에 대한 김산의 이야기조차도 흔치 않은 실제 경험담이다. 하이루펑(海陸豊) 소비에트 이야기는 이제까지 한 번도 쓰인 적이 없었으며, 현재 살아남아서 그 비극적인 이야기를 자세히 들려줄 수 있는 사람은 겨우 서너 명밖에 되지 않는다(앙드레 말로가 두 권의 책―1924~1925년에 걸친 홍콩파업을 다룬 『정복자』와 1927년의 상하이 4월사변을 기술한 『인간의 조건』―에서 1925~1927년까지의 중국혁명을 쓰고 있을 뿐이다). 코민테른의 문서철에 기록이 보존되어 있을지도 모르겠지만,

1927년에 중국내전이 시작된 이래 중국인이나 조선인이 이러한 이야기를 비합법적으로라도 출판해낸다는 것은 불가능한 일이었다. 이들 사건에 직접 참가하였던 지도자들은 대부분 죽었기 때문이다.

이제까지 내부 정황의 파악이 말 그대로 불가능하였던 것들이 몇 가지 있었다. 만주의 유격대, 특히 조선인 유격대, 조선인의 비합법 활동과 투옥의 기록, 중국과 조선에서의 공산주의자의 지하활동이 그것이다. 김산의 이야기는 이런 문제들에 대해 새로이 해명해주는 바가 많다.

이 책은 지금 극동—여기서는 한 세대 동안에 역사가 천 년이나 흘러가고 있다—의 여러 나라에 퍼져나가고 있는 광범위하면서도 상호연관된 사회변혁 속에서 한 명의 전형적인 지도자가 겪은 경험의 기록이다. 그렇지만 이 책은 무엇보다도 조선혁명운동에 대한, 조선과 만주에서의 발생 초기에서부터 1925년 이후 중국혁명투쟁과의 공동보조에 이르기까지의 이야기이다. 김산의 경력은 운동의 일반적인 흐름에 따르고 있는데, 그 흐름은 일본과 만주로 중심을 옮기고 있다. 이 책은 또한 세 동지들의 이야기이기도 하다. 김산과 그의 가장 친한 두 동지인 오성륜[5]과 김충창,[6] 이 세 사람은 지금 조선인 지도부의 전위이다. 한 사람은 유명한 테러리스트이며 현재 만주에서 부대를 지휘하고 있는 행동가, 또 한 사람은 승려 출신의 인텔리 이론가, 나머지 한 사람은 한때 행동과 이론에서 그들의 제자였던 열 살 아래인 김산이었다.

　일본과의 전쟁이 가까워짐에 따라 미국과 영국에 살고 있는 우리들은, 독일 내에서 히틀러에 대한 반란이 일어날 가능성에 관한 정보를 입수하려고 애를 태우는 것과 마찬가지로 머지않아 일본의 파시즘과 그 정복에 반대하는 지하운동의 잠재력에 관한 정보의 입수를 열망하게 될 것이다. 김산과 그의 조선인 동료들은 이 반대운동을 20년 동안이나 계속해 왔고 일본인들은 언제나 조선인을 '대일본제국의 심장을 겨누는 비수'라고 불러왔던 것이다.

　이 일을 시작할 때는 나는 김산에게 이렇게 말했다.
　"우선 당신의 개략적인 경력을 말하고, 그 다음에 당신의 젊은 시절에 대해 말해주세요."
　"내 젊은 시절? 틀림없이 저는 이제 겨우 서른두 살밖에 안 되었지요. 하지만 저는 내 젊음을 어디에선가 잃어버렸답니다. 어딘지는 알 수 없지만" 하고 그는 익살스럽게 대답하였다.

1939년 필리핀, 바기오에서
님 웨일즈

1) 레닌의 『공산주의 좌익소아병(Left-Wing Communism : An Infantile Disease)』과 타닌·요한의 공저인 『일본이 만약 싸우게 된다면(When Japan Goes to War)』을 비롯하여 불과 몇 권이 책만이 대출되었다.— 님 웨일즈

2) 나의 호위병은 홍군 전사였는데 언제나 무장한 자세로 있었다. 조직에서 파견된 그는 나의 통신원 노릇도 하였다. 모든 고급 공산당원들과 옌안에 사는 세 사람의 외국인(Otto Brawn, Dr.George Hatem과 Agnes Smedley)은 각각 호위병을 두고 있었다. 나의 첫 번째 호위병은 담명원이라는 전사였는데 폐결핵에 걸려 병원에 입원하게 되고 대신 곽손하라는 대장정의 전사가 그 후임으로 왔다. 후에 그가 나를 손수레에 태워 옌안에서 시안으로 호송해주었다.— 님 웨일즈

3) 이것은 나중에 Inside Red China라는 제목으로 Doubleday, Doran & Co.에 의해 1937년 뉴욕에서 출간되었다.— 님 웨일즈

4) 루거우차오 사건 : 1937년 7월 7일 밤, 베이징 시 교외의 루거우차오 부근에서 일본군이 중국군으로부터 사격이 있었다는 조작된 구실로 중국에 대한 본격적 군사공격을 개시한 사건. 15일 만에 베이징, 톈진 지역을 점령한 일본군은 8월 초에 내몽고에 진격하고 상하이, 난징을 점령함으로써 그 후 8년간에 걸친 중일전쟁으로 확대되었다.— 리영희 편역, 『중국백서』

5) 오성륜(吳成崙) : 필명은 전광(全光). 1920년 상하이에서 의열단 참가. 상하이에서 일본 육군대장 다나카 기이치(田中義一) 암살미수 사건에 연루되어 체포. 1922년 4월 상하이의 일본총영사관 유치장에서 탈출하여 독일에 망명. 후에 소련에 가서 모스크바 공산대학에 입학. 1926년 광저우(廣州)에서 중국공산당에 가입. 1927년 12월 광저우 봉기에 참가. 그 후 하이루평 소비에트 지구에서 홍군사령부 참모, 당학교 교원으로 활동. 1928년 중국공산당 상하이 조선인 지부에서 활약. 1929년 당 조직

의 파견을 받고 만주(지금의 둥베이)로 와서 남만에서 당 조직과 유격대로 활약. 1936년 동만특위 위원 겸 동북항일연군 제2군 정치부 주임에 취임. 후에 항일연군 제1로군 군계처장 역임. 1941년 일본 관병에 체포되어 변절함.

6) 김충창(金忠昌) : 본명은 김성숙(金星淑). 이정식 면담, 『혁명가들의 항일회상』(민음사, 1988), pp. 29~156에 김성숙의 회고담이 실려 있다.

I
회상

 틀림없이 나에게도 한때 아주 젊었던 시절이 있었을 것이다. 나는 겨우 11살밖에 안 된 어린아이일 때 집을 나와, 그 후 계속 혼자 힘으로 살아왔다. 하지만 그 당시에도 젊었다는 느낌은 들지 않는다. 주린 배 옆구리에 3개 국어 사전을 끌어안고 일본으로, 만주로, 중국으로 떠돌아다니던 초라하고 열정적인 학창시절도 있었다. 그러나 그 당시에도 젊었다고는 기억되지 않는다. 16세에서 22세까지의 순수하고 헌신적인 열정에 불타오르던 낭만적인 혁명가 시절도 있었다. 지금 생각해보면 그때가 대단히 젊었다는 것을 알 수 있지만, 당시에는 그것을 몰랐다. 감옥살이를 하고 나서는 나 자신이 폭삭 늙어버렸다고 생각되는 것으로 봐서 감옥살이 이전에는 매우 젊었던 것으로 생각된다. 내 기억으로는 위대한 첫사랑의 연인을 만났던 시절도 매우 젊었던 것으로 생각되지만 그 연인과 헤어지기도 전에 나는 이미 늙어버렸다.

나에게 젊은 시절이 전혀 없었던 것은 아마도 조선이란 나라가 자기 문제로 심각하게 고민하는 청춘을 가지지 못했기 때문이리라. 일본에 나라를 빼앗기기 훨씬 이전에 이미 조선은 구체제의 속박으로 흐느끼고 있던 나라였다. 국제 과부인 조선은 아직도 압록강 너머로 망명한 자기 자식들에게 구슬픈 손길을 내밀고 서 있다. 하지만 우리는 언젠가는 조선으로 돌아갈 것이다. 그러나 울면서 돌아가지는 않을 것이다.

1919년 어느 가을날, 조국을 빠져나오면서 나는 조국을 원망했다. 그리고 울음소리가 투쟁의 함성으로 바뀔 때까지는 절대로 돌아가지 않겠다고 굳게 맹세했다. 조선은 평화를 원했으며, 그래서 평화를 얻었다. 저 '평화적 시위'가 피를 뿌리며 산산이 부서져 버리고 난 이후에……. 조선은 멍청하게도 세계 열강을 향하여 '국제정의'의 실현과 '민족자결주의'의 약속 이행을 애원하고 있는 어리석은 늙은 할망구였다. 결국 우리는 그 어리석음에 배반당하고 말았다. 하필이면 조선 땅에 태어나서 수치스럽게도 이와 같이 버림받은 신세가 되어 버렸을까? 나는 분개했다. 러시아와 시베리아에서는 남자건 여자건 모두가 싸우고 있었고, 또한 이기고 있었다. 그 사람들은 자유를 구걸하지 않았다. 그들은 치열한 투쟁이라는 권리를 행사하여 자유를 쟁취하였다.

나는 그곳에 가서 인간해방의 비책을 배우고 싶었다. 그런 후에 돌아와서 만주와 시베리아에 있는 200만의 조선 유민들을 지도하여 조국을 탈환하겠다고 생각했다. 나는 여비를 훔쳤다. 그러나 시베리아에 주둔하고 있는 외국간섭군[1]의 전선을 통과할 수가 없었다. 그래서 만주에서 군사학을 공부하였다. 그리고 나서 상하이로 건너가, 그곳에 있는 조선인 혁명가들과 합세하였다. 나는 무정부주의자가 되었고, 조선을 정복한 자들과 배반한 자들에 대한 보복 테러에 부질없는 희망을 걸었다. 우리 조선인이 천성적으로 무기력하고 무능력한 존재라는 편견을 때려 부수기 위해, 우리는 우리의 개인적인 용기를 세계 만방에 떨치면서 영웅적으로 죽어갈 생각이었다.

　그 시절에는 허무주의자들처럼, 나라라는 지리상의 구분을 무시하고 사상과 주의를 위하여 싸울 뿐이었다. '정의'라는 이름을 가진 이 아름다운 몸부림들이 실패했을 때, 나는 조직적인 국제주의의 의미를 알게 되었다. 우리는 억압 받고 있는 모든 민족을 해방시킬 것이다. 중국도, 조선도, 또한 후에는 일본까지도 모두 함께 힘을 합하여 극동의 하늘 위에 휘황찬란한 자유의 성화를 높이 올리리라. 그래서 나는 중국에 귀화하였고 중국공산당원이 되었다. 국제주의의 이름으로 중국을 위해 죽으려고, 우리들 수백 명은 기꺼이 광둥으로 갔다. 그 결과 조선혁명운동 지도부의 정수가 그곳에서 전멸당하고 말았다. 그리고 우리는 패배했다. 이 어마어마한 희생 소식을 전해 들은 몇몇 동지가 자살했다. 하이루펑에서 나는 죽은 사람들보다 더한 고난을 당했다. 하지만 이 고난은 나의 신념을 타오르게 할 뿐이었다.

1927년의 중국반동이라는 대비극은 조선민족운동에 있어서 결코 회복할 수 없을 정도의 큰 타격이었다. 맹방을 잃어버린 조선은 일본의 손아귀를 벗어나지 못하는 구제불능의 상태로 되돌아가 버렸다.

1928년 이후 나의 낭만적 행동 시대는 끝이 났다. 앞으로 남아 있는 것은 이데올로기적이고 전술적인 문제들로 꽉 찬, 어려우면서도 성과가 지지부진한 투쟁뿐이었다. 비밀지하운동에 필요한 지도력과 책임을 나 스스로 갖추어야 했다. 이 운동에서는 아주 사소한 잘못만 저질러도 나 자신은 물론이요, 다른 사람까지도 죽음으로 몰아넣게 된다.

결국 내 삶의 목표는 실패한 중국혁명을 강화하고 재건하는 것, 중국혁명운동과 조선혁명운동을 상호 조정하여 공동투쟁을 하도록 만드는 것이었다. 1929년과 1930년에 나는 화베이와 만주의 혁명운동을 조직하는 지도자로 있었다.

1931년은 1927년과 마찬가지로 중국이 위기에 처한 해였다. 일본은 만주를 점령했다. 여기서 내 인생의 위기가 전반적인 위기와 함께 닥쳐왔다. 안팎의 바람이 무시무시한 힘으로 나를 강타했다. 1931년에 일본 감옥에서 고문과 병으로 시달리다 나와 보니 옛 동지들이 나를 불신하고 있었다. 나는 이 억울한 처사에 치를 떨었다. 그래서 나에 대해 유언비어를 퍼뜨리고 다닌 정적(政敵)을 죽여버리려고까지 했다. 그 다음에는 자살하려고 결심하기도 했고 혁명운동을 포기하고 7년쯤 세상을 이리저리 돌아다니려는 생각도 했다. 그렇지만 이 짧은 기간의 방황은 내 인생에서 단지 하나의 안내판이었을 뿐이다. 여기서 나는 내 갈 길을 발견했다.

나는 철저히 자신을 반성하고, 혁명의 일반적인 원칙을 공부했으며, 드디어는 이 모든 것들을 성공적으로 내면화시켰다. 그리고 나 자신에 대해 완전히 자신감을 얻었다. 또한 정신적, 육체적 용기도 얻었다. 이 용기는 그 이후 단 한 번도 꺾인 적이 없었다. 이전까지는 의문을 제기해 본 일도 없었고, 이론문제를 깊숙이 성찰해본 일도 없었다. 행동을 하고 명령을 수행하느라고 너무나 바빴던 것이다. 하지만 이제는 이론과 실천 양쪽에서 해답과 기본원칙을 탐구하였다. 나는 중국공산당에 복권되었으며 대중운동을 위한 지하활동에 들어갔다.

1933년에 나는 또다시 투옥되었다. 이윽고 다시 자유의 몸이 되었지만 그 자유는 그다지 쓸모가 없었다. 백구(白區)에서의 대중운동은 실패했고 화베이공산당은 깨져버렸다. 나는 불행했다. 하지만 절망하지는 않았다. 이제는 그런 정도는 딛고 일어설 수 있는 굳건한 철학을 가지고 있었기 때문이다. 혁명가는 누구나 역사의 조류 속에서 다음에 다가오는 운동을 기다려야 한다.

그러나 항일투쟁은 급속히 다가오고 있었다. 새날이 가까워졌다. 1935년 나는 상하이로 가서 조선인 혁명가를 재조직하고, 내부의 통일전선을 만들어내고, 중국과 항일투쟁 공동 전선을 형성하는 일을 도와주었다. 1936년 8월, 나는 이들 집단의 대표로 옌안에 파견되었다.

그리고 지금 조선은……. 과연 극동에서의 이 전쟁이 마침내는 조선을 해방시키게 되지 않을까? 나는 해방시킬 것이라 생각한다. 그렇기 때문에 나는 곧바로 내 조국을 위한 활동을 재개하여 조국의 전진을 도와야 한다. 지금 우리는 '마지막 아리랑 고개를 넘어' 가고 있기 때문이다.

조선에는 민요가 하나 있다. 그것은 고통 받는 민중들의 뜨거운 가슴에서 우러나온 아름다운 옛 노래. 심금을 울리는 아름다운 선율에는 슬픔이 담겨 있듯이, 이것도 슬픈 노래다. 조선이 그렇게 오랫동안 비극적이었듯이 이 노래도 비극적이다. 아름답고 비극적이기 때문에 이 노래는 300년 동안이나 모든 조선 사람들에게 애창되어 왔다.

서울 근처에 아리랑 고개라는 고개가 있다. 이 고개 꼭대기에는 커다란 소나무가 한 그루 우뚝 솟아 있었다. 조선왕조의 압정하에서 이 소나무는 수백 년 동안이나 사형대로 사용되었다. 수만 명의 죄수가 이 노송의 옹이 진 가지에 목이 매여 죽었다. 그리고 시체는 옆에 있는 벼랑으로 던져졌다. 그중에는 산적도 있었고 일반 죄수도 있었다. 정부를 비판한 학자도 있었고, 조선 왕족의 적들도 있었고, 반역자도 있었다. 하지만 대다수는 압제에 대항해 봉기한 빈농이거나 학정과 부정에 대항해 싸운 청년 반역자들이었다. 이런 젊은이 중의 한 명이 옥중에서 노래를 한 곡 만들어서는 무거운 발걸음을 끌고 천천히 아리랑 고개를 올라가면서 이 노래를 불렀다. 이 노래가 민중에게 알려진 뒤부터 사형선고를 받은 사람이면 누구나 이 노래를 부르면서 자신의 즐거움과 슬픔에 이별을 고하게 되었다. 이 애끊는 노래가 조선의 모든 감옥에 메아리쳤다. 이윽고 죽기 전에 마지막으로 이 노래를 부를 수 있는 최후의 권리는 누구도 감히 부정할 수 없게 되었다.

'아리랑'은 이 나라의 비극의 상징이 되었다. 이 노래의 내용은 끊임없이 어려움을 뛰어넘고 또 뛰어넘더라도 결국에 가서는 죽음만이 남게 될 뿐이라는 의미를 내포하고 있다. 이 노래는 죽음의 노래이지, 삶의 노래가 아니다. 그러나 죽음은 패배가 아니다. 수많은 죽음 가운데서 승리가 태어날 수도 있다. 이 오래된 '아리랑'에 새로운 가사를 붙이려는 사람도 있다. 하지만 마지막 한 구절은 아직 만들어지지 않았다. 수많은 사람이 죽었으며, 더욱 많은 사람이 '압록강을 건너' 유랑하고 있다. 그렇지만 머지않은 장래에 우리는 돌아가게 될 것이다.

1910년 조선이 일본에 합병되었을 때 원래의 노래에 다섯 구절이 더 첨부되었다. 요즈음에는 가사가 다른 노래가 거의 100여 곡이나 된다. 만주 벌판 어디에서나 조선인 의용병이건 중국인이건 모두가 이 '아리랑'을 부르고 있다. 이 노래는 또한 일본에서도 널리 알려져 있다. 레코드에 취입된 '아리랑'만도 세 종류나 된다. '아리랑'이란 말이 이렇게 우리에게 친근하기 때문에 심지어 여인숙이나 다방까지도 이 이름을 사용하고 있다. 이광수도 이 노래를 주제로 하여 희곡을 썼다.

그중에는 조선에서 금지되어 있는 가사도 상당히 많다. 일본 사람들은 '위험한 노래'를 '위험한 사상' 만큼이나 두려워한다. 1921년에 한 공산주의자 지식인이 죽음을 목전에 두고 '위험한' 가사를 하나 만들었다. 또 어떤 사람은 '아리랑 고개를 넘어간다'고 하는 또 다른 비밀 혁명가사를 하나 만들었다. 이 두 노래를 불렀다는 이유로 6개월간 징역살이를 한 중학생이 상당히 많다. 나는 1925년에 서울에서 이런 곤욕을 치른 사람을 알고 있다.

'아리랑 고개는 열두 고개'라는 구절이 있다. 내가 처음 단테의 『신곡』을 읽었을 때, 그가 똑같은 숫자—열무 천국과 열두 지옥—를 사용했으며, 또한 신곡의 말뜻 역시 '이곳에 들어가는 자는 모든 희망을 버려라'라는 것이어서 놀랐던 적이 있다. 내 생각에는 7이 신비의 숫자이듯이 12라는 숫자는 불운을 가리키는 만국 공통의 숫자인 것 같다.

그렇지만 조선은 이미 열두 고개 이상의 아리랑 고개를 고통스럽게 넘어왔다. 우리의 작은 반도는 언제나 일본에서 중국으로, 중국에서 일본으로 혹은 시베리아에서 남쪽으로 진출해 나가기 위한 디딤돌이 되어왔다. 수백 년 동안 조선은 북

방문화의 중심지였는데, 오랑캐들이 중국을 침략할 때마다 조선에 침입하여 조선의 아름답고 개화한 도시와 농촌을 황폐하게 만들어버렸다. 그러나 비록 정복된다 하더라도 조선은 일시적인 지배자 밑에서도 자기동일성을 유지하였으며, 절대로 굴복하지 않고 재기할 기회를 기다렸다. 19세기 이래 만주와 중국으로 가차 없이 진군해 들어가고 있는 5,000만~7,000만의 일본인이 우리 '2,000만 동포'[2)]의 약한 성벽을 향해 끊임없이 밀려오고 있었다. 우리는 그들을 막아낼 수가 없었다. 오늘날에는 쇠못을 박은 장화가 조선을 무겁게 짓누르고 있다. 하지만 일본이 활보하지 못하게 될 때에는 어둠만이 있었던 곳에 파란 새싹들이 눈부시게 다시 돋아날 것이다.

내 짧은 인생살이 가운데서도 나는 조선이 아리랑 고개를 몇 고개나 올라가는 것을 보았는데, 그때마다 꼭대기에서 기다리고 있는 것은 오로지 죽음뿐이었다. 내가 태어났을 때, 조선은 러일전쟁의 와중에 외국군에게 한창 유린당하고 있었다. 1907년 일본의 보호국으로 된 뒤에는 7만의 조선 군대가 해체되어 어쩔 수 없이 국경 밖으로 퇴각하는 것을 내 눈으로 보았다. 1910년 조국이 식민지로 전락하는 것도 보았고, 해마다 100만 명 이상이 압록강을 건너 만주로 시베리아로, 중국으로 유랑하는 것도 보았다. 지금 조선 유랑민의 수는 200만 명을 넘고 있는데, 이중 만주에 100만 명, 시베리아에 80만 명, 일본에 30만 명이 있고, 나머지는 중국, 멕시코, 하와이,

미국, 기타 지역에 흩어져 있다.

1919년 3·1 민족운동의 기독교적 '평화시위' 이후에 전국이 감옥으로 변하는 것도 보았다. 5만 명이 투옥되고, 7,000명이 살해되었다. 나는 1919년 당시 3,000여 일본 유학생 중의 한 명이었는데, 4년 후에는 유학생 1,000여 명과 다른 조선인 5,000명이 1923년 관동대지진 때 학살당했다. 이 학살은 일본 국민이 1918년의 그 엄청난 '쌀폭동'을 두 번 다시 일으키지 못하도록 경고하기 위해 자행된 것이다. 왜냐하면 그 당시 일본 국민들은 부패한 지도층에게 '천벌이 내린 것'이라고 떠들어댔기 때문이다. 나는 1920년에 만주에서 유랑 생활을 하고 있었는데, 내가 떠난 지 불과 몇 주일 뒤에 일본 군대가 독립군 활동에 대한 보복으로 6,000명 이상의 조선인(그중에는 단 한 명을 제외한 내 친구 전원이 들어 있었다)을 학살하였다.

나는 상하이에서 젊은 테러리스트들을 만났다. 그들은 죽음을 두려워하지 않는 개인적 영웅주의로 조선인들을 학살한 것에 대해 복수를 하려고 하였다. 그러나 결과는 너무도 비참하였다. 1919년에서 1927년 사이에 일본놈에게 처형당한 의열단원만 해도 무려 300명이나 되었던 것이다. 나는 대한민국 임시정부를 지원하기 위해 상하이의 프랑스 조계(租界)에 모여 있던 3,000명의 조선인 중 한 사람이었다. 이 임시정부는 1919년 상하이에서 수립되었는데 1924년에는 몇몇 노인네들만을 상심과 실의 속에 남겨둔 채 와해되고 말았다.

나는 다른 조선인 800명과 함께 광둥으로 가서 중국혁명에 참가하였다. 그리하여 1925년부터 1927년 동안 조선혁명지도부의 정수가 무참히 희생당하는 것을 목격했다. 광둥코뮌 때만 해도 200명의 공산당 지도자가 참가하였는데 그 대다수가 죽었다. 나는 전멸할 운명에 놓인 중국 최초의 소비에트(하이루펑 소비에트)에서 다른 조선인 동지 15명과 함께 싸웠다. 그중에 지금까지 살아남아서 그때의 이야기를 할 수 있는 사람은 겨우 두 명뿐이다. 이 기회를 틈타 일본은 1928년 3월 15일에 조선에서 1,000명의 동지들을 '공산당원'이라는 이유로 일제히 검거했다. 그러나 그 당시 조선에 있던 공산당원은 모두 합해보아야 겨우 400명뿐이었다. 우리의 맹방이 중국대혁명에서 실패했을 때 우리는 이렇게 외쳤다.

"이제 모든 게 끝나버렸다."

1929년 중국과 조선 양국의 항일혁명운동을 상호 조정하기 위하여 나는 만주 지린(吉林)으로 돌아왔다. 당시 일이 어떻게 진척되었을까? 만주에 있는 대부분의 조선인이 중국에 귀화하려고 하던 바로 그때에, 장쉐량(張學良)이 이끄는 중국국민당원들이 일본놈들과 경쟁이라도 하듯이 양 국민의 단결을 분열시키려고 갖은 노력을 다하고 있었던 것이다! 2년 후에는 양국의 항일혁명운동을 상호 조정하려던 우리들의 노력이 위기에 직면하였다. 일본에 대한 하찮은 보복을 위하여 반일적인 조선인을 공격하는 중국인의 어리석음 때문에 조선민족주의자들은 중국인과 손을 끊어버렸다. 동시에 장쉐량 정부가 많은 조선인 혁명가들을 색출하여 발견하는 대로 처형하였다. 지린에서는 우리 조선공산당 동지들이 한꺼번에 40명이나 처형당한 적도 있었다. 1932년에는 조선공산주의운동을 파괴하기 위한 의도의 하나로서 지린 시에서부터 반쯔(班子)에 걸친 지역에서 800명의 젊은 조선인 농부를 투옥시켰다. 경험이 일천한 청년 원수 장쉐량이 후일 이 일을 얼마나 깊이 후회하였던가! 1936년의 시안(西安)사변이 일어나기 훨씬 이전에 이미 그는 모든 종류의 조선인 혁명가들, 특히 공산주의자들에게 협력을 요청하였던 것이다.

지금은 조선인 의용군들과 중국인 의용군들이 또다시 서로 손을 맞잡고 함께 일하고 있다. 또한 해마다 항일전에 목숨을 바치고 있는 재만 조선인들이 수백 명씩이나 된다.

수십 명의 조선인 동료들이 바로 내 옆 감방에 갇혀 있었다. 그들 중 상당수는 처형되었거나 고문으로 정신이 돌아버렸다. 지금 조선에는 정치범이 6,000명에 달하고 있다.

1905년 이래 해마다 이야기 내용에 변함이 없다. 어디선가 투옥되거나 사형된 자 수백 명. 조선에서는 물론이요, 차르 치하의 시베리아에서, 만주에서, 중국에서, 일본에서. 혁명가에게 있어서 나라를 넷이나 가진 인간은 나라를 하나도 갖지 못한 인간보다도 훨씬 비참하다. 각국에서 받는 것이라고는 오직 천국행 차표 한 장뿐이다. 우리 조선인들은 일본인, 중국인, 상하이의 영국인과 프랑스인, 조선 경찰 등에 의해서 '합법적으로' 체포된다. 아무 데서도 보호를 받지 못한다. 그러므로 조선인은 동양에서 가장 믿음이 깊은 기독교 민족인 것이다. 우리들은 하늘나라에서 우리의 슬픔이 멈추기를 기원한다. 그곳에는 자유라고 하는 '위험한 사상'을 가진 사람들을 잡아넣을 감옥이 하나도 없을 테니까 말이다.

이렇게도 많은 사람을 잃어버리고, 이렇게도 많은 억압과 고통을 감내하기에는 조선은 너무나 작은 나라이다. 하지만 아직 종말은 오지 않았다. 우리는 아직도 최후의 희생이 마침내 승리를 가져오리라는 희망을 간직하고 있다. 조선은 아직도 마지막 아리랑 고개를 올라가서 그 오래된 교수대를 때려 부술 정도의 힘을 가지고 있다. '10월혁명' 다음 혁명은 일본에서 일어날 것이요, 조선혁명은 11월에 일어날 것이라고 나는 믿는다.

내가 체험한 인생살이의 큰 윤곽을 그려볼 때, 거기에 보이는 것은 다만 뼈를 깎는 아픔 속에서 얻어낸 패배의 연속일 뿐이며, 앞길에는 험준한 산봉우리가 우뚝 솟아 있다. 내 인생에서 행복했던 기억은 하나도 없다. 나는 역사에 밀착해서 살아왔다. 역사는 목동의 피리 소리에 맞춰서 춤추는 것이 아니다. 역사를 움직이는 것은 부상자의 신음소리와 싸움하는 소리뿐이다. 투쟁하는 것이 바로 사는 것이다. 그 밖의 것은 모두 내 세계에서는 하나도 의미가 없다. 바로 그 투쟁의 대립물 속에 나와 인간생활의 일치가, 나와 인간역사의 통일이 존재하는 것이다.

  그럼 이야기를 시작해보기로 하자. 이야기를 진행해나가면서 철학적 사색도 할 수 있을 것이다.

1) 반독일동맹국의 일원으로 러시아를 세계대전에 끌어들이고 또한 프랑스 동부전선에서 서부전선으로 이동하여 독일에 대항하여 싸우고 있던 체코 군대를 동맹회원국으로 유도하기 위하여 동맹국들은 시베리아를 통해 러시아로 군대를 파견하기로 하였다. 여기에 응할 수 있는 군대는 미군 군대와 일본 군대였다. 일본은 이 기회에 시베리아 제국의 바이칼 호 서부지방까지 세력을 확장하려는 꿈을 꾸었고, 미국 군대는 일본 군대를 흡수하려는 목적을 가지고 이에 응했다. 이때 일본은 혁명을 분쇄하기 위하여 백러시아와 협조했다. 일본이 개입을 오래 끌게 되자 이 문제는 일본 내에서 인기를 잃고 일본군의 군수품은 바닥이 났다. '동맹군'(사실상 일본)의 개입은 1918~1922년까지 지속되었다.— 조지 토튼
2) 1935년 10월 1일의 국제조사에 의하면 조선 인구는 2,289만 8,695명인데 이중 일본인이 56만 1,384명이고 외국인(대부분 중국인)이 5만 639명이다.— 님 웨일즈

2
조국에서의 어린 시절

나는 한창 싸움이 벌어지고 있던 어느 산속에서 태어났다. 끊임없이 전쟁이 계속되는 동안에 마을 사람들은 모두 산속으로 피난갔던 것이다. 어머니도 선조들의 무덤이 있는 곳까지 도망쳐 갔다. 내가 태어난 것은 1905년 3월 10일이었는데 러일전쟁은 그해 8월까지 계속되었다.

내 고향은 평양 교외에 있는 차산리라는 조그마한 마을이었는데 일본군에게 점령되었다. 러시아군 진지는 더 북쪽에 있었다. 내가 태어난 그 산은 바다 근처에 있었다. 저 아래 포구에는 러시아 군함이 보였다고 어머니께서 들려주셨다. 마을 사람들은 전쟁 초기에는 러시아가 이기기를 바랐지만 전쟁이 계속되는 동안에 일본 쪽으로 마음이 기울어지게 되었다고 어머니는 말씀하셨다. 러시아 군대의 작태가 마을 사람들을 격노하게 만들었기 때문이다. 러시아 병사들은 마을 사람들을 윽박지르고 처녀들을 폭행했으며 소를 빼앗아 갔다.

반면에 일본군은 현명하게도 주민과의 대립을 피했고 물자를 조달할 때도 언제나 대가를 지불했다.

우리 가족은 그리 행복하지 못했다. 우리집은 자작농이었지만 아주 가난했고 언제나 빚더미에 짓눌려 있었다. 농토라고는 고작 1정보뿐이었으며 그 밖에 누에를 쳐서 해마다 60~80원의 수입을 올렸다. 우리집은 전형적인 조선의 초가집으로 커다란 방 한 칸과 그 옆으로 조그마한 광이 세 개 나란히 붙어 있었다. 방바닥은 온들을 놓고 그 위에 장판지를 발랐다. 겨울에는 온돌 밑의 연도(煙道)를 통해 온기가 올라와 방을 덥혔다. 우리는 밖에서 신을 벗고 방에 들어가서는 방바닥에 책상다리를 하고 앉았다. 방바닥은 반짝반짝 빛나고 깨끗했으며 아늑한 기분이 들었다. 내 어린 시절에서 가장 즐거웠던 기억은 두꺼운 초가지붕을 통해 무시무시한 겨울바람이 쌩쌩 몰아치는 소리를 들으면서 따끈따끈한 아랫목에 누워 있었던 기억이다. 그렇지만 언제나 따뜻했던 것은 아니다. 불을 때는 데는 돈이 많이 들기 때문에 음식을 만들고 있을 때만 방바닥이 따뜻했다. 그때만 하더라도 장작보다는 석탄이 훨씬 쌌다. 남아 있던 삼림은 곧바로 일본군에게 약탈당했던 것이다.

당시는 폭풍 같은 시기였다. 어느 곳에 가든지 사람들이 울부짖는 모습을 볼 수 있었다. 그때의 인상이 지금까지도 잊히지 않는다. 어른들은 여럿이 모여서 열을 올리며 이야기하였고 여인네들은 마른 풀을 한 무더기씩 아궁이에 집어넣어 불길을 살리면서 연기 나는 아궁이 한쪽 옆에 서서 끊임없이 눈시울을 훔치고 있었다. 뒷동산에 올라가면 마치 검도나 권투를 하고 있는 것 같은 싸움소리가 들려왔다.

"이게 무슨 소리예요?"

나는 무서워서 어머니 치맛자락에 매달렸다.

나에게 있어서 이 말은 불길한 의미를 갖고 있었다. 왜놈은 내 어린 시절의 도깨비였다. 그것은 1910년 8월 22일 조선이 일본에 합병되기 한두 달쯤 전의 일이다.

어른들 간에 단발문제로 논란이 있었던 기억이 난다. 그 문제가 마치 세상에서 가장 중요한 것인 듯이 보였다. 상투를 잘라버린 사람들은 다른 사람들한테 배척받는 존재였다. 그런 사람이 지나갈 때 우리 꼬마들은 손가락질을 하며 놀려댔다. 단발을 했다는 것은 그들이 독립협회의 회원이라는 것을 의미했다. 그들은 신식학교를 세우고 이제 막 일어나고 있는 일의 의미를 사람들에게 가르치려고 했으나, 마을 사람들은 고함을 지르고 떠들어대면서 떼를 지어 이 학교로 몰려갔다.

그토록 무서워하던 왜놈을 처음 본 것은 일곱 살 때였다고 기억된다. 순사 두 명이 우리집에 와서는 어머니 얼굴에 마구 주먹질을 해댔다. 마침내 어머니의 입술이 터져서 피가 흘러나왔다. 나는 울부짖으며 뛰어나가서 주먹으로 그놈들을 때리려고 하였다. 하지만 어머니가 애원하시면서 나를 말렸다.

"제발, 제발……. 절대로 달려들어서는 안 된다. 말썽을 일으키지 마라."

순사가 간 다음에 나는 어머니께 물어보았다.

"왜 그놈들이 엄마를 때리는 거예요?"

"왜놈들이 억지로 예방주사를 놓고 있단다. 그런데 내가 빨리 가서 주사를 맞지 않았기 때문에 왜놈들 기분이 상한 거란다. 오늘은 집안일이 많아서 내일 틀림없이 예방주사를 맞겠다고 했더니 그놈들이 화를 낸 거란다."

어머니는 목 메인 목소리로 설명해주셨다.

"그놈들은 여인네를 업신여긴단다. 하지만 너는 절대로 그놈들의 신경을 건드려서는 안 된다."

언제나 마찬가지였다. 왜놈들이 어떤 짓거리를 하든지 너는 절대로 달려들어서는 안 된다, 달려들면 '말썽이 일어날' 것이다. 이것이 이 문제에 대해 으레 듣는 말이었다. 이런 태도를 갖는 데는 무언가 그럴 듯한 이유가 있을 것이라는 생각이 들기는 했지만, 그것이 무엇인지는 알 수가 없었다. 우리 조선 사람들은 이렇게 많이 있고 왜놈들은 저렇게 조금인데……. 왜놈들을 몽땅 바다 속에 쓸어 넣어버리는 것쯤 얼마나 손쉬운 일인가!

바로 그 주일에 나는 또한 친일파란 매국노도 있다는 것을 알게 되었다. 나는 왜놈들보다도 그놈들에게 더욱 화가 났다. 우리 마을에 일본말을 조금 할 줄 아는 노인 한 명이 다른 집안에 원한을 품고 있었다. 그 집안의 늙으신 춘부장께서 예방 접종을 반대하여 접종 거부 의사를 밝혔다. 그러자 이 노인이 그 사실을 왜놈한테 일러바쳐 왜놈이 그 춘부장을 쌀 찧는 나무 절구공이에 묶어놓고 마구 때렸다. 그 일이 있은 후로 이웃 사람들은 노인을 피했고 그 사람 앞에서 왜놈 욕을 해서는 안 된다고 서로서로 일러주었다. 왜놈한테 일러바칠 것이 분명했기 때문이다.

우리 식구 11명은 한지붕 밑에서 살았다. 나는 셋째아들이었다. 큰형은―형수와 조카들은 우리와 함께 살았다―서당에 다녔지만 작은형은 신식 소학교를 마쳤다. 아버지는 옛날식 유교론자였고 한글은 물론이요 한문도 약간 읽을 수 있었다. 어머니는 학교에 다니신 적은 없지만 한글은 약간 읽을 수 있었다. 한글은 배우기가 아주 쉽다. 어머니와 큰형수는 독실한 기독교인이었으며 어떤 일이 있더라도 교회를 빠지는 법이 없었다. 이 두 사람은 크건 작건 어떤 문제가 일어날 때마다 그 문제에 대해 기도했다.

밥은 하루 두 번만 지었다. 밥 지을 땔감이 부족했기 때문이다. 아침밥은 9시에 먹는데 상에는 흰 쌀밥, 국, 소금에 절인 정어리, 채소―대개 무말랭이나 절인 배추―가 올라온다. 점심밥은 아침에 먹다 남은 것을 먹기 때문에 찬밥이란 것 말고는 아침밥과 다른 것이 없다. 저녁밥은, 겨울에는 5시나 6시에, 여름에는 6시나 7시에 먹는다. 저녁밥도 아침밥과 별로 다를 것이 없고, 한 달에 두세 번 닭고기국이나 쇠고기국을 먹는다. 우리집은 가난하기는 했지만 그렇게 비참한 지경은 아니었다. 가난한 조선 농민들은 설날, 추석날, 단옷날 등 명절 때에나 겨우 고기 맛을 본다. 가난한 집안의 여자와 어린애들은 세 끼 식사 중 배부르게 먹는 때가 한 번도 없으며 언제나 배고픔에 허덕이고 있다.[1] 그네들은 자기 자신이 농사를 짓고 있으면서도 제사 때 외에는 쌀밥을 먹어볼 수가 없다. 우리 조선에는 단 음식이 없다. 보통은 차도 마시지 않고 고작 냉수나 마실 뿐이다.

우리의 식사 습관은 중국 사람보다는 일본 사람에 더 가깝다. 우리는 금이나 은으로 만든 숟가락과 젓가락을 사용한다. 나무 젓가락은 한 번 사용하고 버리는데 이것은 조선의 모든 주막에서 철칙으로 되어 있다. 다른 사람의 젓가락은 절대로 사용하는 법이 없다. 그리고 각자 자기의 밥상과 밥그릇, 국그릇을 따로 가지고 있다. 아무리 가난한 남자라도 마누라 밥상은 없어도 자기 밥상만은 반드시 가지고 있다. 일본 사람이 다다미 위에 앉는 것처럼 우리도 방바닥에 앉는다. 그러면 어머니가 밥상을 차려주신다. 중국 사람은 공동접시에 음식을 담아 여럿이 나눠 먹지만 우리는 그렇지 않다. 이것이 우리가 중국 사람보다 병에 훨씬 덜 걸리는 이유이다. 나는 중국인의 식사 습관이 마음에 들지 않는다. 우리들은 식사 때 늦는 사람이 있어도 기다리지 않으며, 식사 중에는 말을 하지 않는 습관이 있다. 밥을 먹고 나면 남자들은 긴 곰방대로 담배를 피우고 난 후 이야기를 한다. 중국에서는 식사를 하면서 끊임없이 지껄여댄다. 우리가 중국 사람보다 훨씬 더 개인주의적이다. 조선 주막에서는 손님끼리 이야기를 해서 친해지는 법이 절대로 없다. 그리고 모든 식사 시중은 따로 받는다.

나는 학교에서 세 나라 말을 배웠다. 소학교에서는 필수적으로 일주일에 일본어를 7시간, 조선어를 5시간, 한자를 3시간씩 배우도록 정해져 있었다. 일본 아이들은 이런 학교에 다니지 않았다. 일본인 학교가 따로 있었다. 조선총독부는 조선인의 세금에서 나온 경비를 조선인 공립학교뿐만 아니라 일본인 공립학교에도 지출하였다. 수업료가 전액면제인 학교도 있었고 한 달에 1원씩 받는 학교도 있었다. 비록 도시 아이가 농촌 아이보다는 학교 다니기가 쉽기는 했지만, 그래도 가난한 집 자식치고 1년 이상 학교에 다니는 아이는 거의 없었다. 빈농집 자식들은 충분히 일할 수 있을 만큼 자라면 들에 나가 농사를 지어야만 했다. 그렇지만 조선인은 모두 교육에 대단한 열의를 가지고 있었으며 가족 중 한 사람이 읽기를 배우면 모든 식구들에게 가르쳐준다. 기독교 교회, 특히 감리교와 장로교 계통의 교회에서는 일요학교를 개설하고 있다.

우리들 귀에 이따금씩 가까운 만주 국경에서 일어나는 흥미로운 사건에 관한 소식이 들려온다.

"이틀 전에 10인조가 들어와서 왜놈을 여섯 놈이나 죽였대.

우리 편은 한 명밖에 안 죽었대. 나머지는 국경을 넘어 멀리 사라져버렸대."

한 소년이 말을 꺼내자 다른 소년이 우리 모두에게 비밀을 지킬 것을 약속받은 후에 말을 받았다.

"우리 형도 지난주에 집에 와서 우리와 함께 지냈어. 다른 투사 다섯 명과 함께 돌아와서 평양 근처에서 왜놈 보초들에게 총을 쏘았어. 그러고 나서 하루 종일 논 속에 숨어 있었기 때문에 왜놈들에게 붙들리지 않았다."

영웅에 대한 존경심으로 우리들의 마음은 불타올랐다. 그래서 이 다음에 어른이 되면 독립군에 가담해서 침략자 왜놈들을 기습공격하기 위해 공격대를 이끌고 압록강을 넘어오겠다고 새로이 결의를 다지곤 했다.

"그때는 우리 젊은이들이 수백만 명이 될 거야. 그러면 왜놈들은 병아리처럼 모조리 달아날 거야."

그리하여 우리는 우리의 소년시절의 영웅이었던 이동휘 장군[2] 이야기를 되풀이했다. 얼마나 많은 왜놈들을 죽였을까. 또 부하 병사들과 함께 산속에 숨어 사는 동안 얼마나 많은 호랑이의 뒤를 몰래 밟았을까 등등. 우리는 장군이 조국을 구하기 위하여 시베리아와 만주에서 새 부대를 얼마나 훈련시키고 있을까 하는 것도 생각해보았다.

춥고 긴긴 겨울밤, 학교 기숙사에서 우리는, 수많은 수행원들을 데리고 기차에서 내린 이토 히로부미를 안중근[3] 의사가 하얼빈 역에서 어떤 식으로 저격했는가 하는 이야기와 조선 독립을 위해 대담무쌍한 행동을 했던 사람들에 대해 끊이지 않고 이야기를 나누곤 했다.

나는 운동시합을 좋아했고 씨름시합에는 늘 참가하였다. 조선의 모든 소년들은 씨름을 해서 우열을 가렸다. 조선의 운동경기는 오랜 전통을 가지고 있고, 극동에서 가장 뛰어난 운동선수를 많이 배출했다. 매년 국민체육대회가 개최되었다. 이 대회는 단옷날에 열렸는데 '대운동회'라 불렸다. 이날은 옛날의 파종제(播種祭)에서 유래한 것이다. 추석날에도 추수제(秋收祭)가 있어서 노래를 부르고 상징적인 춤을 춘다. 풍작일 때에는 모든 사람들이 기뻐했고 흉작인 해에는 춤을 추지 않았다. 이 추석명절은 요즈음은 그다지 지켜지지 않고 있다. 오늘날 조선 사람들은 노래 부르고 춤출 만큼 행복하지 못하기 때문이다.

운동회에 갈 때면 나는 언제나 가슴께에 옷고름을 묶는, 길고 후리후리한 구식 베 두루마기를 입고 갔는데, 그럴 때면 옷이 바람에 펄럭여 마치 새의 날개같이 보였다. 그러나 머리는 절대로 길게 늘어뜨리지 않았다. 요새 남학생들은 모두 겨울에는 검은색, 여름에는 푸른색이나 하얀색 제복을 입고 여학생은 흰 세일러복에 검정 치마를 입는다.

단옷날 제사는 언제나 먼 곳까지 볼 수 있는 높은 봉우리에서 지냈다. 이날 사람들은 모두 새 옷을 입고, 가장은 모든 식구들에게 용돈을 주어야 했다. 산허리에는 남자의 드넓은 바지가 바람결에 물결치고 여기저기서 여인네의 삼겹치마가 꽃송이처럼 이리저리 흩날렸다. 장사들이 모여서 힘자랑을 하였고, 점잖은 노인네들은 갓을 쓰고 둘러앉아 구경을 했다. 상품도 있었다. 농부들은 농기구와 황소를 받았다. 일등상은 근동에서 가장 좋은 황소였는데 그리스 신화에 나오는 소처럼 온통 꽃으로 장식하였다. 어린이의 일등상은 송아지였다. 언젠가 나는 씨름시합에 참가하여 다른 아이들을 여섯 명이나 집어던져서 상으로 공책과 연필을 받고 우쭐댄 적이 있다. 씨름은 가장 많이 하는 운동시합이었다. 하지만 조선 씨름은 일본 씨름과는 다르다. 조선 씨름은 종교적인 색채를 전혀 띠지 않은, 건강하고 자연스러운 운동이다.

나는 언제나 성격이 격렬했고 자존심이 강했으며 고집이 셌다. 하지만 몇 년이 안 되어 이런 단점들은 스스로 고쳤다. 비록 어린 나이였지만 나는 절대로 벌 받는 것에 승복하지 않았다. 아버지한테 매를 맞더라도 절대로 울지 않았고 산으로 뛰어 올라갔다. 그러고는 밥도 먹지 않았고 내가 아주 좋아했던 어머니 외에는 아무하고도 말을 하지 않았다. 나는 언제나 골목대장이었으며 내 주위의 아이들을 내게 복종시켰다. 11살 되던 해 학교에서 나하고 사이가 좋지 않던 아이와 싸워서 그애의 코를 짓뭉개버렸다. 그 일로 아버지께서 크게 노하셨다. 나는 아버지에게 대들었다. 그리고 다시는 집에 돌아오지 않겠다고 집을 뛰쳐나갔다. 그 후로 잠깐씩 찾아갔던 적이 몇 번 있기는 했지만, 절대로 돌아가지 않았다.

그 당시 둘째형이 근처 시내에서 조그마한 구두 가게를 하고 있었다. 나는 둘째형을 찾아갔다.

"뭐 하러 도망쳐 나왔니? 내년이면 학교를 마칠 수 있을 텐데."

형은 돌아가라고 하면서 8원을 주었다. 돈은 받았지만 돌아갈 낯이 서지 않았다. 그래서 집으로 돌아가지 않고 학교 친구의 친척뻘 되는 어떤 부자를 찾아갔다. 이분은 나를 동정해 중학시험 준비를 하도록 도와주셨다. 그러나 나는 시험에 떨어졌다. 나는 이 집에서 넉 달간 일했다. 하지만 우리 식구들에게는 내가 있는 곳을 알려주지 않았다.

그러던 어느 날, 그 집 아주머니의 장바구니를 들고 거리를 걸어가다가 우연히 둘째형과 마주쳤다. 나는 숨으려고 했지만 형이 좇아와서는 슬픈 목소리로 말했다.

"어머니가 아주 슬퍼하고 계신다. 하지만 아버지는 아직도 화가 풀리지 않으셨어. 집으로 돌아갈 필요는 없다. 우리집에 있으면서 예비학교에 나가 공부나 하려무나."

나는 형네 집으로 들어가서 형의 구두 가게에서 일을 해 돈을 버는 한편, 중학시험 공부를 하였다.

형과 형수 모두 나를 아주 친절히 대해주었다. 형은 착한 사람이었으며, 그 후에도 내가 곤경에 빠질 때마다 종종 도와주었다. 형이 나의 반항적인 성향을 조장한다고 가족들은 형을 욕했다. 그러나 형은 나를 측은하게 여겼다. 왜냐하면 형도 역시 19살에 집을 뛰쳐나왔기 때문이다.

형은 집에서 돈을 조금 훔쳐서는 걸어서 서울까지 갔다. 서울에서 상업학교에 다니면서 양화점의 도제로 취직하여 생활비를 벌었다. 2년 후 구두 재봉틀을 아주 훌륭하게 다룰 수 있게 되자 평양으로 돌아와 일본에서 가죽을 구입해서 손수 조그마한 구두 가게를 차렸다. 이 시내에서는 형의 가게가 최초로 재봉틀을 사용해서 신식 구두를 만든 가게였기 때문에 사업이 번창했다. 그래서 15년 후에 형이 병으로 죽었을 때 가게의 자본금이 3만 원이나 되었다. 우리 식구들은 형이 돈을 얼마나 가지고 있는지 알지도 못했다.

형이 집을 나간 이후로 아버지는 '후레자식' 일에는 절대로 참견하지 않으려고 하셨다. 유교의 가부장 전통을 고수하는 다른 사람들과 마찬가지로 아버지는 집에서 엄격한 주인이었고, 그래서 불효는 절대로 용서하지 않았다. 하지만 어머니는 몰래 형과 나를 보러 오셨다. 그러면 형은 가끔씩 어머니와 누이동생들 쓰라고 돈을 건네주었다. 아버지는 언제나 빚에 허덕이고 있었기 때문에 가족들 생활은 항상 어려웠다.

가부장적 가족제도에서 특권적인 지위에 있는 대부분의 장남과 마찬가지로 큰형은 자기 동생들과는 아무런 관계도 없는 듯이 보였다. 큰형은 방만하고 이기적이며 냉혹한 사람이었다. 작은형과 나는 큰형에게 예의바른 형식적 관계 이상의 태도를 취한 적이 한 번도 없었다. 식구들은 모두 큰형을 미워했으며, 반면에 가출한 작은형을 좋아했다. 큰형은 농부이자 쌀장수였는데, 스스로 농사지은 쌀을 기계방아로 찧어서 팔았다. 큰형은 소실을 얻자 본부인과 자식 네 명을 내동댕이치고는 딴살림을 차렸다.

후에 작은형은 세상을 떠나면서 어린 두 자식을 위하여 1만 원을 은행에 예금해 두었으며, 작은형수에게는 총 2만 원을 유산으로 남겨주었다. 이 사실을 안 큰형은 작은형수에게서 이 돈을 갈취하려고 하였다. 큰형은 장자상속권이라는 중세적 권리를 주장하려고 애를 썼다. 점잖고 의지할 데 없는 작은형수는 법에 대해 전혀 몰랐다. 그래서 사태가 어떻게 돌아가는지 알아차렸을 때에는 이미 이 악당이 작은형수의 돈 2만 원을 갈취한 뒤였고 은행예금까지도 자기 관리하에 두려고 하던 때였다. 어머니께서는 작은형수를 지켜주려고 애쓰셨다. 작은형수는 내게 편지를 내어서 잠시만 돌아와서 도와줄 것을 요청하였다. 그러나 그 당시 나는 광둥에서 혁명운동을 하느라고 한창 바쁜 때였다.

작은형수와 조카들은 언제나 나를 좋아했고 신뢰했다. 그래서 작은형수는 내가 두 조카들의 공부를 지도해주기를 바랐다. 그렇지만 나에게는 가족을 도와줄 만한 여유가 없었다.

1) 1926년에 〈동아일보〉가 조사한 바에 따르면 조선인 한 세대의 연평균 지출은 19원 70전이고 반면에 수입은 16원 30전에 불과하다. 농민은 언제나 빚에 몰려 토지를 잃고 굶주린다. 농가의 평균수입은 8일 노동에 약 6전밖에 안 된다. 조선총독부는 13전으로 추정하고 있지만, 이것은 부정확하다. 농민은 1년의 반밖에 일하지 못하므로 놀고 있는 6개월도 계산에 넣어야 하기 때문이다.— 김산

2) 이동휘(李東輝, ?~1928) : 함경도 단천(端川) 출신. 구한국군 무관학교 졸업. 안창호(安昌浩)와 함께 신민회(新民會), 서북학우회(西北學友會) 등을 통하여 계몽운동에 종사. 1907년 조선군대 해산에 즈음하여 강화 진위대의 의병투쟁에 참가. 1911년 데라우치(寺內正毅, 1825~1919) 총독 암살미수 사건에 연루되어 투옥. 후에 만주로 망명하여 문창범(文昌範) 등과 함께 대한국민의회를 조직하였고, 1918년 하바로프스크에서 한인사회당을 조직. 1919년 상하이 임시정부의 군무총장과 국무총리를 역임했으나 후일 이승만과 대립. 1921년 상하이에서 고려공산당(상하이파)을 조직. 1922년 상하이 임시정부의 정견 대립과 이른바 60만 원 활동자금 사용문제로 임시정부 국무총리직을 사임. 임정을 떠나 시베리아로 가서 항일운동을 계속. 이르쿠츠크파 고려공산당과의 당파 분열에 맞서 화해를 시도했으나 실패. 1924년부터 그의 명성이 떨어지기 시작(서대숙, *The Korean Communist Movement 1918~1948*, Princeton : Princeton University Press, 1967, pp. 6~21).— 조지 토튼

3) 안중근(安重根, 1879~1910) : 본명은 안응칠(安應七)이다. 황해도 해주에서 출생. 이조 말기에 정치운동가로 활약. 조선에 강요된 일본의 보호 상태에 대한 모욕감을 안고 1905년에 고향을 떠났다. 이범윤(李範允), 최재형(崔才亨)과 함께 의병을 조직하여 지휘관이 되었다. 의병은 만주 건너편의 해룡지방과 소련 국경선에 인접한 두만강의 경흥(慶興) 지방의 일본인들을 괴롭히며 공격하였다. 1909년 10월, 이토 히로부미

(伊藤博文)의 만주 방문시 하얼빈 역에서 그를 암살하는 데 성공했다. 일경에 체포되어 31세의 나이로 만주의 뤼순(旅順) 감옥에서 처형됨.
— 안도 지로

3
독립선언

 형의 구두 가게에서 일하면서 몇 달 동안 공부를 하여 중학교 입학시험에 합격할 수 있었다. 나는 학생이 약 300명쯤 되는 기독교계 학교에 들어갔다. 지리와 역사를 가르치는 선생님이 우연히도 우리 마을 사람이어서 나를 아껴주셨다. 그래서 매주 선생님 댁에 식사초대를 받았다. 그 선생님은 나에게 문학도 가르쳐주었으며, 또한 가끔 중국에 대한 이야기도 들려주었다.

 종교문제에 대해서 선생님은 언제나 이렇게 논평하셨다.

 "너나 나나 모두 독실한 기독교 신자다. 기독교야말로 오늘날 조선을 진정으로 통일시킬 수 있고 위대한 교육의 추진력이 되고 있다는 것을 절대로 잊어서는 안 된다. 기독교는 인간해방을 위한 운동이다. 조선이 기독교 국가가 된 것은 그 때문이다. 우리 조선인은 모두가 이상주의자인데, 이상주의는 역사를 창조한다. 중국인은 너무나 금전에 매달리기 때문에 기독교를 믿는 국민이 될 수 없다. 결국 중국인은 물질주의 때문에 파멸하고 말 것이다. 일본인은 사무라이적 봉건주의 단계에 머물러 있어 대단히 낙후되어 있다. 조선이 이 두 나라를 모두 지도하게 될 것이다."

교회에 가서 기도할 때면―나는 어머니와 누이들 그리고 형수를 생각해보았다―언제나 용감한 말들이 쏟아져 나오지만, 신앙에 대한 보답이라고는 오로지 슬픔뿐이다.

"그렇지만 단지 기독교를 믿기만 하고 아무런 행동도 하지 않는다면 의미가 없습니다. 우리는 너무나 오랫동안 한쪽만 바라보고 있습니다."

"너도 알게 되겠지만" 하고 선생님은 조심스럽게 말씀하셨다.

"기독교는 조선독립의 모태가 될 것이다. 조선에서는 기독교가 부활의 표상이지, 단순한 정신적인 종교기관이 아니다. 종교의 이름으로 커다란 역사적 사건이 수없이 일어났다."

그 후 얼마 안 되어 역사적인 사건이 정말로 나타났다. 1919년 3월 1일.[1)]

그날 아침 선생님은 엄숙하고 극적인 모습으로 교단에 올라와서 우리 생애에 결코 잊을 수 없는 훌륭한 말로 충만한 연설을 하셨다. 하지만 오늘날에는 이 말이 얼마나 아이러니하게 들리는지!

"오늘은 우리 조선의 독립을 선언하는 날이다. 조선 전역에 걸쳐서 평화적인 시위가 있을 것이다. 우리의 집회가 질서정

연하고 평화적으로 이루어지기만 한다면 우리는 윌슨 대통령과 파리평화회의에 참석한 열강들의 지원을 받을 것이요, 그러면 조선은 자유로운 나라가 될 것이다."

학생들은 와! 하고 함성을 터뜨렸고 환희의 눈물을 흘렸다. 우리는 껑충껑충 뛰어올랐고 손에 손을 맞잡고 춤을 추었다.

그러고 나서 선생님 주위에 가까이 모여 선생님께서 무슨 말씀을 더 하시는가 하고 귀를 기울였다.

"그들은 국민 전체의 목소리에 귀를 기울이지 않을 수 없다. 윌슨 대통령은 강화회의에서 민족자결주의의 원칙을 위해 싸우고 있고 모든 나라와 모든 인민들을 위해 민주주의를 지키려고 분투하고 있다. 대통령 뒤에는 세계에서 가장 유력한 국민이 버티고 서 있다. 일본이 조선을 노예화하는 것을 미국은 용납하지 않을 것이다. 우리는 단지 독립과 민주주의만을 요구하고 있을 뿐이다. 이것은 어느 민족이나 천부적으로 가지고 있는 권리이다. 우리는 무기를 든다거나 폭력을 써서 대항하는 것이 아니다. 우리의 정당한 요구는 거부될 수가 없다. 조선독립 만세!"

"조선독립 만세! 만세! 만세!"

우리는 만세삼창을 외쳤다.

"정말로 파리평화회의에서 조선을 도와줄까요?" 하고 우리는 선생님께 물어보았다.

선생님은 강력하게 주장하셨다.

"세계의 모든 신문이 우리의 대규모 대중시위를 보도할 것이다. 열강들이 베르사유에서 이 이야기를 듣게 되면 조선을 내버려두지 않을 것이다. 그들의 양심이 눈을 뜰 것이다. 파리 평화회의에서 일본은 그다지 발언권이 없다. 열강의 국민은 자기네 지도자가 약소민족을 배반하는 행위를 용납하지 않을 것이다. 새로운 세계가 열리고 있다. 인류를 위하여 얼마나 위대한 일들이 일어나고 있는지 여러분들은 모를 것이다. 자, 들어보아라. 1914년 이래 세계대전으로 수백만 명이 죽었다. 연합군 병사들이 세계의 민주주의를 지키기 위해 죽어간 것이다. 자기 자식들이 이처럼 커다란 희생을 치르게 되자 전 세계 인민들이 다른 나라를 위하여 정의와 자유를 요구하며 들고일어나고 있다. 지금 조선은 자유를 위하여 전 세계의 인민들과 서로 손을 맞잡고 있는 것이다! 인류가 모두 형제가 될 날도 멀지 않았다. 독일조차도 다른 나라늘과 마잔가시로 민주국가가 될 것이다. 파리평화회의의 결정을 준수하고 민족 간의 평등에 동의하기만 한다면 우리는 일본과도 손을 잡을 것이다. 우리는 단지 친구를 찾고 있을 뿐이다. 적은 만들고 싶지 않다. 나는 여러분들에게 윌슨 대통령의 14개 조항에 대해 여러 차례 들려주었다. 만일 우리가 평화적인 시위를 해서 그의 입장을 강화해주기만 한다면 윌슨 대통령은 파리평화회의에서 조선을 편들 것이다. 휴전은 14개 조항의 실현만을 조건으로 수락된 것이다. 제5조에는 식민지 주권에 관하여 식민지

주권의 이해를 관계국의 이해와 동등하게 존중한다고 명백하게 적혀 있다."

선생님은 호주머니에서 구겨진 선전 전단을 한 장 꺼내어 그것을 보면서 말씀하셨다. 하지만 사실 선생님은 이제까지 말씀하셨던 장려한 문구들을 모조리 외우고 계셨다. 그 희망찼던 시절에 조선의 지식인 중에서 이것을 암기하지 못한 사람이 과연 있었을까? 물론 우리 학생들도 역시 알고 있었다.

"우리는 전 세계의 모든 전제권력을 타도하여 세계의 평화를 지켜야 한다. 그리고 모든 주권문제의 결정은 오로지 관계국 국민들이 자기의 자유의지에 따라 그 결정을 승인하는 데 기초해야 하며 그 민족을 지배하려고 하는 군사강대국의 물질적 이익에 기초해서는 안 된다고 윌슨 대통령은 선언하였다. 6주 전에 베르사유에서 평화회의 1차 회담이 있었다. 며칠 전 각국 대표 앞에서 한 위대한 연설에서 윌슨 대통령은 자신이 언제나 고수해왔던 입장을 분명히 밝혔다. 대통령은 '각국 정부는 피치자의 승인을 얻어야만 정부로서 정당한 권력을 가질 수 있으며 인민을 재산과 같이 이 나라 주권에서 저 나라 주권으로 양도할 수 있는 권리는 어디에도 없다' 라고 말했다. 이것은 결국 윌슨 대통령이 조선인민의 의지를 존중해야 한다고 주장한 것이나 마찬가지다. 그러니 조선인의 의지를 하늘 끝에서 땅 끝까지 울려 퍼지도록 만들자! 우리 조선의 애국적 지도자들은 이 연설내용을 읽는 즉시 오늘 범국민적인 시위행진을 결행하기로 결정하였다. 남녀노소 할 것 없이 모두 여기에 동참해야 한다. 그리고 우리 기독교인들이 앞장을 서야 한다. 자, 나와 함께 나가자."

 선생님은 우리를 이끌고 거리로 나갔다. 우리는 수천 명의 다른 학생, 시민들과 함께 대오를 이루어 노래를 부르고 구호를 외치면서 거리를 누볐다. 나는 너무나 기뻐서 가슴이 터질 것만 같았다. 모든 사람들이 환호하였다. 나는 흥분한 나머지 하루 종일 밥 먹는 것도 잊어버렸다. 3월 1일에 끼니를 잊은 조선인이 수백만 명은 될 것이다.

 우리가 행진하고 있을 때 백발이 성성한 노인 한 분이 계단에 나와 쉰 목소리로 외쳤다.

 "이제 내 살아생전에 조선의 독립을 볼 수 있겠구나!"

 시위를 하는 중에 시내에서는 대중집회가 열렸고 미국 독립선언문을 본딴 독립선언문이 낭독되었다. 나는 새까맣게 깔린 인파를 뚫고 맨 앞줄에 나가 영원한 운명의 계시라도 들어 있는 듯이 독립선언문 낭독에 귀를 기울였다. 듣고 있자니 피가 끓어올랐다. '최후의 한 사람까지 자유를 위한 열혈을 땅에 흘릴 것이니'란 대목에서 특히 그랬다. 지금 돌이켜보면 세상에 그만큼 강한 이상주의적인 희망도 있었던가 하고 의아하게 생각된다. 이 독립선언문의 정신은 국제주의적 색채가 강했고, 무력투쟁의 원칙에 반대하여 평화와 각국 공통의 도덕적 가치라는 원칙을 호소하였다. 선언문에서는 중국과 인도에게도 참가할 것을 호소하였다. 영일 양국 사이에 산둥성의 일부를 일본에게 할양한다는 비밀조약이 이미 체결되었다는 것이 밝혀지자 중국은 즉각 반응을 보였다.[2]

이것이 나로서는 처음으로 정치의식에 눈을 뜨게 된 계기였다. 대중운동의 힘이 내 존재를 뿌리부터 뒤흔들어 놓았다. 나는 하루 종일 거리를 뛰어다녔고 아무 시위에나 가담하여 목이 터져라 외쳐댔다. 이날 밤에는 교지편집을 도와주었다. 나는 교지에, 모든 사람의 입에 올랐으며 나 자신의 영혼에 불을 지른 저 장려한 대목을 열광적으로 쓰고 또 썼다. 내가 거대한 세계운동의 중요한 한 부분이며, 천년왕국이 이미 도래했다는 것을 믿어 의심치 않았다. 그래서 몇 주일 후에 전해진 베르사유의 배반[3] 소식을 듣고 받은 충격은 어찌나 컸던지 심장이 갈기갈기 찢어지는 것만 같았다. 한낱 언어 나부랭이를 믿다니, 그 당시 우리 조선인들이 얼마나 소박하고 불쌍한 사람이었던가!

이 며칠 동안 나는 여러 가지로 충격을 받았다. 마치 지진 속에서 살아가고 있는 것만 같았다. 나는 힘의 의미와 무저항의 공허함을 깨달았다. 처음에는 기독교적인 순교 정신이 아주 영웅적인 것처럼 생각되었는데 결국에는 어리석은 것이라는 게 드러났다. 기독교 여신도들이 거리에 모여서 찬송가나 민족독립가를 부르고 있을 때 일본군들이 그네들을 향하여 발포하는 것을 몇 차례나 목격하였다. 일본군은 대검으로 찌

르기도 했다. 많은 부상자들이 병원에서 죽어갔다. 그런데도 여신도들은 도망치지도 않고 조용히 서서는 하늘을 우러러보며 계속 기도할 뿐이었다. 처음 이런 광경을 보았을 때는 왜놈들에게 화가 벌컥 치밀어올랐지만, 곧이어 그렇게도 수동적으로 죽음을 기다리고 서 있는 기독교인들에 대해 조바심과 짜증이 났다. 나는 복수하고 싶은 마음에 주먹이 근질거렸다.

그러던 중에 나에게 깊은 인상을 준 사건이 하나 있었다. 기독교인인 어느 조선인 지도자 한 명이 서대문 밖에서 십자가에 매달려 있는 것을 보았다. 왜놈들이 "기독교 신자니까 이렇게 하면 천당에 갈 수 있겠지"하며 그를 십자가에 못 박은 것이었다. 많은 여인네들이 찾아와서 십자가 밑에 무릎을 꿇고 기도를 했다. 이 여인들은 울기만 할 뿐 아무것도 하지 않았다. 이것이 격분하지 않는, 냉정하면서도 고의적인 잔인성을 알게 된 최초의 경험이있다.

이튿날 기독교 각파가 일제히 집회를 열고 시위운동의 성공을 기원하였다. 그들은 파리평화회의에 참석해 있는 윌슨 대통령을 위해 기도했다. 그리고 일본이 조선의 요구에 정당하게 귀를 기울여 유혈사태가 일어나지 않기를 기원하였다. 그러고 나서 그들은 찬송가와 그 밖의 다른 노래들을 부르면서 거리를 행진하였다. 부인네와 소녀들도 모두 합세하였다. 내 생각에는 대략 30만 명쯤 되는 조선의 기독교인이 모조리 참여했던 것 같다.

그 당시 3·1운동의 대중적 기반을 이룬 조직된 집단이라고는 기독교와 오랜 전통을 가진 천도교 둘밖에 없었다. 천도교는 80년 전 중국에서 태평천국의 난4)이 일어난 직후에 조선에서 일어난 투쟁에 기초하여 창립된 조선인의 정치·종교 단체이다. 이를 지지한 농민은 부패한 봉건왕조에 대항하여 남한 일대를 점거하였다. 이 종교는 '사람이 곧 하늘이다'라고 가르치고 있었으며, 인도주의적인 성향이 강하다.

천도교는 1919년 대략 200만 명의 신도를 가지고 있었으며 산하조직으로 농민동맹과 부인동맹, 청년동맹이 있었다. 천도교는 일본에 대항하는 민족운동이었다. 청년동맹과 농민동맹은 혁명적인 세력이었다. 그러나 부인동맹은 혁명성이 훨씬 약했다.

천도교는 모든 신도들에게 3·1시위운동에 참여하라고 호소하였다. 그래서 매일같이 이 마을 저 마을에서 꼬리를 물고 시위에 참가하였다. 천도교도들 역시 불굴의 결의를 가지고 이전의 국가를 부르면서 대오를 지어 거리를 행진하였다. 3·1운동은 회를 거듭할수록 사회 하층부로 점점 깊이 파고들었다. 처음에는 지식인운동으로 출발했지만 마침내는 가장 외진 곳에 살고 있는 농촌 주민들과 최하층의 날품팔이 계층까지도 들고일어나게 되었다.

금강산의 승려들까지도 '불교독립당'이란 것을 만들어서 민중 속에 들어가 이 민족운동을 격려하였다. 이들 승려의 토지가 해마다 줄어들었기 때문에 승려들은 반일적인 성향이 강했다. 이 승려 중의 상당수는 불교를 하나의 철학으로밖에 믿지 않았으며 불교를 헤겔의 이상주의와 동일시하고 있었다.[5] 금강산은 애국적인 이상주의자들의 안전한 도피처가 되었으며 1919년 이후에는 많은 청년 지식인이 그곳에 가서 연구도 하고 승려들과 대화도 나누었다. 교육받은 조선인이면 으레 그렇듯이, 나도 헤겔과 포이에르바하를 좋아하였으며 모든 옛 종교와 철학을 연구하였다. 내 인생의 초창기에 이미 나는 어떤 특정한 단계에서는 종교가 단순한 정신적 도락이 아니라 실천적인 사회이상주의가 될 수 있음을 이해하였다.

전국에서 도합 200만 명 이상이 시위에 참여하였다. 재산도, 농사일도, 일신상의 안전도 애국열의 물결 속에서 모조리 잊어버렸다. 이것은 인류역사가 시작된 이래 가장 특이한 운동이었다. 그것은 자연발생적인 봉기 아닌 봉기였고, 순교의 자세는 되어 있으나 어떠한 형태의 폭력도 거부하는 하나의 '기독교적' 이상주의적 저항운동이었다. 운동 전반의 구호는 아주 간단했다.

'조국의 독립을 위하여 평화적으로 싸우자.'

어디서나 '평화롭게'라는 말을 주장하였다.

이 운동을 조직하고 지도한 것은 조선 민족대표인 '33인'이라 불리는 집단이었다. 대부분의 지도자는 기독교인이었고 나머지는 천도교였다. 천도교 교주인 손병희가 중심적인 대중지도자였고, 모든 조선 인텔리겐치아의 신망을 얻고 있던 최남선이라는 지식인이 사상적 지도자였다. 최남선이 기미 독립선언문을 기초하였고 '33인'이 여기에 서명하였다.

매년 3·1운동 기념일이 되면 전국 각지에서 이 독립선언문을 다시 읽고, 독립운동 이야기와 그 이후의 애국적 테러 활동 이야기를 되풀이한다. 사람들은 연설을 하고 눈물을 흘리며 성공을 빌었다. 단지 이날 하루를 위해 경찰은 조선에 있는 모든 시·읍을 포위하고 '위험 사상' 용의자를 검거하고 구속했다. 어느 감옥소에서나 수인들이 모두 독립을 이루기 위해 소리를 지르고 시위를 했다.

이 평화적인 시위운동의 실험 결과는 어떠하였는가? 그것은 당연히 예상했던 그대로였다.

왜놈들은 매우 당황했다. 놈들은 어찌할 바를 몰랐다. 이런 정도의 운동이 평화리에 진행되었다는 것도 놀라웠지만 그 격렬함에도 놀랐다. 하지만 놈들은 재빨리 단안을 내렸다. 시위가 일어난 다음날에 지도자들을 체포하였고, 운동이 가라앉은 5월 21일까지 도합 30만 명을 검속하였다. 병원과 학교는 모조리 유치장으로 변했다. 우리 중학교도 임시 유치장으로 사용되었다. 피검자의 3분의 2는 치도곤을 당하고 나서 며칠 있다가 석방되었다. 나머지 10만 명은 '합법적으로' 구속, 기소되었다. 이중 약 5,000명이 금고형을 언도받았다. 사형당한 사람은 아무도 없었다. 법률상의 구실이 전혀 없었기 때문이다. 시위운동 참가자들이 "우리는 단지 조선의 독립을 위해서 싸웠을 뿐, 일본에 대항하여 싸운 것이 아니다"라고 공공연하고 강력하게 주장했으므로 조선의 법률로는 사형시킬 수가 없었던 것이다. 법에 의하면 살인죄에 대해서만 사형을 시킬 수 있었다. 그래서 놈들은 사람들을 체포하는 대신에 거리에서 학살하였던 것이다. 이 얼마나 뛰어난 일본인 특유의 전문수법인가!

3월 7일 나는 가두시위를 하다가 다른 학생 몇 명과 함께 붙잡혀서 3일 동안 구류를 살았다.

"네놈은 무엇 때문에 조선의 독립을 요구했느냐?" 하고 순사가 대나무 회초리로 후려갈기면서 물었다.

"이유는 모른다. 하지만 요구했다."

"또다시 시위에 가담할 거야? 다시 안 하겠다고 서약하지 않으면 앞으로 다시는 햇빛을 볼 수 없을 거야."

조선총독은 운동을 탄압하기 위하여 7개의 법령을 하나하나 내놓았다. 이에 따르면 어떠한 방법으로든 혁명을 위해 글을 쓰거나, 연설을 하거나, 시위에 참가하거나, 선전을 하면 최고 10년 금고형에 처하도록 되어 있다. 왜놈들이 세운 대책에는 기독교적인 요소는 하나도 없었다.

이 탄압기간에 7,000명에 가까운 조선인이 살해되었다. 매 시간마다 잔학행위에 대한 새로운 소식이 들어왔다.

수원 근처에 있는 세 개의 마을이 불탔다. 어떤 마을에서는 왜놈들이 교회당에 불을 지르고 그곳에서 뛰쳐나오는 사람들에게 총질을 했다. 전주에서도 역시 교회가 복수의 표적이 되었다. 이 두 사건으로 사상자가 약 1,000명에 달했다.

이 사건을 보고 미국 선교사들이 크게 분노했다. 이때 목목사(睦牧師)라 불리는 미국인 한 명이 자기 집에 조선 학생 한 명을 숨겨주었다는 이유로 체포되었다. 일본 측은 벌금 1만 원이나 금고 1년 중 택일을 요구하였다. 그 미국인은 둘 다 거부했다. 결국은 벌금을 약간 내는 정도로 석방되었다.

대구 근처에서 또 하나의 사건이 일어났다. 약 2,000명의 농민이 경찰서 앞에서 시위를 하였다. 그러자 경찰이 그들을 향하여 말했다.

"우리는 지금 총독부에 전화를 걸어 여러분들이 원하는 대로 조선을 독립시켜 줄 것을 요청하였소. 곧 총독부에서 회답이 올 것이오. 지금 고위간부들이 회의를 열고 있으니 30분만 기다려주시오. 그 후에는 집으로 돌아가도 좋소."

단순하고 정직한 농민들은 이 말을 믿었다. 하지만 잠시 후 일본 군대가 3대의 자동차를 타고 밀어닥치더니 도망치는 농민들을 30명이나 학살하였다.

특히 교회당은 왜놈들의 분풀이 대상이 되었다. 왜냐하면 교회당은 종교적 독립과 협동의 굳건한 정신을 대표하고 있었으며 또한 그 당시 조선에 아주 강력한 영향력을 가지고 있었던 미국 문화의 중심이기도 했기 때문이다. 왜놈들은 우리 도시에 있던 교회를 모조리 점거하였으며 종교집회를 금지했다.

3·1운동 이전까지는 나도 정기적으로 교회에 다녔다. 비록 기도가 쓸데없는 짓이라고 생각하기는 했지만, 교회가 조선에서 가장 훌륭한 기구라는 것은 결코 의심하지 않았다. 그러나 이 파멸을 본 이후에는 내 믿음이 깨어져버렸다. 나는 신은 분명히 존재하지 않으며 그리스도의 가르침은 내가 태어난 투쟁의 세계에는 별로 적용되지 않는다고 생각했다. 특히 한 가지 사실이 나를 화나게 만들었다. 그것은 어느 미국 선교사의 말 때문이었다.

"조선이 잘못을 저질렀기 때문에 하나님께서 조선에 벌을 내리고 계십니다. 지금 조선은 그 대가를 지불하기 위해 고통을 당하고 있는 것입니다. 하나님께서는 죄의 보상이 끝난 다음에 조선을 원래대로 돌려놓으실 것입니다. 만일 하나님께서 보상이 끝났다고 생각하신다면 조선은 독립을 얻게 될 것입니다. 그러나 그 전에는 안 됩니다."

왜 조선만이 유일하게 기독교 윤리를 실천해야 하는 국가인가 하고 자문해보았다. 유럽의 기독교 국가들은 자기네 쪽으로 시선을 돌리지 않았던 것이다. 세계대전 때 수백만 명의 기독교인이 서로 살상했다. 승리를 얻기 위해서는 싸워야 하는 것이다. 단지 기도만 하고 앉아 있는 것은 패배를 자초하는 일이다.

나는 청년 시절에 배운 모든 것에 불만을 가졌다. 고통이

내 몸 속으로 밀려들어왔다. 이 땅의 모든 청년들과 마찬가지로 내 정치경력은 3·1운동으로 시작되었다.

당연한 것이지만 그 비극에 뒤이어 절망적인 테러 운동이 일어났다.

발톱을 숨긴 제국주의

그러나 이 운동이 완전히 실패한 것은 아니다. 일본놈들은 이 운동에 커다란 충격을 받았고 그래서 그 후에는 이 땅에서 좀더 신중하게 행동했다. 그놈들은 우리 국민에 대해 새로이 존경심과 공포심을 가지게 되었다. 놈들의 보복행위는 그 후에도 결코 멈추지 않았다. 기회만 있으면 새로이 처벌할 구실을 만들었던 것이다.

일본정부는 이 운동이 제국정부에 반대한 것이 아니라 현지의 일본인 총독과 그의 무단정치에 반대한 것이라 판단하였다. 그래서 단순히 칼만 휘두를 것이 아니라 새로운 정치적·문화적 통치체제를 만들어내는 것이 더 바람직하다는 결론을 내렸다. 1919년 8월 해군대장 사이토 마코토[6]가 새로운 총독으로 임명되었다. 사이토 총독은 정책을 바꿔 평화적 통치 방침을 세우고 대중운동을 막기 위해 우익을 이용하려고 노력하였다. 이 방법을 우리는 '발톱을 숨긴 제국주의'라 부른다. 이제까지 조선인은 총독의 재가가 없으면 공장을 세울 수가 없었는데 사이토는 회사령을 고쳐서 자유로이 회사를 설립할 수 있도록 하였다. 그는 몇 가지 시민적 자유와 이름뿐인 언론, 출판의 자유를 허용했다. 물론 실제로는 언론, 출판의 자유를 가능한 한 억누르려고 하였다. 이 전술은 폭발점을 제거하는 데 기여했다. 1919년까지는 총독부 기관지를 제외하면 조선어 신문이 단 하나도 없었다〔1910년에 〈독립신보(獨立新報)〉가 있었지만 폐간되었다〕. 1919년에 민족자본가를 대변하는 〈동아일보〉가 발간되었다. 그 후 〈동아일보〉는 조선에서 가장 영향력이 강한 여론형성지가 되었으며 일본놈들은 이것을 국민감정을 측정하는 지표로 이용하였다.[7]

1919년 이전에는 조일 양국의 자본가 사이에 협력이라는 것이 거의 없었다. 1910년부터 1919년까지 일본은 완충제와 허수아비 관료로 봉건분자들을 이용하였다. 1919년 이후에는 조선자본가의 힘이 재인식되어 사이토 총독은 봉건분자 대신에 우익자본가를 이용하기 시작했다. 이 정책은 우익을 민족운동에서 멋들어지게 분리시켰다.

3·1운동의 직접적인 원인은 모든 민족에게 자결권을 주겠다고 한 윌슨 대통령의 베르사유 연설이었지만, 3·1운동의 본질은 1907년에 시작되어 오랜 시간을 거치면서 점차 축적되어 온 민족운동의 표출이었다. 이 운동의 가장 커다란 추진력은 반일저항운동의 활동적인 중심부를 이루고 있는, 국경

너머 만주에서의 조선민족운동이었다. 이 운동은 망명한 구한말 병사와 사관들에 의해 지도되었다. 러일전쟁 이후 조선이 일본의 보호국이 되자 조선군대는 해산되었다.

하루는 약 3,000명의 조선 병사가 서울에 있는 연병장에서 훈련을 받고 있었는데 갑자기 군대해산이 시작되었다. 병사들은 총을 모으라는 명령을 받았으며 각자 조선정부로부터 서찰을 한 통씩 받았다. 그러고 나서 일본인 교관이 군대가 이미 해산되었으니 각자 고향으로 돌아가라고 명령했다. 서찰마다 10원이 들어 있었다. 병사들은 너무 놀라서 말도 못할 지경이었다. 몇몇 사람은 대성통곡을 하였으며 모두 각자 자기의 서찰을 찢어버렸다. 사관 한 명이 자살을 하였다. 왜놈들은 재빨리 총을 모아다가 무기고에 넣어버렸다. 그때 무기를 갖지 않은 일부 병사가 무장을 갖춘 왜놈과 싸우기 시작했고 그 사이에 다른 병사들은 무기고 문을 때려 부수고 총을 들었다. 불과 몇 분 사이에 그들은 왜놈 병사들을 300명이나 죽였다. 싸움은 3일간이나 지속되었다.

의병들은 1910년에 일본군이 조선을 점령할 때까지 3년 동안이나 왜놈에게 대항해 투쟁하였다. 그 사이에 전국에서 들고일어나 의병들을 지원하였다. 주요투쟁이 실패로 돌아가자 의병의 일부가 만주로 도피하였다. 이때 사령장 이동휘는 수천의 병사를 이끌고 산속으로 들어갔다가 이듬해 멀리 만주로 퇴각하였다.

대략 5,000명쯤 되는 의병이 동만주에서 지린으로 퇴각하였다. 그곳에서 그들은 군사학교를 만들어 수백 명의 학생들을 훈련시켰다. 봄, 여름, 가을에는 식량을 조달하기 위해 땅을 일구었으며 겨울에는 공부와 훈련에 몰두하였다. 1924년까지는 매년 5명, 10명, 20명씩 비밀리에 조선 북부에 들어와서 항일 게릴라전을 벌였다.

조선독립군 사령부는 지린 성 산속에 있었지만 펑톈 성(奉天省) 내에도 많은 거점을 가지고 있었다. 그들은 학교와 훈련소도 많이 지었다. 이 몇 년 동안에 약 100만 명의 조선 농민이 만주로 이주해왔다. 그래서 독립군은 이주민들 속에 강력한 지지기반을 구축하였다. 이 이주민들은 모두 언젠가는 조국을 탈환하겠다는 꿈을 가지고 있었다.

조선의 독립과 민주주의라고 하는 사상은─바로 그것이 1919년에 즉시 실현되리라는 희망을 윌슨 대통령에게 얻었던 것처럼─미국에서 직접 전해진 것이다. 1910년 조선이 일본에 합병되었을 때 민족주의 지식인은 모조리 미국으로 날아가버렸다. 그들은 미국식 정치를 배웠다. 그런 후에 1919년 조선으로 돌아왔다. 그때 '귀국 학생들'을 '아메리카 민주주의자'라 불렀다. 그들은 중산층 정치집단을 대변했는데 거의 모두가 교사, 학생, 언론인, 변호사, 의사였다.

민족주의 운동이 일어나게 된 근본적인 이유는 세계대전 동안 전시수요에 의해 조선의 공업이 어느 정도 발전하게 되었고 따라서 조선의 부르주아는 자국의 독립을 요구하기에 충분한 힘이 있다고 여겼기 때문이다.

또 하나의 이유는 전 세계를 휩쓴 전후 자유주의의 물결에 일본 자체가 영향을 받았기 때문에 일본은 조선을 위한 어떤 형태의 개혁에도 반대하지 않을 것이라고 조선인들이 생각했던 데 있다.

베이징의 중국인 학생과 교사는 조선에서의 시위운동 소식에 아주 깊은 감명을 받았다. 그래서 3·1운동이 채 끝나기도 전에 그들은 베이징에서 5·4운동을 조직했다. 중국에서 이런 종류의 운동으로는 최초의 것이었다. 베이징의 조선인들은 열광적으로 참여하였다. 베이징의 조선인 학생과 망명자들은 그곳에서 아주 많은 선전활동을 하였다. 그들은 연극회와 강연회를 개최하였으며 소규모 시위운동도 하였고 중국인들이 공동행동을 일으키게 하기 위해 노력하였다. 또한 조선독립선언문을 인쇄하여 특히 다음과 같은 대목에는 밑줄을 그어서 중국인에게 배부하기도 했다.

"우리의 투쟁은 4억 중국인민의 잠을 깨우고 있다. 중국은 조선과 함께 싸울 수 있다. 그리고 인도도 봉기할 것이다. 이 운동은 범세계적 운동이며 계속 이어질 것이다."

그 당시 중국은 일본과 파리평화회의를 상대로 투쟁하고 있었다. 일본이 세계대전 중에 독일에서 탈취한 산둥 성의 자오저우 만(膠州灣)을 열강들이 일본에 할양하려는 기미가 보였던 것이다. 그래서 중국의 학생들이 들고일어나 베르사유를 향해 '정의'를 실현하라고 요구하였던 것이다.

조선인의 운동은 일본 제국주의의 위험을 중국인에게 일깨워주는 데 도움이 되었으며 또한 조선과 중국을 똑같이 배반한 파리평화회의에 대해 비슷한 요구와 항의를 하도록 힘을 북돋워주었다. 두 운동은 성격이 서로 유사하였다. 둘 다 민족주의를 신봉한다는 맹세를 하였고 일본 제국주의에 대항하였다. 둘 다 약소민족에 대한 윌슨의 공약에 희망을 걸었고 열강에 영향을 끼쳐서 그들의 도움을 구할 목적으로 조직된 시위운동이었다. 하지만 조선에서는 한반도 전역에 걸쳐서 일어난 대중운동이었던 반면에 중국에서는 뒤로 갈수록 영향력이 광범위해졌다고는 하나, 민중에게 단지 간접지원밖에 얻지 못한 학생만의 폭동과 문화운동에 지나지 않았다.

극동 여러 나라의 열성적인 국민들 사이에서—조선 이상으로 일본과 중국, 인도에서—얼마나 커다란 환멸이 일어났던가! 식민지 문제의 해결방식은 완전히 사람을 농락하는 것이었다. '자결권'은 오로지 열강들이 자기네 제국을 굳히기 위한 구호였을 뿐이었다. 미국은 국제연맹을 저버렸으며 영국과 프랑스는 자국에 유리한 현실을 유지하기 위해 국제연맹을 이용하였다. 중국과 조선의 청년들은 곧 방향을 바꿔 소련에 희망을 걸게 되었으며, 중국은 재차 영국에 분노의 화살을 퍼부었다.

어느 정도 평등의 기초를 이루려던 평화적인 호소에 대해 일본이 비타협적인 반응을 보이자 조선청년들은 난폭한 개인행동과 테러리즘으로 나아가게 되었다. 수백 명의 청년들이 상하이로 가서 왜놈들을 괴롭힐 목적으로 테러 단체들을 만들었다. 민족주의자와 '아메리카 민주주의자'는 깨어진 꿈의 조각을 안고 상하이에서 독립적인 해외망명 대한민국 임시정부[8]를 만들었다.

1919년 이래 조선에서는 중대한 대중봉기가 일어난 적이 한 번도 없었다. 여러 가지 활동은 망명자의 손으로 이루어졌다. 국내운동은 최후의 투쟁의 날을 준비하기 위한 준비기로 들어갔다. 나의 생애는 이 비꼬인 두 갈래 길을 걸어온 것이다.

1) 1919년 3월 1일, 조선의 국내외 민족주의자들을 중심으로 항일독립운동이 일어났으니 그것이 바로 3·1운동이다. 일본은 잔학하게 이 운동을 짓밟았다. 공식발표―사실은 더 많을 수도 있다―에 의하면 7,509명이 그날 학살되었고 1만 5,961명이 부상을 당했다. 750채가 넘는 가옥과 교회, 학교가 불탔다. 불행히도 이 운동은 실패했지만, 조선독립운동사에서 중대한 의미를 갖는다.― 조지 토튼

2) 산둥 반도의 일부인 칭다오(靑島)는 세계대전 전까지는 영국군의 기지였는데 일본을 동맹국으로 끌어들이기 위한 수단으로 영국은 이 지방을 일본에게 넘겨주었다.― 조지 토튼

3) 파리평화회의 결과로 조선은 일본의 식민지로 계속 남게 되었다. 이승만은 이 회담에서 조선민족을 대변했다.― 조지 토튼

4) 태평천국의 난은 1850~1865년에 중국에서 일어난 왕정 반대운동으로서 부분적으로는 기독교의 영향을 받은 혁신사상을 보유하고 있었다. 내부 분열로 인해 붕괴되기에 이르렀으나 청조를 거의 무너뜨릴 만큼 큰 세력을 행사했다.― 조지 토튼

5) 금강산 승려 중 몇 명은 후에 마르크스주의자가 되었으며 상당수가 이 철학을 연구하였다. 다른 사람들은 민족주의자가 되었다. 나는 공산당원이 된 사람을 4명 알고 있다. 이중 두 명은 1927년 광둥에서 죽었다. 또 한 명은 중상을 당해, "내 나이 이제 스물여덟이다. 아직 아무런 공도 세우지 못했고 아가씨와 키스 한번 하지 못했다. 그런데도 나는 지금 죽어야만 하는 것이다"라고 말했다. 친구 한 명이 자기 부인을 불러 죽기 전에 키스를 시키려고 했으나 이미 때가 늦었다. 나머지 한 사람도 나이 겨우 서른에, 광둥코뮌 때 기총사격을 받아 다른 조선인 16명과 함께 죽었다. 이 두 사람은 금강산에서 활발하게 활동한 승려였다.― 김산

6) 해군대장 사이토 마코토(齋藤實) : 1919년에 조선총독으로 취임하였고 1929년에 재임명되었다. 5·15사건이라 알려진 군반란(1932년에 있었

던 소장파 장교들의 반란)에 이어 그는 내각을 편성하고 국무장관겸 외무장관이 되었으나 1934년, 내각에서 해임되고 1936년 2월 26일에 한 소장파 장교에 의해 피살되었다.— 편집자

7) 1920년에 좀더 진보적인 〈조선일보〉가 창간되었다. 국내에서는 혁명적인 신문의 발간이 불가능했기 때문에 1919년 상하이에 본사를 두고 만주와 그 밖의 각지에 지부를 둔 비밀신문인 〈대한독립신보(大韓獨立新報)〉가 이광수에 의해 발간되었다. 이 신문을 복사하여 국내로 몰래 들여왔다. 그 후 1925년에는 〈중외일보(中外日報)〉가 소수 중간파에 의해 발간되었다. 이것은 좌우 양파의 중간을 달리는 자유주의 신문이었다. 그리고 그 후에 몇 가지 다른 신문들이 발간되었다.— 김산

8) 대한민국 임시정부는 1940년에 중국의 충칭(重慶)에서 재건되었다.

4
도쿄 유학 시절

 3·1운동이 가라앉고 나서 얼마 후에 나는 일본에 건너가 고학하면서 대학에 다니기로 결심했다. 그 당시 도쿄는 극동의 학생 성지로 온갖 혁명가들의 피난처였다. 조선에는 훌륭한 대학이 없었고, 그 당시 일본의 학교들은 자유주의적이고 전후의 왕성한 지식욕으로 충만해 있었기 때문에 조선 학생은 모두 그곳에 가서 고등교육을 받고 싶어했다.

 그렇지만 아버지는 돈이 없었고, 내 계획도 크게 반대하셨다. 그래서 아무도 도와주지 않는다면, 남몰래 도망쳐가려고 결심했다. 결국 언제나처럼 작은형이 구원의 손길을 보냈다. 그 일로 작은형은 또다시 나를 반역아로 만든다는 비난을 받았다. 작은형은 의학을 공부하라며 100원을 주었는데 그 돈이면 대략 다섯 달 동안의 학비는 충분하였다.

룸펜 인텔리겐치아와 달걀 껍데기

나는 박근(朴槿)이라는 친구와 또 한 명의 학생과 함께 방을 빌렸다. 방세는 월 12원이었다. 나는 곧 매일 아침 8시 이전에 신문을 80부 배달하는 일자리를 구했다. 보수는 월 10원이었다. 그러면서 한 학생에게 화학과 대수를 배우며 도쿄제대에 응시할 준비를 하였다.

당시 도쿄에 있는 조선 유학생의 3분의 1 이상이 고학을 했다. 대개 그들은 인력거를 끌거나, 신문이나 우유를 배달하거나, 인쇄소에서 교정을 보았다(굶주린 학생들이 아침 길에 아직 따뜻한 우유를 길거리에서 슬쩍 훔치는 경우가 너무 많았기 때문에 일본인은 자물쇠가 달린 조그마한 우유상자를 만들어 도난을 방지했다). 그 밖의 학생들은 일이 많은 조그마한 노동착취형 공장에서 일을 했다. 대부분의 일본인들은 고학하는 이런 조선인 유학생들을 아주 안 좋게 봤지만 그들은 도쿄에서 별난 존재였다. 600명의 학생이 인력거를 끌었다. 나도 몇 차례 인력거를 끌고 역으로 나가보았다. 한 번만 손님을 태우면 그 돈으로 충분히 하루를 살아갈 수 있을 만큼 좋은 돈벌이였다. 하지만 중국 학생이나 일본 학생은 체면 때문에 이런 일을 하려고 하지 않았다. 우리는 고물상에 가서 그네들의 중고품 옷을 샀다. 1910년 이래 도쿄에 온 조선인 유학생들은 대개 이런 식으로 고학을 하였다. 그들은 일본인들의 머슴 생활을 하였지만 일본인들이 학비를 지불하도록 만들었다.

우리 가난한 조선 학생들은 때때로 몇 명씩 떼를 지어 일본인 집들을 방문해서는 옛날 책이나 잡지, 헌 옷 따위를 얻었다. 일본의 주부나 아가씨들은 모두가 친절했다. 그네들은 조선 학생들을 좋아하였으며 가끔씩 새것을 줄 때도 있었다. 우리들은 구걸하지 않고 언제나 받은 물건에 대해서는 약간의 돈을 지불하였다. 만일 아름다운 아가씨가 현관에 나오면 학생들은 잠시라도 안에 들어가 앉아서 이야기하려고 애썼다. 그러면 아주 좋은 조건으로 거래를 할 수가 있기 때문이다. 집주인이 거칠게 나오면 학생들도 대담해져서 당신 말이 거짓말이 아닌지 집안을 보여달라고 요구했다. 이런 식으로 수집한 모든 고서적, 잡지, 신문을 분배하여 헌책방이나 노점상에게 팔았다.

나는 아침 일찍 신문을 배달하고 나서 학교에 갔으며, 매일 오후 4시가 되면 작업복을 입고 아무 일이나 닥치는 대로 했다.

한번은 박근과 내가 헌 책을 '사기' 위해 한 집을 찾아갔다가 집주인이 우리에게 악담을 하는 바람에 싸움이 붙었다. 그런데 재수없게도 그놈은 유도를 잘해서 박근의 코가 묵사발이 되었다. 그 일이 있은 뒤부터 우리들은 남편들이 집에 없을 시간만 골라 방문하려고 애썼다.

박근은 1929년에 투옥되었다. 1919년 당시에도 그는 '왜놈들이 조선에서 약탈해간 모든 것에 대한 보상으로 우리는 왜놈의 재산을 몰수해야 한다'는 태도를 보였다.

일본에 있는 조선 유학생은 일하고 있는 사람과 돈을 가지고 있는 사람, 이 두 부류로 명확하게 구분되었다. 3분의 1에 달하는 가난한 '일하며 공부하는' 학생들을 돈 있는 학생들은 '룸펜 프롤레타리아'라 불렀다. 하지만 우리들은 우리 자신을 '룸펜 인텔리겐치아'라고 불렀으며 그들을 '달걀 껍데기'라고 불렀다. 그 의미는 겉은 희고 깨끗하지만 속은 말랑말랑하다는 뜻이다. 옛날부터 조선 노동자들은 상류계급을 '달걀 껍데기'라고 불렀는데, 우리도 여기서 배운 것이다.

"그녀석들의 희멀끔한 얼굴을 때려 부수는 데는 주먹 한 방이면 충분하다"라고 우리는 말했다.

우리는 또한 그들을 경멸하면서 '뜨신 집 아이'라 불렀다.

우리 800명의 '룸펜'들은 전 조선인 학생들을 지배했다. 그리고 이 지배를 우리는 '프롤레타리아 독재'라고 불렀다. 우리는 갖가지 학생집회를 열었고 프롤레타리아 철학을 충분히 활용하여 마음대로 '달걀 껍데기'들을 가르쳐주었다. 일하면서 공부하는 파가 돈 있는 파보다 지적으로 훨씬 앞섰다. 모두가 마르크시즘을 연구했다. 또 빈곤과 투쟁으로 머리가 예리해졌고, 지식에서는 현실성을 획득했다. 부유한 '달걀 껍데기'들은 우리를 두려워했으며 뒤에서는 우리를 '비적(匪賊)'이라고 불렀다.

한번은 성대한 축제가 있었는데, 다수의 부유한 학생들이

어마어마한 비용을 들여 연회를 열었다. 우리 '룸펜'들은 초대도 안 받은 주제에 떼거리로 그 연회장에 몰려가서 젓가락을 들고 그들과 같이 앉아서 먹어댔다. 몇몇 부유한 학생들은 악당들에게 돈을 바치듯이 우리에게 조공을 바쳤고 생일날이라든가 이러한 연회에 우리를 초대하였다.

때로 우리들은 더욱 낭만적이었다. 연회에 처들어가서 톨스토이를 인용하여, 우리들 수백 명이 굶주리고 있을 때 어떻게 하여 부자들이 먹을 수 있는지 알아야 한다고 늘어놓고는 상을 엎어버리고 아주 경멸하는 태도로 걸어 나왔다. 배고픔과 자존심을 달래며.

일본인은 '룸펜'들에게 방 빌려주는 것을 싫어했다. 왜냐하면 방세를 거의 지불하지 않고 집주인이 방을 비워달라고 하면 경찰에 끌려가는 것쯤은 아무렇지도 않다는 듯이, 도리어 화를 내며 나가버렸기 때문이다. 우리는 경찰서를 '유일한 무료 호텔'이라고 불렀다.

도쿄에 있는 학생 '룸펜'의 전성기는 세계대전 직후였다. 그 후 이 풍조는 쇠퇴하였고 1927년까지는 실제적으로 사라졌다. 그렇지만 이것은 후에 일본에서 부활했다.

많은 저명한 조선인 지도자들이 도쿄에서 인력거를 끌어서 학비를 벌어 대학에 다녔다. 이중 3명이 내가 도쿄에 도착하기 직전에 조선청년독립당을 결성하였다.

1919년 이전에는 보통 1,000~2,000명의 조선인 학생들이 일본에 유학하고 있었다. 그런데 그 후 몇 년 사이에 3,000명 이상으로 불어났다. 1927년 이후에는 평균 2,000~3,000명에 달했다. 전체 학생의 3분의 1 또는 절반이 학비의 전액 혹은 일부를 벌어서 충당하였다. 대부분의 조선인 학생은 졸업을 해도 일자리를 구할 수가 없었다. 일제 지배하의 조선에서는 지식층이 거의 필요하지 않았다. 조선이 자연스럽게 발전할 수 있는 자유롭고 독립된 존재라면 지식층의 수요가 얼마나 광범위하게 창출될 것인가!

조선인 지식인과 학생들은 살아가기 위하여 아주 힘들게 일해야만 했기 때문에 실제로 그들은 반(半)프롤레타리아였다. 그들의 지위는 다른 나라들과는 달리 그 경제기구에 의하여 전혀 보호받을 수가 없었다. 우리의 추정에 의하면 현재 조선인 유학생의 70%가 공산당 동조자이다. 일본, 독일, 소련에서 돌아온 사람들은 대부분이 공산당원이 되기를 희망했다. 미국과 프랑스에서 공부한 사람들은 이런 부류에 들어가지 않는다. 그들은 '신사'이고 좋은 지위와 '기독교적' 활동만을 원한다. 처음부터 돈이 없었다면 그들은 절대로 해외로 나갈 수가 없었을 터이므로 그들의 가계 상태는 대체로 양호하다. 1919년 이전에는 민족주의 지도자는 대부분 미국에서 귀국한 학생들이었으며, 또한 고등교육을 받은 지식인은 대부분 미국이나 일본에서 학교를 다녔다. 그러나 1919년 이후의 지도자는 모두가 일본에서 돌아온 사람들이었다. 그들은 도쿄에서 이론을 배우고 중국에서 조직과 행동의 전술을 배웠다.

일본 본토의 일본인이 조선에 있는 일본인과는 아주 다르다는 것을 알고 나는 적잖이 놀랐다. 제국주의의 사무원과 앞잡이는 식민지 주민을 억누르기 위해 고용된 것이요, 그렇기 때문에 그들의 태도가 본토에 있는 일본인과는 전혀 다르다는 것은 당연한 일이다. 나는 도쿄에서 사귄 많은 일본인들에게 호감을 가졌다. 일본에서는 1919년에 혁명적 계급이 발전하기 시작했다. 그 당시에는 무정부주의자가 주요한 급진세력이었다. 그러나 곧바로 공산주의운동이 주도권을 잡았다. 일본인은 아주 좋은 동지가 될 수 있는 사람들이다. 일본 공산당원은 정직하고 강인하며 희생을 두려워하지 않는다. 그들은 정열적으로 자기들의 목적을 위해 몸을 바친다. 나는 내가 잘 아는 일본인을 정말로 좋아한다. 중국에서는 반식민지투쟁을 하고 있기 때문에 공산주의운동에서조차도 민족주의적인 경향이 아주 강하다. 그러나 일본 공산주의운동에는 이런 경향이 조금도 없다. 중국인과 달리 일본인은 조선인이나 그 밖의 외국인 동지들을 절대로 구별하지 않으며 정말로 국제적인 정신을 가지고 있다.

일본에서의 학창생활은 대단히 고무적이었다. 훌륭한 새 잡지가 많이 출간되었는데, 거기에서는 모든 종류의 사회과학과 정통파 경제이론과 비정통파 경제이론을 다루었다. 도쿄에는 조선기독교청년회(Korean YMCA)라는 큰 단체가 있어서 조선인 학생들의 유학생활의 중심이 되었고, 조선인회도 큰 규모였다. 도쿄에는 3,000명의 조선인 학생뿐만 아니라 그 밖의 조선 지식인도 1,000명이 있었는데, 그중에는 여러 부류의 망명 혁명가도 포함되어 있었다. 일본 각지에는 대략 20만 명의 조선인 노동자가 살고 있었다. 자유주의적인 일본인과 조선인 사이의 관계는 양호했으며, 극동 국제주의의 정신이 이러한 일본인의 지도하에서 발전하고 있었다. 일본인도 조선인도 모두 서구에서의 새로운 국제민주주의운동의 움직임을 유심히 지켜보고 있었다. 파리평화회의 이후에 제국주의 국가의 공격 위협에서 벗어났다고 생각하여 일본은 잠시 민족주의적인 경계심을 늦추었다. 하지만 4년 뒤에 관동대지진이 발생하면서 대량학살이 일어났고, 이 꿈은 깨져버렸다.

대지진과 학살

1923년 9월 1일 발생한 대지진은 일본 역사상 최대의 천재지변이었다. 도쿄와 요코하마가 거의 파괴되었다. 전신전화선이 끊어졌고, 주민들은 극도의 긴장상태에 놓여 있었다.

대지진 후에 과거에도 때때로 그랬던 것처럼 일본은 테러리즘의 광기에 빠져들어 갔고, 조선인 대량학살이 자행되었다. 학생 1,000명을 포함하여 일본에 거주하던 조선인 6,000명이 살해되었고, 중국인도 600명 이상 피살되었다.

그 이유는 쉽게 설명할 수 있다. 일본은 전후 경제위기의 고비에 있었다. 대지진이 일어나자 지배계급은 1918년의 쌀폭동[1)]에 필적할 만한 폭동이 다시 일어나는 것을 두려워했다. 폭동이 일어난다면 농민뿐만 아니라 지진으로 생계가 끊긴 공장노동자들도 가담할 우려가 있었다. 그러므로 이러한 폭동이 일어나지 않도록 선수를 치고 일본 민중들에게 겁을 주기 위해 지배계급은 소수민족에 대한 조직적인 테러 행위를 재빨리 결행하였다. 정부는 국민들의 분노를 정부에서 멀리 떼어놓고 국민들의 주의를 다른 곳에 쏠리게 하려고 노력하였다.

9월 3일, 일본정부는 도쿄 경시총감 명의로 조선인 무정부주의자와 민족주의자들이 일본인 무정부주의자들과 힘을 합쳐 집을 불태우고 사람들을 죽이며 돈과 재산을 훔치고 있다는 내용의 포고문을 냈다. 그리고 주민들에게는 생명과 재산을 지키기 위해 '필요한 모든 수단을 사용하라'고 호소하였다. 이 포고문은 모든 공공장소에 게시되었다. 그것은 거짓말이었지만 대다수의 주민은 어떻게 생각해야 할지 헷갈렸다. 하지만 반동분자들은 20~100명으로 이루어진 대(隊)를 비밀리에 동원하여 단검, 죽창, 일본도, 망치, 낫 등을 사용하여 지체없이 학살을 시작했다.

많은 조선인들이 죽창으로 고문을 당하면서 서서히 죽어갔다. 그러는 동안 고문자들이 빙 둘러서서 박수를 쳤다. 어린 여학생과 부인들은 대못으로 고문을 당했으며, 그러고 나면 남자들에게 죽을 때까지 헹가래를 당했다. 기차 안에서 조선인을 발견하면 기차가 최고속력으로 질주하고 있을 때 밖으로 밀어버렸다. 도쿄에서는 '조선인은 군사령부로 와서 보호를 받아라' 라는 명령이 내려졌다. 800명의 조선인이 갔는데, 전원이 사령부 안에서 살해되었다.

 3,000명의 대학살이 대부분 도쿄, 오사카, 나고야에서 일어났는데, 이 도시들은 동요하고 있던 공업 중심지였다. 9월 5일 일본정부는 학살을 중지할 것, 그리고 경찰은 모든 조선인을 보호해야 한다는 명령을 내렸다. 이렇게 한 뒤에 그들은 약 10만 명을 조선으로 강제송환하였다.

 조선인 동포들이 학살당하고 있던 바로 그때, 조선에서는 모든 조선 가정이 쌀을 무료공출하여 일본인을 도와주어야만 했다. 일본인을 기아에서 구출하기 위하여 우리들은 쌀을 200만 가마나 바쳤던 것이다! 이것이 예속된 민족으로부터 왜놈들이 얻는 즐거움이었다. 그와 동시에 조선총독부는 농촌의 쌀값을 낮게 묶어두어 커다란 이익을 남김으로써 간접적으로 민중들을 약탈했다. 일본에서는 30전 하는 쌀을 조선농가에서는 강제적으로 7전에 매입했던 것이다.

 1923년 이후 조선인들은 일본인들을 믿지 못하였으며 일본인도 역시 조선인을 믿지 않았다. 몇몇 조선인은 일본인과 함께 일하지 않으면 안 되었는데, 그것은 생활비를 벌지 않으면 살 수 없었기 때문이다. 또한 어떤 자는 경제적 궁핍 때문에 왜놈의 앞잡이가 되었다. 그러나 마음속으로는 모든 조선인이 '그날'만을 기다리고 있었으며 왜놈들도 그것을 알고 있었다.

1923년의 사건은 큰 반향을 불러일으켰다. 몇몇 일본의 중요한 정치가는 그 배반적인 학살 후에 극동의 어느 민족도 더는 일본이 보이는 거짓 '우호'에 속지 않을 것을 깨달았고, 자기들이 한 짓거리에 당황했다. 조선은 하나의 실례로서 다른 모든 민족에게 확실한 교훈을 주었다. 이 때문에 일본은 '대동아공영권'이라는 사상을 열심히 선전하기 시작했으며 지금에 이르기까지 이 구호를 열광적으로 들먹거리고 있는 것이다. 후에 일본군국주의로 발전한 반동적 운동도 그해의 공포와 불안에서 시작되었다. 동시에 이 사건은 모든 조선인에게 커다란 정치적 영향을 끼쳤고, 중요한 정치적 재편성이 일어나게 되었다. 민족주의운동이 급진화되었고 소극적인 대일 우호 감정까지도 깨끗이 씻겨버렸다. 조선 팔도 어디를 가든지 1923년의 대학살로 일본에서 자기 친척이 살해당한 가족을 볼 수가 있다. 민족주의자들의 분노는 너무나 격렬해서 공산주의자들이 일본 프롤레타리아와 협력하자고 할라치면 언제나 1923년의 일을 끄집어낸다. 그들에게 믿어도 괜찮은 일본인도 있다는 것을 납득시키는 것은 아주 어려웠다.

관동대지진이 일어나자 미국이 간호사, 의사, 식량, 의류 등을 배로 일본에 급송했다는 소식을 신문에서 읽었다. 미국에 온갖 종류의 별명을 붙이고 그들을 욕하고 있는 일본이라는 나라에, 게다가 아무 데서도 동정이나 도움을 받지 못하는 무력한 조선인을 수천 명씩이나 학살하라는 명령을 내린 잔인한 일본 정부에 어째서 미국이 그다지도 친절하고 우호적인 태도를 취하는 것일까 하고 의아해했던 기억이 난다. 그 당시는 워싱턴 군축회의[2)]를 몇 달 앞두고 있었기 때문에 일본의 반미감정이 최고조에 달해 있던 시기였다.

1923년 이후 많은 학생과 조선인들이 일본으로 가지 않고 중국으로 갔다. 2년 동안은 일본으로 간 사람이 한 명도 없었을 것이다. 조선인은 제국주의와 반동에 대항하기 위하여 중국의 협력을 구하게 되었다. 학생 대부분이 중국혁명을 위해서든 조선을 위해서든 혁명활동에 참가하였다. 그 후, 1927년에 국민당이 반동으로 돌아서자 중국으로 가는 학생들은 거의 없었고, 다시 일본으로 유학을 가야 하는 상황이 되었다. 1927년 이후 일본 유학생이 평균 2,000~3,000명은 되었을 것이다. 중국은 문화수준이 낮고 교육받은 조선인을 필요로 하는 일자리가 없었으며, 돈 없이는 살아갈 수 없었기 때문에 중국에서의 유학생활은 지독히 힘들었다. 또 가족도 없고 도움 받을 만한 곳이 아무 데도 없기 때문에 중국에서 혁명 활동이나 항일운동을 하는 조선인은 최대의 희생을 치러야만 했다. 심지어 끼니를 잇는 것조차 어려웠다.

국민당의 반동행위는 조선의 운동에 아주 심각한 악영향을 끼쳤다. 만일 국민당이 반동으로 돌아서지 않았다면, 중국과 조선 간에는 훌륭한 혁명적 동맹이 이루어졌을 것이다. 만주를 포함하여 조중 양국의 프롤레타리아, 농민, 민족자본가의 힘을 결합시키면 양국 모두 쉽사리 성공했을 것이다. 그러므로 국민당의 반동행위는 조선의 얼을 파괴함으로써 왜놈들에게 명백한 도움을 주는 것이었고, 일본도 그 사실을 알고서 희희낙락했다. 1927년 중국의 반혁명 이후 모든 정당과 정파의 조선인은 '우리들의 전 세계가 무너졌다' 하고 비통해 했다.

나는 계급적인 증오, 민족적 증오, 개인적 증오, 국가 간의 증오를 수없이 봤다. 너무나 많이 봤기 때문에 나에게는 잔인함이 더는 도덕적 가치의 의미를 지니지 못하게 되었다. 나는 승리에 자극되었고 패배로 각성하였다. 그러나 승리를 얻기 위한 수단으로서 잔혹성은 긍정한다. 잔혹성을 띠지 않는 어떤 역사적 변혁이 일어난다면 커다란 감명을 받을 것이다. 그러나 그것은 아름다운 꿈에 지나지 않는다. 오래 전에 나는 청년시절의 유토피아적 환상을 깡그리 떨쳐내버렸다.

1) 쌀폭동 : 1918년 8월 3일에 시작되어 그 후 약 3주 동안 도쿄, 오사카, 교토를 비롯하여 전국 180여 개의 읍과 면에서 일어났던 폭동. 이 운동은 처음엔 쌀의 염가판매 요구에서 시작하여 점차 쌀가게, 호상(豪商)에 대한 데모, 폭동으로 발전하였으며, 군대와 경찰이 출동하여 간신히 진압하였다. 일본에서 이런 종류의 운동 사상 최대 규모였으며, 이 사건에 대한 책임을 지고 데라우치 내각이 와해되었다. 이 운동에 자극을 받아 농민운동과 노동운동이 활발해졌다.— 역자

2) 워싱턴회의는 미국, 영국, 일본을 비롯한 여러 나라들이 참석한 군축회의(1921년 11월 12일~1922년 2월 2일)이다. 여기서 일본은 1905년 이후 획득한 모든 영토를 조선을 제외하고는 전부 다시 반환하기로 약속하였다. 일본이 강대국들에게 비등한 영해권을 받은 대가로 이런 합의가 이루어진 것이다. 일본이 서태평양 지역의 해군 통치 주도권을 보장받았는데도 일본 군대와 일본 내의 일각에서는 워싱턴 합의에 매우 불만을 품고 있었으며 특히 미국을 원망하고 있었다. 한편 모스크바에서는 워싱턴회의에 반격하여 1922년 1월, 동방제민족대회가 열렸다. 서구세력들이 조선을 일본의 완전한 희생물로 만들어버렸다고 생각한 조선인들은 모스크바 회의에 중국인들보다 더 많이 참석했다.— 조지 토튼

5
압록강을 건너서

　나는 일본을 떠나기로 결심했다. 소련에서 학교를 다니면서 내 갈 길을 개척할 생각이었다. 도쿄는 단지 2류의 지적 중심지일 뿐이며 모스크바야말로 '새로운 사상'의 주요 원천이라는 것을 알게 되었다. 이 당시까지 나는 사회과학을 약간이나마 공부하였고, 특히 크로포트킨의 영향을 받았다. 당시 나는 공산주의와 무정부주의를 같은 것으로 생각하고 있었다.
　나는 조선에 돌아와 여비를 마련하려고 애썼다. 아무도 내 계획을 눈치 채지 못하도록 단단히 주의하지 않으면 안 되었다. 나는 운이 좋았다. 나는 작은형과 함께 있었는데 작은형이 가족에게 전하라며 나에게 200원을 맡겼다. 나는 이 돈을 몽땅 가지고 도망쳐서 조그마한 배를 타고 안둥으로 갔다. 그곳에서 국경을 몰래 넘어서 만주로 갔는데 용케도 관헌에게 붙들리지 않았다. 자유와 대모험이 눈앞에 펼쳐져 있었다. 나는 '압록강을 건넌' 것이다.

조그마한 역에서 하얼빈 행 기차를 탔다. 그런데 시베리아 간섭군이 초래한 전란상태로 더는 기차가 다니지 않았다. 나는 방향을 바꿔 남만주에 있는 조선민족주의자의 군관학교에 가기로 결심했다. 이 실패로 마음이 언짢아서 나는 홀로 700리를 걸어가기 시작했다.

이 여행은 한 달 이상이나 걸렸다.

700리 도보여행

군사학교까지 가는 데 겨우 30달러만 내면 중국인의 달구지를 빌릴 수가 있었지만, 훔친 내 전 재산은 이제 겨우 130달러밖에 남아 있지 않았다. 그래서 나는 그 돈을 수전노처럼 간수하였다. 내 나이 겨우 15세였으므로 생활이 불안하였던 것이다.

도중에 조선인 여인숙이 하나도 없어서 마을에 있는 중국인 여인숙에서 숙박을 했다. 15센트만 내면 수수밥, 두부, 바이칼산 술 등을 마음대로 먹을 수 있고 온돌방에서 하룻밤을 지낼 수 있었다. 하지만 여인숙이 너무나 지저분했기 때문에 그곳에서는 거의 먹을 수가 없었다. 그래서 밖에 나가 국수나 빵을 사먹는 경우가 많았다. 이가 득실대는 방은 마치 콩나물시루처럼 비좁아서 도저히 잠을 잘 수가 없었다. 함께 숙박하고 있는 난폭한 사람들이 무섭기도 했다. 마부와 농부들, 그리고 그들 속에 섞여 있을 것만 같은 강도, 그 사람들은 모두 술에 취해서 요란하게 코를 골아댔다. 그렇지만 나는 잠을 이룰 수 없었다. 나는 한한사전(韓漢辭典)을 가지고 다니기는 했지만 중국어를 전혀 하지 못했다. 그래서 그들이 나를 이상한 눈초리로 쳐다보는 것 같았다.

실제로는 아무 일도 일어나지 않았지만 노상에서 마적을 만날까 봐 두려워했고 밤에는 강도를 염려했다. 매일 밤 나는 밖에 나가 땅에 돈을 파묻었다. 그러고는 새벽에 그것을 파내 가지고 아침도 먹지 않고 여인숙을 떠났다.

때로는 길 가다 만난 농부의 호기심을 피하기 위하여 길모퉁이로 뛰어가서 숨기도 했다. 농부의 인사에 답례를 할 수 없었으며 내가 외국인이라고 밝힐 용기가 나지 않았다.

하루 종일 길 바닥에 깊게 파인 마차 바퀴 자국을 따라 비척비척 걸어갔다. 피곤해서 걷지 못하면 덤불 속에서 쉬었다. 차가운 겨울바람이 이 넓은 평원에 서서히 휘몰아쳤다. 그것은 마치 내가 지나가고 있을 때 마당의 눈을 쓸고 있던, 너무도 가난하여 새 빗자루 하나 사지 못하는 늙어빠진 아낙네만큼이나 천천히 불어왔다.

여행이 거의 끝나갈 무렵 한 여인숙에서 조선 청년을 한 명 만났다. 그래서 둘이서 함께 여행했다. 다음날 밤에는 그를 따라 조선인 농가에 가서 잠을 잤다. 이 가난한 농부는 식구가 많고 방이 두 개밖에 없었지만 그래도 돈을 받으려 하지 않았고 아이들과 함께 자라고 방 하나를 내주었다. 이 집은 초가집이었으며 있는 것이라곤 겨우 소 한 마리뿐이었다.

어느 마을에서 조선인 학교에 가보았다. 그곳 선생님은 우리를 기쁘게 맞아주었다.

"수일 내로 우리 학교는 문을 닫게 될 것입니다. 중국 정부는 모든 조선인에게 중국인 학교에 다니라는 명령을 내렸습니다. 당신들이 며칠만 기다려주신다면 우리들도 당신들과 함께 가겠습니다."

나는 기다리기로 했다. 그러나 젊은 청년은 나를 남겨두고 혼자 가버렸다.

모든 마을 사람들은 중국인 현장(縣長)이 조선인을 억압하는 것에 기분 나빠했다. 그리고 50명의 학생이 모여 앉아 그 문제에 대해 근심스레 의논하고 있었다. 학생대회가 열렸고 몇몇 조선인 농부들이 차를 마시러 왔다가 연설을 듣고 있었다. 학교 문을 닫게 만든 직접적인 이유는 다음과 같았다.

며칠 전에 한 떼의 중국인 마적이 이 마을을 거쳐서 산속으로 도망쳤다. 그날 오후 정부군이 추격해와서 마적이 도망친 방향을 물었다. 길은 두 갈래로 나 있었는데, 교사가 정부군에게 틀린 길을 가리켰다. 그 이유는 정부군들은 항상 '마적과 만나는 것을 피하기' 위하여 언제나 주민이 말해준 방향과 '반대' 방향으로 갔기 때문이다.

교사의 예상대로 정부군은 그가 가리킨 길이 아닌 다른 길을 택했다. 하지만 공교롭게도 정부군은 마적을 만나게 됐고 전투가 벌어졌다. 정부군은 다수의 사상자를 내고 퇴각했다. 마을로 돌아오자 대장은 교사가 거짓말을 했다고 질책했고 크게 분노했다. 왜냐하면 만나고 싶지 않던 적을 만나 큰 피해를 입었기 때문이다. 대장을 불쾌하게 한 결과는 학교의 폐쇄였다.

만주에 있는 모든 조선인들은 조국으로 돌아가고 싶어했고 이제나저제나 하고 독립될 날을 꿈꾸고 있었다. 이집저집 모두 비가 샜지만 고치려고 하지도 않았다. 그들은 "무엇 때문에 수리를 해야 하지? 곧 조선이 독립을 할 것이고 그러면 우리는 고국으로 돌아갈 텐데" 하고 말했다. 그러면서 거의 20년 가까이 지내왔던 것이다!

조선인 부락은 어느 곳이나 장로교나 감리교를 믿고 있었는데, 숨막힐 듯한 종교적 분위기가 감돌고 있었다. 사람들은 감동하기 쉬운 상태에 놓여 있었고, 그래서 우리가 가는 곳마다 독립을 위한 대중기도회가 열렸다.

아주 흥미진진한 경험이 하나 있다. 삼원보(三源堡)[1]라는 곳에서 나는 강가에 있는 보통학교 기숙사에 머물고 있었다. 이곳은 조그마한 민주적 도시였다. 읍내에는 중국인이 3,000명, 조선인이 약 1,000명 정도 살고 있었고 부근에는 조선인이 7,000명쯤 살고 있었다. 조선인은 자기들의 '인민정부'와

재판소를 가지고 있었으며 진정한 자치제를 시행하였다. 학교에서는 영어와 약간의 일본어를 가르쳤지만 중국어는 전혀 안 가르쳤다.

1월 3일, 한밤중에 총소리와 말발굽 소리가 들려왔다. 마적들이 학교를 포위하고 80명의 아동 전부와 선생님 한 분을 인질로 붙잡았다. 그들은 조선 남자 30명도 인질로 잡아왔다. 그러고는 어른이건 아이건 1인당 200달러씩의 몸값을 요구하였고, 돈을 지불하지 않으면 납치해가겠다고 위협하였다. 조선 사람들은 부랴부랴 어른 30명분과 어린이 30명분의 몸값을 지불하였다. 이 사람들은 석방되었지만 나머지 어린아이들의 몸값을 마련할 길이 없었다. 그러자 마적들은 누더기를 걸친 가난해 보이는 아이들만 석방해 주었다. 하지만 마을에 더는 돈이 없다는 것이 확인되자 마적들은 나머지 사람들도 모두 석방해주고는 아침 7시에 마을을 떠났다.

800명의 '마적'들이 이 도시를 점령하였는데 모두가 백마를 타고 있었다. 이들과 싸우다가 20여 명의 조선인이 죽었다. 마적들은 가게마다 모조리 돈을 요구하였으며, 닭, 돼지를 잡아 즉시 자기들이 먹을 음식을 장만하라고 명령하였다. 만주의 마적들에게는 아주 엄격한 규율이 있었다. 그들은 절대로 여자들에게 손을 대지 않았으며 오로지 돈만을 요구하였다. 그들은 미리 편지를 보내 자기들이 도착할 정확한 시간을 알려주었고 얼마만큼의 돈을 준비해야 하는지도 일러주었다.

그들은 금액 책정을 신중하게 한다. 그들은 1등급의 봉건지주들에게는 아무것도 요구하지 않는다. 왜냐하면 만주에서는 이들이 정기적으로 마적들에게 기부금을 내며 때로는 마적들의 습격에 필요한 돈이나 총알을 대주기도 하기 때문이다. 그러고 나서 이익을 분배한다. 또한 마적들은 가난한 사람들에게 물건을 빼앗는 법이 없으며 중산층만을 덮친다. 인질을 데려갈 때에는 일정한 순서로 협박을 한다. 몸값을 지불하지 않으면 처음에는 두 귀를 잘라 보내고 다음에는 손가락을, 마지막에는 머리를 보내온다.

그날 오후, 중국군 부대가 도착하였다.

"여러분들을 보호하기 위하여 우리가 여기에 머물러 있어야만 한다. 아마도 마적들이 돌아올 것이다"라고 말했다. 그러고 나서 그들은 술과 음식을 가져오라고 명령했다. 그래서 온 마을에서 그들을 위해 가난한 사람과 부자가 똑같이 돈을 내야만 했다. 그들은 일주일이나 머물렀는데, 그동안 뿌옇게 살이 쪘다.

물론 마적들이 돌아오지 않으리라는 것을 누구나 알고 있었다. 의심할 나위 없이 군대는 처음부터 마적들과 내통하고 있었던 것이다.

이 두 번의 침입으로 인해, '도시가 깨끗하게 청소되었다.' 그 후 돈과 돼지와 닭이 다시 충분해져 재차 침입할 가치가 있을 때까지 이 마을은 평화로울 수 있었다.

나는 이 도시에 있는 목사님의 집에서 3주 동안 지냈다. 그 목사님은 내가 마음에 들어서 나를 양자로 삼고 싶다고 말했으며 만일 양자가 싫다면 어쨌든 이 다음에 자기 딸을 주겠다고 했다. 하지만 나는 지금 있는 부모님으로 충분하며, 결혼은 하지 않겠다고 맹세했음을 말씀드리고 제안을 거절했다. 목사님은 매우 섭섭해 했다.

나는 목사님의 딸을 무척 좋아했다. 당시 나는 15세였으므로 그녀가 나에게 보여준 관심으로 갑자기 여자에 대해 눈뜨게 되었다. 그때까지는 이성에 대한 의식이 전혀 없었다. 그런데 이제 그녀 앞에서는 부끄러워서 말도 못 하게 되었다. 이 소녀에게 말을 걸어보고 싶었지만, 가까이 갈 때마다 어찌할 바를 모르게 되고 무작정 도망치고 싶어졌다. 내가 이제까지 보아온 소녀들 중에 가장 아름다운 사람이었고, 그녀를 볼 때마다 가슴이 두근거렸다. 그녀는 겨우 14세에 불과했지만 나에게는 신비하고 이해할 수 없는 존재같이 느껴졌다. 이 소녀에 대해 좀더 많은 것을 알고 싶다는 생각이 굴뚝같았다. 하지만 개인적인 문제에 대해서는 도저히 말을 걸 용기가 나지 않았다. 그래서 조용히 그녀의 학습을 도와주는 데 정성을 쏟았다. 나는 그녀를 위해 수많은 작문을 썼고 매일같이 그녀의 수학문제를 푸느라고 곤욕을 치렀다.

나는 밥맛을 잃기 시작했으며 밤이면 과연 결혼이란 게 그렇게 나쁜 것일까 고민하느라고 잠을 이루지 못했다. 나는 언젠가는 이곳에 돌아올 것이며 만약 그때도 그녀가 좋다면 결혼을 고려해보겠다고 결심했다. 하지만 이 소녀는 영웅의 아내가 될 자격을 갖추어야만 할 것이다. 그때가 되면 더는 얼굴이 예쁘다고 사랑에 빠지지는 않을 것이며, 이 소녀가 교육과 지성 면에서 모든 요건을 갖추지 못하면 자연히 나는 그녀를 좋아하지 않을 것이다. 그러면 그것으로 문제는 해결될 것이라고 구실을 붙였다.

목사님의 두 아들은 보통학교와 주일학교의 선생이었다. 나는 이 두 사람을 비롯하여 다른 선생들과도 아주 친해져서 그들 모두를 무척 좋아했다. 그들은 나에게 보통학교 선생 자리를 주겠다고 제의하였다. 그렇지만 나는 군관학교에 들어가겠다는 결심을 바꾸지 않았다. 3주 후에 두 아들 중 한 명이 나를 하니허(哈泥河)[2)]로 데려다 주었다.

조선독립군

마침내 목적지에 도착했다. 하니허에 있는 조선독립군 군관학교. 이 학교는 신흥학교(新興學校)라 불렸다. 아주 신중한 이름이 아닌가! 하지만 내가 군관학교에 들어가려고 하자 사람들은 겨우 15세밖에 안 된 나를 거들떠보지도 않았다! 최저 연령이 18세였던 것이다. 나는 가슴이 찢어지는 것만 같아서 엉엉 울었다. 내 기나긴 순례여행 이야기가 알려지자 학교 측은 예외적으로 나에게 시험을 칠 수 있는 기회를 주었다. 지리, 수학, 국어에서는 합격하였지만, 역사와 엄격한 신체검사에서는 떨어졌다. 그럼에도 3개월 코스에 입학하도록 허락받았고 수업료도 면제받았다.

학교는 산속에 있었으며 18개의 교실로 나뉘어 있었는데, 눈에 잘 띄지 않게 산허리를 따라 나란히 줄지어 있었다. 18세에서 30세까지의 학생들이 100명 가까이 입학하였다. 학생들 말로는 이제까지 이 학교에 들어온 학생들 중에서 내가 제일 어리다고 하였다. 학과는 새벽 4시에 시작하여, 취침은 저녁 9시에 하였다. 우리들은 군대전술을 공부하였고 총기를 가지고 훈련을 받았다. 그렇지만 가장 엄격하게 요구하였던 것은 게릴라 전술을 위해 산을 재빨리 올라갈 수 있는 능력이었다. 다른 학생들은 강철 같은 근육을 가지고 있었고 오래 전부터 등산에 단련되어 있었다. 그러나 나는 도움을 받아야만 간신히 그들을 뒤따라갈 수 있었다. 우리는 등에 돌을 지고 걷는 훈련을 하였다. 그래서 아무것도 지지 않았을 때에는 아주 경쾌하게 달릴 수 있었다. '그날'을 위해 조선의 지세, 특히 북쪽의 지리에 관해서는 주의 깊게 연구하였다. 방과 후 나는 역사를 열심히 파고들었다.

얼마간의 훈련을 받고 나자 힘든 생활을 견뎌낼 수 있었으며 훈련도 즐거워졌다. 봄이면 산이 매우 아름다웠다. 희망으로 가슴이 부풀어 올랐으며 기대에 넘쳐 눈이 빛났다. 자유를 위해서라면 무슨 일인들 못할쏘냐?

만주에는 조국의 탈환을 열망하는 100만 명에 가까운 조선 이주민이 있지 않은가? 그리고 시베리아에도 수십만 명이 있지 않은가? 여기 남만주에는 30만 명이 함께 있고 북만주에는 손이 억센 농민부대가 있다. 그 일부는 오래 전에 대기근이 일어났을 때 만주로 건너온 사람들이며, 오랑캐만이 우글거리고 있던 황무지에 들어온 개척자들이다. 1910년에 청조[3]가 무너지기 전까지 만주인들은 중국인(漢人)이 들어오는 것을 허용하지 않았다. 하지만 그 후 중국인이 마구 밀려들어와 3,000여 만 명에 이르렀다.

1907년 이후 100만 명의 조선인이 조국을 떠나 만주로 건너갔다. "쪽바리 한 놈이 조선에 들어오면 30명의 조선인이 나라에서 쫓겨났다"고 우리는 말한다. 조선인의 인구를 대강 추정했을 때, '20명 중 1명의 조선인'이 '2,000만 동포'의 땅에서 쫓겨났던 것이다. 이들의 대다수가 만주와 시베리아로 갔다. 어떤 사람들은 북극지방에서 어부가 되기도 하였다. 일부는 중국으로 건너갔고 나머지는 미국, 멕시코, 하와이로 떠났다. 일본에는 30만 명의 노동자가 있다. 해외로 나간 사람들의 대부분은 기독교인이었다.

투쟁적인 조선인 망명자들은 그 한 사람 한 사람이 모두 자기의 힘이 백만 배로 불어난 듯이 느꼈다. 하지만 그것은 사실이 아니었다. 공간이 우리들을 떼어놓았던 것이다. 그러나 그렇다 하더라도 이 느낌은 즐거운 것이며 그 때문에 민족주의의 물결이 높아져 갔다.

3·1운동의 첫 기념일에는 대규모 기념대회가 열렸다. 학교가 쉬었기 때문에 나는 기념대회가 열리고 있는 삼원보로 돌아갔다. 중학교 학생 300명 외에도 인근에 있는 다른 조선인들이 참가하여 기념제는 애국적 정열로 가득 찼다. 그 당시 만주에는 중학교가 3개, 보통학교가 1,200개 있었으며 그 위에 독립군이 젊은이들의 훈련을 위하여 세운 비밀 군관학교가 둘 있었다. 매년 겨울이 되면 만주 게릴라들이 조선에 돌아가서 왜놈들과 싸우거나 무기를 살 군자금을 모았다. 조선에 있는 주민들이 열성적으로 그들을 도와주었지만 독립군들은 이러한 지지를 효과적으로 조직할 줄 몰랐다.

6월에 3개월의 기한이 끝났지만, 나는 재미가 있어서 일주일 더 학교에 머물렀다. 그 후 나는 목사님—또한 그의 예쁜 딸을—만나보러 삼원보로 돌아갔다. 나는 그곳에서 테니스도 치고, 호수에서 수영도 하고, 그물로 고기도 잡으면서 한 달 가까이 보냈다. 그러는 사이에 그녀가 점점 더 좋아졌다.

6월에 목사님이 나를 위해 80리 떨어진 곳에 있는, 자기가 관리하고 있는 보통학교에 일자리를 마련해 주셨다. 나는 급료를 받지 않았으며 학생 집에서 한 달씩 돌아가며 살았다. 음악과 미술 빼고는 무엇이든 가르쳤으며, 일요일에는 예배를 인도하고 주일학교 학생을 가르쳐야 했다. 이곳 산속의 농민들에게 종교는 대단히 소중한 것이었다. 그래서 나는 종교를 비판할 수가 없었으며 이곳의 관습에 따라야만 했다. 교회는 예배장소일 뿐만 아니라 사교의 중심이기도 했는데, 나 자신도 그 가치를 느낄 수 있었다. 나는 형식은 그대로 두고 내용을 바꿔보려고 생각하였다. 이미 이곳 만주에서는 조선보다도 그 내용이 훨씬 더 혁명적이었다.

아무리 농촌이 외형상으로는 목가적이라고 하더라도 나는 농촌에 묻혀서 살고 싶지는 않았다. 그래서 겨우 석 달 정도 머무르고 나서 나는 상하이로 가서 정치학과 과학을 공부하고 또한 혁명운동에 합류하기로 결심하였다. 그 당시 상하이는 대한민국 임시정부가 활동하고 있는, 민족운동의 새로운 중심지였다. 나에게는 지난해 하얼빈을 떠나 올 때 가지고 온 돈이 아직도 80달러나 남아 있었다. 이 돈이면 여비를 치르고도 남았다.

나는 목사님을 찾아가서 내 계획을 말씀드리고 딸에게 작별인사를 하였다. 멀리 공부하러 가고 싶다고 말씀드렸더니 목사님께서는 "좋은 생각이네. 자네가 돈이 필요할 때 자네 춘부장께서 도와주실 수 없다면 내가 돈을 보내주겠네. 나는 자네가 훌륭한 청년이고 또한 전도가 양양하다고 믿고 있으니까 말이야" 하고 말씀하셨다. 목사님께서는 2년 후에는 자기도 딸을 좋은 학교에 보내고 싶다고 말씀하신 후, 그때 딸애를 좀 도와주고 돌봐달라고 부탁하셨다. 나는 열과 성을 다하겠노라고 약속했다.

목사님의 가족들과 작별할 때 내 눈에는 눈물이 고였다. 난 이미 그 가족들을 무척 사랑하고 있었기 때문이다. 목사님은 매우 친절하고 너그러운 분이셨다. 지금까지도 인간본성에 대한 내 믿음을 유지하기 위해 진정한 선량함을 생각할 필요가 있을 때면 이 목사님을 생각한다. 그러나 나는 두 번 다시 이 안동희(安東禧) 목사님이나 그의 딸을 보지 못했다.

안 목사님의 집을 떠나기로 결심한 것은 나에게는 다행이었다. 내가 떠난 후 겨우 몇 주일 뒤에 엄청난 비극이 이 착한 사람들에게 밀어닥쳤던 것이다.

1920년 말에 조선독립군이 훈춘(琿春)을 점령하여 그곳에 있던 일본인을 거의 다 죽였다. 일본정부는 독립군을 없애버리려고 2개 사단을 보냈지만 독립군은 시베리아로 도망쳐버렸다. 왜놈들은 그 보복으로 주민들을 학살하였으며 6,000명 이상의 조선인을 살해하였다.[4] 여자와 어린아이들은 대검에 찔려 죽었고 수많은 지도자들이 산 채로 매장당했다.

그러면 안동희 목사님과 그 가족들은 어떻게 되었을까? 안 목사님은 두 아들이 산 채로 세 동강 나는 것을 눈 뜨고 지켜보아야 했다. 그런 후에 왜놈 병사들은 강제로 목사님에게 맨손으로 자기 무덤을 파게 한 후 산 채로 그를 매장하였다. 세

식구의 죽음을 지켜봐야 했던 부인은 강물에 몸을 던졌다. 내 첫사랑이었던 14세 소녀가 어떻게 되었는지는 아무리 노력해도 알아낼 수 없었다. 그 일은 생각만 해도 끔찍했다. 삼원보에서 만났던 수많은 사람들 중에서 학교 선생인 조운산(趙雲山)만이 유일하게 살아남았다. 2년 후 베이징에서 그를 만났을 때 내게 이 사건에 대해 말해주었다.

그렇지만 독립군은 왜놈에 대한 싸움을 멈추지 않았다. 4,000명의 빨치산이 그해 겨울 내내 제대로 먹지도 못하고 따뜻한 옷도 입지 못한 채 겨우 1,000명 남짓 살아남을 때까지 왜놈들과 싸웠다. 이 싸움에서 그들은 일본군을 2,000명 가까이 사살했다.

1) 유하현(柳河縣) 삼원보는 1910년 김덕기(金德基), 이동녕(李東寧), 이회영(李會榮) 등이 일본의 조선 지배에 반대하여 경학사(耕學社)를 창립한 곳으로, 경학사의 목적을 전해들은 민족운동 지사들이 모여들어 1923~24년경에는 서간도 일대 독립단의 근거지가 되었다. 당시 독립단은 박화염(朴華廉)을 총재로 하고 "신민회(新民會), 암살단 등을 합병하고 그 위에 무력 양성을 위해 활동 중이며 한족회(韓族會)와 제휴하는 등 그 세력이 얕볼 수 없는 정세를 보인다"〔헌병대위 사카모도(坂本俊馬)의 서간도 여행보고〕고 한다.— 역자

2) 하니허는 압록강 건너편에 위치한 곳으로 1912년, 삼원보 독립운동가들이 이곳에 군관학교를 설립하였다. 그 후 10년간 이 학교는 토지를 마련하여 이곳에 정착하러 온 이민 동포들의 후원을 얻어 유지, 발전해 나갔다.— 조지 토튼

3) 만주인들은 중국을 정복한 뒤 만주—혹은 청나라—를 건설하였다 (1644~1912). 인구가 빈약한 만주는 만주인들의 수렵지대로 사용되고 있었다. 주민들은 부족제도하에 있었으며 한족(중국인)이 그들의 영역 안으로 들어오는 것을 허락하지 않았다. 그러나 중국인들이 파고들어와 만주의 인구를 불려나갔다. 세기가 바뀔 무렵 러시아인들이 만주횡단 동청철도를 건설하였다. 이에 일본은 러시아의 영향력을 견제하고 이 지역에 일본의 경제권을 확장하기 위하여 남만주철도를 건설하였다. 이것이 도화선이 되어 러일전쟁이 일어났으며 그들은 조선과 만주에서 싸웠다. 1912년 청나라가 망하자 만주는 중국 밑으로 들어오게 되었다. 1931년 일본은 만주를 점령하고 만주국(滿洲國)이라는 꼭두각시 정부를 만들었다.— 조지 토튼

4) 훈춘사건 : 1920년 10월부터 11월 걸쳐 일본군경이 만주로 피한 조선인 및 독립운동가를 학살한 사건. 일본 영사관원에 대한 사소한 상하이 사건을 구실로 일본의 나남사건을 중심으로 한 대부대에 의해 자행된 이

대학살은 알려진 것만 해도 학살 3,106명, 체포 238명, 가옥방화 2,557채, 학교방화 31건, 교회방화 17건에 달하는 엄청난 만행이었다. 훈춘은 두만강 맞은편에 있는 마을이다.— 역자

6
상하이, 망명자의 어머니

 1920년 겨울 어느 날, 기선 펑톈 호가 싯누런 황푸 강(黃浦江)을 서서히 거슬러 올라감에 따라 거대한 상하이가 도전이라도 하듯이 강안으로부터 그 윤곽을 나타냈다. 하지만 나도 거의 만 16세가 되었으므로 두렵지는 않았다.

 마부는 1달러를 달라고 했지만 마차삯을 깎아서 대한민국 임시정부 사무소까지 80센트에 가기로 하였다. 그런데 사무소에 도착하자 마부는 3달러를 내라면서 마차에서 내리지 못하게 했다. 거리에는 도와줄 만한 사람이 아무도 없었다. 그래서 나는 상하이 조선인 거류민단까지 가자고 강경하게 말했다. 그리고 그곳에 도착해서는 냉랭한 태도로 1달러 50센트를 내밀었다. 이런 행동으로 나는 시골뜨기로 얕보인 인상을 불식시키려고 했다. 하지만 속으로는 마부가 거리 모퉁이로 나를 끌고 가서 가지고 있는 돈을 모두 강탈하지나 않을까 조마조마했다.

민단에서 나는 임원 한 사람에게 자기소개를 했다. 그는 월 15달러씩 받는 조선인 하숙집으로 나를 데려다주었다. 그곳에서 그 사람과 겸상해서 밥을 먹었고, 그래서 우리는 친해졌다. 후에 이 사람은 아름다운 여배우의 협력을 받아 폭탄 테러를 하여 유명해졌다. 또한 이 일로 조선에서 감옥살이를 한 후에 만주국 군대에 입대하여 비밀리에 조선인 전쟁포로를 30명이나 도주시켰다.

나는 월 20달러를 받고 〈독립신문〉의 조선어 교정자 겸 식자공 자리를 쉽게 구했다. 이 신문은 비합법의 급진주의적 민족주의 신문으로 이광수가 편집하고 있었는데, 창간호는 상하이에서 나왔지만 그 후에는 다른 곳에서 발행되었으며 인쇄된 신문을 몰래 국내로 반입하였다.

저녁이면 나는 조선인성학교(朝鮮人成學校)에 가서 영어와 에스페란토어, 무정부주의 이론 등을 공부하였다. 틈이 나면 상하이에 사는 조선인의 생활과 활동을 조사하였고 전차를 타고 시내 곳곳을 둘러보기도 하였다. 그러면서 상하이에 망명해 있는 조선인 혁명가들과 친해졌다.

나에게 상하이는 새로운 세계였으며 서양의 물질문명과 움직이고 있는 서구 제국주의를 처음으로 본 곳이었다. 나는 모든 풍요로움과 비참함이 함께 어우러져 있는, 여러 나라 말이 사용되고 있는 이 드넓은 도시에 매료되었다.

1919년의 3·1운동이 왜놈에게 진압된 뒤, 상하이의 프랑스 조계[1]가 조선혁명운동의 주요한 지휘소가 되었다. 3,000명의 망명정객이 여기에 모여 서울의 왜놈 기구와 사이토 총독의 그럴싸한 조선인 '자치' 계획에 대항하여 독립된 대한민국 임시정부[2]를 만들었다. 임시정부 결성 준비 모임은 1919년 8월에 시작되었으며, 그해 겨울에 임정 사무실이 프랑스 조계에서 문을 열었다. 건물 옥상에는 태극기가 자랑스럽게 휘날렸다. 임정을 조직한 주요한 인물은 이동휘 장군과 해외에서 돌아온 몇몇 학생들이었다. 임시정부는 국내와 만주의 동조자들로부터 비밀리에 재정지원을 받았다. 이승만[3]이 대통령에 선출되었고 이동휘 장군은 총리직을 맡았다. 임정에는 의회와 기관지도 있었으며 해외에 조선인의 중심지가 있던 곳에는 모두 지국을 두었다. 또한 상하이에 사관학교를 세워, 1기생 200명, 2기생 80명을 배출하였다.

프랑스 당국은 조선인의 활동을 탄압하지 않았다. 왜냐하면 임시정부가 프랑스 당국에게 보호해주는 대가로 수수료를 지불하였고, 대표를 파리에 보내어 정부의 존재 이유를 설명하였기 때문이다.[4] 당시 프랑스는 동양에서 '프랑스 문화'와 세력을 확대시키는 데 관심을 가지고 있었다.

첫 의정원(議政院) 회의가 열린 1920년 3월 1일, 민주주의 헌법이 채택되었다. 그 강령은 두 가지로, 민주주의와 대한독립이었다. 나는 가끔 이 의정원 회의에 방청하러 갔다.

1919년부터 1924년까지 두 부류의 민족주의 그룹이 '아메리카파' 대 '시베리아-만주파'란 이름으로 서로 대립하고 있었다.

'아메리카파'라는 이름이 붙은 것은 조선의 독립을 미국과 윌슨 대통령의 도움에 의존하여 이루려고 하였기 때문이다. 미국에서 정치학 박사학위를 받은 '아메리카파' 지도자 이승만은 윌슨 대통령과 동기동창이었으며 윌슨을 전폭적으로 신뢰하고 있었다. 그들은 외교적인 수단을 이용하여 조선에 대한 국제정의를 보장하도록 민주주의 열강들에게 압력을 넣어야 한다고 열심히 주장하였다. 실제로 그들은 태평양에서의 미일 양국의 모순에 희망을 걸고 있다.

국내에서 온 대부분의 조선인, 특히 기독교인들은 해외에서 돌아온 유학생, 지식인과 함께 '아메리카파'를 추종하였다. 이들은 모두가 '신사'들이었다. 그들 대부분은 영어를 능숙하게 구사하였는데 실제로 설득력 있는 영어를 구사할 수 있게 되면 조선이 독립을 얻게 될 것이라고 기대하고 있었다. 그들은 왜놈들의 사기를 꺾으려는 테러리스트들의 계획에 지원조차도 하지 않으려고 했다. 100여 명의 의원을 가진 '아메리카파'는 의정원 내에서 다수파였다.

'시베리아-만주파' 의원은 80명밖에 되지 않았다. 이 일파는 초창기부터 민족운동의 지도자였으며, 몇 년 동안이나 왜놈들과 싸웠던 이동휘 장군이 이끌고 있었다. 이들은 왜놈들과 정식으로 전쟁하기를 바랐다. 그들은 1만 명의 군사만 있으면 한 달 내에 압록강을 건너가서 조선에 있는 왜놈들을 모조리 쓸어버릴 수 있다고 말하였다. 여기에 속한 사람들 대부분은 만주와 시베리아로 망명했던 사람들인데, 그곳에서 그들은 조선 국경을 따라서 끊임없이 유격전을 수행해왔다.

의정원이 자기의 제안을 부결시키자 이동휘 장군은 의정원의 '신사적인' 고지식함에 넌더리가 나서 총리직을 사퇴하였고, 다시는 임시정부와 협력하지 않을 것이며 오로지 공산당을 위하여 일하겠다고 선언하였다.

이동휘 장군, '신사' 아닌 군인

내가 상하이에서 만난 사람 중 가장 독특한 인물은 내 어린 시절의 우상이었던 이동휘 장군이었다. 장군은 1900년 이전부터 민족적 영웅이었고 이미 50세가 넘었다. 그는 키가 크고 힘이 장사였으며 가슴이 떡 벌어졌는데 군인다운 콧수염을 길게 기르고 있어서 마치 프랑스 원수처럼 보였다.

나는 때때로 다른 친구들과 함께 그를 모시고 조르프 가(街) 근처에 있는 프랑스 공원에 갔다. 그곳에서 그는 우리들에게 자기가 살아온 이야기와 수많은 모험담을 들려주었으며, 자신이 오래 전부터 해온 자유와 독립을 위한 훌륭한 싸움을 우리들이 계속 이어받겠다는 맹세를 받아냈다. 이동휘 장군의 인생은 1907년부터 최초의 공산당 창립에 이르기까지의 민족주의적 혁명운동 시기를 대변한다.

그의 말에 의하면 그의 아버지는 유학자였고 봉건 지주 집안이었다고 한다. 이동휘는 함경도에서 태어났다. 그래서 나는 그가 한민족 중에서도 가장 뛰어난, 전형적인 함경도 사람이라고 생각했다. 함경도 사람들은 용감하며 열성적으로 싸운다. 반면에 남쪽 지방 사람들은 보다 문화적이며 수동적이다. 그는 아주 훌륭한 군인이었다. 자신이 일본 육군사관학교 출신이었음에도 군관학교 출신의 금테 두른 '신사'들을 외교관 연수원 출신의 말만 번지르르한 '신사'들만큼이나 경멸하였다. 그는 시베리아나 만주에 사는 손이 거친 조선인 개척자들을 존경하였으며, 그 자신도 여태까지 여러 싸움에서 실패하였지만 의병과 보는 종류의 무장투쟁에 거나탄 신뢰를 가지고 있었다.

도쿄에서 귀국한 이동휘는 서울에서 신식 군사학교의 창설을 도왔다. 그는 가장 촉망받는 젊은 사관 가운데 한 명이었으며 러일전쟁 전에 이미 조선군의 한 지대(支隊)를 맡고 있었고 1907년까지 의병장으로 활약했다.

1911년 일본 군대가 장군의 부대를 국경 밖으로 몰아내자 만주로 피한 그는 즉시 만주와 시베리아의 조선인 사이에서 새로운 저항운동과 군인양성운동을 시작하였다. 그리고 교육

사업도 하고 농민 속에서 조선인 협동조합을 조직하였다.

이동휘는 러시아의 선례에 영향을 받아 공산주의자가 된 최초의 조선인 가운데 한 사람이었다. 조선은 소련과 아주 가까운 사이다. 10월혁명 때, 수천 명의 조선인이 싸웠다. 조선 공산주의 운동은 극동에서 가장 오랜 역사를 가지고 있다. 1918년에 그는 '이르쿠츠크 공산당'이라는 최초의 조선인 공산당을 조직했으며, 그 일로 모스크바에 갔다. 하지만 자기가 입당한 사실을 비밀로 하였다. 이것은 중국보다 4년 앞선 것이다.[5]

세계대전이 끝나고 파리 평화회의가 열리자 승전국들이 조선에 최소한의 정의를 베풀 것이라는 기대 속에서 민족운동이 일어났다. 시베리아에 있던 조선인들은 회원이 수만 명은 되는 '시베리아 한인회'를 만들어 1919년에 이동휘를 상하이에 대표로 파견하였다.

조선 민족운동의 시베리아-만주파 지도자로서 이동휘는 군대를 조직하여 대일전쟁을 시작할 것을 열망하였다. 그는 대일전쟁을 위한 준비 작업으로 임시정부하에 군사학교를 설치하였으며, 시베리아와 만주에 대규모의 조선군을 키울 계획을 세웠다. 그 당시 만주에는 6,000명의 독립군이 있었다. 시베리아에 있는 빨치산이 어느 정도였는지는 모르겠다.

1922년에 임시 의정회의가 상하이에서 열렸다. 이동휘는 아메리카파 민족주의자들에게 패했다. 그러자 그는 임시정부가 쓸모없다고 생각하고는 임정과의 관계를 끊어버리고 조선 문제를 의논하기 위해 모스크바로 갔다. 이동휘의 생각은 우선 강력한 혁명적 대중정당을 조직해야 된다는 것이었다.

1918년에 이동휘가 맨 처음 시베리아에서 모스크바로 갔을 당시 그는 이론이라고는 전혀 갖고 있지 않았고 오로지 대중운동과 소련에 대한 믿음밖에 없었다. 조선에 얼마 만큼의 노동자가 있느냐고 레닌이 물었을 때 그는 대답할 수가 없었다. 여기에 대해 생각한 적이 없었기 때문이다. 레닌은 웃으면서 지노비예프를 불러서 말했다.

"우리는 여기 있는 이동휘 동지를 도와주어야 합니다. 이동휘 동지는 조선독립에 대한 뜨거운 피를 가지고 있지만 방법은 갖고 있지 않습니다. 이것은 동양의 자연적인 상태입니다. 그들은 혁명적 기지를 전혀 갖지 못하고 다만 테러리즘과 군사행동의 배경만을 갖고 있을 따름입니다."

1922년에 재차 모스크바에 갔을 때, 이동휘는 임시정부에 반대하며 또한 공산당을 만들기에는 때가 너무 이르다고 말했다. 즉 혁명적 분자들이, 독립을 위해 광범위한 민족주의 정당과 연합하여 그것을 강화하는 것이 필요하다고 말했다. 레닌은 그렇게 하는 것이 올바르다고 동의하였다. 그런 후 이동휘가 도움을 요청하자 레닌은 50만 루블을 주겠다고 약속하였다. 안평산(安平山)이라는 조선인 변호사가 그중 30만 루블을 소련에서 몽골로 가지고 갔는데, 도중에서 일행 네 명이 모두 비적에게 살해되었고 돈도 강탈당했다. 1923년 겨울에 김립(金立)이라는 조선인 공산당원이 나머지 20만 루블을 가지고 상하이로 왔다.[6]

김립은 10월혁명 이전에 모스크바에서 공부한 민주적인 지도자였다. 1919년에 코민테른은 그를 상하이로 파견하였다. 그는 이동휘 장군을 도와서 상하이에서 조선공산당을 조직하였으며 1922년에 모스크바에 갈 때 이동휘와 동행하였다. 김립과 레닌은 임시정부에 대항하는 대규모 민족주의 정당을 만든다는 당의 방침에 의견을 같이하였다.

상하이로 돌아온 김립은 임시정부에 '조선인민대표자회의'의 소집을 요구하였다. 대표자회의에 참석하기 위해 국내, 러시아, 미국, 만주 등지에서 600명의 대표들이 왔다. 김립은 모스크바에서 받은 20만 루블을 임시정부에 건네주기를 거절하고는 인민회의 준비위원회 쪽으로 돌렸다. 1924년에 한 달 동안 이 회의는 단일한 활동 방향을 만들어내려고 몸부림쳤다. 하지만 결국 아무런 통일점도 찾지 못하였고 그래서 두 파로 갈라지고 말았다. 회의에서는 임시정부를 개편하고 강화하여 조선혁명을 지도하도록 하자는 노선과 임시정부가 무용하다는 것을 스스로 증명하였기 때문에 독립을 지향하는 커다란 단일 민족혁명정당을 조직하자는 노선이 대립하였다.

1924년 6월 어느 날 저녁, 김립은 인력거를 타고 가다가 임시정부 측 정적에 의해 뒤에서 저격을 당했다. 그런 후 임시정

부는 은행에서 20만 루블을 꺼내어 사용해버렸다.[7)]

김립이 죽었다는 소식을 듣자 이동휘는 격노하였다. 이동휘 자신도 1928년 블라디보스토크 근교에 있는 자택에서 죽었다. 당시 이동휘는 60세가 넘었다. 1924년 이후 이동휘는 대단히 불행하였다.

1924년 그 사건 이후 임시정부는 모든 권력과 영향력을 상실하였다.

안창호와 이광수

1920년 상하이에 도착했을 당시, 나는 약간의 무정부주의적 경향을 가진 한 명의 민족주의자일 뿐이었다.

나는 온갖 종류의 사람들을 만났으며 제반 정치사상과 논리가 서로 각축하는 소용돌이 속에 휘말렸다. 처음에는 자연히 민족주의자 문화 그룹에 들어갔으며, 그 후 어느 정도 공부와 관찰을 하고 나자 테러리스트와 무정부주의자들에게 기울었다. 그것은 민족주의자의 강령이 무기력하다고 느껴졌기 때문이다. 공산주의 운동은 이제 막 싹트고 있었으므로 나는 마르크시즘에 대해서 별로 몰랐으며 레닌주의에 대해서는 전혀 몰랐다.

내가 상하이에서 최초로 영향을 받은 사람은 민족주의의

쌍벽으로 이름난 안창호[8]와 이광수[9]였다. 이 두 사람은 조선에서 사제지간이었던 때부터 친밀한 동지였다. 이광수는 내가 일하고 있던 〈독립신문〉의 편집장이었으며, 잡지 〈젊은 조선〉의 편집장이기도 했다. 또한 왜놈이 만든 교과서가 만들어내는 신화를 깨뜨리고 조선사를 다시 집필할 목적으로 설치된 임정 사료편찬위원회의 주임이기도 하였다. 안창호는 임시정부의 노동총판이었으며 흥사단의 지도자였다. 흥사단[10]은 그가 1916년에 창설한 단체이다.

내가 이광수한테 받은 영향은 일시적인 것이었지만 안창호한테서 받은 영향은 내가 이제까지 받은 영향 중 두 번째로 커다란 영향이었다. 가장 큰 영향을 준 사람은 금강산 승려 출신의 공산주의자인 김충창(金忠昌)이었다. 이 사람은 1922년 베이징에서 만났다. 또한 내가 세 번째로 커다란 영향을 받은 인물은 하이루펑 소비에트 지도자 펑파이(彭湃)였다. 이 사람은 1928년에 만났다. 안창호는 나에게 실제 정치를 가르쳐주었고, 김충창은 마르크스주의 이론을 가르쳐주었으며, 펑파이는 야전에서의 혁명전술을 가르쳐주었다. 이들 외에 내 생애에 깊은 영향을 미친 사람은 없다. 1922년 이후 나의 이론적 배경은 확실하게 정해졌다. 하지만 그 당시에는 행동과 전술에 대해 어떤 훈련도 받지 못한 상태였다.

안창호와 이광수는 조선 청년들을 감화시키는 것을 좋아했다. 그래서 나는 몇몇 친구들과 함께 거의 매일같이 그들 집에 찾아갔다. 이 모임은 토론회와 비슷했다. 우리는 정치문제나 역사문제에 대하여 아주 오랫동안 논의하였다. 이광수와 안창호는 우리들에게 이렇게 말했다.

"혁명은 아직 요원하다. 너희들은 장래를 대비하여 지금은 공부를 해야 한다. 너희 가족들도 생활비를 대주며 너희들을 도와주지 않으면 안 된다."

나는 홍사단에 입단하였다. 홍사단은 상하이에만 80명의 단원이 있었으며 조선인이 있는 곳에는 어디나 지부를 두었다. 비록 '사(士)'라는 말이 최고 신분인 학자를 지칭하는 옛말이기는 하지만, 홍사단이라는 이름은 '육영회(育英會)'라 바꾸어도 좋을 것이다. 이전의 조선사회에서는 사(士)가 최고의 신분이었다. 두 번째는 농부, 세 번째는 노동자(장인), 네 번째는 상인이었다.

안창호는 평양 부근 강서(江西) 지방에 있는 중류 지주의 가정에서 태어났다. 정규교육 전혀 받지 못했고 독학을 하였다. 안창호는 16세에 조선개혁운동[11]에 참가하여 오랫동안 사람들의 뇌리에 아로새겨진 열렬한 대중연설을 하였다. 그래서 이동휘가 군사 지도자가 되었던 반면, 안창호는 정치 지도자가 되었다. 그는 설득력 있고 영향력 있는 대중연설가였지만 일상생활에서는 조용한 성격이었고 말이 별로 없었다. 그렇지만 일단 행동노선을 결정하면 결연히 의견을 개진하였으며, 대개는 자기의 주장을 관철시켰다.

안창호는 1900년경의 '3일내각'의 각료였다. 그래서 내각이 붕괴되자 해외로 망명하지 않을 수 없었다. 후에 귀국하여 조선에서 〈대한매일신보〉를 창간하였다. 이 신문은 나중에 구한말 정부가 인수하면서 이름이 바뀌었다.

1907년 안창호는 시위운동을 조직하고 대중에게 강연을 하는 등 매우 활발하게 활동하였다. 1907년부터 1910년까지 그는 모든 조선 민족주의자들의 지도자였다. 1910년 일본이 조선을 강점하자 그는 중국의 칭다오(靑島)로, 다시 그곳에서 캘리포니아로 망명하였다. 캘리포니아에서 그는 '대한인국민회(大韓人國民會)'를 조직하고 신문도 발행하였다.

안창호는 미국에서 많은 노래와 이야기를 배웠다. 그는 특히 흑인 영가를 좋아하였으며 우리에게도 몇 곡 가르쳐주었다. 상하이에서 우리는 그와 함께 '올드 블랙 조', '켄터기 옛집', '주인은 찬 땅속에' 같은 노래를 부르곤 했다. 그는 조선에 있는 자기 학교에서도 이 노래들을 가르쳤고 달밤의 애창곡이 되었다. 조선 사람들은 대개 사별이나 향수, 불행 등을 주제로 한 슬픈 노래를 사랑한다. 그래서 흑인 멜로디가 커다란 호소력을 갖는다. 나 역시 이런 노래를 좋아하였다. 또 하나 내가 좋아하는 미국 노래는 '내 푸른 하늘(My Blue Heaven)'이다. 이 노래는 1931년 감옥에서 출소하고 나서 며칠 뒤에 조선에 있는 어느 카페에서 처음 들었다. 조선에서는 이 노래를 '저녁 강'이라 불렀는데, 우리는 이 노래를 구슬픈 목소리로 아주 느리게 불렀다.

1919년 민족운동의 물결이 일어나자 안창호는 상하이로 돌아와서 대한민국 임시정부에 합류하였다. 그러나 5년 후에는 임시정부와 사이가 틀어져서 캘리포니아로 되돌아갔다. 그는 1924년 샌프란시스코에서 공산주의 서적을 자택에 소지하고 있다는 이유로 검거되었지만, 공산주의자가 아니었기 때문에 다음날 석방되었다. 이듬해에 그는 또다시 상하이로 돌아와서 많은 단체를 조직하였다.

상하이 사변[12]이 일어난 이듬해 봄에 그는 프랑스 조계에서 체포되어 일본 측에 인도되었다. 그 이유는 폭탄투척 사건이 일어나 일본인 관헌 몇 명이 죽거나 다쳤기 때문이었는데, 그는 이 사건과 아무 관련이 없었다. 그는 서울로 압송되었지만 재판부가 그를 석방하였다. 그러나 경찰은 독립운동과 관련되었다는 이유로 재차 그를 체포하여 1년간 감옥에 가두었다. 이광수가 자기 신문을 총동원하여 압력을 가한 결과 안창호를 석방시킬 수 있었다. 〈동아일보〉는 안창호를 주필로 데려오려고 하였으나 그가 거절하였다. 현재 안창호는 서울에 있지만 활동을 중지하고 침묵을 지키고 있다. 하지만 아직도 그는 부르주아의 가장 유력한 정치 지도자이다.[13]

안창호가 부르주아적 원칙을 따르는 민주적 대중운동을 대변하는 반면에, 이광수는 그것과 평행한 상층 부르주아와 부르주아 지식층의 자유주의적 문화운동을 대변하고 있다. 이광수는 프롤레타리아의 세력 증대에 반대하지만 안창호는 프롤레타리아의 혁명적 역할을 인정한다. 이광수는 가부장제 귀족주의적 경향을 가지고 있지만, 반면에 안창호는 참으로 자유주의적이고 민주적인 지도자이다. 쑨원과 중국 민족주의자들이 중국의 복잡다단한 문제를 해결하기 위하여 마르크스주의로 전향함과 동시에 안창호는 공산주의의 이론과 전술에 관심을 가지게 되었다. 안창호는 결코 공산주의자가 되지는 않았다. 하지만 아직 미숙한 조선공산당을 반대한 적이 한 번도 없다.

이광수가 청소년 시절에 도쿄에서 인력거를 끌면서 고학으로 대학을 다녔다. 그는 1924년경 사이토 총독의 초청으로 조선에 돌아와서 〈동아일보〉와 청소년을 위한 자유주의 잡지인 〈동광(東光)〉의 주필 노릇을 하였다.

이광수는 조선 최초의 현대작가이며 지금도 제1인자이다. 그는 장편소설, 단편소설, 평론, 시집, 역사책 등 20여 권에 가까운 저서를 집필하였다. 이광수는 톨스토이주의자로, 비장한 희생정신과 가부장적 정신으로 충만해 있다.

1) 당시 상하이에서는 외국인들에게 구역 사용을 허용했는데 이들은 공동조계(共同租界) 안에 결집하여 살고 있었다. 그러나 프랑스는 독립구를 보유하고 있었다. 그들은 중국 법의 간섭을 받지 않았으며 국외자의 권리를 향유하였다. 프랑스 조계 안에서는 프랑스 국법이 적용되었다. 공동조계는 자기들의 법을 따로 제정하고 참사회(參事會)를 두어 통치를 했다. 이러한 여건들로 인해 당시 프랑스 조계는 외국 망명정부가 활동하기에 가장 안전한 지역이었다.— 조지 토튼
2) 대한민국 임시정부는 8월이 아니라 1919년 3·1운동 직후인 4월에 창립되어 4월 8일을 임정 창건일이라 주장한다. 임정의 각료들은 자주 바뀌었으나 이승만은 초기부터 제1인자 역할을 했으며 후에 대통령이 되었다. 의정원 의장 이동녕(李東寧), 내무총장 안창호, 군무총장 이동휘(후에 이동휘는 국무총리가 된다), 외무총장 김규식, 재무총장 최재형, 법무총장 이시영(李始榮), 교통총장 문창범(文昌範)으로 구성되어 있었다. 독립운동이 전개되는 동안 임정은 내분을 겪게 된다.— 안도 지로
3) 형식상으로는 여전히 이승만이 대한민국 임시정부의 대통령이다. 1931년 9월 18일에 일본이 만주를 침공하자 이승만은 조선 문제를 더한층 '외교적'으로 해결하기 위해 제네바로 갔다.— 김산
4) 1925년 이후 프랑스 조계는 그 전만큼 좋지가 못했다. 새로이 일어나는 조선인의 공산주의 운동에 대해 프랑스인들이 동정적이지 않았기 때문이다. 이제 프랑스인들은 더는 조선인들을 보호하지 않는다. 하지만 다른 곳과는 달리 일본인이 조계 내에 들어와서 비밀리에 조선인들을 잡아가는 것을 허용하지는 않는다. 그런데 1926년에 프랑스는 조선인이 중국혁명에 참가했다는 이유로 조선인을 일본에 인도하기 시작했다. 혁명 참가가 프랑스 제국주의자들을 놀라게 하였던 것이다. 영국은 상하이에서 절대로 조선인을 보호하려 하지 않았다. 그래서 공동조계의 거리에서 많은 사람들이 체포되었다. 1926년에서 1927년에 걸쳐서, 또한 지금

도 프랑스와 일본 양국은 서로 협력하여 조선인 혁명가들을 체포하고 있다. 1932년 윤봉길 의사에게 의한 훙커우(虹口) 공원 폭탄사건이 있은 후 안창호(安昌浩), 이원훈(李元勳), 조봉암(曹奉岩), 홍남표(洪南杓) 등과 같이 10년 이상 그곳에서 살아온 노혁명가들을 포함하여 20명의 조선인이 프랑스 당국에 의해 체포되었다.— 김산

5) 여기서 이야기가 약간 어긋난다. 김산은 '3년'이라고 했어야 옳았을 것이다. 왜냐하면 중국공산당의 제1차 전당대회가 1921년 7월에 있었기 때문이다. 정확히 말해서 이동휘가 창설한 당의 이름은 한인사회당(볼셰비키의 후원을 받았음에도 불구하고)이었고 하바로프스크에 있었다. 1918년 1월, 이보다 먼저 이르쿠츠크에서 형성되는 다른 공산주의자 그룹과 갈등하게 된다. 이보다 앞서 1917년에 이미 러시아혁명을 지지하는 조선인들의 소규모 단체가 하나 있었다. 조선공산당은 정확히 1924년 이전까지는 공식적으로 창설되지 않았다. 1925년에야 국제공산당에 의해 조선공산당이 공식 인정을 받게 된다. 이동휘는 1902년, 정치단체를 조직하여 일찍부터 독립운동가로 활약했으며 1910년, 항일운동체인 신민회에 가입한다. 그는 1911년 만주에서 체포된 105명의 조선 항일운동가들 중의 한 사람이었으나 탈주에 성공하여 러시아혁명이 일어나기 전에 시베리아에 무사히 도착하였다.— 조지 토튼

6) 김립(金立)은 이동휘와 교분이 두터운 사람으로서 1918년 6월, 하바로프스크에서 이동휘 장군이 창립한 한인사회당의 일원이었다. 『한국공산주의운동사』에는 "1920년, 당시 상하이의 임정 국무회의는 안공근(安恭根), 여운형(呂運亨), 한형권(韓馨權)을 모스크바에 파견키로 하였다. 임정 국무총리 이동휘의 심복 한형권은 레닌과 회견하고 독립운동 자금으로 200만 루블의 원조를 약속받았다. 그 가운데 우선 60만 루블을 받았는데 40만 루블은 사용처가 공개되고, 나머지 20만 루블은 비서장 김립이 상하이파 고려공산당 조직에 사용하였다"라고 기록되어 있다.

1919년, 이동휘가 상하이에 갔을 당시 김립은 이동휘의 비서장으로 있었다. 서대숙에 의하면 1920년 12월, 김립은 20만 루블을 가지고 동일한 금액을 가진 또 한 사람과 함께 모스크바에서 상하이로 왔다고 한다.— 조지 토튼

7) 서대숙에 의하면 김립 살해사건은 1922년 2월에 있었다고 한다. 정치자금에 대해서는 여러 가지 설이 있다. 서대숙은 이동휘가 3년 전에 창설된 한인사회당을 바탕으로 하여 1921년 1월 상하이에서 고려공산당을 창설할 당시 그 자금으로 사용했다고 한다. 고려공산당은 후에 '이르쿠츠크파'나 그 외 다른 조직과 구별하기 위해 '상하이파'로 불리었다. 김산은 이 사건들의 날짜를 혼동하고 있는 것 같다. 그리고 자금을 달러($)로 표기하고 있는데 이것 역시 루블이었을 것이다.— 조지 토튼

8) 안창호(1878~1938) : 독립운동가, 교육자. 호는 도산(島山). 평안남도 출신. 1897년에 구세학당 졸업. 그해 독립협회에 가입하여 독립협회 관서분회를 평양에 건립하고 책임자로 활동. 1902년에 미국에 가서 공립협회를 조직. 1906년에 귀국하여 이갑(李甲), 양기탁(梁起鐸), 신채호(申采浩) 등과 신민회(이동휘도 가입)를 조직하고 평양에 대성학교(大成學校), 정주에 오산학교(五山學校 : 3·1운동가들의 본거지가 됨)를 세워 구국인재 양성에 노력. 또한 청년들에게 큰 영향력을 행사한 태극서관(太極書館)을 평양과 대구에 설립. 1910년에 일제가 조선을 병합한 후 미국에 가서 대한인국민회를 조직. 1913년에 흥사단 결성. 1919년 3·1운동 후 상하이로 가서 임시정부의 내무총장, 국무총리 서리를 겸임. 1923년 상하이에서 일경에 체포되어 본국 송환. 후에 보석으로 출감하여 휴양 중 1937년 수양동우회 사건으로 다시 체포되었다가 지병으로 보석치료 중 병사.—『백의동포의 영상』(료녕민족출판사, 1986)

9) 이광수(1892~?)는 한일합방을 전후하여 두 차례에 걸쳐 일본에 유학. 와세다 대학 재학시 재일조선청년독립단을 설립함. 1919년, 도쿄 유학

생의 독립선언서를 작성. 그 후 상하이로 가 〈독립신문〉을 편집했다. 1921년, 귀국하여 3·1운동 때 독립선언서를 작성한 최남선과 신문학운동에 가담. 그 후 그가 발표한 『민족개조론』(1922)에서 일본과의 타협적 자세를 표명함으로써 물의를 일으켰다. 1937년, 수양동우회(흥사단의 다른 이름) 사건에 연루되어 일경에 검거됐다. 그 후 그는 친일파로 전향하여 친일 문학활동을 전개하였으며, 대화동맹(大和同盟)에 가담하기도 했다. 일본이 항복하자 그는 『협력자로 전향한 민족주의자』라는 고백록을 냈다. 이 책에서 그는 협력자들이 1만여 명이 넘을 것이라고 평가했다. 해방 후 그는 제1급 친일파라는 비판을 받았다. 그는 한국전쟁 기간에 북으로 연행되었다고 한다.

10) 흥사단은 안창호에 의해 1913년 5월 13일, 미국 샌프란시스코에 있는 강소영의 집에서 설립되었는데 "무실역행을 생명으로 하는 충의의 남녀를 결집하여 정의를 수양하고 덕체를 조직함으로써 민족전도의 대업기초를 준비함"을 목적으로 세워진 단체이다. 1920년에 극동위원부를 상하이에 두고 안창호가 지도하였다. 난징에서 동명학원을 경영하였고 1922년에 수양동맹회라는 명칭으로 서울에 국내 위원부를 설립하였으며 동우구락부라는 이름으로 평양에다 위원부를 두었다. 1926년에 수양동우회로, 1929년에는 동우회로 개칭하였는데 1937년 동우회사건으로 해산되었다. 1946년에 국내 위원부를 부활, 오늘에 이르고 있다. 주요 회원으로는 장이욱(張利郁), 조병옥(趙炳玉), 이광수 등을 들 수 있다.─조지 토튼, 『백의동포의 영상』(료녕민족출판사, 1986)

11) 조선개혁운동 : 여기서 말하는 조선개혁운동이란 일본의 명치유신을 본받아 국내혁명을 기도한 김옥균 등 독립당의 부르주아적 개혁운동을 가리킨다. 1844년의 '갑신정변'은 그 정치적 성과이다. 갑신정변은 당시의 반동정권 민씨 일파와 그 배경세력인 청나라 군대의 반격에 의하여 삼일천하로 끝나고 말았다. 안창호가 이 개혁운동에 참가했다고 한

김산의 말은 잘못이라고 본다.— 안도 지로

12) 1931년 9월 18일 유타오거우(柳條溝)에서 발발한 만주사변은 1932년 초 정복이 완료될 때까지 만주 전역으로 확산되었는데, 그에 잇따라 1932년 1월과 2월에 상하이에서 일본군과 중국군이 전투를 벌였다. 이것이 여기서 말하는 상하이 사변이다.

13) 안창호가 체포된 폭탄사건은 상하이의 훙커우 공원에서 일어났다. 그 후 그는 다시 체포되었으며 1938년 3월 10일, 61세의 나이로 옥사했다고 김산은 말하고 있다.

7
때를 기다리는 사람들

상하이에서 여러 가지 정치논쟁이 한창 일어나고 있는 와중에도 논쟁을 무시하고 왜놈에 대해 직접적인 행동으로 돌입하는 몇몇 청년 테러리스트 집단이 있었다. 다른 모든 조선 청년들과 마찬가지로 나도 그들의 활동에 매료되었다. 그래서 나 자신도 무정부주의자가 되었다. 나는 거의 모든 테러리스트 지도자들을 만났다. 그래서 묘하게도 조선적인 성격을 띠고 있는 이 운동의 역사와 배경을 완전히 알게 되었다.

테러리즘은 조선인의 항일투쟁에서 떼어낼 수 없는 한 부분을 차지해왔다. 무정부주의와 마찬가지로 테러리즘은 대중활동을 하기가 어려운 곳인, 고립된 농민을 단위로 하는 사회에서 발전한다. 그것은 상존하는 억압과 좌절감, 허무감에 대한 강한 반발이다. 그것은 노예화된 민족만이 진정으로 실감할 수 있는 자유에 대한 열망을 나타내는 것이다.

조선 사람들은 점잖은 사람들이다. 평화를 사랑하고, 조용하며, 신앙심이 깊다. 이러한 일반적인 수동성과 평생 줄지 않는 고통을 참고 사는 것에 대해 화가 나서 젊은이들은 직접적인 행동을 택했고, 고통과 불의에 대한 대가를 받아내기 위해 직접 행동에 도움이 되는 무기—폭탄, 총, 칼—만을 잡았던 것이다. 사회는 때때로 가장 온화한 사람들 중에서 자기를 희생의 제물로 삼으려고 하는 가장 열렬한 개인적 영웅을 만들어낸다. 그것이 변증법적 과정이다. 이러한 대담하고 희생적인 정신 때문에 조선 사람은 극동 전역에서 가장 무시무시한 테러리스트로 알려져 있다.

왜놈에게 테러를 하고 싶으면 중국인은 대개 조선인 중에서 지원자를 물색한다.

의열단과 무정부주의자

1919년 겨울에 두 개의 테러리스트 단체가 비밀리에 결성되었다. 그 하나가 의열단(義烈團)[1]이었다. 이 단체는 조선 국내와 상하이, 베이징, 텐진, 남만주 등지에 있었다. 다른 하나는 적기단(赤旗團)[2]이었는데, 만주와 시베리아에 거점을 갖고 있었다.

이중 의열단의 활동이 두드러졌는데 1919년에서 1924년에 걸쳐 왜놈에 대한 테러를 국내에서만도 300건이나 행했다. 그들의 대규모 계획들은 실패하였지만 조그마한 계획들은 때때로 성공하였다. 1919년에서 1927년에 걸쳐서 왜놈들은 의열단원만 300명이나 처형하였다. 현재 살아 있는 단원은 극소수이다. 이 단체는 무정부주의 이데올로기에 의해 지배되었다. 조선 무정부주의자의 전성기는 1921년에서 1922년이었다.

의열단원은 불과 몇 명 안 되었다. 그들은 많은 단원을 확보하려고 하지 않았다. 핵심은 50명으로 구성된 하나의 통일체이며, 모든 것이 엄격하게 비밀로 되어 있었다. 이 통일체의 각 단원은 각각 다른 반과 연락을 취하고 있었다. 여러 시기를 통산해도 의열단원은 도합 수백 명에 불과하였다.

의열단의 활동자금은 모두 조선에 있는 부유한 사람들이 임시정부를 통해서 낸 것이다. 임정은 조선이 완전히 독립한 후 30년 이내에 상환하겠다는 조건으로 3,000만 달러의 공채를 발행하였다. 당시 우리는 너무나 낙관적이었다! 또 당시에는 약간의 미국인과 선교사들까지도 '조선독립의 벗' 운동에 참가하였다.

의열단은 상하이에 12군데의 비밀 폭탄 제조소를 가지고 있었다. 그것을 지도한 사람은 이 비밀결사의 단원인 마르틴(Martin)이라는 독일인이었다.

조선인 의열단원들은 마르틴에게 오토바이 한 대를 주었는데, 마르틴은 이것을 아주 소중히 여겼다. 마르틴은 1921년에서 1924년까지 거의 매일같이 이 오토바이를 타고 돌아다녔다. 마르틴의 급료는 월 200달러였는데 그는 겨우 70달러밖에 쓰지 않고 돈을 모았다. 때때로 마르틴은 조선에 편지를 전하고, 답장을 가지고 돌아오곤 했다.

나는 1923년 상하이에서 마르틴을 만났다. 그는 대략 40세쯤 되었는데, 움푹 파인 눈에 눈썹이 짙었으며, 키가 크고 강인하였고, 태도가 방만하였지만 조선인들과 좋은 친구가 되었다. 그는 정치의식이 거의 없었지만 테러리스트를 대단히 찬미했다. 그는 이탈리아인의 운동에는 약간 동조적이었지만 독일인과 일본인을 싫어하였다. 둘 다 똑같다고 늘 말하였다.

마르틴은 늘 담배를 입에 물고 있었으며, 카드놀이를 좋아했다. 그는 또한 애주가여서 그가 쓰는 70달러의 대부분을 브랜디나 맥주를 사는 데 소비했다. 대개는 조선 사람들과 함께 식사를 하거나 싸구려 망명자 식당에서 러시아 요리를 먹었다.

1924년에 의열단이 문열될 때, 의열단은 마르틴에게 감사의 선물로 1만 달러를 주었다. 그가 상하이를 떠난 후 그의 소식은 전혀 듣지 못했다.

1921년에 비로소 '흑색청년동맹'이라는 무정부주의자 정당이 조선 국내에 만들어졌다. 이 정당은 소규모로, 완전히 지식인들로 구성되었다. 같은 해에 베이징 지부를 만들었다. 이 지부에는 소수의 중국인은 물론이요, 타이완인과 일본인도 있었다. 아직도 소수의 회원을 가진 '무정부주의자 연맹'이 있기는 하지만, 흑색청년동맹은 1924년 이후 해체되었다. 공산당이 흥기하자마자 무정부주의자들은 모든 영향력을 상실해버렸다. 동맹의 창설자 신채호(申采浩)[3]는 현재 조선의 감옥에 갇혀 있다.

1924년, 조선의 계급관계가 뚜렷이 변화해서 조선의 정치 방향이 전반적으로 재조정될 시기에 이르자 의열단은 민족주의자, 무정부주의자, 공산주의자로 분열되었다. 이 세 요소는 이전부터 무정부주의 철학의 지배를 받으면서 같은 대열 속에 공존하고 있었지만, 결사가 하나의 결합력을 갖는 단위로 되어왔던 것이다. 이렇게 분열된 이유는 조선 자체의 대중운동이 상당한 수준까지 솟구쳐오르고 있었으며 1924년에 이르러 대중운동이 공산주의 이데올로기로 기울어졌기 때문이다. 대중운동의 발전은 의열단원들에게 커다란 자극을 주었으며 마르크스주의의 정당성을 새로이 증명해주었다. 개인적인 테러리즘이 더는 필요가 없게 되었는데 이는 정치활동을 할 수 있는 대중운동이 존재했기 때문이다. 이즈음 이미 노동조합과 농민조합, 청년단체들이 다수의 회원을 가지고 있었다. 왜놈들은 이 단체들을 탄압하지 않았다. 왜냐하면 이 사회단체들이 테러리즘과 의열단에 반대하고 있었기 때문이다.

1919년부터 1924년까지는 왜놈들이 테러리스트들을 박멸하기 위하여 테러리스트에게 온 신경을 집중하고 있었다. 당시 왜놈들은 선전과 대중운동보다는 폭탄과 총을 훨씬 더 두려워하였다. 1924년까지 300명에 가까운 가장 우수하고 용감한 의열단원들이 왜놈들에게 살해되었다. 별로 성과도 없이 희생만 늘어가자 단원들의 사기가 저하되었다. 남아 있는 의열단원의 태반은 공산주의자와 합류하였으며 대중적인 정치활동에 가담하기를 원했다. 이때까지 살아남았던 의열단원 거의 전부가 1925년부터 1927년 사이에 중국혁명을 위해 싸우다 죽었다.

1927년 이후 가장 눈길을 끄는 조선인의 테러행위가 1932년 봄 항일전쟁 직후에 상하이 훙커우공원(虹口公園)에서 일어났다.[4) 하지만 이것은 자연발생적인 개인적 행동이었다. 내가 들은 바로는 그것은 겨우 두 사람이 세운 계획에 불과하였다. 폭탄을 던진 사람은 22세밖에 안 된 청년으로 이름은 윤봉길(尹奉吉)이라 했다. 그는 조선에서 중학교를 마치고 상하이로 건너갔다. 사건 당시 그는 상하이에서 영어 공부를 하고 있었다.

내가 상하이에 머무르는 동안 20명의 의열단 지도자가 프랑스 조계에 모였다. 나는 정식 단원이 될 자격이 없었다. 하지만 내가 무정부주의자 그룹에 들어간 뒤에는 그들 사이에서 촉망받는 제자로 받아들여져서 그들의 작은 서클 생활에 들어가게 되었다.

의열단원들은 마치 특별한 신도처럼 생활하였고, 수영, 테니스, 그 밖의 운동을 통해 항상 최상의 컨디션을 유지하도록 하였다. 매일같이 저격 연습도 하였다. 이 젊은이들은 독서도 하였고, 쾌활함을 유지하고 자기들의 특별한 임무에 알맞은 심리상태를 유지하기 위해 오락도 하였다. 그들의 생활은 명랑함과 심각함이 기묘하게 혼합됐다. 언제나 죽음을 눈앞에 두고 있었으므로 생명이 지속되는 한 마음껏 생활하였던 것이다. 그들은 기막히게 멋진 친구들이었다. 의열단원들은 스포티한 멋진 양복을 입었고, 머리를 잘 손질하였으며, 어떤 경우에도 결벽할 정도로 말쑥하게 차려입었다. 그들은 사진 찍기를 아주 좋아했는데 언제나 이번이 죽기 전에 마지막으로 찍는 것이라 생각했다. 또 그들은 프랑스 공원을 산책하기를 즐겼다. 모든 조선 아가씨들은 의열단원을 동경하였으므로 수많은 연애사건이 있었다. 블라디보스토크에서 온 아가씨들은 러시아인과 조선인의 혼혈이었는데 매우 아름답고 지적이었다. 이 아가씨들과의 연애는 짧으면서도 열렬했다.

1) 의열단은 1919년에 만주 지린(吉林)에서 조직된 반일 비밀결사이다. 일정한 소재지가 없이 일본의 요인 및 그 주구를 암살하는 것을 목적으로 하였다. 당초의 단원은 김원봉(金元鳳), 이성우(李成宇), 곽재기(郭在驥), 강세우(姜世宇), 이종암(李種岩), 한봉근(韓鳳根), 한봉인(韓鳳仁), 김상연(金相淵), 신철휴(申喆休), 배동선(裵東宣), 서상락(徐相洛) 등이다. 밀양경찰서 사건(1920년 11월), 총독부 투탄사건(1921년 9월 12일), 중국 황푸탄(黃浦灘)사건(1922년 3월 28일, 상하이에서 다나카 장군 암살 기도), 황옥(黃鈺)사건(황옥은 1923년 혁명가들과 친분을 가진 사람으로 조선에 폭탄을 입수해 오는 일을 도와 주었다. 후에 일경에 체포), 종로경찰서 사건(1923년 1월 23일 발생, 4명이 살해됨), 도쿄이중교(東京二重橋) 폭탄사건(1924년 1월 4일, 도쿄에서 일본황제 암살기도 사건), 동척사건(1926년 12월 28일, 서울에 있는 동양척식주식회사 습격, 6명 살해) 등은 모두 이 의열단원들의 거사이다.— 강덕상

2) 적기단(赤旗團)은 베이징에 근거를 두고 있던 독립운동 단체이다.
— 역자

3) 신채호(申采浩, 1880~1936) : 호는 단재(丹齋). 성균관 박사로서 〈황성신문〉,〈대한매일신보〉등 언론 분야에서 활약하였는데 일제의 지배에 반대하여 중국으로 이주하였다. 저서로는 『조선상고사(朝鮮上古史)』, 『조선사연구초(朝鮮史研究草)』등이 있다. 1931년에 비밀결사와 관련이 있다 하여 체포되었다. 김산은 모르고 있었지만, 김산이 님 웨일즈를 만나기 1년 전인 1936년 옥사했다.— 조지 토튼

4) 이것은 그때까지 감행한 테러 행위 중에서도 가장 효과가 좋았다. 일본의 고위 외교관과 참모 전원이 자기들의 '승전'을 축하하기 위해 훙커우 공원에 설치된 단상에 모였다. 여러 명의 사상자를 내었는데 부상자 중에는 주중대사 마모루 시게미츠(重光葵)도 있었고 사망자 중에는 지나파견군 총사령관 시라카와(白川) 장군도 포함됐다.— 님 웨일즈

8

걸출한 테러리스트 : 김약산과 오성륜

그 후 나는 가장 뛰어난 두 명의 조선인 테러리스트인 김약산(金若山),[1] 오성륜(吳成崙)과 아주 친해졌다. 이 두 사람은 지금 조선의 위대한 혁명영웅들로 꼽힌다. 일본경찰은 두 사람에 대하여 산더미 같은 조사 자료를 만들어놓고, 현지의 다른 어떤 조선인보다도 이 두 사람을 체포하려고 혈안이 되어 있다.

김약산은 고전적인 유형의 테러리스트로, 냉정하고 두려움을 모르며 개인주의적인 사람이었다. 그는 내가 상하이에서 만난 사람들과는 아주 달랐다. 다른 사람들은 서로 잘 어울려 다녔지만 김약산은 언제나 조용하였고 스포츠를 즐기지도 않았다. 그는 거의 말이 없고 웃는 법이 없었으며 도서관에서 독서를 하면서 시간을 보냈다. 그는 투르게네프의 소설 『아버지와 아들』을 좋아했으며 톨스토이의 글도 모조리 읽었다. 그는 여자들을 좋아하지 않았다. 하지만 아가씨들은 그를 멀리서 동경하였다. 그가 빼어난 미남이고 로맨틱한 용모를 가졌기 때문이다. 조선의 톨스토이 심취자들 가운데 다수가 테러리스트가 되었다. 그것은 톨스토이의 철학이 결코 해결될 수 없는 모순들로 가득 차 있고, 그러므로 해결책을 구하려는 맹목적인 노력 속에서 직접적인 행동과 투쟁으로 나아갈 필연성을 가지고 있기 때문이다. 나도 청년시대의 초기에는 줄곧 톨스토이 작품을 애독하였지만 그의 철학 속에서는 아무런 방법도 발견할 수가 없었다.

김약산이 행한 유명한 개인적 테러는 1923년 여름 사이토 총독을 암살하려고 한 일이다.[2] 그는 우편배달부 옷을 입고, 우편물 가방에는 폭탄을 7개 넣고, 서울에 있는 총독부로 들어갔다. 그러나 뜻밖에도 사이토 총독과 회의에 참석하였던 많은 고관들이 바로 한 시간 전에 떠나버렸던 것이다. 김약산은 그곳에 남아 있던 왜놈들에게 가시고 간 7개를 모조리 집어던지고 나서 유유히 건물을 나왔다.

"이게 무슨 소리지?" 하고 보초가 현관을 빠져나오는 김약산에게 묻자, "잘 모르겠소" 하고 그는 대답하였다.

그는 어부로 변장하고 사흘 동안 조그마한 나룻배에 숨어 있었다. 그동안 비행기와 경찰이 총동원되어 전국적으로 그를 수배하였다. 나흘째 되던 날 그는 안둥으로 가서 곧바로 만주로 건너갔다.

상하이에서 오성륜을 만났을 때, 그는 30세 정도였고, 나는 겨우 16세였다. 그래서 그 당시는 서로 친해질 수가 없었다. 그렇지만 광둥에서 몇 년 지낸 후에 그는 내 전 생애를 통틀어 가장 친한 두 명의 친구 중 하나가 되었다.

김약산은 뚜렷이 구별되는 두 가지 성품을 지니고 있었다. 그는 자기 친구들에게는 지극히 점잖고 친절했지만, 또한 지독히 잔인할 때도 있었다. 오성륜은 잔인한 사람이 아니라 정열적인 사람이었다. 혈관 속에 뜨거운 피가 흐르지 않는 사람은 테러리스트가 될 수 없었다. 그렇지 않다면 희생의 순간에 자기를 잊어버릴 수가 없기 때문이다.

김약산은 의열단의 지도자가 되었다. 그리고 오성륜은 때때로 김약산에 반대하여 투쟁하였다. 오성륜은 매우 강인한 성격을 가진 천부적인 지도자였다. 많은 사람들이 그를 충실히 따랐다. 하지만 적들도 있었다. 오성륜은 나를 좋아하였으며 나를 자기의 특별한 부하로 삼았다. 1926년 이후 우리는 한조가 되어 함께 일했다. 우리들의 혁명사업에서 그는 비밀 지도자였고, 나는 공개적인 지도자였다.

오성륜은 비밀형의 조용한 사나이였으며 공개적인 사람은 아니었다. 그는 전 생애를 비밀 속에서 살았다. 심지어 그와 함께 여러 차례 죽음에 직면하였던 나마저도 그의 경력을 자세히 알지는 못했다. 그는 절대로 말을 믿지 않고 오직 행동만을 믿었다. 또 사람을 쉽게 믿지 않았고 오랫동안 사귄 뒤에야 믿었다. 그는 한번 마음을 정하면 쉽사리 그것을 바꾸지 않았다.

오성륜은 중간 정도의 키에 잘생긴 편이었으나 미남은 아니었다. 광대뼈가 튀어나왔고, 드넓은 이마에 짙은 머리카락을 갖고 있었다. 그는 힘이 세고 건강했으며 미술과 문학을 좋아하였다. 고향 마을에서 학교 선생을 한 적도 있는 그는 러시아의 허무주의와 무정부주의에 영향을 받아 1918년에 의열단에 가입하였다.

오성륜은 조선과 만주에서 수많은 테러를 하였으며, 1922년의 반일 '무력시위'의 주모자 가운데 하나였다. 그는 독일인 마르틴과 둘이서 압록강 대철교를 폭파시키는 중요한 임무의 세부계획을 짰다. 의열단은 8개의 전략적 건축물을 파괴하고 모든 대도시에 있는 일본인 관헌을 암살하기 위한 계획을 세웠다. 이 목적을 위하여 그들은 비밀리에 200개의 폭탄을 조선에 들여왔다.

폭탄은 안둥에 있는 한 영국 회사(안둥 현에 있던 저명한 무역상 '이륭양행'—역자) 앞으로 보내는 의류품 화물상자에 넣어 이 회사 소유의 기선에 실어 상하이에 보냈다. 그 회사의 지배인은 아일랜드인 테러리스트였는데 우리 조선인들은 그를 '샤오(Sao)'라 불렀다. 그는 일본인을 거의 영국인만큼이나 싫어하였다. 그래서 큰 위험을 무릅쓰고 조선독립운동을 열렬히 지원해주었다. '샤오'는 자신이 상하이로 가서 죽음의 화물 선적을 감독하였다. 그는 한 푼의 돈도 받지 않고 오로지 동정심에서 스스로 조선을 도왔다. 조선인 테러리스트들은 몇 년 동안 그의 배로 돌아다녔으며, 위험할 때에는 안둥에 있는 그의 집에 숨었다.

일본이 이 계획을 탐지해 50명을 체포하였다. 하지만 검거된 의열단원은 10명뿐이고 200개의 폭탄은 대부분 아직도 조선 땅 속에 묻혀 있다. '샤오'가 나머지 테러리스트들을 자기의 배에 태워 톈진과 상하이로 탈출하도록 도와준 것이다. 곧바로 '샤오'는 일본 측에 체포되었고, 자기 직업을 잃었다. 감옥에서 풀려나자 그는 상하이로 왔으며 임시정부는 대규모 대중집회를 열어 그를 환영하였다. '샤오'는 조선의 독립을 위해 자신이 희생할 수 있었던 것이 자랑스럽고 기쁘다고 말했다. 그가 갇혀 있을 때 그의 부인이 아일랜드로 돌아갔기 때문에 그도 곧 떠났다. 나는 지금 그가 어디 있는지 알지 못한다. 아마도 어디에선가 아일랜드의 독립을 위해 일하고 있을 것이다. 모든 조선인이 이 아일랜드인을 사랑하였으며, 그는 지금 우리 혁명운동에서 전설적인 인물로 남아 있다.

오성륜이 한 테러 중 굵직한 것으로는 1924년에 상하이에서 남작 다나카 기이치(田中義一) 대장의 암살을 기도한 것이었다.[3] 다나카는 일본제국의 영토 확장 계획의 지도적인 이론가이며 유명한 다나카 각서[4]를 쓴 사람이다. 그는 자신의 반동적 정복 계획 때문에 모든 중국인과 조선인 및 자유주의적인 일본인은 그를 지독히 증오하였다. 오성륜은 나에게 이 사건의 자세한 이야기를 들려주었다.

의열단은 다나카가 배에서 내릴 예정인 황푸탄(黃浦灘) 부두에 세 명을 배치하여 3단계 습격을 준비하였다. 제1선이 피스톨을 가진 오성륜, 제2선이 폭탄을 가진 김약산, 제3선이 칼을 가진 이종암(李鍾岩)이었다. 물론 각자 자위를 위해 권총을 소지하고 있었던 것은 말할 나위도 없다.

  다나카가 배에서 걸어 내려올 때, 다나카 바로 앞에는 한 명의 미국 여인이 있었다. 다나카가 8미터 거리까지 접근하였을 때 오성륜이 총을 쏘았다. 놀란 미국 여인이 돌아서서 다나카를 껴안았다. 오성륜이 정조준하여 연발사격을 했기 때문에 그 여인은 똑같은 부위에 세 발을 맞았다. 이때 다나카가 쓰러져서 죽은 척하였다. 그래서 오성륜은 성공했다고 생각하고 도망쳤다. 김약산이 이것을 보고 폭탄을 던졌다. 그런데 영국인 선원이 그것을 차서 바다에 빠뜨려버렸다. 김약산은 도망쳤으며, 칼을 가지고는 아무 일도 할 수 없었던 이종암도 도망쳤다.

  오성륜은 뒤쫓는 경찰 몇 명에게 부상을 입히고 황푸탄에서 한커우 로(漢口路)까지 도망쳤다. 그곳에서 그는 자동차에 뛰어올라 운전수를 위협하였다. 그는 운전을 거부하는 운전수를 차에서 끌어내고 직접 차를 몰았다. 운전을 할 줄 몰랐던 그였지만 에드워드7세 로까지 차를 몰았고 그곳에서 다른 자동차와 부딪혀 멈춰서고 말았다. 그는 즉시 영국 경찰에게 체포되었다.

그가 프랑스 조계에 살고 있었으므로 영국 경찰은 그를 프랑스 측에 인도하였고, 프랑스 측은 그를 일본영사에게 넘겨주었다.

오성륜은 영사관 3층에 있는 문과 창에 쇠창살이 박힌 감방에 갇혔다. 그 방에는 5명의 일본인이 있었다. 그중 한 명은 목수였고, 한 명은 무정부주의자였다. 그들은 오성륜을 동정하여 그의 탈출을 도와주었다. 일본 소녀 한 명이 쇠칼을 가져다주었고, 오성륜은 목수가 가르쳐준 대로 문의 자물쇠 둘레에 구멍을 뚫었다. 어느날 밤 그와 무정부주의자는 문을 열고 눈에 잘 띄는 붉은 죄수복을 입은 채 건물 담장을 뛰어넘어 탈주하였다. 나머지 일본인들은 형기가 짧았기 때문에 탈출하려 하지 않았다.

오성륜은 미국인 친구 집에 가서 사흘 동안 숨어 있었다. 그동안 영국 경찰, 프랑스 경찰, 일본 경찰은 상하이에 있는 모든 조선인 주택을 겹겹이 둘러싸고 가택수색을 하였다. 그들은 그의 사진을 모든 곳에 배포하였으며 5만 달러의 현상금을 걸었다.

그는 광동으로 탈출하여 그곳에서 여권을 위조해서 독일로 갔다. 베를린에서 그는 어떤 독일인 아가씨와 사랑에 빠져 1년 동안 그녀의 가족과 함께 살았다. 가지고 있던 돈을 모조리 써버리자 그는 소련영사를 찾아갔고 영사가 수속을 밟아주어서 1925년에 모스크바로 갔다. 그곳에서 그는 마르크스 이론과 대중투쟁의 전술을 교육받고 사상이 바뀌었다. 그는 공산당에 입당하였으며 동양대학(東洋大學)에서 공부하였다.

1926년에 오성륜은 블라디보스토크로 갔으며 그곳에서 다시 상하이로 갔다. 짐을 먼저 친구 집에 보내고 자기는 나중에 도착하였다. 그러나 그가 도착하자마자 경찰이 비상경계망을 펴 전 시가지를 포위하고 있다고 친구 부인이 알려주었다. 몸은 빠져나왔지만 짐은 왜놈들에게 빼앗겨버렸다. 독일인 애인의 사진과 레닌 전집 한 질, 거기에다 항상 가지고 다니던 현대명화의 복사판까지도 압수당했다. 이것들을 빼앗기고 나서 오성륜은 매우 기분 나빠했다.

오성륜은 광둥으로 가서 혁명에 가담하였으며 그곳에서 조선혁명청년동맹의 중앙위원회 위원이 되었다. 그는 광둥코뮌과 하이루펑 소비에트 시절에 나의 가장 가까운 동지였다. 그러므로 뒤에 그에 대해 사세히 말하게 될 것이다. 나는 그의 탈출, 도피 행각에 대해 시를 몇 편 써서 발표한 일도 있다.

1) 김약산의 본명은 김원봉(金元鳳)이다. 그는 여러 개의 가명을 사용했다. 김암삼, 김형선을 비롯, 중국에서는 진국빈, 진충이라는 이름을 사용했다. 광둥코뮌 후에는 허룽(賀龍) 장군이 인솔하는 홍군에 종사했고, 베이징에다 레닌주의 정치학교를 설립하여 후배 양성에 종사하기도 했다. 이러한 이유로 그의 목에는 항상 거액의 현상금이 붙어다녔다. 1931년 일본의 만주침략 후에 그는 '조중합작으로써 중국 둥베이의 실지회복을 도모함과 동시에 조선민족혁명을 성취한다'는 구호를 내걸었다. 서대숙에 의하면(*The Korean Communist Movement 1918~1948*, p. 216 이하) 김약산은 공산주의자란 평도 들었으나 사실 그는 민족주의자였다고 한다. 1930년대 초부터 그는 조선민족혁명당을 주도했다. 이 단체는 1935년 후기에 중국에서는 가장 세력 있는 두 개의 조선민족단체 중의 하나가 된다. 조선공산당은 1933년 초부터 1940년대에 중국에서 다시 부활하기까지 사실상 소멸되었다. 그동안 많은 공산당원들이 민족혁명당에 가입, 김약산과 합류하여 여러 가지 방법으로 활동을 계속했다. 예를 들면 김두봉(金枓奉 : 김약산의 친척이자 유명한 언어학자요 뛰어난 공산주의자)은 김약산 밑에서 잡지를 출간했다고 한다. 김약산의 부대는 중국의 항일전쟁에 가담했다. 1938년, 국제여단을 조직하여 그 사령관이 되었다. 1938년 후반기, 김약산과 민족혁명당은 전쟁시 임시수도였던 충칭으로 이동한 반면 그의 조직에 속했던 대부분의 공산주의자들은 거의 다 북의 옌안 쪽으로 갔다. 거의 소멸 상태에 있던 임정은 망명정부로서의 합법성을 회복하려는 희망을 안고 충칭에 머물러 있었다. 김약산은 임정의 국방장관이 되었다. 전쟁이 끝나자 김약산은 남한으로 갔으나 거기서 환멸을 느껴 다시 북한으로 넘어갔다. 북한정부의 높은 지위에서 활약했으나 1964년, 그는 격하된 것이 확실시된다.— 님 웨일즈, 조지 토튼

2) 『약산과 의열단』(박태원 지음, 1947년)에 의하면, 이 사건은 1921년 9월

12일 김약산의 지도하에 김익상(金益相)이 수행한 것으로 되어 있다. 김익상(본명은 김봉남)은 서울 태생으로 노동자 출신이었다. 그는 무장한 일본 헌병들이 삼엄하게 경비하고 있던 조선총독부 청사에 폭탄을 던져 건물 일부를 파괴시킨 놀라운 사건을 감행하였다. 일제는 헌병과 경찰을 총동원하여 각지에 검문검색망을 폈으나, 끝내 그를 체포하지 못하였다. 김익상은 폭탄을 투척한 후 일본인 목수로 변장하여 경의선 열차를 통해 국경을 탈출하였다.— 역자

3) 다나카 암살 미수 사건은 1922년 3월 28일에 일어났다. 『약산과 의열단』에 의하면, 오성륜, 김익상, 이종암 세 사람이 김약산의 지도하에 상하이 황푸탄 부두에서 일본 육군대장 다나카 기이치(田中義一)를 저격하였는데, 폭탄이 터지지 않는 바람에 실패했다고 한다.— 역자

4) 다나카 각서는 다나카 기이치가 일본 왕에게 써 올린 비밀문서로, 중국 정복 계획의 초안이다. 이 문서는 중국에 의해 세상에 공개되었다.— 조지 토튼

9
결코 결혼하지 않으리라

상하이에서 안창호는 나에게 특별한 관심을 보였으며, 내가 완전히 교육받을 수 있도록 도와주고 싶어했다. 그는 내가 다른 조선인 학생 5명과 함께 톈진에 있는 난카이대학(南開大學)에 장학생으로 다닐 수 있도록 손을 써주었다. 그렇지만 1921년 10월 우리들이 톈진에 도착했을 때, 등교를 거부하지 않을 수 없는 사건이 일어났다. 김엄(金嚴)이라는 조선 학생 한 명이 가을 체육대회에서 달리기 시합에 출전했다. 그는 뛰어난 주자였으므로 다른 선수들을 훨씬 앞질러 선두를 달렸다. 그런데 한 중국인이 외치는 소리가 들렸다.

"저 사람이 저렇게 잘 달리는 건 조금도 이상할 게 없지. 저들은 왜놈의 주구(走狗)인걸."

김엄은 경주를 하다 말고 달려가서 이렇게 소리친 중국인을 후려갈겼다. 교수가 이 일을 가지고 김엄을 나무랐으며 김엄도 역시 그 사고의 와중에 얻어맞았다. 김엄과 우리 6명은 즉각 학교에서 철수하였다. 그 후 김엄은 중국 영화계에 들어갔다. 요즘 중국 영화계에서 후데(胡蝶) 여사가 '여왕'으로 지목되고 김엄은 '왕'으로 여겨지고 있다. 그는 대단한 미남이고 노래도 잘 부르는데, 중국에서는 '김찬(金燦)'으로 불린다.

우리들은 자존심 때문에 장학생 자격을 잃어버렸고, 어디로 가야 좋을지도 몰랐다. 우리는 베이징으로 가기로 결정하였다. 안창호의 친구 한 분이 우리에게 여비와 학비를 대주었다. 그런데 그분은 우리들이 학교를 다니는 동안, 베이징에 있는 슝시링(熊希齡)이 자선사업으로 경영하는 서산고아원(西山孤兒院)에서 식사하기를 바랐다. 다섯 사람은 달리 돈이 나올 만한 곳이 없었기 때문에 어쩔 수 없이 이 제안을 받아들였다. 그렇지만 나는 고아원에서 자선을 받지 않겠다고 거부하고 작은형에게 편지를 썼다. 돈을 훔쳐서 나온 후 2년 만에 처음으로 가족에게 띄운 편지였다. 작은형은 납상에서 내가 집으로 돌아와 모든 일을 자기와 의논한 연후에야 도와주겠다고 하였다. 나는 여기에 동의하였다. 그러자 형은 귀국 여비를 보내주었다.

가족들은 내가 몇 년 동안 떠돌아다닌 것을 언짢게 생각하였으며 어머니는 결혼을 해야 한다고 고집을 부리셨다. 나는 절대로 결혼하지 않겠다고 맹세했지만, 어머니와 형을 기쁘게 해주기 위해 어머니가 점찍어 놓은 처녀와 교제하기로 하였다. 이 처녀는 신앙심이 대단히 깊은 데다가 예쁘고 영리할 뿐 아니라 상당히 좋은 교육을 받은 사람이었다. 그리고 왠지 모르겠지만 나에게 과분한 존경심을 가지고 있다는 것을 알게 되었다. 나도 이 처녀가 좋아졌다. 이 아가씨는 전형적인 조선처녀였다. 정숙하고 헌신적이며 성실했다. 나는 그녀와의 결혼을 딱 잘라 거절하지 않고, 내가 대학을 마칠 때까지 보류하기로 동의하였다. 어머니는 기뻐서 어쩔 줄을 몰라하셨고, 형도 의과대학에 갈 학비를 내주었다. 하지만 거기에는 내가 반드시 졸업을 해야 하고, 이리저리 떠돌아다니는 짓을 그만두어야 한다는 조건이 붙어 있었다.

생활비를 벌 수 있는 수단이 없이는 결코 효과적인 활동을 할 수가 없으며, 또한 직업인으로서의 능력이 없으면 일상생활뿐 아니라 혁명활동에도 지장이 있다는 것을 알게 되었다. 우리 진영에는 의사가 거의 없었다. 그러므로 내가 의사가 되면 부상당한 테러리스트들에게 도움을 준다거나 그들의 입원을 보증해줄 수 있을 것이다. 앞으로 내가 부상자와 고통 가운데서 살아가리라는 것, 그리고 의학지식 때문에 혁명에 대한 나의 공헌이 높아지리라는 것을 예상하였다. 나는 모든 종류의 과학을 좋아하였다. 더구나 의학은 과학 중에서도 가장 사회적인 과학이고, 박애성에 있어서 최대의 가치를 지니는 것이다.

나는 훌륭한 의사가 되겠다고 형과 약속을 하고 중국 굴지의 국립 베이징 의과대학에 들어갔다. 형은 중국으로 가지 말고 도쿄로 가라고 간곡히 권유했지만, 나는 대학에 다니는 동안 정치활동을 포기할 생각이 조금도 없었다. 1922년에 친구를 만나러 상하이에 잠시 다녀온 것 말고는, 1925년에 광둥혁명이 나를 부르기 전까지는 베이징에서 의학도로서 하루하루를 보냈다.

나는 학과공부도 열심히 하였지만, 시간만 있으면 학생운동에 적극 참여하였고 정치학과 사회과학을 연구하였다.

여성과 혁명에 대한 성찰

의대에 들어간 첫해에는 이따금 결혼을 약속한 그 아가씨에게 편지를 보냈고, 정감 넘치는 답장도 받았다. 그러다가 1923년, 내 생활을 완전히 혁명운동에 바칠 것이며 그러기 위해서는 어떠한 속박에서도 벗어나야 하기 때문에 누구와도 결혼할 수 없다고 솔직히 고백했다. 나는 돈도 못 벌 것이며 게다가 내 스스로 택한 어려운 생활을 그녀가 견뎌내지 못할 것이다. 그녀는 마음의 상처를 아주 깊이 받은 것 같았고 불과 2년 후에 조선에서 다른 사람과 결혼하였다.

1923년까지 나는 비록 중매결혼에는 반대했지만, 여성문제에 대해 뚜렷한 견해는 가지고 있지 못했다. 내가 가지고 있던 생각은 세 가지에 영향을 받았다. 여성에 관한 기독교의 이상주의적 훈련, 내 또래가 여성에 대해 품는 자연스런 인간적 감정, 혁명생활 속에서는 절대로 가정생활이 불가능할 것이고 그러므로 내가 어떤 여성을 무지무지하게 사랑한다 할지라도 결혼한다는 것은 그녀에 대하여 공명정대치 못한 일이라고 하는 생각이 마음 깊숙이 깔려 있었다. 안동회 목사 딸로 인해 여자에 대한 관심을 처음으로 갖게 되었고, 그 후 여자들과 함께 어울리면 부끄러워 어쩔 줄 몰랐지만 그래도 속으로는 이성에 대해 많은 관심을 가지고 있었다. 상하이에도 조선 아가씨들이 많이 있기는 했지만, 그들은 대개 나보다 나이가 많거나 아니면 아주 어렸다. 안창호, 이광수와 함께 모인 청년들 집회에서 몇몇 아가씨를 만났으며 어떤 때는 롤러스케이트를 타기 위해 함께 공원에 가기도 했다.

안창호는 우리들에게 일찍 결혼하지 말고 현대적인 남녀공학과 같은 방식으로 아가씨들과 건전하고 자연스러운 우정을 나누라고 가르쳤다. 그는 청춘남녀가 동성끼리와 같은 우정을 가지고 순수하게 정신적인 남녀관계를 지켜나갈 수 있다고 믿었다. 그의 말에 따르면 남녀의 자리를 구분하는 동양식의 구습은 자연스럽지 못하고 병적인 호기심과 불건전한 태도를 조장할 뿐이라는 것이다. 이 구습은 여자를 무기력하게 만들고 여자의 평등한 권리와 상호 존중하는 권리를 부정함으로써 여자를 단순한 생식 또는 향락의 도구에 머무르게 하려 한 것이었다. 남자들은 여자들의 평등한 지위를 보호하고 지켜주며, 여자들이 남자들과 협력하여 모든 활동에 참여하도록 격려해줌으로써 여성해방을 도와주어야만 한다. 결혼이란 남녀 모두 현명하게, 또한 각자 개성을 가진 인간이라는 이해심을 가지고 선택할 만큼 충분히 나이를 먹었을 때 맺는 동반자적 관계여야만 한다는 것이다.

나는 안창호의 의견에 찬성하였다. 하지만 내 편이 더욱 이상주의적이어서 멀리 떨어져서 숭배하는 경향이 있었다. 국내에서 그 아가씨와 사귀게 되었을 때에도, 비록 막연히 가슴속에 품고 있던 이상적인 여자는 아니었지만 그녀를 아주 좋아한다는 것을 쉽사리 알 수 있었다. 그 당시 나는 결혼을 절대적으로 부정했던 것이 아니라 단지 이 문제는 장래에 자연스럽게 처리할 수 있을 것이라고 생각했다. 그렇지만 일반적인 결혼문제에 대해서는 큰 흥미를 가지고 있었다.

의과대학에는 몇 쌍의 연인들이 있었다. 나는 호기심을 가지고 그들의 연애과정을 지켜보았는데 그들은 대개 증오와 질투 속에서 헤어져버렸다. 그래서 나는 연애는 무의미하다고 결론지었다. 이 무렵 생리학 연구에 들어갔을 때, 나는 인간의 욕망과 필요가 같은 것이 아니라는 것을 알게 되었다. 동물의 경우 욕망과 필요는 동일한 것이지만 인간은 자기의 욕망과 필요를 서로 일치시킬 수 없다. 왜 그럴까? 루소는 '자연인'의 가치를 내게 가르쳐주었다. 하지만 그의 말은 나를 반대방향으로 이끌었다. 인간의 본능은 동물의 본능과는 다르다. 본능은 오직 자기 자신에게만 자연적이다. 동물적 욕망은 동물에게는 반드시 필요하지만 인간에게는 그렇지 않다. 인간은 자기 욕망을 통제할 수 있으며 그럼으로써 욕망을 불필요한 것으로 만들 수도 있다고 나는 판단하였다. 인간은 지적 의지와 사상을 가질 때에만 인간으로서 존재한다. 그 점에서 인간은 동물과 다르다. 인간의 정신은 자신의 외부에 있는 자연에 대한 통제력뿐만 아니라 자기 육체도 통제할 목적으로 존재하는 것이다. 그렇지 않으면 동물성에 반대되는 인간의 정신적 능력에까지 도달할 수가 없을 것이다.

여자들은 생리학적으로 볼 때 수동적이며, 생활에서도 여성의 역할은 수동적이다. 여자들은 평화와 완성을 바란다. 여성들은 남자처럼 적극적이지 못하다. 그 점을 나는 좋아하지 않는다. 여성은 그 자신의 목적을 위해서는 유용하지만, 물질적인 필요나 가족이라는 끈이 없는 행동과 희생을 요구하는 역사적인 시기에는 별 쓸모가 없다.

여성과 결혼은 생물학적이고 경제적인 문제라고 나는 단정지었다. 평화의 시대에는 여성과 결혼이 중요하지만, 투쟁의 시대에는 부차적이며 또 의지로 부차적인 위치로 끌어내려야만 하는 것이다. 어떤 남자도 결혼을 하면 독립성을 잃어버리고, 연애를 하면 더욱 강한 속박에 묶인다. 사랑에 빠진 남자는 개인의 자유뿐만이 아니라 자기 신체의 내적인 자유까지도 잃어버린다. 여자는 남자보다 약한데, 나는 어떤 종류의 약함도 좋아하지 않았다. 나는 혁명사업을 하면서 살아가야지, 여자나 돌보며 살 수는 없다.

1923년, 나는 결코 결혼하지 않을 것이며 연애의 희생물이 되는 일은 절대로 하지 않겠다고 굳게 결심하였다. 그 이후 오랫동안 나는 어떤 아가씨와도 절대로 말을 하지 않았으며, 어떤 곳에서도 아가씨들과 접촉을 피했다.

나는 이런 내 입장을 베이징에 있는 학생들에게 열심히 선전하였다. 그렇지만 모두 효과를 거둔 것은 아니었다. 나는 '남자는 역사적이다. 여자는 그렇지 않다. 여자는 단순하다' 따위의 말을 인용하곤 하였다. 당시 나는 여성문제 전문가였지만 여자에 대해서 아무것도 알지 못했다.

"자네는 중보다도 더 지독하군. 자네는 금욕주의자야."

금강산 승려였던 김충창이 이렇게 빈정대곤 했다.

나는 톨스토이를 인용하여 반박했다.

"사랑이란 무엇이지? 사랑이란 단지 자기의 아기를 위해 남의 집 젖먹이의 어머니를 빼앗는 것에 불과해. 잔인한 남자의 품속에서 여자를 구출해낸다는 명분 아래 한 사내가 그 여자를 자기의 잔인한 품속으로 끌어들이는 것이야."

김충창은 도가 통한 사람처럼 머리를 설레설레 흔들었다.

"어느 아가씨에게나 자네는 참으로 멋지고 깨끗한 표적이 될 걸세. 자네는 아무런 방어수단도 가지고 있지 못하네. 여자들에 대한 유일한 방어수단은 더 많은 여자를 사귀는 것이라는 걸 모르나? 자네는 단지 자기 자신을 여자가 공격하기 쉽게 만들고 있을 뿐이야. 불쌍하게도 언젠가 자네는 사랑에 빠질 것이네. 그러면 하늘이 무너지는 것 같겠지. 내 생각에는 그렇게 되기 전에 그 이론을 버려야 할 것 같네. 자, 오늘밤 나와 함께 가세나."

"아무튼 하나의 위대한 사랑은 자질구레한 사랑의 잡탕보다는 훌륭합니다. 하나의 커다란 비극이 서서히 일어나는 파멸과 의기소침만큼은 해롭지 않습니다. 무릎을 꿇고 살아가기보다는 차라리 죽는 편이 낫습니다."

"사내에게 가장 위험한 상태는 첫 여자를 위해 동정을 지키고 있는 것일세. 나 자신도 한때 승려였기 때문에 자네한테 충고를 하는 걸세. 사랑이란 주사 또는 수혈이거나 아니면 고독한 출혈이라고 생각되네. 자네는 둘 중 하나를 택할 수도 있겠지. 나 자신도 진정한 사랑에 대해서는 아무것도 모른다네. 하지만 여자에 대해서는 배워야 한다고 결심했지."

"헤겔은 25세에 부인을 잃고 나서 재혼을 거부했어요. 내 변증법이 헤겔보다 못하지 않다면 나는 비난받을 이유가 없습니다. 비록 변증법적인 방식으로 하기 위해서는 족쇄가 필요하긴 하겠지만, 그래도 정신을 자유롭게 만들려면 먼저 육체를 자유롭게 만들어야 합니다."

"헤겔은 추상 속에서 살았지. 하지만 자네는 현실의 사회적 존재인 남자 여자와 함께 살고 함께 싸우지 않으면 안 되네.

순수한 금욕주의자가 되기를 원한다면 금강산 꼭대기로 올라가게나."

그러나 당시 김충창은 조선혁명가들이 결혼을 해서는 안 된다는 점에서는 나와 의견을 일치하였다. 그의 주장은 사랑 자체를 파괴해야 하며 그럼으로써 거기에서 자유를 획득해야만 한다는 것이다. 우리의 친한 동료들은 모두 결혼하지 않겠다는 원칙을 지키겠다고 맹세하였다. 왜냐하면 장차 우리들의 어려운 생활과 경제적인 불안정이 커다란 짐이 될 것이라는 점을 알고 있었기 때문이다. 베이징에서 우리는 한 덩어리가 되어 함께 살았으며 여러 가지 문제들을 모두 함께 나누었다. 우리들 대부분은 다른 사람들이 밤에 여자를 만나러 나가는 것을 반대하였으며 그것을 막으려고 애썼다. 그들이 돌아오면 우리들은 격하게 말했다.

"우리들 한 사람 식비가 한 달에 6, 7원밖에 안 된다. 그런데 너희들은 우리들이 먹는 둥 마는 둥 하고 있을 때 여자들에게 10원이나 써버렸어."

"너희들에게는 영혼이 없어. 먹는 고기만 생각하지 피가 통하는 고기는 염두에도 두지 않아. 너희들은 양고기 한 근이면 만족하니?" 하고 그 학생들은 대답했다.

결국 우리들은 그것이 개인적이고 내밀한 문제라는 입장을 취하지 않을 수 없었다. 충분한 돈을 가지고 있다면, 정치활동을 방해하지 않는 한 각자 마음대로 그 돈을 쓸 수 있는 것이다. 하지만 우리들은 그런 바람직하지 못한 목적에 돈을 쓰는 사람들에 대하여, 아무리 사소한 정치적 오류라도 찾아내어 그들의 생활을 불쾌하게 만들기 위해 매처럼 날카로운 눈으로 감시하였다. 만일 어떤 사람이 성병에 걸리면, 그것은 혁명에 대한 용납될 수 없는 죄악이라고 생각했으므로, 그네들은 굉장히 비싼, 때로는 하룻밤에 10원씩이나 하는 가장 좋은 곳으로 갈 수밖에 없었다. 그러나 그런 곳에 자주 들락거릴 수 있는 사람은 거의 없었다.

"화류계 아가씨들은 결혼을 막아주는 보호벽이지. 그들에게 감사해야 해. 그들 때문에 우리 혁명가들이 자유로운 인간으로 남아 있을 수 있게 되니까. 게다가 화대도 별로 비싸지 않거든."

김충창은 언제나 이렇게 말했다.

하지만 나는 개인적으로 엄격한 금욕주의자였으며, 도무지 이 문제를 합리화할 수가 없었다. 나는 강한 사나이라면 자기 육신을 제어할 수 있고, 또한 마땅히 제어해야 한다고 생각하고 있었다. 혁명공작에는 오직 강한 사나이만이 요청되었던 것이다. 이런 생각은 안창호한테서 최초로 확신을 얻었다. 또한 톨스토이의 사상에도 역시 커다란 영향을 받았다. 톨스토이에게는 희생의 철학을 배웠는데, 그 희생은 생활의 희생뿐만이 아니라 욕망의 희생도 포함하는 것이었다. 나는 톨스토이의 금욕주의와 루소 사이의 어딘가에 진리가 있을 것이라고 생각하였다. 톨스토이는 처음에는 여자를 좋아하였지만, 창작을 하기 시작한 뒤부터는 여자와 일체 관계를 가지지 않았다. 하지만 나는 톨스토이가 거쳤던 첫 번째 단계를 뛰어넘어 곧바로 내 갈 길을 가려고 생각하였다.

10
톨스토이에서 마르크스로

1919년에서 1923년까지는 조선 학생들의 사회적 의식이 중국 학생들보다 훨씬 앞서 있었다. 그 이유는 한편으로는 혁명의 필요성이 더욱 절박하였기 때문이며 다른 한편으로는 일본과 더욱 밀접히 접촉하고 있었기 때문이다. 일본은 그 당시 극동에서 무정부주의와 마르크스주의 등 급진적 운동의 원천이었다. 조선인과 중국인 모두 일본에서 번역된 문헌을 통하여 처음으로 마르크스주의 이론을 알게 되었다.

조선 학생들은 중국인보다 훨씬 이전부터 모스크바에서 훈련받고 있었다. 또한 러시아에 살고 있었던 학생과 노동자, 농민들은 10월혁명, 내전, 외국 군사간섭기의 모든 투쟁에 참여하였다. 동양 식민지 국가들에서 마르크스주의 혁명의 발전에 대하여 레닌은 처음에는 조선에 관심을 가졌으며, 중국에 관심을 가진 것은 그 후의 일이었다.

그 무렵 베이징에는 학생 약 300명을 포함하여 800명의 조선인이 살고 있었다. 학생들은 두 파로 나뉘어 서로 지배권을 장악하기 위해 싸웠다. 민족주의자가 통제하는 '조선 학생회'와 공산주의자가 지도하는 '조선인 학생동맹'. 두 조직 모두 회원수가 비슷했다. 테러리즘 문제에 대해 많은 논란이 벌어졌다. 조선 학생회는 테러리스트 지지파였고 반면에 조선인 학생동맹 쪽은 공산당의 테러리즘 반대 방침에 따라 테러에 반대하였다. 나는 조선인 학생동맹과 역시 좌파인 조선사회과학연구소에 가입하였다.

베이징에서는 몇 명 안 되는 조선인들이 잡지를 7종이나 발간하고 있었다. 아마도 이제까지 어떠한 소단체가 발간한 것보다도 많았으리라. 이 모두가 조선어 잡지였으며, 학생 인텔리겐치아가 편집한 것이었다. 어느 것이나 이론과 전술 문제에 대해 맹렬히 투쟁하였다.

비록 달성하려는 방법은 달랐지만, 모든 조선인들은 오로지 두 가지를 열망하고 있었다. 독립과 민주주의. 실제로 그것은 오직 한 가지만을 원하는 것이었다. 자유. 자유란 말은 자유를 알지 못하는 사람들한테는 금덩어리처럼 생각되는 것이다. 어떤 종류의 자유든 조선인들에게는 신성한 것으로 보였던 것이다. 그들은 일제의 압제로부터의 자유, 결혼과 연애의 자유, 정상적이고 행복한 삶을 살아갈 자유, 자기 삶을 스스로 규정할 자유를 원했다. 무정부주의가 그토록 호소력을 가질 수 있었던 것은 이 때문이다. 광범위한 민주주의를 향한 충동은 조선에서는 그야말로 강렬한 것이었다. 우리가 여러 정당의 강력한 중앙집권 조직을 발전시키지 못한 이유의 하나가 바로 이것이다. 각 정파가 각각 자기가 존재할 권리와 자유로운 정견 발표의 권리를 고수하였다. 또한 각 개인도 자기 신념의 자유를 지키기 위해 끝까지 싸웠던 것이다. 우리들 사이에는 민주주의가 남아돌 정도로 많았다. 하지만 규율은 거의 없었다.

1921년 베이징에 도착하자마자 나는 마르크스주의 문헌을 읽기 시작하였다. 우선 『공산당선언』을 공부한 후, 레닌의 『국가와 혁명』을, 그 다음엔 『사회발전사』라는 논문집을 읽었다. 나는 과학적 대중투쟁의 중요성과 쿠데타와 테러 행위의 무익함을 금방 깨닫게 되었다. 나는 아직도 테러리스트들의 영웅적인 희생에 찬탄을 금할 수 없으며 내 무정부주의자 친구들 사이에 만연한 동지들의 자유로운 정신을 좋아한다. 그렇지만 그들이 실패할 운명에 놓여 있다는 것을 분명히 느꼈다. 1922년에 나는 상하이로 와서 의열단과 무정부주의자 동지들을 다시 만났다. 우리는 술을 마구 퍼마셨지만 그리 즐겁지가 못했다.

상하이에서 돌아오자 나는 공산주의 운동만이 조선의 꿈을 실현시킬 수 있는 유일하고도 진정한 희망이라고 단정했다. 1923년 겨울, 내 정치적 이념의 기초가 섰다. 그리하여 비록 전술에 관한 지식이 없고 경험도 거의 없는 상태이긴 했지만 나는 공산청년동맹에 가입하였다.

금강산에서 온 붉은 승려

　나를 공산주의자로 만든 사람은 김충창이었다. 그는 조선 청년들의 생활이 가장 어려웠던 시기에―1922년에서 1925년까지―내 이론 공부를 이끌어주었다. 내가 1922년에 처음 그를 만났을 때 내 나이는 17세였고 그는 27세였다. 그는 지금도 나와 가장 친한 두 명의 벗이자 동지 중의 한 사람이다. 다른 한 사람은 앞에서 말한 오성륜이다.

　김충창은 내가 알게 된 사람 중에서 나에게 가장 커다란 영향을 준 사람이다. 그것은 그의 예리한 지성과 훌륭한 인품 때문만이 아니라, 다른 사람의 감화와 새로운 사상의 영향을 가장 받기 쉬운 사춘기에 그를 알게 된 때문이기도 하다.

　나는 김충창을 베이징에서 만났다. 그 사람에 대해 들은 것은 조선 YMCA에서 열린 학생들의 회합에서였는데, 즉각 그의 인품에 강한 흥미를 느꼈다. 그는 검은 안경을 끼고 있었으며 나이보다 늙어 보였다. 그는 날카롭고, 아주 지적인 정신력을 내뿜는 사람이었으며, 뛰어난 미남이었다. 그 당시 공산주의자와 민족주의자 간의 투쟁이 매우 첨예하게 벌어지고 있었는데, 김충창은 공산주의자 편이었다. 이론적으로 확실한 기초를 가진 사람은 김충창뿐이었으므로 그는 언제나 상대방을 압도했다.

서로 이야기를 나누는 가운데 우리 사이에는 평생 변치 않을 우정이 싹트기 시작했다. 나는 김충창이 매우 비범한 사람이라는 것을 알았다. 그는 조선 북부의 철산(鐵山)에서 태어났다. 아버지는 지독히 가난한 농부였다. 그래서 그는 어려서부터 들에 나가 밭일을 하였다. 집안이 너무 가난해서 학교에 다니지는 못했지만, 마을에 있는 유식한 사람에게서 많은 것을 배웠다.

16세에 기독교 신자가 되어 기독교 교리를 열심히 공부하였다. 하지만 기독교 교리는 그를 만족시켜주지 못하였다. 그래서 그해에 집을 뛰쳐나와 금강산에 들어가서 중이 되었다. 아름다운 산 한가운데 있는 유명한 유점사(楡岾寺)[1]에서 그는 불교뿐만 아니라 현대철학도 연구하였다. 그는 그곳에서 1919년까지 머물러 있었다.

몇 해 동안에 이 젊은 승려는 칸트, 헤겔, 스피노자의 저작을 일본어로 읽었다. 그에게 헤겔은 하늘의 계시자였다. 그는 헤겔의 관념론에 열광적으로 심취하였으며 그의 변증법 이론에 빠져들어 갔다. 그 당시 아직은 마르크스주의의 영향을 받고 있지 않았다.

1919년 김충창은 불교독립당에 들어갔다. 당시 이 당은 약 300명의 당원을 가지고 있었고, 조선독립에 관한 선언을 공표하였다. 3·1운동 때 김충창은 마을에 내려가 선전활동을 하였다. 물론 가사를 입고서. 그때 그는 24세였다. 그는 서울에서 왜놈에게 체포되어 1년간 옥살이를 하였다. 풀려나자마자 그는 '강연단'를 조직하여 선전활동을 계속해나갔다.

헤겔의 변증법 덕분에 그는 쉽사리 마르크스주의에 관심을 가지게 되었고, 자기의 가난과 천성적인 정의감 때문에 자연히 사회혁명에 대한 신념으로 돌아서게 되었다. 1921년, 그는 '조선무산자동맹'에 가입하였고, 그때부터 공산주의 사상에 공명하게 되었다.

1922년에 다른 젊은 승려 5명과 함께 김충창은 정치활동을 해나갈 자유가 있는 베이징으로 건너갔다. 이 6명은 문학단체를 만들고, 〈황야(荒野)〉라는 잡지를 간행하였다. 그 내용은 철학, 시, 단편소설, 문학 일반에 걸친 것이었다.

이 기간에 김충창을 포함하여 3명의 젊은 승려가 공산주의자가 되었으며, 나머지 3명은 혁명이란 도무지 잠꼬대 같은 소리라며 금강산으로 되돌아갔다.

1923년 겨울, 나는 공산청년동맹에 가입함과 동시에 김충창 외 8명의 동지와 함께 베이징에서 최초의 공산주의 잡지인 〈혁명〉을 간행하였다. 나는 격월로 발간되는 이 학생잡지의 3명의 편집자 가운데 한 사람이었다. 이 잡지는 공산당 동조자, 좌익 민족주의자, 무정부주의자들의 지지를 받았다. 이 잡지는 32페이지짜리로, 창간호는 800부를 찍었는데 6개월 이내에

3,000명의 고정독자를 가지게 되었다. 이 잡지는 국내, 만주, 시베리아, 호놀룰루, 캘리포니아, 유럽에 있는 조선 학생들에게 발송되었고, 1926년까지 계속 발간되었다. 김충창은 이 잡지의 주필이었으며, 이 잡지를 위해 수많은 주옥같은 논문을 썼다. 이 논문들은 내 사상에 커다란 감화를 주었다. 베이징에는 한글 인쇄소가 없었다. 그래서 김충창은 전 지면을 스스로 판을 떠서 석판 인쇄를 하였다. 이 작업으로 그는 거의 실명 위기까지 갔고 베이징 협화의과대학에서 치료를 받아야 했다.

이듬해인 1924년에 김충창과 나와 다른 8명의 〈혁명〉 창간자들은 이르쿠츠크 공산당의 한 지부로서 베이징 고려공산당을 창립하였다.[2]

1925년 겨울, 김충창은 혁명활동을 하기 위해 광둥으로 가기로 결정하였다. 나도 그와 동행하고 싶었다. 그러나 우리는 서로 다른 길을 택하는 편이 나을 것이라고 판단했다.

톨스토이에게 드리는 감사

중학교 때 처음으로 톨스토이를 접하기 시작하면서부터 1922년까지 나는 톨스토이적 이상주의자였다. 1919년에서 1920년에 걸쳐서는 무정부주의에 막연히 공감하는 민족주의자였고, 1921년에서 1922년까지는 무정부주의자였다.

톨스토이주의는 어떤 것으로든 발전할 수가 있다. 그의 철학은 인간 사유의 모든 면에 적용 가능한 보편적인 것이다. 그의 철학은 무정부주의로 나아가는 논리적인 디딤돌이기도 했고, 김충창의 지도 아래 헤겔 변증법으로, 또 마르크스주의 이론으로 나아가는 논리적인 디딤돌이기도 했다.

  사람들이 옛날 선생님을 좋아하듯이, 나는 아직도 톨스토이를 좋아한다. 1921년부터 1927년 광둥코뮌 때까지 나는 톨스토이 책을 주머니에 넣고 다니면서 거의 매일같이 읽었다.

  러시아에서와 마찬가지로 중국, 일본, 조선, 인도, 그 밖의 나라에서도 광범위한 인기와 추종자를 갖고 있는 것으로 보아, 톨스토이는 극동의 모든 사람들에게 지대한 영향을 미치고 있다고 생각된다. 그는 중국, 일본, 조선의 현대문학에 지대한 영향을 끼쳐왔으며, 러시아 내의 작가들 중에도 그를 따르는 사람이 많다. 그는 다년간에 걸쳐서 이들 여러 나라에서 수많은 비정치적인 지식인 대중뿐만 아니라 부르주아 혁명가와 프롤레타리아 혁명가 모두에게, 심지어는 반동적인 사람들에게까지도 영향을 끼쳐왔다고 생각된다. 극동의 현대 사상가나 작가 중에서 한때 톨스토이주의자가 아니었던 사람이 있을까? 이 보편적인 철학자는 역사 속에 오랫동안 살아 움직일 것이라고 나는 생각한다.

  왜 그럴까? 내 경우를 놓고 볼 때 나는 톨스토이를 이런 식으로 설명한다. 나에게 있어서 톨스토이는 진리를 나타내고 보편적 진리에 접근하는 것을 나타내지만, 운동을 나타내지는 않는다. 그런데 물리학에서는 관성도 하나의 힘이며, 운동이다. 톨스토이는 현실을 여러 가지 모순의 충돌이라고 묘사한다. 현실의 이 변증법적 사실을 이해하게 되면 명확하게 행동의 길을 택할 수밖에 없다.

톨스토이의 작중인물은 언제나 투쟁하고 있으며, 절대로 동의와 해결에 도달하는 법이 없다. 그의 모든 저서는 이러한 변증법적인 동인에 대한 연구이다. 그의 정신은 개방적이고 객관적이며 모든 사실과 변화에 대한 감수성이 강하다. 그는 인간의 삶과 활동을 그가 집필한 시대에 일어난 그대로 그렸다. 그리고 러시아의 이러한 모습은 최초의 변동기에 처한 동양 여러 나라들에 대해서도 마찬가지로 들어맞았다. 만일 톨스토이가 그렇게 일찍 죽지 않았다면 그는 혁명으로 돌아섰으리라고 생각된다. 그는 언제나 해결책을 찾고 있었다. 하지만 너무나 정직했기 때문에 자기를 둘러싼 현실이 아직 해결의 타당성을 증명하지 못하고 있는 상황 아래서 해결책을 만들어낼 수가 없었던 것이다.

만일 톨스토이가 10월혁명을 생전에 경험하였다면, 얼마나 장대한 10월혁명 서사시를 썼을까 하고 이따금씩 생각해본다. 틀림없이 모든 이야기를 10권 이상의 책으로 써서, 모든 변증법적 모순과 투쟁을, 모든 정의와 불의를, 모든 영웅주의와 나약함을, 모든 이상과 환멸을 그려냈으리라. 이러한 책은—10월혁명이란 사실 그 자체가 아니고서는 그 어느 것도 할 수 없을 정도로—수백만 명을 사회의식에 눈뜨도록 일깨워주었으리라. 톨스토이가 없는 지금, 10월혁명을 인간의 경험으로 극화시키고 묘사해내는 작가는 아직 나타나지 않았다. 10월혁명의 전체적인 잠재적 영향력을 전 세계의 대중들이 아직 느끼지 못하고 있는 이유의 하나가 이것이다. 대중들은 자기들을 위해 그 혁명의 활기와 의미를 가져다줄 해설자를 필요로 하고 있다.

톨스토이는 모든 인간의 평등을 믿었다. 그리고 인간에 관한 모든 문제와 인간 역사발전의 특질을 논하고 있다. 나는 그의 『인생독본』을 제일 좋아해서 4권으로 된 일본어 번역본을 읽고 또 읽었다. 내가 주머니에 넣고 다닌 책이 그 책이다.

그는 희생이라는 도덕성의 타당성을 확신하였으며 잔혹한 것에는 극심하게 반대하였다. 그는 인도주의자요, 인류를 사랑하는 사람이었다. 잔혹함과 이기주의와 고뇌에 대한 냉담함이 오랫동안 존재해온 동양을 일깨우는 데 그의 철학이 대단히 중요했다. 톨스토이의 가장 커다란 공적은 독자들로 하여금 자기 주위의 고통 받는 사람들에 대한 인도주의적 의식에 눈을 뜨도록 만들어, 그들에게 새로운 이상주의를 심어준 것이다. 나는 어려서부터 잔인한 것을 아주 싫어했으며, 잔혹한 행위를 지긋지긋하게 보아왔기 때문에 인도주의의 위대한 역사적 가치를 알게 되었다. 하지만 이제 더는 잔혹함을 증오하지 않는다. 나는 잔혹성을 진리의 한 측면으로 받아들이고 있다. 그것은 현실로 존재하고 있는 것이다. 잔혹함을 좋아하느냐 싫어하느냐는 개인적인 문제가 아니다. 문제는 죽느냐 죽이느냐 하는 것이다. 진리를 혐오하는 것은 감정적 에너지를 다른 데로 돌리는 것일 뿐이다. 내가 해야 할 일은 잔혹함이 존재해온 곳에 정의를 만들어내는 것이다. 톨스토이도 역시 잔혹함에 대한 증오를 버리고 잔혹함의 존재를 폭로하는 데 온 힘을 기울였다.

톨스토이는 농민들을 구제하고 그들에게 토지를 주고 싶어했다. 이 점에서 그는 동양의 기본적인 문제들을 건드리고 있다. 그러므로 톨스토이의 저작은 동양 역사의 현 단계에서 특별한 의미를 갖는 것이다.

톨스토이는 이상주의자였다. 『전쟁과 평화』는 역사적 결정론을 명확히 보여준다. 그렇지만 이 책은 인간이 이 결정론에 대항하여 싸울 것을 강조한다. 이것이 톨스토이의 모순 가운데 하나인데, 이 모순들은 톨스토이가 진리를 파악하고 있다는 것을 입증해준다. 내 생각으로는 톨스토이가 의지는 자유롭지 못하다고 말하는 것처럼 보인다. 하지만 그는 의지가 존재하며 행동을 만들어낼 수도 있다는 것을 절대로 부정하지 않는다. 그는 선견지명과 넓은 시야를 가지고 있다.

그는 자연을 이해하고, 그것을 다른 사람들에게 표현해 보일 수 있었다. 나는 자연, 특히 변화하는 자연을 좋아한다. 나는 푸른 자연을 있는 그대로 받아들인다. 나는 인간의 본성이 변해야 한다고 생각하며, 인간 본성의 변화야말로 인간 본성의 특질이라고 믿는다.

톨스토이는 그리스인의 피를 이어받은 스파르타 사람이었다. 우리 조선인은 모두 이 점을 좋아하였다. 그는 꿈을 가지고 있었다. 하지만 그것은 과다하지도 않았고, 지나치게 어리석은 것도 아니었다.

그는 신중하게, 그러면서도 깊은 사상을 가지고 글을 썼다. 내가 좋아하는 것은 독서에 대한 그의 태도이다. 그는 한 번밖에 보고 싶지 않은 책은 절대로 읽지 않았다. 그가 정직한 정신과 정직한 인격과 정직한 마음을 가지고 있었기에 나는 그를 좋아한다.

톨스토이는 평생토록 불행하였다. 하지만 죽기 직전에 집을 뛰쳐나온 그는 용감한 사람이라고 생각한다.

1) 유점사는 금강산에 있으며 신라 중기에 건축된 유명한 절이다.— 안도 지로
2) 이 기간에 나는 초창기의 중국인 공산주의자도 몇 명 만났다. 그중에는 시춘퉁(施存統)도 있었는데, 이 사람은 중국공산청년동맹 창립자의 한 사람이며 1920년에 이 동맹 초대 서기가 되었다. 1923년에는 중국공산당 창립자의 한 사람인 리다자오(李大釗)를 만났다. 그는 우리 잡지 〈혁명〉에 정기적으로 기고하였으며 이따금씩 충고와 비판을 해주었다. 그 후 취추바이(瞿秋白)도 알게 되었다.— 김산

II
중국 '대혁명'에 참가하여

 내 정치활동의 경로는 조선혁명운동의 일반적인 동향을 아주 밀접히 따라왔다. 내가 공산주의자가 되었을 무렵, 조선인의 모든 정치사상에 근본적인 변화가 일어나고 있었다. 1924년은 새로이 소련에 접근하고 있던 쑨원의 지도 아래 중국혁명이 일어나, 좌익으로 급선회한 해였다. 조선과 중국만이 아니라 일본까지도 '붉은 별'을 길잡이로 요구하기 시작하였다.

 중국혁명의 파고는 급속히 높아졌다. 쑨원도 소련공산당의 지침에 따라 국민당을 개조하고 소련과 협약을 맺었다. 비록 쑨원은 1925년 베이징에서 죽었지만 광둥은 새로운 혁명정권의 도시가 되었으며, 이 해의 5·30사건[1] 이후 사태는 급속히 진전되었다. 소련의 군사고문과 정치고문이 광둥에 도착하였고, 황푸 군관학교를 세워 혁명공작을 위한 군 간부를 양성하였으며, 봉건군벌을 타도하기 위한 '북벌' 준비가 진행되었다.

 좌익이건 우익이건 모든 조선인은 중국에서 일어난 이 새로운 물결의 파고가 높아지는 것을 보고, 그것이 조국해방의 첫걸음이라 생각하고는 대단히 기뻐하였다. 모든 경향의 조선인 혁명가들이 혁명에 참가하기 위해 앞장서서 광저우(廣州)로 달려갔다.

1925년 가을 내가 광저우에 도착하였을 때 이른바 중국 '대혁명'[2]에 뛰어들어 투쟁하기 위하여 모인 조선인은 겨우 60명에 불과했고, 그 대부분이 의열단의 테러리스트였다. 그러나 1927년까지 800명 이상의 조선인들이 광둥으로 속속 몰려들었다. 우리 조선의 활동적 지도자의 정예가 여기에 다 집결한 것이다. 모두가 혁명적 정치가였으며, 대개는 지식인이었다. 일본에서는 노동운동 지도자가 대략 20명가량 왔고, 만주에서는 공산청년동맹원이 많이 몰려들었다. 우리들의 평균 나이는 23세였다. 일부 중학생은 열너덧 살밖에 안 되었고, 800명 중 가장 나이가 많은 사람도 마흔이 채 안 되었다.

만주의 독립군 약 400명이 의용병으로 왔고, 시베리아에서는 러시아에서 10월혁명 이래 계속 투쟁한 경력을 갖고 있거나 다년간에 걸쳐 시베리아 유격대에서 활동한 경험이 있는 사람들이 100명 이상 왔으며, 또한 국내에서도 100명이 왔다. 모스크바에서 직접 훈련을 받은 마르크스주의 학생 30명도 보로딘의 고문단에 끼어 함께 왔다.

조선독립군 출신자 400명의 대부분을 제외하고는, 앞에서 말한 800명은 거의 다 공산주의 사상에 동조하고 있었으며,

일부는 공산당원이었다. 민족주의자와 공산주의자는 대개 시베리아에서 온 사람들이었다. 조선공산청년동맹원은 70명을 헤아렸다.

이 집단은 정치적으로나 지역적으로나 잡다한 단체의 집합체였기 때문에 통일된 지도부를 쉽사리 만들 수가 없었다. 각 파마다 제각기 다른 파들이 정세를 이해하지 못하고 있다고 서로 비난하였으며, 중국공산당 측에서는 자기들이 전체를 지도해야 한다고 생각했다. '조선인 혁명운동에서의 분파주의와 지나친 무정부주의적 민주주의에 기인한 끝이 없는 상호비방이 전에 없이 악화되었다'고 생각되었다. 나는 광둥에 도착하자마자 분파와 대립을 위해 분파를 만드는 어리석음—그것은 효과적인 공동행동을 방해하는 것이다—을 강조하는 일에 착수하였다.

젊은 패기와 정열에 넘치던 나는 닥치는 대로 손을 냈다. 나는 중국의 민족주의 정당인 국민당에 가입하였다. 국민당은 조선인의 입당을 허용하였지만 우리들 중에 정작 입당한 사람은 겨우 6명뿐이었다. 중국에 있는 조선공산당을 중국공산당의 지부로 두기로 결정되어, 나는 우리 당으로부터 중국공산당 내의 조선인 세포에 들어가라는 명령을 받고 5명으로 된 세포의 일원이 되었다.

분파를 없애기 위한 분파

나와 함께 분파주의에 대항하여 싸우고 파벌주의를 깨끗이 청산한 대중운동을 형성해야 한다는 과제를 스스로 떠맡은 사람은 3명이었다. 다른 두 사람은 테러리스트의 제1인자로 유명한 의열단 민족주의파의 영수 김약산과 베이징에서 우리 그룹을 이끌고 온 금강산 승려 김충창이었다. '우리는 모두 평등을 기초로 하는 혁명적 노동자다'라고 선언하였다.

우리는 하나씩 하나씩 준비를 해나갔다. 그래서 1926년 늦봄에 조선인의 모든 집단과 정파를 대표하는 중앙동맹체인 조선혁명청년연맹의 창립대회를 열기에 이르렀다. 이 대회는 대단히 성공적이었으며 즉석에서 300명의 회원을 얻었다. 이 연맹의 중앙위원으로 선출된 사람들은 대부분이 공산주의자였다. 그 속에는 발기인인 김충창과 김약산도 들어 있었다. 나는 가입 자격을 결정하는 조직위원의 한 사람이었고, 1927년에는 중앙위원으로 선출되었다.

김충창은 곧 활발한 논지를 펴기 시작하였다. 1926년에 연맹의 기관지 〈혁명행동〉이 창간되자 그가 주필이 되었고, 나는 부주필의 한 사람이 되었다. 김충창은 연맹의 모든 선언을 기초하였는데, 그 무렵 그의 논문이 유명해졌고 영향력도 있었다.

그러나 연맹 내부에서는 여전히 의열단 민족주의자, 중국공산당 지부, 고려공산당 상하이파, 고려공산당 시베리아파

등의 파벌들이 주도권 싸움을 하고 있었다. 중앙집권을 이루기 위해서는 더욱 특별한 조치를 취할 필요가 있었다. 그래서 만주, 시베리아, 상하이, 베이징, 국내 등 각지에서 온 우리 공산당원 80명이 하나가 되어 'K.K(조선인 공산주의를 의미하는 독일어의 머리글자)'라는 비밀 그룹을 만들었다. 우리의 계획은 모든 분파를 타파하는 일이었고, 이 일이 성공할 때 우리 자신의 '분파를 없애기 위한 분파'도 해산한다는 것이다.

다음으로 통일된 민족주의 정당을 만드는 것이 꼭 필요하다고 결정되었다. 이것도 이루어졌다. 이러한 정당은 국내에서는 만들 수가 없었으므로 의열단을 중심으로 하여 해외에서 발전시켜 나가야만 한다는 것을 우리는 깨달았다. 의열단의 명칭을 조선민족독립당으로 고치고, 새로 11명의 위원을 선출하였다.

마침내 우리는 분파주의를 넘어섰다. 혁명청년연맹과 민족독립당 두 개가 공개적인 조직이었으며, 비밀단체인 K.K가 저변을 잇는 통일의 끈을 장악하였다. K.K는 보로딘과 모스크바에서 보낸 참모부와 직접 연락을 취하고 있었다.

조선 사람들은 모든 방면의 공작에서 중국인 사이에 끼어 아주 활발히 움직였다. 어떤 사람은 고문이었고, 어떤 사람은 황푸 군관학교나 중산대학의 강사였으며, 어떤 사람은 혁명군사령부에서 근무하였다. 나머지는 군대에 들어가 전투에 가담하였다.

나는 다방면에 걸친 정치활동 외에도 황푸 군관학교에서 교단에 서기도 하였고, 중산대학에서 경제학을 연구하기도 하였다.

시베리아에서 온 선구자들

광둥에 온 가장 우수한 조선인 혁명가의 전형적인 인물은 박진(朴鎭) 부부와 그의 두 동생[3]이었다. 이 삼형제는 모두 새까만 눈과 길고 짙은 눈썹을 가지고 있었다. 박진은 이야기할 때면 눈을 깜빡였는데, 그것이 상대방에게 진실하다는 인상을 주었다. 그들은 북방인답게 모두 풍채가 좋고 몸이 떡 벌어졌다. 그들은 동토지대에서 불어오는 시베리아 바람처럼 위력적이고 활기찬 분위기를 실내에 가득 뿌렸다.

그들을 만나자마자 나는 이 흥미로운 4인조와 좀더 가까이 지내고 싶어졌다. 박진이 시베리아 정세에 대해 들려주었으므로 나는 이에 대한 보고서를 써달라고 요청하였다. 나는 곧 그를 친형처럼 좋아하게 되었고, 그도 나에게 전투와 실제활동에 대하여 많은 것을 가르쳐주었다.

연합국 간섭기였던 1919년에서 1921년까지 박진과 그의 동생들은 시베리아의 유격대와 협력하여 백위군(白衛軍), 일본군과 싸웠다. 소비에트 측은 블라디보스토크를 일곱 차례 점령하고 여섯 차례 후퇴하였는데, 박진은 7차의 전투에 모두 참가하였다. 1920년에 벌어진 전투에서는 폭탄을 맞아 앞니가 몽땅 부러졌다. 그래서 그 뒤로 의치를 끼고 다녀야만 했다. 그는 지금껏 여러 차례 부상을 당했다.

박진의 연로한 부모님과 할아버지는 시베리아에서의 간섭 전쟁 중에 추위와 굶주림으로 돌아가셨다. 전쟁이 끝나자 박진과 그의 동생들은 용감하게 싸운 대가로 소비에트로부터 토지를 받았다.

1921년에 조선소비에트위원회 밑에 시베리아 소비에트의 일부로서 조선인 자치정부가 수립되었다. 당시 시베리아에서는 조선인이 약 70만 명 정도 살고 있었다(우리의 추정에 의하면 현재 소련에는 대략 80만 명의 조선인이 살고 있다. 러시아인, 조선인, 에스키모인, 소수의 일본인과 약간의 몽골인을 합한 총 400만 명의 시베리아 인구 중에서 조선인의 수는 큰 비중을 차지했나).

1921년에 박진은 블라디보스토크 근처의 한 소비에트 지구위원으로 뽑혔다. 어느 날, 그가 회의에 참석하기 위해 얼어붙은 강을 건너가고 있을 때 한 아가씨가 얼음 위에 넘어졌다. 박진은 이 처녀를 일으켜주었다. 그 순간까지 박진은 어떤 여자에게도 관심을 가져본 적이 없었다. 그런데 이날 회의에서는 시작할 때부터 끝날 때까지. "정말 고마워요" 하고 인사한 그 아가씨에게 계속 눈길이 갔다. 얼음판을 지나 돌아오는 길에 그는 일부러 그 아가씨와 나란히 걸으면서 자기를 사랑할 수 있겠느냐고 무뚝뚝하게 물어보았다. 그 아가씨는 약간 놀랐지만, 이내 대답하였다.

"네, 사랑할 수 있다고 생각해요."

이 조그마한 눈 속에서의 로맨스는 이틀 후에 결혼이란 열매를 맺었다. 이 부부는 서로 지극히 헌신적이었으며, 박진은 죽을 때까지 모범적인 결혼생활을 유지했다.

적군(赤軍)의 유격대운동에 참가하고, 1921년에서 1925년까지 시베리아 지방위원회에서 활동했던 인물인 박진의 부인은 흥미 있는 집안 출신이었다. 그녀의 부친은 조선 북부지방에서 유명한 영웅이었다. 그분은 '복면산적'이라 불렸는데 가난한 아이들을 위해 자기가 세운 학교를 유지할 자금을 마련하려고 30번이나 부잣집을 털었다. 마지막에 체포되었지만 탈옥에 성공하고 시베리아로 갔는데 얼마 안 돼 사망하였다.

K.K는 우수한 지도자를 모조리 영입하려고 하였기 때문에 우리는 즉시 박씨 일가를 회원으로 받아들였다. 매주 토요일 밤이면 우리들 몇 명은 한 자리에 모였다. 학교 기숙사나 병영에서 지내는 사람들 중에는 따로 여관 숙박비를 지불할 수 있는 사람이 아무도 없었다. 그래서 우리는 매주 이날은 저녁 8시부터 다음날 아침 8시까지 버티고 앉아서 정치회의나 토론을 하였다. 우리는 밤새도록 격렬하게 토론하였다. 이것이 조선 사람의 기질이다. 장시간 활발하게 토론과 토의를 하여 자기의 뛰어난 지식과 재능을 보여주려고 애쓰는 것이다. 박진

은 언제나 기나긴 토론을 하는 동안 지쳐 떨어져 잠이 들어버린다. 그러다가 갑자기 깨어나서는 자기가 잠든 사이에 이미 끝난 논의를 다시 끄집어내어 사람들을 웃기곤 했다.

"당신네 네 사람은 너무나 행복해 보이는군요. 지금까지 그렇게 많이 싸워왔는데, 이제는 평화로운 생활이 그립지 않습니까?"

나는 어느 날 박진에게 물어보았다.

"조선혁명이 완성되기 전까지 내게는 평화가 단지 고통일 뿐이야. 투쟁은 삶이지. 소극성은 죽음이고. 나는 싸우는 것을 좋아해."

조선인들 사이에는 지도력을 장악하기 위한 싸움이 끊이지 않았다. 하지만 박진은 그런 일에 전혀 관심이 없었다. "지도권은 형벌이다"라고 그는 늘 말하였다.

그러나 그는 일류 지도자였다. 1927년 4월 15일 이후[4] 그는 우한(武漢)에 가서 혁명활동을 하였고, 교도단(敎導團)의 장교로서 장파쿠이(張發奎) 장군을 따라 광둥으로 돌아왔다. 두 동생도 그러는 동안 언제나 그와 행동을 같이하였다. 당시 그의 부인은 임신중이었는데, 그는 첫아들을 얻게 되리라 생각하고 매우 기뻐하였다. 코뮌 당시 박진은 링난(嶺南)에서 저 용감했던 '비운의 대대'를 지휘하다가 그곳에서 전사하였다. 그의 아내는 너무나 상심한 나머지 임신중임에도 불구하고 시베리아의 자기 농장으로 돌아가고 말았다. 두 동생들은 교도단의 장교로서 하이루펑으로 갔다.

자객의 방문

K.K에 들어온 80명은 각지에서 모인 사람들이었으므로, 우리들 사이에는 적도 많았고, 경쟁자도 많았다. 어느 날 우리는 내 가까운 친우였던 김이라는 젊은 동지를 잃었다. 그가 K.K에게 비밀을 누설하였다고 생각한 의용대에 의해 암살당한 것이다. 혁명운동을 할 때는 누구든 너무 많은 비밀을 알고 있으면 위험하다. 의용대원들은 나도 제거해버리려고 하고 있었다.

며칠 후 밤 12시에 의용대원 한 명이 내 방을 찾아왔다. 나는 방문을 잠그고 없는 척하였다. 그는 밖에서 3시까지 기다리다 가버렸다. 만일 방문을 열었더라면 나도 불쌍한 김 동지와 같은 운명에 처했을 것이다. 이른바 '1925년의 용감한 군대'는 공산당과 의열단에 대항하기 위해 상하이에서 조직된 것이다. 대략 20명의 대원이 1926년에 광둥에 왔다. 그놈들이 청년연맹의 주요 간부들을 모조리 죽이려는 음모를 꾸미고 있다는 것을 우리가 알아챘기 때문에, 연맹에서는 각자에게 일주일 내에 광둥을 떠나라는 경고를 보냈다.

붉은 승려의 사랑

1925년 겨울에서 1927년 말까지 김충창과 나는 광둥에서 언론활동에서나 청년연맹과 공산주의 운동의 지도에서나 긴밀히 협력하며 함께 일하였다. 거기에다 유명한 테러리스트인 오성륜이 공산주의자가 되어 1926년 겨울에 모스크바에서 돌아와 우리와 합류하였다. 그래서 우리 셋은 절친한 친구가 되었다. 오성륜은 내가 묵고 있던 조그마한 여관에서 나와 함께 생활하게 되었다. 김충창은 우리의 정치이론가였고, 오성륜은 실천행동가였으며, 나는 모든 면에서 그들의 어린 제자였다. 그때 나는 겨우 22세였는데, 오성륜은 대략 37세쯤 되었고, 김충창은 32세였다. 나는 두 사람을 대신한 '공개적인 지도자'였으며, 그들은 배후 실력자였다.

오성륜은 황푸 군관학교의 군사학과에서 러시아어를 가르쳤고 계급투쟁과 민족문제도 강의하였다. 그는 시를 싫어해서 내가 가끔 시를 쓰는 것을 보고는 나를 아주 어리다고 생각하였다. 어떠한 감정도 겉으로 드러내는 법이 없는 사람이었지만 그도 나와 마찬가지로 슬픈 것을 좋아하였다. 오성륜은 K.K에 가입하였으며, 청년연맹의 중앙위원으로 뽑히기도 하였다.

1927년 늦여름에 김충창은 연애에 빠져 헤어나질 못하였다. 첫사랑이면서 격심한 연애였다. 상대 아가씨는 중산대학에 다니는 아름다운 광둥 아가씨로 대단히 현대적이었으며 부르주아였다. 김충창은 오성륜과 내가 자기를 배반자로 생각한다고 느끼고 있었지만 그로서는 어쩔 도리가 없었다.

"자네가 연애를 한다면 나보다 훨씬 더할 걸세. 이전에 중이었던 내가 이게 무슨 꼴인가? 도저히 돌이킬 수가 없단 말이야."

그는 괴로워하며 내게 말하였다.

오성륜과 나는 베이징에서 김충창 자신이 진단한 대로 이 연애병이 저절로 치유되길 기대하였지만 도대체 수그러들 기미가 보이지 않았다.

김충창은 전과 다름없이 열심히 활동하고 있었다. 그럼에도 불구하고 그의 반대자들은 낭만적이라고 하여 그를 비난하였다. 그는 매일같이 이 아가씨를 데리고 '72열사 광장'(1911년 혁명사건 때 전사한 자들을 기념하는 광장)이 있는 공원으로 갔다. 나를 제외하고 그의 친구들 모두가 이 아가씨와 헤어지기를 바랐다. 나는 그의 '멍청한 짓거리'를 지지하였으며 힘닿는 데까지 이 연인들을 도와주었다. 나는 김충창을 비판하는 사람들에게 이렇게 반박하였다.

"혁명가도 남자이고 인간이다. 어찌 되었든 이 연애는 진행될 것이다. 너희들에게 반하는 아가씨가 아무도 없기 때문에 너희들은 모두 질투하고 있는 것이다."

해결책은 아가씨가 도쿄로 유학 가는 것이라고 나는 판단

하였다. 아가씨와 김충창도 여기에 동의하여 아가씨는 일본으로 건너갔다. 그러나 그 아가씨는 매일같이 자기 연인에게 편지를 썼고, 석 달 후에는 다시 돌아오고 말았다. 김충창이 3주 동안이나 답장을 보내지 않았던 것이다.

광둥에서 김충창을 만나지 못하자 그녀는 크게 놀라서 나를 찾아왔다.

"그는 지금 우한에 있어요. 하지만 비밀을 지켜주십시오. 한 달 후면 돌아올 것입니다."

나는 이렇게 말해주었다. 그러자 그녀는 우한으로 가려고 하였다.

이 아가씨가 진정한 혁명가가 아니라는 것이 유감이긴 했지만, 나는 속으로 김충창의 행복한 연애사업을 진심으로 부러워하였다. 내 결혼관은 눈에 띄게 변하였다. 아가씨만 이상적이라면 연애를 해도 괜찮겠다고 생각했다. 김충창의 연인은 내 결혼관을 결혼 쪽으로 바꾸어놓으려고 열심히 노력했으며 나에게 자기 친구들을 많이 소개해주었다. 그러나 마음에 드는 아가씨가 아무도 없었다. 나는 광둥에서 의대에 다니는 어느 조선인 여학생에게 독일어를 가르치고 있었다. 그런데 내가 이 아가씨와 사랑에 빠져들고 있다고 김충창과 오성륜이 말했기 때문에 이 수업을 즉시 그만두었다.

보로딘, 토마스 만, 얼 브라우더와 만나다[5]

광둥에서 나는 중국혁명과 연대감을 보이기 위하여 온 모든 외국인들을 만나보았다. 그들은 특히 조선 사람들에게 각별한 친밀감을 가지고 있었다. 왜냐하면 우리도 역시 중국혁명의 지원자였기 때문이다. 나는 '톰만(Tomman)' 노인—우리는 그를 그렇게 부른다—를 좋아하였다. 오성륜과 김충창과 나와 그 밖에 8명이 그와 함께 사진을 찍기도 하였다.

미국에서 온 얼 브라우더(Earl Browder)는 1927년 1월에 잠깐 광둥에 머물렀다. 그는 학자처럼 생겼지만, 그의 연설은 알아듣기가 쉬웠다. 그는 아메리카 제국주의 반대론을 펴서 모든 사람들이 그를 매우 좋아하였다.

보로딘과는 그 전에 만났다. 보로딘은 중년의 뚱뚱한 사나이로, 공산주의 운동을 하는 열정적인 청년들한테만 익숙해 있는 우리 동양인들에게 혁명가처럼 보이지 않았다. 그러나 그는 자신에 찬 조직방법을 느긋하고 조용하게 진행시켜 나갔기 때문에 우리는 그의 두 발이 대지에 굳건히 붙어 있다고 느꼈으며, 이론과 전술에 대한 이해가 깊음에 감탄하였다. 그는 마치 경험이 일천한 청년의 열광하는 거친 바다 가운데 우뚝 솟아 있는 바위 같았다.

우리는 그들 모두와 사진을 찍으면서 단단한 국제적 연대감이 증명되었다는 사실에 크게 기뻐하였다. 프랑스에서 교육받은 인도차이나 출신의 훌륭한 공산주의자도 왔다. 1926년에 우리들은 '동방피압박민족연합'[6]을 조직하였다. 여기에는 조선청년연맹, 인도차이나민족당, 타이완인, 개인 자격으로 참가한 인도인 등이 참여했다. 이 연맹은 대회를 열었다. 타이완 대표들은 돌아가자마자 일본 측에 체포되었다. 그중 린쑨지(林孫記)는 아직도 감옥에 갇혀 있다. 그는 타이완에서 '노동자농민해방운동'을 조직했던 것이다. 당시 타이완에는 무정부주의자와 공산주의자들이 많이 있었는데, 그들은 우리 조선인들과 긴밀한 연락관계를 가지고 있었다. 왜냐하면 일본에게 똑같이 지배당하고 있었기 때문이다. 요즘과는 달리 그 당시에는 동양 여러 나라의 모든 혁명단체들이 서로 자주 연락을 취했다.

북벌전쟁

군벌을 타도하기 위한 북벌전쟁에서 조선인 의용병들은 용감성과 뛰어난 통솔력으로 유명하였다. 중국장군들은 누구나 조선인에게 자기 부대에 들어와달라고 요청하였다. 대부분의 조선인들은 가장 훌륭한 군대였던 장파쿠이의 '철기군'에 가담하였다. 그 밖의 사람들은 주페이더(朱培德) 군이나 청쳰(程潛)의 제6군과 행동을 같이하여 난징(南京)을 점령하였다. 북벌이 그처럼 화려한 성공을 거둘 수 있었던 비밀의 열쇠는 뛰어난 정치공작에 있었는데, 조선인들이 주로 이 공작을 적극적으로 해냈던 것이다.

불과 6개월 이내에 양쯔 강 유역까지 도달한 북벌군의 승승장구하는 급진격이 한창이었을 때 모든 혁명가들이 느꼈던 환희와 열광은 지금도 생생히 떠오를 정도로 대단했다. 화베이로! 그리고 조선으로! 우리의 가슴은 미칠 듯이 기뻐 날뛰었던 것이다! "지금 조국과 만주에서 2,000만 조선인들이 전 아시아의 자유를 위해 제국주의를 타도하고자 무기를 들고 기다리고 있다"고 우리는 자신 있게 중국인들에게 말하였다.

그런데 우익의 장제스가 지도하는 반혁명이 일어나 성공을 빤히 눈앞에 둔 승리의 문턱에서 국공분열이 일어났다. 중국이 공식적으로 분열되고 혁명은 좌절되었다. 조선, 러시아, 일본, 기타 각국과의 혁명적 유대감은 깨졌고 혁명가들도 충격으로 뿔뿔이 흩어지게 되었다. 우리 조선인들은 조선혁명의 지평선 위에 검은 구름이 뒤덮이는 것을 보았으며, 이 검은 구름이 흩어지는 순간을 내다볼 수가 없었다.

장제스가 좌익 우한정부에 대항하여 반동적인 난징정권을 세우자 모든 조선인들은 즉시 우파세력을 떠나서 좌익을 지원하기 위해 우한으로 달려갔다.

우한정부가 쓰러진 다음에는 남아 있던 우리 조선인 단체들도 뿔뿔이 흩어졌다. 우리들 100명은 장차 혁명정권의 탈환을 도와주기 위하여 광둥에 머물러 있었다. 국민당의 반동이 일어난 후 소수의 우익인사들은 희망을 잃고 조선이나 만주로 돌아가버렸다. 1927년 말까지 200명이 재차 광둥에 모여 코뮌 투쟁에 가담하여 싸웠다.

광둥의 4월 15일과 사형집행

나는 1925년에서 1927년까지 광둥을 떠난 적이 없었다. 상하이에 있는 공장노동자들을 학살하라는 장제스의 명령이 떨어진 지 사흘 뒤인 1927년 4월 15일 광둥의 반동분자들이 '숙청'을 시작하였다. 모든 노동자들이 무장해제되고 많은 사람들이 체포되었다.

군대와 각종 군관학교 내의 공산주의자들을 포함하여 20명의 조선인이 육군감옥으로 송치되었다. 그런데 후에 광둥코뮌 당시 우리가 감옥문을 열었을 때에는 6명밖에 없었다. 나머지는 모조리 처형된 것이다.

4월 18일, 나는 한 사건을 목격하고 큰 충격을 받았다. 3명의 중국공산청년동맹원이 군중 앞에서 처형된 것이다. 16세 소녀와 21세, 20세 청년이었다. 놈들은 처형장으로 끌고 가기 전에 대중들에게 보여주기 위하여 세 사람을 꽁꽁 묶은 채 인력거에 태우고 거리를 돌아다녔다. 인력거 뒤에는 400명의 병사들이 따르고 있었다. 나도 그 행렬을 따라갔다.

세 사람 모두 노동자였는데, 단정하고 지적인 얼굴로 보아 학생 같아 보였던 뤄류메이(羅劉梅)라는 소녀는 칠흑 같은 머리를 짧게 자른, 무척 예쁜 소녀였다. 그들은 앞으로 일으킬 총파업에 대한 선전활동을 하고 유인물을 배포하였다는 이유만으로 체포되어 사형선고를 받았다.

거리를 끌려 다니면서도 그들은 공산청년 '인터내셔널가'를 소리 높이 불렀으며, 조금도 두려워하지 않았다. 지금도 나는 그 노래를 들으면 세 사람을 생각한다.

수백 명의 군중들이 형장까지 따라갔지만 울고 있는 사람은 나 혼자뿐이었다. 그들을 좇아 거리를 뛰어가는 동안 눈물이 펑펑 쏟아졌다. 경찰이 나를 동조자로 보고 체포하더라도 상관없었다. 사람들은 이 일을 단지 흥밋거리로만 생각하는 것 같았다.

"이렇게 잔혹한 나라에서는 살 수가 없어. 절대로, 절대로, 못 살아. 이들은 사람도 아니야."

나는 혼잣말로 중얼거렸다.

인력거가 멈춘 것은 3시였다. 무거운 사슬이 벗겨지자, 세 사람은 형장을 향하여 천천히 걸어갔다. 한 청년의 신발이 벗겨졌다. 그러자 그는 굉장히 느린 동작으로 허리를 구부려 신을 고쳐 신는 것이었다. 그것을 바라보면서 이런 생각이 들었다. '단 몇 초라도 더 살고 싶어하는구나.'

세 사람은 모두 냉정하였다. 총살될 지점에 도착해서 10명의 병사들이 정렬하는 사이에 그들은 구호를 소리 높이 외쳤다.

"제국주의와 국민당을 때려 부수자! 중국혁명 만세! 때려잡자 장제……."

마지막 구호를 채 끝마치기도 전에 그들은 1.5미터도 떨어지지 않은 곳에서 쏜 총에 맞아 죽었다.

나는 시체가 있는 곳으로 뛰어 올라갔다. 이 용감한 젊은이들의 멍한 눈동자에는 눈물이 맺혀 있었다. 나는 잠깐 동안 그곳에 멈춰서서 그들을 향하여 나지막이 중얼거렸다.

"여러분들의 마지막 말을 끝맺겠소. 때려잡자 장제스!"

숙소로 돌아온 나는 죽은 뤄류메이의 눈물 속에 비친 내 모습을 노래한 한 편의 시를 쓴 후 '동교장(東敎場)의 휴머니티'란 제목을 붙였다.

4월 15일에서 18일까지 광둥에서는 많은 공산주의 조직 및 대중조직이 반동분자들에 의해 깨졌으며, 총파업을 막기 위해 많은 사람들이 체포되었다. 노동조합의 전 지도부가 검거되었고, 중산대학에서는 300명이 잡혀갔다. 공개적인 광장에서 처형된 사람은 3명뿐이었지만 그 밖에 수많은 사람들이 비밀리에 살해되었다. 4월 15일부터 12월의 광둥코뮌 때까지 중산대학에서만도 200명의 학생들이 처형되었다는 기록을 입수하였다.

광둥은 준비한다

우한정부가 쓰러진 후, 좌파는 세력을 결집하여 1927년 8월 1일에는 철기군의 두 공산주의자 지휘관이 장시 성(江西省)에서 난창(南昌) 봉기를 지도하고, 장래 혁명운동의 기지로서 광둥 성을 탈환하기 위해 남진을 시작하였다. 우리는 소식이 도착하기만을 애타게 기다렸다. 홍군이라는 이 새로운 부대는 광둥 근처에서 거의 섬멸되었다. 이 패배에도 불구하고 광둥에서는 광저우 시의 봉기를 실행하여 이 도시를 장악하기로 결정하였다. 바로 근처에서는 펑파이가 이미 중국 최초의 소비에트를 결성하였다. 그래서 우리는 이 농민운동으로부터 지원을 받고 있었다.

광둥은 1926년 이래 리지천(李濟琛) 장군이 지배하고 있었다. 그러나 지금 장파쿠이 장군이 이 도시에 들어와서 리지천을 권좌에서 몰아내려고 계획하고 있었다. 11월 7일, 장파쿠이가 불의의 일격을 가하여 양군 사이에는 곧 내전이 일어날 기미가 보였다. 공산당은 양군의 분열상태를 틈타서 가능한 한 빨리 폭동을 일으키기로 결정하였다.

장파쿠이는 우한 군정학교(武漢軍政學校) 출신의 급진적인 사관후보생을 주력으로 하는 교도단을 이끌고 왔다. 교도단은 공산당의 영향 아래 있었으며 봉기의 중추를 이루기로 되어 있었다. 교도단 대원 2,000명 중 80명이 조선인이었다.

원래부터 광둥에 살고 있던 4명의 부인네와 10명의 남자를 빼고는, 광둥에 있는 200명 가량의 조선인은 모조리 코뮌 봉기에 참가하였다.

12월 10일 밤, 행동이 개시되었을 때 군정학교와 장파쿠이 휘하의 조선인들이 비밀리에 모여서 교도단과 힘을 합쳐 무장투쟁을 시작하였다. 다음날 아침, 중산대학에 다니는 조선인 학생도 전원이 전투에 가담하였다.

1) 5·30사건 : 1925년 5월 15일 상하이의 일본 방직자본가가 불량배를 사주하여 노동자를 학살한 사건에 항의하여 5월 30일 상하이의 노동자들과 여러 학교 학생 2,000여 명이 공동조계에서 전단을 뿌리고 연설하였다. 이것을 영국이 탄압하는 과정에서 20~30명이 살해되었다. 이 사건은 전 중국을 술렁이게 하여 전국 각지에서 동조파업이 일어나게 되었다.

2) 대혁명이란 용어는 북벌이 시도된 1925년부터 장제스의 배신으로 혁명이 좌절되었던 1927년까지의 시기를 공산주의자들이 일컫는 말이다. 1924년부터 공산주의자들과 민족주의자들은 항일투쟁에서 협력하였다. 북벌은 장제스 총사령관의 지도하에 1926년 7월에 시작되었다. 북벌대는 광둥에서 시작, 두 부대로 편성되어 북으로 진격하였다. 내륙 부대는 양쯔 강까지 급속히 진입해 들어갔으며 정부는 광둥에서 우한으로 이동하였다. 해안 부대는 장제스의 지휘 아래 상하이로 진입, 4월 12일 상하이의 공산주의자들을 대거 학살함으로써 혁명 분쇄를 기도하였다. 장제스는 이어서 국민당 '좌파'와 세력을 통합하고, 그의 군대는 북방으로 이동하면서 1928년 6월, 베이징을 점령하여 베이핑(北平 : 북방의 평화)이라고 이름을 고쳤다. 이전에 장제스는 난징을 이미 수도로 정하였다. 1928년 후반기에 동부의 3성―만주 포함―이 난징 정부에 통합됨에 따라 국민당으로서는 일단 국가통일을 성취한 셈이 되었다. 그러나 1949년에 다시 공산당이 이 도시를 탈환하여 다시 베이징이라 칭하였다. 그리고 같은 해 10월 1일에 중화인민공화국 건립을 선언하였다.

― 조지 토튼

3) 박씨 형제들은 함경북도 경흥군 출신이다. 그들은 시베리아로 이주하여 1918년 창건된 원동공화국에서 활약하였다. 여기에 등장하는 세 사람은 박씨 가문의 아들 5형제 중 2남, 3남, 4남이다. 광둥코뮌에서 살해된 박진은 셋째아들이었고 그의 본명은 박근만이다. 2남은 박영이라 알려져 있으나 본명은 박근성이며, 4남의 본명은 박근수이다. 김산은 이

책에서 신문을 통해 2남과 4남이 1933년 지린에서 살해되었음을 알게 되었다고 말하고 있다. 그러나 도쿄에 살고 있는 박진의 아들 박영일에 의하면 1941년 현재 그 두 사람은 생존해 있다고 한다.— 안도 지로

4) 1927년 4월 15일은 광둥 반동파들이 '숙청' 작업을 시작한 날이다. 장제스가 공산당원의 협력을 얻어 상하이를 점령한 뒤 3일 후에 숙청작업이 시작되었던 것이다. 이때 많은 노동자들과 공산당원들이 대거 학살되었다.— 안도 지로

5) 1927년 2월 16일, 얼 브라우더(Earl Browder), 자크 도리오(Jacques Doriot), 토마스 만(Tomas Mann : 영국 노동운동 지도자)으로 구성된 국제공산당 대표부가 광둥에 도착하였다. 이들은 국민당의 장제스의 환영을 받았으며 북벌전쟁에 참가하였는데 장제스가 반혁명을 일으키기 바로 직전인 1927년 3월 31일 한커우(漢口)에 도착하였다. 토마스 만은 뛰어난 노동운동 지도자였다. 브라우더는 2차대전 당시 미국공산당의 지도자였으며, 프랑스 공산당의 도리오는 후에 파시스트가 되었다. 보로딘(Michael Borodin)은 1923년 가을, 소련에 의해 파견되어 쑨원과 국민당이 고문으로 도착하였다(그는 코민테른 대표자가 아니었다). 1927년, 반혁명 때 그는 소련으로 도주하여 거기에서 〈모스크바 매일신보〉의 조직을 도왔다.— 님 웨일즈

6) 동방피압박민족연합은 1927년 2월 조선인 김규식, 유자명(柳子明), 이광제(李光濟), 안재환(安載煥), 중국인 루광루(陸光錄), 왕타오거우(王條垢), 인도인 간다신, 비이신신 등이 난징에 모여, 동방민족이 제국주의 침략에서 벗어나 완전 자유독립을 도모하기 위하여 동양의 각 피압박민족이 연합체를 결성하여 공동전선을 펴고 제국주의와 항쟁하지 않으면 안 된다고 결의하고 조선, 중국, 인도, 타이완, 베트남을 조직하기로 결의하여 결성된 단체이다. 회장에는 김규식이 선출되었으며 기관지로 월간 〈동방민족〉을 발행하였다.— 역자

12

광둥코뮌

1927년 12월 10일 저녁은 내 일생에서 가장 많은 일들이 벌어진 날 가운데 하나였다. 내 조그마한 여관방에서 우리들 20명의 조선인은 비밀집회를 가졌다. 유명한 저격수 오성륜은 새 권총에 기름칠을 하며 만지작거리고 있었다. 바야흐로 막 일어나려고 하는 대규모 대중투쟁에 대해 우리는 기뻐서 어쩔 줄을 몰라했으며, 한껏 기대에 부풀어 있었다. 우리는 성공할 가능성이라든가 일단 권력을 장악한 다음에 그것을 유지하는 방법 등에 대하여 이야기를 주고받았다.

앞으로 몇 시간 안에 우리 중의 누군가가 죽을지도 모른다는 것에 대해 아무 말도 하지 않았으며, 오로지 어떻게 하면 적을 때려부술 수 있겠는가 하는 것만 이야기하였다. 오성륜이 총 다루는 법을 우리에게 가르쳐주었다.

조국을 생각할 때면 우리의 가슴은 미래로 치달았다. 이 전쟁은 동시에 우리의 조국을 방어하는 것이라고 느꼈기 때문이다.

오성륜과 나 그리고 양달부(楊達夫)라는 대포 전문가는 봉기의 첫 본부로 사용하기로 되어 있던 교도단 사령부를 향하여 출발하였다. 그곳 보초들은 아직 제압되지 않았다. 그래서 우리는 달도 없는 캄캄한 밤중에 몰래 담을 넘어야만 했다.

사령부 안에 들어가보니 봉기의 지도자들이 이제 막 도착한 참이었다. 성안에서의 패배로 노기등등한 예팅(葉挺),[1] 유명한 공산청년동맹 지도자인 장타이레이(張太雷), 그리고 수광잉(徐光英), 윈다이잉(惲大英) 등이 있었다.

대략 2,000명에 가까운 사관후보생들이 빙 둘러모여 끼리끼리 이야기를 나누면서 행동개시 신호를 기다리고 있었다.

20~30명의 우익분자들은 이미 재갈을 물리고 묶어서 보초의 감시하에 한방에 가두었다.

우리는 곧 박씨 삼형제를 비롯한 67명의 조선인 동지들에게 둘러싸였다. 그들은 우리를 얼싸안으며 따뜻하게 맞아주었다. 나는 입을 열 수가 없었다. 이 역사적인 순간이 너무나 감개무량하였던 것이다. 나는 기쁜 나머지 목이 메었다.

장타이레이가 테이블 위에 서서 우리들을 향하여 말했다.

"동지 여러분, 오늘밤 우리는 지나간 역사에 종지부를 찍을 것입니다. 오늘밤 우리는 우리의 앞길에 놓여 있는 마지막 빙산을 정복하는 것입니다."

예팅도 연설을 하였다. 그러고는 참가한 사관후보생들의

명단을 읽어내려갔다. 반(班)마다 각각 지도자를 뽑았다. 그런 후에 혁명위원회의 위원 명단이 발표되었다.

예융(葉鏞)이 교도단의 새로운 사령으로 뽑혔고, 모스크바 적군대학(赤軍大學)을 졸업한 조선인 이영(李英)이 공산당으로부터 예융의 정치·군사 고문, 즉 참모장에 임명되었다.

모든 활동 부분에서 조선인은 책임 있는 지위에 배치되었다. 왜냐하면 조선인은 경험이 풍부했으며 모스크바에서 훌륭한 정치·군사 훈련을 받은 사람이 많았기 때문이다. 많은 중국인들은 모르고 있었지만, 코뮌 기간 중 조선인들은 당 정치위원으로 활약하였다.

교도단이란 이름은 '적군(赤軍)'으로 개칭되었고, 여러 개의 대형 적기(赤旗)를 봉기 기간 내내 게양하였다.

이윽고 예팅이 명령을 내렸다. 그는 각 대오가 가야 할 곳과 적의 군대를 무장해제시키는 방법을 말해주었다. 그는 모든 무장세력의 총지휘관이었으며, 봉기를 책임진 혁명위원회의 우두머리였다.

적의 사령부, 병기고, 포대를 점령하고 성안 여러 곳을 경비하고 있는 부대를 무장해제시켜야만 했다. 또한 노동자들이 경찰을 무장해제시키고 경찰서를 점령할 예정이었다. 성안에 있는 적병은 우리 편 무장병력보다도 훨씬 더 많았으며, 교외의 주장 강(珠江) 맞은편에 있는 허난(河南)에는 리푸린(李福林)이 이끄는 7개 연대가 있었다. 우리의 주력군이라고는 적군에서 우리 쪽으로 넘어온 병사들을 제외하면 고작해야 교도단 사관후보생 2,000명과 새로 교도단에 지원한 사람들, 그리고 무장한 노동자 2,000명뿐이었다. 또한 둥장 강(東江) 지방에서 파견되어 올 농민부대의 증원을 기대하고 있었지만 끝내 도착하지 않았다.[2]

정적이 우리를 휩싸고 있었다. 사람들은 끼리끼리 모여서 조용히 이야기를 나누고 있었다. 잠시 후 정문 쪽에서 수많은 트럭과 자동차 소리가 들려왔다. 무장한 공장노동자들을 데려온 것이다. 이윽고 우리들은 각자 갖가지 임무를 띠고 출동하였다.

적과의 교전

오성륜, 박진, 박진의 두 동생들은 장파쿠이와 그의 참모들을 체포할 임무를 띤 파견대와 함께 트럭에 뛰어올랐다. 그들은 사령부를 기습하였지만 정작 장파쿠이는 잠옷을 입은 채 링난대학(嶺南大學)으로 빠져나가, 그곳에서 주장 강을 건너 리푸린의 진지로 도망쳐버렸다. 천궁보(陳公博)와 황지샹(黃基翔)도 똑같은 방법으로 빠져나갔다.

나는 양달부라는 조선인과 함께 다른 대(隊)에 배속된 자동차에 올라탔다. 이 대는 10리쯤 떨어져 있는, 커다란 포대가 있는 사허(沙河)를 점령하기로 되어 있었다. 양달부와 한 명의 중국인이 이 파견대의 지휘자였다. 양달부는 모스크바에서 학교를 다닌 훌륭한 지하공산당 조직자였으며 동시에 훌륭한 군인이기도 하였다. 그는 유명한 포술 전문가로, 장파쿠이를 비롯하여 다른 중국인 사령관들한테서조차 대단히 존경받고 있었다. 허난 성 전투에서 장파쿠이의 포병을 떠맡기도 하였고 당시 장쉐량에게 붙잡힌 포병부대를 완전히 재편성하기도 하였다. 그는 중국말을 잘하지 못했다. 그래서 필요한 경우에는 내가 그의 통역을 맡기로 했다.

600미터 전방에서 차를 세우고 그곳에서부터 총검을 겨누고 도보로 전진하였다. 우리편은 200~300명이었으나 적은 2대 중대 2,000명의 병력이었다.

우리는 공격 지점을 포위하고, 거의 모든 문이나 방마다 지켜섰다. 명령이 내리기 전까지는 아무도 쏘아서는 안 되었다. 명령이 떨어지자 우리는 발사하였다. 하지만 고작 적병 30명을 사살했을 뿐이었다. 포대의 적병들이 응전해왔지만 우리편은 아무런 피해도 입지 않았다. 이윽고 적진의 지휘관이 나타나서 소리쳤다.

"쏴봐야 소용없어. 기다려!"

양달부가 그 지휘관을 잘 알고 있어서 그와 이야기를 나누었다. 이 지휘관은 감금되었고 그의 부하들은 무장해제되었다. 노획한 소총은 자동차에 싣고 몇 문의 대포는 분해하였으며 나머지는 짐마차에 실어서 운반하였다.

양달부는 포로가 된 사람들이 반항적 기질이 있으며 장파쿠이를 위해 싸울 의욕이 그다지 없다는 것을 잘 알고 있었기 때문에 이렇게 말했다.

"포로들을 지키는 데는 50명이면 충분하다. 나머지 사람들은 급히 성내로 돌아가서 장파쿠이 사령부의 점령을 도와주어야 한다."

2,000명의 병사들은 거꾸로 성안으로 가라는 명령을 받고는 대포를 따라 천천히 걸어갔다. 우리는 50명의 수비군을 남겨두고, 계속 다른 임무를 수행하러 갔다.

양달부와 나 그리고 파견대 대장은 한 대의 소형자동차를 타고 성안으로 급히 달려갔다. 우리가 도착한 것은 새벽 4시였다. 간간이 총성이 울렸지만 성내는 대체로 정적에 싸여 있었다.

우리가 보고하러 혁명위원회 사령부에 도착하니, 그곳에는 예팅과 중국말을 한 마디도 모르는 독일인 공산주의자 하인츠 노이만(Heinz Neumann)[3]도 있었다. 노이만은 코뮌에 참가한 유일한 서양인이었다. 소련영사는 전혀 참가하지 않았다.

공안국(경찰서)은 이미 점령되어 혁명위원회 사령부로 바뀌었다. 이곳에서는 노동자들이 대활약을 하여 경찰을 누르고 하나하나 무장해제시키고 있었다.

우리의 보고에 따라 예팅의 앞에 있는 커다란 상황판에는 점령지점이 표시되어갔다.

우리는 공안국 뜰에 나와 2,000명의 포로가 도착하기를 기다렸다. 5시에 그들이 도착해서 거리에 주저앉았고, 대포도 뒤따라 도착하였다.

"마침내 우리도 대포를 가지게 되었다."

양달부가 만족해서 말했다. 그는 회중전등을 들고 길거리로 나가서 포로들과 이야기를 나누고, 자기 얼굴을 알고 있느냐고 물어보았다. 그리고 그는 전부터 알고 있던 믿을 만한 병사 200명을 뽑아내었다. 그들은 총과 탄약을 지급받고 봉기에 가담하기로 하였다.

그리고 나서 우리는 적 제12사단이 수비하고 있는 장파쿠이의 사령부를 향해 차를 몰았다. 그때엔 이미 작전지도에 올라 있는 중요한 전략지점은 이 사령부만 제외하고는 모조리 점령되어 있는 상태였다.

제12사단 근처에 리지천 장군의 커다란 저택이 있었다. 우리들이 거기에 접근해갈 때 양달부가 말했다.

"저 안에는 체코슬로바키아에서 독일 배로 방금 실어온 좋은 새 총이 많이 있어. 이곳을 재빨리 점령하여 그것을 손에 넣어야 해."

우리는 돌격을 하여 그곳을 점령하려고 하였다. 그러나 수비가 견고하여 노상에서 몇 명의 우리 편을 잃고 후퇴하지 않으면 안 되었다. 양달부와 나는 차를 타고 증원병을 요청하러 갔다. 거리 모퉁이를 돌아서자마자 재차 무장한 아군 보충병 200명이 명령을 기다리고 있었다.

"여러분들은 지금 전투에 참가하기를 원하는가?"

양달부가 묻고 내가 통역하였다.

"네, 하고 싶습니다."

그들 전원이 소리 질렀다.

"우리는 여러분 2,000명 모두가 지원하기를 바라고 있다."

양달부는 계속해서 말했다.

"그러나 나머지 사람들에게 지급할 총이 부족하다. 총을 뺏기만 한다면 너희 연대도 우리와 함께 싸울 수가 있다. 총을 탈취할 수 있도록 도와주기 바란다."

2,000명의 포로 중 나머지는 부근에 있는 또 다른 거리에서 기다리고 있다가 함께 싸우자는 이야기를 듣고 모두 기뻐하였다.

총알을 막기 위해 차창에 쌀 포대를 대고 우리는 12사단과의 교전장으로 돌아갔다. 적은 문에서부터 총을 쏘았다. 그 때문에 양달부와 나는 입구에서 오도 가도 못했다. 그러는 사이에 30명이 사령부의 첫 번째 부속건물에 수류탄을 던졌다. 적은 일단 후퇴하였지만 맨 위층에서 폭탄을 집어던지기 시작했기 때문에 우리는 매우 위험한 상태에 빠졌다.

"후퇴하라! 모두 죽는다. 도로로 다시 돌아가라."

양달부가 외쳤다.

도로상에는 우리 자동차 7대가 있었다. 앞뒤에서 총알이 날아와서 우리는 차 위에 몸을 숨겼다. 우리는 또다시 후퇴했지만 거리의 양 모퉁이는 굳게 지켰다.

적은 길 옆에 기관총 진지를 설치해놓고 주 도로에 기총소사를 퍼부었다. 이 사선을 도저히 뚫을 수가 없어서 우리는 후퇴하였다. 양달부는 대포를 가져다가 공격하기로 결정하고 사령부로 달려갔다. 예팅도 여기에 동의하였지만 "대포를 쏠 때 인근의 가옥이 파괴되지 않도록 해라"라고 말하였다.

"가옥이 아주 밀접히 붙어 있습니다. 아무래도 다치는 것을 피할 수가 없을 것 같습니다. 하지만 해보겠습니다."

양달부가 대답하였다.

포로 2,000명 중 몇 명이 대포 한 문과 포탄 다섯 발을 가지고 갔다. 다시 전투장에 들어간 우리들은 거리 저편 끝에 있는 우리편에게 전령을 보내어 포사격에 맞지 않도록 그곳을 떠나라고 전달하였다. 이제 완전히 날이 밝았다. 리지천의 저택이 정면에 있었고 그 뒤에는 12사단 사령부가 있는 것을 확연히 볼 수 있었다. 양달부는 리지천의 저택과 사령부만을 공격하는 것이 도저히 불가능하다는 것을 알았다. 그래서 독일인 하인츠 노이만과 이 문제를 논의했다. 그리고 결정을 내렸다.

"다른 집들은 개의치 말고 쏴라!"

양달부가 쏜 첫 포탄이 리지천 저택의 맨 위층을 날려버려, 12사단에 대한 포탄 사격을 가로막는 장애물은 깨끗이 없어졌다. 두 번째 사격은 12사단을 아슬아슬하게 빗나갔다. 세 번째는 12사단 사령부 2층을 정확히 강타하였다.

그러고 나서 우리 편 병사들은 12사단으로 돌격할 준비를 갖추었고 좁은 길목에 있던 기관총도 모조리 빼앗았다. 그러나 이러는 사이에 다른 일대(一隊)가 실수를 범했다. 사령부 주위에 화염병을 던진 것이었다. 그 때문에 아군이 불길을 뚫고 건물 안으로 들어갈 수가 없었다. 7시까지는 12사단 사령부를 제외한 부근을 완전히 점령하였다. 주위의 건물들은 불길에 휩싸였다.

강가에 있는 사령부를 제외하면 이제 혁명군은 성안의 주요 지점을 완전히 장악하였다. 강 건너 허난 지구에는 리푸린 휘하의 적 7개 연대가 있었다. 행동을 시작할 때 그곳에는 군대를 보내지 않았던 것이다. 무장해제를 당하지 않고 성안에 남아 있는 적병은 고작 12사단, 장파쿠이의 사령부 참모 몇 명, 리푸린의 7개 연대, 그리고 관인 산(觀音山) 기슭으로 도망친 신2사단(新二師團) 3,000명뿐이었다. 그다지 멀리 떨어져 있지 않은 시장 강(西江) 지역에는 요사이 장파쿠이와 리지천 사이에 벌어진 전투에 참가하였던 수천 명의 병사들이 집중되어 있었다.

7시 반에 양달부와 나는 아군 사령부로 돌아갔다. 양달부는 포병단의 지휘를 맡게 되었다. 이 포병단을 보강하기 위하여 배치된 약간의 조선인을 빼면, 이 포병단은 순전히 포로만으로 편성되었다. 그리고 나는 '노동자·농민무장부'의 보직을 받았다.

민중의 뜻에 따라서

9시에 소비에트 정부[4]를 선출하기 위해 약 3만 명이 운집한 대중집회가 열렸다. 대형 적기를 바람에 휘날리면서, 나도 현장에 있었다. 이곳에 모인 사람들은 대부분 노동자들이었다. 우연히 전선에 싸우러 가지 못한 병사들도 참가하였다. 매우 많은 학생들이 왔으며 상인과 같은 구경꾼들도 있었다. 어린 여성노동자도 드문드문 눈에 띄었다. 우리는 '인터내셔널가'를 부르고 구호를 외쳤다. 비록 이 구호들이 민중 속에서 자연스럽게 나온 것이 아니라 지도자들의 선창으로 이루어지기는 했지만.

나는 몇 달 전에 공산청년동맹원 세 명이 희생된 바로 그 장소에 가서 걸음을 멈추었다. 그리고 그들을 위하여 구호를 외쳤다.

"때려잡자, 장제스!"

내가 죽은 사람들에게 한 맹세가 이루어진 것이다.

이 집회에서 소비에트의 집행부로 11명의 위원이 선출되었다. 소비에트의 의장에는 1925년에 홍콩파업을 지도하였던 광둥 출신의 노동자 쑤자오정(蘇兆懲)이 뽑혔다. 쑤자오정은 이 집회에 참석하지 못했다. 농민군을 조직하여 광저우로 달려와서 노동자의 봉기에 합세할 목적으로 둥장 강으로 떠났기 때문이었다. 이 농민군은 결국 오지 않았다. 때에 맞춰 도착할 수가 없었기 때문이다. 그래서 쑤자오정은 전보를 쳐서 사정을 설명하였다. 쑤자오정은 훌륭한 노동자 출신의 지도자였으며, 모든 광둥 노동자들이 그를 열렬히 추종하였다.

코민 집회에서 나온 구호는 다음과 같다.
"농민에게 땅을 주자!"
"가난한 민중과 노동자에게 식량을!"
"병사에게 평화를 주자!"

채택된 강령은 다음과 같다.
노동자를 위하여
-하루 8시간 노동, 노동법, 실업보험, 노동조건 개선.
농민과 병사를 위하여
-토지, 그 보장으로서 모든 지주토지의 재분배.
빈민을 위하여
-충분한 식량의 보장.
여성을 위하여
-남성과 동일한 임금과 동일한 법적 지위의 보장.

코민테른 6차 대회에서 결정된 것과 똑같은 원칙을 구체화한 10개조 내지 11개조였다.

'노동자 농민의 민주적 독재'를 할 예정이었다. '소비에트 정부'란 이름도 붙여졌다. 하지만 소비에트 사업은 매우 보잘것없는 것이었다. 노동자, 농민, 병사의 소비에트를 조직할 틈이 없었던 것이다. 그래서 이 일은 이루어지지 않았다.

3일천하

대중집회가 끝난 뒤, 나는 노동자 · 농민 무장부(비록 농민은 한 명도 없었지만)의 임무를 수행하였다. 7명이 무기를 분배하는 책임을 맡았는데, 조선인은 나 혼자였다. 총은 모두 적한테서 탈취해야만 했다. 그래서 3일 동안 겨우 4,000정밖에 분배해줄 수가 없었다. 이것으로는 부족했지만, 새 병기가 보관되어 있는 12사단 사령부를 점령하지 못했기 때문에 더는 손에 넣을 수가 없었다. 우리 편이 병기고를 점령했지만 제때에 통신 연락이 되지 않았기 때문에 아무도 그 사실을 몰랐다.

우리는 처음에는 성능이 좋은 것이건 나쁜 것이건 가리지 않고 지원자들이 각자 자기 마음대로 총을 고르도록 하였다. 그러나 둘째 날부터는 성능이 좋은 총은 파업위원회와 연락을 주고받는 노동자들에게만 주었다.

노동자들은 기꺼이 봉기에 가담하였고, 대중집회 이후에는 무기를 얻기 위해 수백 명이 정부로 몰려왔다. 어떤 사람들은 총을 새로운 재산으로 생각하여 잽싸게 집어서 코뮌을 지키는 데 사용하지 않고 집으로 가져가 보관하기도 하였다.

봉기를 일으키기 전에는 6,000명의 무장노동자가 동원될 수 있을 것이라 생각했는데, 실제로는 2,000명도 안 되었다. 이 무장대는 자위대(自衛隊) 혹은 적위대(赤衛隊)라 불렀다.

노동자 지도자에게 지도되고 있던 10일 밤에는, 노동자들의 행동이 뛰어났다. 그러나 11일, 군이 지휘를 하게 되자 노동자들은 군의 지휘에 어떻게 따라야 할지 몰랐다. 그래서 자기네의 원래 지도자만을 신뢰하였다. 이 때문에 무장투쟁을 포기한 사람도 일부 나왔다.

최초의 행동이 끝나고 평화와 질서가 회복되자 노동자들이 보기에는 더는 해야 할 일이 아무것도 없는 듯이 보였다. 그래서 그들 대부분은 자기 집으로 돌아갔다. 이것은 자연발생적인 대중으로 이루어진 부대가 공통으로 경험하는 실패이다. 적이 아무도 모르게 들어와 도시를 탈환하려고 근처에서 기회를 엿보고 있다는 사실을 그들은 잊었던 것이다.

코뮌을 겪으면서 나는 당이 절대로 대중운동에 제동을 걸어서는 안 된다는 크나큰 교훈을 얻었다. 아무리 희생이 크더라도 대중운동은 반드시 성공하지 않으면 안 된다. 만일 우리가 적을 깨부수지 않는다면, 적이 우리를 섬멸할 것이다. 실패는 참가자 모두의 죽음을 의미한다.

이것이 코뮌의 실책이었다. 11일 아침, 노동자들에게 시민을 한 사람도 죽이지 말 것이며 반동분자들은 체포하여 재판에 회부하라는 명령이 내려졌다.

코뮌 전 기간에 혁명군에게 살해된 사람은 100명도 채 안 되었다. 가장 악질적인 반동분자 30명만이 혁명위원회 앞으로 보내져 재판을 받고 처형되었을 뿐이다. 이들은 모두 국민당 간부들이었다. 자기들이 학대했던 노동자들에게 체포되기는 했지만, 상인과 부자들은 한 명도 살해되지 않았다. 시가전 때 세 명의 부인이 죽었을 뿐이다. 그 시체는 신원 확인을 위해 정부사무소로 옮겨졌다. 나는 누더기를 걸친 조그마한 소년이 죽은 여인 중 한 사람의 머리를 돌로 짓이기는 것을 보았다. 그 꼬마는 아마도 하인이고, 그 여자는 잔인한 여주인이었을 것이다.

만일 노동자들이 규율을 지키지 않았다면 쉽사리 자기네 적들을 제거해버릴 수 있었을 것이다. 그러나 노동자들은 개인적으로 사람을 죽이지 말라는 명령을 지켰다. 이러한 관용과 규율을 3일 후 거의 7,000명 가까이 살해한 반동군이 저지른 야수 같은 대학살과 대조해보라. 혁명군이 패권을 장악하고 있던 전 기간에 도시는 평온하고 조용했다.

13일에 우리가 후퇴할 당시 공안국에는 겨우 60명의 죄수가 갇혀 있었고 한 사람도 학대를 받은 적이 없었다. 그런데 이들은 석방되자마자 무기를 들고 거리로 뛰쳐나가 가난한 사람들을 닥치는 대로 죽였다.

전선에서 싸우다 죽은 병사의 숫자가 얼마나 되는지 보고된 적이 한 번도 없지만, 대다수의 적병이 도망치거나 무장해제 되었기 때문에 200~300명을 넘지는 않았을 것이다.

코뮌 기간에 학생투쟁은 없었다. 사실상 학생들은 대중운동에도, 무장투쟁에도 참가하지 않았다. 다만 장식용으로 총을 들고 거리를 돌아다닌 학생들이 약간 있었을 뿐이었다. 일반적으로 중국의 지식인들은 전투가 끝난 다음에는 앞날을 고려하여 몸을 사린다. 그들의 보신적 태도에 화가 나서, 약 50명의 공산당원 및 공산청년동맹원 지식인들이 무기를 얻으러 왔을 때 나는 장타이레이에게 말했다.

"총을 장식용으로 들고 다니는 이런 녀석들에게 총을 주어봤자 아무 소용이 없습니다. 진정한 전사에게만 총을 줘야 합니다."

코뮌 기간에 지식인 중 공산당원과 공산청년동맹원 약 50명이 개인적으로 무장했을 뿐이었다. 그들은 일반인을 체포하는 일조차 제대로 못하였고 가장 멍청한 방식으로 자신을 위험에 노출시켰다. 반동군이 쳐들어오자 그들은 집으로 뛰어 들어가 숨었다가 쉽사리 포위되어 사살당했다. 병사는 항상 야외로 뛰어 도망쳐야 했다. 많은 학생과 소녀들이 도와주려고 애를 썼지만, 우리는 그들을 확실하게 이용할 수 있는 조치를 하나도 취하지 못했다.

코뮌 기간에 소수의 반동적인 학생이 스파이 및 한간(漢奸)이라 하여 교도단에게 살해되었다. 물론 교도단은 직업적 군인으로 이루어진 것이 아니라 학생장교로 이루어졌으며 지식인이 다수를 점하고 있었다.

투쟁 중에 가장 뛰어난 활약을 보인 것은 이전에 무기를 잡았던 경험이 있는 동지들과 혁명사상의 기초가 잘 다져진 사람들이었다. 노동자파업위원회는 시민들 속에서 최선의 활동을 하면서 영웅적으로 수행하였다. 코뮌 내에서 전투에 가담한 여자는 한 명도 없었지만 대신 간호사들이 맹활약을 하였다.[5]

11일 저녁때까지는 밥 먹을 시간도 없이 바빴다. 그날 밤에 나는 양달부, 오성륜과 함께 공안국으로 가서 커다란 술단지를 찾아내고 닭을 잡아먹었다. 우리는 그 자리에 하인츠 노이만을 초대했다.

12일 밤 사령부에 가서 상황판을 보고 상황이 하나도 변하지 않은 것을 알았다. 12사단은 아직도 점령하지 못했다. 참모사령부도, 주장 강 남쪽의 허난 지구도.

그 평온했던 날 하루 종일 모든 집들이 문을 닫고 있었고 조그마한 음식점만 열려 있었다. 나는 내 부서에서 임무를 수행하였지만 이미 총을 모조리 나눠줘서 할 일이 없었다. 오후에는 베이징협화의과대학 시절의 급우였던 친구가 수석의사로 있는 제4육군병원을 혼자 찾아갔다. 나는 돌봐줄 의사나 간호사도 없이 전장에서 호송되어오는 부상병들을 쭉 보아왔기 때문에 내심으로, 간호사들을 우리 편으로 끌어들이기로 결심하였다. 병원에서 직원들에게 말을 걸어 가부를 물으니 남녀 간호사 모두 혁명에 가담하겠다고 지원하였다. 그래서 나는 친구인 종영 박사를 예팅과 장타이레이에게 데리고 가서 소개시킨 다음 부상병을 위한 병원을 차리려고 준비를 했다.

우리들 몇 사람은 병참부를 돕기 위해 자원하여 자동차를 타고 돌아다니면서 상인들에게서 쌀을 징수하였다. 상인들에게 쌀을 받으면 우리는 그 '선물'을 가지고 돌아와 전사들을 위해 사용하였다. 도중에 사면(沙面) 부근에 있는 커다란 상점에서 코닥 카메라가 눈에 띄자 갑자기 코뮌을 기념하려면 사진이 필요하다는 것을 깨달았다. 그래서 상점에 들어가서 카메라를 날라고 하였다. 당시 사진을 찍은 사람은 내가 유일하였다. 다른 사람이 사진 찍는 것은 보지도 듣지도 못했다. 그러나 나는 이 사진들을 현상하지도 못하고 모조리 잃어버렸다.

양달부는 노동자를 조직하기 위하여 전화국과 전등회사에 갔다가 그곳 노동자들이 소비에트에 반대하지 않는다는 것을 알게 되었다. 노동자들은 코뮌의 의미를 이해하자마자 코뮌을 적극 지지하였다. 그들에게 있어서 코뮌은 놀라지 않을 수 없는 사건이었다.

그날 저녁에 양달부와 오성륜 그리고 나는 한 대의 자동차를 타고 보초의 수하에 응답하면서 성내의 여러 곳을 둘러보았다.[6] 하루 종일 아무런 진전도 보이지 않았기 때문에 양달부는 걱정을 하고 있었다. 그리고 아무런 후퇴 준비도 없는 것을 보고 그는 코뮌이 성공하지 못했을 때 불가피하게 닥쳐올 무시무시한 결과에 대하여 예팅이 충분히 의식하지 못하고 있다고 느꼈다.

양달부가 말하였다.

"우리 조선 사람들은 모조리 죽고 말 거야. 우리들은 너무나 열정적이어서 모든 것을 희생할 각오가 되어 있지만 앞으로 전진하는 법만 알지, 후퇴하는 법을 몰라."

그날 밤 늦게 조선 사람들이 한자리에 모여 사상자와 부상자에 대해 이야기하고, 우리 조선인들이 취한 행동에 대해 서로 물어보았다. 우리들 중에서 가장 뛰어난 당원이었던 이빈(李彬)[7]이 죽었다.

잠깐씩 책상에 엎드려 눈 붙인 것 빼고는 우리는 13일까지 한잠도 자지 못했으며, 점차 신경이 예민해져 가고 있었다.

13일에 조선청년연맹이 중산대학에서 회의를 열었다. 내가 의장을 맡고 양달부와 오성륜, 김충창이 연설을 하였다.

회의에 참석한 사람은 12명이었다. 이제까지의 우리 행동이 아주 과학적이라고는 할 수 없다는 것, 그리고 더 많은 책임감을 가지고 모든 조선인 동료들을 지도해야 한다고 결정하였다. 오토바이를 한 대 사서 공동으로 사용하기로 했다. 만일 봉기가 실패한다면 광둥에는 누가 남고 누가 떠나야 할 것인가를 결정하였다. 실패할 경우에는 양달부와 오성륜 그리고 내가 군대와 함께 가기로 하였다.

실패하리라는 느낌이 뭉게뭉게 피어올랐다. 당시 공산당은 아주 빈약한 조직밖에 갖고 있지 못했으며 집회나 시위를 하지도 않았다. 13일까지도 장타이레이는 김충창에게 이렇게 말했다.

"실패할 걱정은 조금도 하지 말고 승리만을 생각하시오."

그는 후퇴할 준비를 전혀 하지 않았다. 막상 후퇴하게 되었을 때 급격히 무너진 것이 바로 그 때문이었다.

13일 6시 조금 전에 나는 노동자 무장부로 돌아갔다. 예팅이 공안국 내의 사령부로 가서 평복으로 갈아입었다고 몇몇 조선인 동지들이 알려주었다. 누군가가 장타이레이를 찾고 있으려니까 다른 사람이 말하였다.

"아무 일 없소, 틀림없이 전선에 갔을 것이오."

사령부에는 정부비서 윈다이잉 말고는 요인이 한 명도 없었다. 하인츠 노이만도 없었다. 윈다이잉에게 상황이 어떻게 돌아가느냐고 물었더니 오히려 그는 우리들에게 똑같은 질문을 반복할 뿐이었다. 그 밖의 중요한 사람들은 한 명도 당위원회에 남아 있지 않았다.

6시경 우리가 사령부에 있을 때, 수광잉이 들어와 모두 72

열사 기념탑이 있는 황화강(黃花崗)으로 가라고 명령하였다. 리푸린을 돕기 위해 영국군함이 사격준비를 하고 있으며, 영국영사가 리푸린에게 자기가 24시간 동안 모든 것을 묶어둘 테니 그 후에 리푸린과 교대하자고 말했다는 것이다. 영국군은 이미 사면의 조계를 떠나 중국영토로 들어와 있었으며, 일본군도 이 도시에 상륙해 있었다.

오성륜과 나는 우리 동지들을 찾으러 중산대학에 가보았지만 아무도 보이지 않았다. 사령부로 돌아오니 양달부가 우리를 기다리고 있었다. 나는 또 김충창을 찾으러 갔다. 나는 그가 나와 함께 후퇴하여 교도단을 따라 도시 밖으로 나가기를 바랐다. 그런데 김충창은 내가 자기와 함께 남아 자기의 중국인 애인 집에 숨어 있기를 바랐다. "가든, 남든, 어쨌든 우리는 죽을 수밖에 없다"라고 말했다. 우리는 마음이 무거웠고 기분이 언짢았다. 하지만 김충창은 헤어지는 것을 나만큼 섭섭하게 생각하지 않는다는 것을 알았다. 그와 헤어질 때 나는 이렇게 말했다.

"당신에게는 아직 연인이 있군요."

하이루펑으로의 후퇴

나는 오성륜과 함께 72열사 기념탑으로 갔다. 길 양쪽에는 수많은 자동차들이 줄지어 서서 사람들을 태우고 있었다. 그곳에서 우리는 잠시 기다렸다. 교도관 지휘자인 예융과 그의 연대가 있었을 뿐, 주요한 지휘자들은 한 사람도 없었다.

7시에 우리는 교도단과 함께 타이구린 산(太古林山)으로 행군하였다. 다음날 아침에는 판위(番禺) 읍으로 이동하였다. 피로에 지치고 혼란되어 있는 행군자들. 나흘 밤을 제대로 잔 사람이 아무도 없었고, 음식물도 변변히 준비하지 못하였다. 교도단과 함께 퇴각한 노동자는 극소수에 불과하였다.

우리는 행군을 계속하였다. 14일 밤 화 현(花縣)에 도착하자 집회가 열렸다. 집회 석상에서 예융은 이곳에서 머물며 광둥성 위원회로부터 명령을 기다려야 하며, 광둥을 재차 탈환할 준비를 할 것이라고 말하였다. 우리는 현 정부의 뜰 안에서 잠을 잤다. 담장 밖에서는 민단(民團)이 쏘아대는 총소리가 들려왔다. 그런데 아직도 위원회에서는 아무런 지령도 없었다.

15일 오후가 되도록 아무런 소식도 오지 않았다. 그래서 그날 저녁에 충화 현(從化縣)을 향하여 떠났다. 다음날 아침 10시 산을 넘어가고 있을 때 기관총을 가진 민단의 습격을 받았다. 우리는 돌격으로 반격하여 적을 쫓아버렸다.

충화 현은 우리에게 동정적이었다. 총상회(總商會:상업회의소)까지도 우리를 환영하기 위해 대표를 보냈다. 우리들이 두려웠기 때문이다. 그들은 사당에 향을 피우고 폭죽을 터뜨렸다.

이곳에서 새로운 홍기를 만드느라 시간이 걸렸다. 깜빡 잊고 광저우에서 하나도 안 가지고 온 것이다. 집회를 열어 위원회에서 아직도 아무런 연락이 없으므로 하이루펑 소비에트로 가기로 결정하였다.

12월 14일에 광저우를 떠나 1월 7일에 하이루펑에 도착하였다. 이 행군 도중에 중요한 전투는 한 번도 없었다. 하지만 친구들에게만 물어본 것이 아니라 연도에 있는 민중들에게 공개적으로 방향을 물어보았기 때문에 적이 우리의 계획을 알게 되었고 어느 곳에서 우리를 기다리는 것이 좋을지도 알았던 것이다.

광둥 사람은 중국인 중에서도 아주 특이한 종자들이다. 여인들조차도 성격이 괄괄하다. 농부들은 누구나 총을 즐겨 잡으며 총을 얻기 위해서는 살인도 주저하지 않는다. 남녀 모두 총을 손에 넣으려고 식칼을 들고 낙오병들을 습격하기 때문에 행군대열에서 처지는 것은 위험하다. 연도의 사람들이 음식을 가지고 산으로 도망쳐버렸기 때문에 우리는 먹을 것을 찾아낼 수가 없었다.

이렇게 어려운 행군을 하는 동안 우리는 지쳐서 상당수가 축 늘어져버렸다. 모두가 어찌할 바를 모르며 아무런 지령도 내려 보내지 않는 위원회를 비난하였다. 그러나 하이루펑이 가까이 오자 다시 사기가 높아졌다. 수천 명의 하이루펑 소비에트 민중이 수백 리나 걸어나와서 우리를 반가이 맞아주었던 것이다. 우리는 '인터내셔널가'와 공청(共靑) '인터내셔널가 를 부르며 모든 어려움을 잊어버렸다.

백색 테러

그러면 광둥에서는 무슨 일이 벌어지고 있었을까? 나는 한 달이 지날 때까지 그 전모를 알지 못했다.

조선인들은 박명한 코뮌의 마지막 모습을 정확히 기억하고 있었다. 조선인들은 돈이 한 푼도 없고 빌릴 데도 없어서 도망갈 수가 없었기 때문이다. 살해되지 않은 사람들은 그 사건의 목격자가 되었다. 혁명적인 중국인들은 도망치거나 아니면 살해되었다. 모든 집이 대문이나 정원 문을 닫았기 때문에 조선 사람들은 아무 데도 숨을 곳이 없었다. 조선 사람들을 기꺼이 도와주려는 타이완인이 세 명의 중산대학생을 숨겨주었다. 다음 이야기의 대부분은 김충창이 내게 들려준 것이다. 그는 연인 집에서 안전하게 숨어 있었다.

교도단이 광저우를 떠난 후 장타이레이가 노동자들의 방어전을 지휘하였다. 그는 17일, 적병이 이 도시를 점령할 때 전사하였다. 예팅은 홍콩으로 가라는 당의 명령을 받았다. 당이 어째서 11시간 동안이나 명령을 내리지 않았는지 아무도 모른다. 대개는 예팅이 욕을 먹고 있지만 진짜 이유는 연락을 취할 수 있는 중앙지휘의 부재였다.

백군(白軍)은 13일부터 도시를 점령하기 시작하였다. 17일까지 아직 상당수의 노동자가 총을 갖고 있기는 했지만 완전히 포위되어서 무기를 효과적으로 사용할 수가 없었다. 노동자들은 아무런 희망도 없이 소집단으로 나뉘어 전신주에 숨어서 싸웠다. 백군 병사들이 이리저리 쫓겨다니는 노동자들을 죽일 때 부르주아들이 문 뒤에서 튀어나와 박수갈채를 보냈다.

만일 총을 버리면 몸을 추스를 사이도 없이 살해된다는 것을 알고 있었기 때문에 노동자들은 마지막 순간까지 용감하게 싸웠다. 18일 저녁에 학살이 끝났다. 시체는 모아져서 자동차에 실려간 뒤 주장 강에 던져졌다.

12월 13일부터 18일까지 백군은 총 7,000명 가까운 사람을 죽였다. 대량학살은 17일과 18일에 벌어졌다. 흰 완장을 찬 자들은 닥치는 대로 사람을 죽였다. 권력을 회복했을 때의 계급적 증오는 인간에게 알려진 가장 잔혹한 격정이지만, 국민당 놈들은 군인이건 민간인이건 도무지 가리질 않았다. 인력거꾼도 2,000명이나 살해되었다. 대부분 남녀 노동자였고 학생은 극소수에 불과하였다.

가장 비극적인 실수는 링난대학에서 일어났다. 봉기 초기에는 적의 함포 사격에 가로막혀 아무도 주장 강을 도하하여 리푸린 군을 공격할 엄두를 내지 못하고 있었다. 리푸린은 7개 연대의 병력을 가지고 있었지만 그의 병사들은 거의가 비적 출신이어서 정치의식이 없었다. 그저 약탈하기 위하여 싸우는 오합지졸이었기에 쉽사리 제압할 수 있었다. 12일에야 우리 조선 동지인 정예 60명을 포함한 200명의 일대대가 리푸린의 진지를 공격하러 주장 강을 넘었다. 그들은 링난대학 부근의 한 진지를 점령한 후 그곳에 진을 치고 17일까지 전투를 계속하고 있었다.

13일 밤, 교도단이 72열사 기념탑에 있는 곳으로 철퇴하면서 링난에 있던 200명의 전우들에게 철퇴 명령을 내리는 것을 잊어버렸다. 교도단의 이런 실수는 어마어마한 것이었다. 그때의 상황을 나에게 들려준 한 소년을 제외한 우리 편 전사 200명이 전멸한 것이다. 철퇴 명령을 내리지 않았다는 사실을 뒤늦게 확인한 우리는 비록 늦기는 하였으나 두 명의 조선인을 파견하여 정보를 전달하려 하였으나 그 두 사람마저 끝내 돌아오지 못했다.

박진은 링난의 조선인 파견대의 지휘를 담당하고 있었다. 철퇴 명령을 전혀 받지 못했고 그 후의 사태 정황을 모르고 있었던 그는 조선인들에게 진지 사수 명령을 내렸다. 박진은 이 전투에서 장렬히 전사했다. 그의 두 형제들은 박진과 함께 가지 않았으므로 철퇴시에 하이루펑으로 후퇴해 싸우다가 홍콩으로 탈출할 수 있었다.

1929년 가을에 나는 장렬하게 최후를 마친 링난의 200명 전사 가운데 유일한 생존자인 안청이라는 한 조선 소년을 만났다. 그는 코뮌 당시 겨우 16세밖에 안 되었지만 교도관 사관후보생의 한 사람이었다. 17살에서 20살 정도의 청년들이 그 연대에 많이 들어 있었다. 두 볼을 눈물로 적시면서 그 소년은 다음과 같은 사연을 나에게 들려주었다(안청은 1936년에 조선민족혁명당 대표회의 준비회의에 난징 지부 대표로서 출석한 일이 있다).

"17일, 저는 다른 조선 사람들과 함께 링난에서 체포되었습니다. 우리 조선 동포 50여 명과 20~30명의 중국 동지들은 결박당한 채 즉각 처형을 당하러 적군사령부로 끌려갔지요. 우리는 그물에 걸린 물고기들처럼 밧줄에 줄줄이 묶여 있었습니다. 중국 사람들은 한 방에 몽땅 쓸어넣고 우리 조선 사람 50여 명은 다른 방에 가두었습니다. 국민당 지휘관이 부하들에게 두 칸에 감금된 포로들을 한 명도 남기지 말고 모조리 죽여 버리라고 명령하는 소리가 문밖에서 들려왔습니다. 그러나 병사들이 움직이려 하지 않자 노발대발한 지휘관은 '그럼 내 손으로 저놈들을 몽땅 해치워버리겠다'며 기관총을 가져오라고 명령했습니다.

마침 그때 제 곁에 있던 한 포로가 '네 포승이 풀려 있어. 넌 도망칠 수 있을 거야'라고 낮은 목소리로 일러 주었어요. 저는 그때까지도 제 손을 묶고 있던 밧줄이 느슨해져 있는 것을 알아차리지 못했습니다. 저는 어렵잖게 손에 묶인 포승을 풀었는데 마침 감방 위 높은 곳에 뚫려 있는 창문에 달린 긴

밧줄 하나가 눈에 띄었어요. 저는 재빨리 그 밧줄에 매달려 기어오르기 시작했지요. 포승에 묶인 다른 동지들은 숨을 죽이고 저를 지켜보며 격려의 미소를 보냈습니다. 지붕 위에 오르자 저는 납작 엎드려 몸을 숨겼습니다만 기진맥진해서 그 자리에서 그만 까무러치고 말았습니다. 사실 12일부터 17일까지 아무것도 먹지 못했으니까요.

이윽고 따따따 하는 기관총 소리와 함께 조선 동지들의 애처로운 죽음의 절규와 비명소리가 들려왔어요. 그 소리에 소스라쳐 놀란 저는 어렴풋이 정신이 들기 시작하였습니다. 병사들이 물러가자 뛰어난 조선 지도자들을 헛되이 희생시키면서 최후의 순간까지 충실했다고 저주하는 부상자들의 신음소리가 들려왔습니다. "박동무, 어디 있소?" 하고 외치는 소리가 들려오는가 하면 어머니를 부르는 나이 어린 소년들의 애처로운 비명소리도 들려왔습니다. 그때 낯빛 중국인이 방으로 들어와 무슨 말을 하는 것이었습니다. 이어서 몇 마디의 날카로운 비명소리가 들려온 후 주위는 다시 물을 뿌린 듯 조용해졌습니다. 분명 병사놈들이 아직 숨이 붙어 있는 동지들을 처리하기 위해 칼질을 한 것이라고 생각했지요.

다른 방에 있던 중국 사람들도 뜰에 끌려 나가 그 지휘관의 기관총에 전원이 학살당하고 말았습니다. 밤이 되어 사방이 어두워지자 저는 감방 창문의 밧줄을 창문 밖으로 살그머니 내려뜨린 뒤 밧줄에 아슬아슬하게 매달려 땅에 발을 디디게 되었지요. 저는 입고 있던 옷을 훨훨 벗어 던져버리고 팬티 바람의 벌거숭이로 온몸에 흙칠을 하고 얼굴에 검댕이로 분칠한 후 거지로 가장했습니다. 사실 굶주림과 허기로 기진맥진 비틀거리는 제 꼬락서니는 경찰의 눈을 피하여 빠져나가는데 별 어려움을 주지 않았습니다. 용케 거리로 빠져나간 저는 구걸을 하기 시작했지요. 중국말에 능숙하지 못한 제 신분을 숨기기 위하여 벙어리 노릇을 하는 수밖에 없었습니다.

19일에는 주장 강을 건널 방도를 궁리하며 고심하던 중 그만 경찰에 붙들리고 말았습니다. 한 시간 쯤 지났을 무렵 한 젊은 처녀가 젓는 자그마한 배 한 척이 강물을 따라 내려오고 있었습니다. 경찰은 그 처녀를 불러 세우더니 20전을 줄 테니 나를 그 배에 싣고는 어디든 좋으니 다른 곳에 던져버리라고 명령했어요. 그 지역이 바로 군사지역이었기 때문에 노출을 염려하여 그 주위에서 서성대는 거지라는 거지는 모조리 잡아다 다른 지역으로 쫓아버렸기 때문입니다. 물론 내 꼴을 보고 벙어리 거지임을 의심하는 사람은 한 사람도 없었습니다.

마침내 저는 자유의 몸이 되었습니다! 저는 우선 조선 학생들을 찾아보려고 중산대학을 찾았습니다. 마침 의학부 학생 세 명을 만났어요. 그들은 주머니를 털어 모아 3원을 제 손에 쥐어주고 요기를 시켜준 후 몸에 걸칠 의복도 마련해 주었습니다. 그 길로 저는 철로를 따라 주룽(九龍)으로 떠났는데 걸어가는 도중 비적에게 걸리고 말았습니다. 비적들에게 옷을 홀딱 벗겨지고 지니고 있던 돈마저 몽땅 빼앗기고 나니 이번엔 진짜 거지가 되고 말았어요. 발가벗은 신세로 주롱까지 오니 이번에는 영국 경찰에게 붙잡혔습니다. 이번에도 저는 이미 경험이 있는 벙어리 연기를 하면서 경찰을 감쪽같이 속여 넘겼습니다. 경찰은 저를 붙잡아 근방 중국 마을로 데리고 가더니 거기다 내동댕이쳤습니다. 거기서 다시 옷을 얻어 입은 뒤 저는 자유의 몸이 되었지요. 그 길로 저는 다시 주롱으로 갔어요. 배 탈 돈이 없어 골치를 앓고 있는데 마침 일본 기선이 입항하는 것이었습니다. 그래서 밀항의 여정에 올랐던 것입니다."

18일에 병사들이 소련 영사관을 포위하고 영사와 부영사 부부, 세 어린 자식들을 붙잡았다. 영사는 안경을 끼고 있었는데 장교가 사소한 감정으로 안경을 낚아채서는 바닥에 십어던져 박살을 내버렸다.

일행이 영사관을 떠날 때 미국인 구경꾼 한 명이 영사에게 체포된 것을 영화로 촬영하도록 허락해달라고 요청하였다.

"당신이 새 안경을 하나 가져다준다면 촬영해도 좋소. 안경이 없으면 아무것도 볼 수가 없어요. 독일 영사관에 가서 이 일을 알려주시오."

그 미국인이 그러겠다고 약속하고 어떤 종류의 안경을 주문해야 좋을지 물어보았다. 그 뒤 그는 새 안경을 공안국으로 가져왔다. 그곳에는 부영사가 가족과 함께 연행돼 음식도 갈아입을 옷도 없이 시멘트 바닥에 앉아 있었다.

그날 아침 중국인이 부영사를 데리고 나가 처형하였다. 부영사는 자식들에게 훌륭한 소비에트 교육을 시키라고 부인에게 당부하고는 조용히 나갔다. 그는 큰길에서 처형되었고 민중들이 그의 처형 장면을 모두 지켜봤다. 놈들은 '로스케 비적'이란 문구를 등에 붙인 채 그의 시체를 3일 동안이나 거리에 방치했다. 나머지 러시아인들은 풀려났지만 3일 내에 철수하라는 명령을 받았다. 영사는 독일 영사관에 갔다가 그 뒤 독일 배를 타고 떠났다.

소련 측은 대부분의 책임이 영국에 있다고 믿고 영국 정부에 항의하였으며, 중국과 외교관계를 끊어버렸다.

1) 광둥코뮌이 실패로 돌아간 후, 예팅(葉挺)은 1938년까지(이 해에 그는 북벌 당시에 용맹을 떨친 '철기병' 제4군의 이름을 본 따 명명된 화중의 공산군 신4군의 사령관으로 임명되었다) 일선의 활동에서 물러나 있었다.— 님 웨일즈
2) 1927년 12월 10일의 봉기는 엄청난 수의 사상자를 냈다. 보고에 의하면 주장 강 대안에 적군 7개 연대 이외에도 광저우 시내에 적군 병사 5,000명, 경찰 1,000명, 무장 불한당 1,000명이 있었다는 것이다. 광저우 시로부터 행군하여 이틀이 걸리는 거리에 있는 시장 강 지방에는 장파쿠이와 리지천이 이끄는 약 5만 병력이 있었다. 또 광저우에는 여러 척의 중국 포함과 외국 포함이 버티고 있어 일단 유사시에는 외국 조계지 사면의 경비를 구실 삼아 개입하리라고 예견되고 있었다. 이 보고에 의하면 코뮌의 무장 참가자는 4,200명도 채 안 되었다는 것이다. 그런데 김산의 말에 의하면 그보다 더 많은 것으로 되어 있다. 즉 교도단 2,000명, 무장노동자 2,000명, 그 외에도 적어도 200여 명에 달하는 둥베이 군의 탈주병사가 있었으며 한편 김산이 노동자 무장부대에 있던 4,000자루의 노획 소총— 아마 위에서 말한 노동자들에게 공급한 2,000자루를 포함한 것이겠지만—을 보급 받았다는 것이다. 그러나 김산의 말처럼 둥베이의 병사 2,000명은 저항하지 않고 혁명군에게 투항했다고 한다.— 님 웨일즈
3) 하인츠 노이만(Heinz Neumann:A Neuberg라는 필명으로 글을 씀)은 중국에 온 코민테른 대표였다. 그는 1927년 광둥에 도착하여 코뮌을 지도했으며 약 7,500명의 코뮌 참가 중국인들이 학살당한 패주 사건 이전에 도피했다. 1938년에 노이만은 에드가 스노우(Edgar Snow)를 방문하러 상하이에 왔다. 그는 직시하는 푸른 눈을 가진 멋진 신사였으나 태도가 매우 오만한 인물이었다. 무례하고 적대적인 그는 자기가 에드가 스노우의 저서 『중국의 붉은 별』을 공격한다고 단언하였다. 그는 태평양 사건을 다룬 『Asiaticus』에서 『중국의 붉은 별』을 공박하기 위한 작업을 시작했다. 이러한 목적으로 그는 마오쩌둥을 인터뷰하기 위하여 옌안까지의 긴

여행도 불사했다. 마오쩌둥을 찾아가 에드가 스노우를 공격하기 시작했으나 마오쩌둥은 그 말을 오래 들으려 하지 않았다. 마오쩌둥은 화가 나서 "우리는 스노우 씨에 관해 모든 것을 알고 있소. 우리는 그가 공산주의자가 아니라는 사실도 알고 있지요. 그러나 그는 우리들에 관한 뉴스를 알기 위해 처음으로 이곳을 찾아온 사람입니다. 우리는 당신과 당신의 활동에 관해서도 역시 다 알고 있소. 당신이 스노우 씨를 비판하고 그의 책을 공격하는 것은 잘못이오"라고 잘라 말했다. 마오쩌둥은 하인츠 노이만에게 옌안에서 떠날 것을 명령했다. 노이만은 스노우의 책을 비판함으로써 마오쩌둥의 정책을 간접적으로 비판하였는데 마오쩌둥은 이러한 사실을 다 알아차리고 있었던 것이다. 그 후 노이만은 홍군 신4군 본부로 간 후 그곳에서 행방을 감추었다. 병사했거나 살해당했음이 확실하다. 그는 분명히 모든 면에서 무례하고 동정심이 없는 무서운 성격의 인물이었다.— 님 웨일즈

4) '소비에트'란 단어는 '평의회'라는 의미이다. 이 용어는 1905년 러시아혁명과 1917~1918년 혁명 당시 노동자, 농민, 병사 소비에트들이 정부를 수립하였을 때 사용하게 된 용어이다. 이 말은 중국에서도 그대로 사용되어 '蘇維埃'라고 불렸다.

5) 코뮌 기간에 간호사들이 혁명사업에 헌신적이었기 때문에 그들 대부분은 반동파들의 역습이 시작되자 능욕적 학대를 받았다. 백색 테러 기간 동안 거리에서 무참히 살해당한 간호사들도 있었다. 17일에는 간호사 10명이 병원에서 체포되어 알몸으로 거리에 끌려나가 조리돌림을 당한 후 상부의 명령에 의해 학살당했다. 그녀들의 가슴은 갈기갈기 찢기고 사지는 절단당했다. 이러한 만행은 국민당 당국의 직접명령에 의해 집행되었으며 국민당의 비타협적 극단성을 단적으로 보여준 예였다. 국민당 당원들은 병사들보다 훨씬 더 잔혹하였다. 군인도 아닌 국민당 관리들이 돌아다니며 제멋대로 학살을 저지르는 전대미문의 잔혹행위를

했다. 의사 한 명과 여러 명의 간호사들은 교도단을 따라 하이루펑으로 갔다. 코뮌기간 동안 제4사단 병원에 있었던 호충민이라는 의사는 소비에트 지구의 위생사업에 참가하기 위하여 1937년에 옌안으로 갔다.— 김산

6) 10일 밤의 야간통행 암호는 '폭동'이었고 11일 밤에는 '숙청'이었으며 12일 밤에는 '홍콩'이었다. 그것은 우연한 것이었지만, 홍콩으로 도피하라는 뜻으로 해석한 많은 사람들이 홍콩으로 도피했다.— 김산

7) 이빈은 뛰어난 포술가였다. 코뮌 때 그는 비행장을 점령하러 갔었다. 거기엔 비행기 10대가 있었지만 쓸 만한 것은 5대뿐이었다. 우리편 진영에는 조종사가 한 사람도 없었다. 중국에서 조선인 조종사 한 사람을 배당해주기를 요청해왔으나 이쪽 사정도 마찬가지였다. 한 명의 조종사도 없었던 것이다. 이빈은 12일에 사면 부근에서 일본 포함과 교전하던 중 25세의 아까운 나이에 전사하였다. 사면의 주장 강에는 일본 포함이 두 척 있었는데 그중 한 척이 12일, 우리 편을 향하여 기관총질을 했다. 조선인들은 분노하여 수년간 쌓이고 쌓인 철천지 원수를 갚으러 강안으로 돌격하였다. 이빈, 양달부 그리고 다른 조선 동지들이 대포를 끌어와 단 세 발의 발포로 적 포함의 연통 세 개를 박살내 허공에 날려버렸다. 왜놈들은 질겁하여 깃발을 낮게 드리우고 꽁무니를 빼고는 감히 대들지 못했다. 사면은 주장 강 가운데 떠 있는 작은 섬이다. 광저우의 강안에서 돌을 던지면 닿을 정도로 가까운 거리에 있는데, 외국 조계지로 되어 외국인의 대부분이 거기에 살고 있었다. 영국 군함 한 척이 강에 닻을 내리고 일부 사병들을 상륙시켰다. 그들은 모래주머니로 바리케이드를 쌓아 진지를 만들어놓고 발포 준비 태세에 들어갔다. 그러나 우리는 그런 것은 전혀 아랑곳하지 않았다. 중앙위원회에서는 사면을 점령하는가 안 하는가 하는 문제를 토의한 후 그들이 떠들고 일어나지 않게 하기 위하여 그대로 방치하기로 결정하였다.

눈부신 활동으로 모범을 보여준 또 다른 두 사람의 조선인은 모스크바 홍군대학 졸업생인 김빈현과 민승재였다. 이 두 사람은 다 장파쿠이 지휘하에 2개 연대로 된 '경위단'의 장교였다. 민승재는 포병 대대장이었다. 그는 완전히 독자적인 공작으로 경위단 1개 연대를 감쪽같이 혁명군 쪽으로 끌어들였다. 김빈현의 협조로 이들을 재조직함으로써 혁명군을 강화시켰다.

또 한 사람이 있었는데 병기공장을 장악한 이씨 성을 가진 조선 사람이었다. 그는 병기 공장의 하급 하사관이었는데 비밀리에 악랄분자들을 모조리 체포하고 2개 중대를 감쪽같이 봉기군에 귀속시키는 작업에 성공하였기 때문에 병기공장은 교전 한번 해보지 못한 채 고스란히 항복하고 말았다. 그와 그의 부하들은 그 후에도 시내에 있는 한 병기공장을 점령하였으나 연락차단으로 인하여 17일까지 버티면서 교전을 계속하였으나 끝내 전원이 희생당하고 말았다.— 김산

13
하이루펑에서의 삶과 죽음

　광둥을 빠져나온 우리들은 하이루펑 소비에트가 번창하고 있는 것을 보고 벅차오르는 감격과 흥분을 느꼈다. 우리는 광저우를 잃었다. 그러나 이곳 농촌지방에서는 승리가 우리의 것이리라.[1]

　소비에트 지역은 하이펑(海豐)과 루펑(陸豐)의 두 현, 합쳐서 하이루펑(海陸豐)이라 부르는 전 지역과 후이라이(惠來)와 푸닝(普寧)의 일부 지역을 포함하고 있었다. 인근 농민들이 와서 새로운 소비에트 사회를 구경하고는 고개를 끄덕이고, 자기네 마을로 돌아가서 무장투쟁을 조직하기도 했다.

　우리들 조선인 15명은 보고 듣는 모든 것에 크나큰 관심을 가졌다. 언젠가는 우리도 조국에 돌아가 이러한 운동을 이끌겠다는 꿈을 가지고 있었다. 하이루펑 사람들은 우리가 자기네들과 함께 싸운 사실에 경탄했다. 우리가 도착한 이튿날 대규모 '조선인 동지 환영회'가 열렸다.

교도단이 다시 전선으로 나갈 때 조선 사람 중에서는 나와 오성륜만이 후방에 남아달라는 요청을 받았다. 오성륜은 군사령부 참모부의 일원이 되어 공산당학교에서 교편을 잡았다. 나도 공산당학교에서 일하게 되었다. 그곳에서 나는 노동운동사, 코민테른의 역사와 활동을 가르쳤으며 선전공작을 지도하였다. 나는 정지원(鄭志雲) 휘하의 당조직부에서도 일을 하였는데, 그곳에서 정지원, 펑파이와 가깝게 일하였다.

복수

나는 하이루펑 혁명재판소의 7인위원회에서 일해달라는 요청을 받았다. 내가 외국인이기 때문에 다른 사람보다 더 객관적이고 공정하며 지역감정이나 현지의 계급적 증오 따위의 영향을 받지 않고 재판하리라고 여겼기 때문이다. 그러나 나는 어쩐지 이 일이 마음에 내키지 않아서 경제위원회 쪽으로 빠져나가려고 하였다. 그래서 2주일 후에는 그들도 나를 놓아주었다. 재판소에서 일하는 동안 사형선고를 내린 것은 겨우 4명뿐이었지만, 그 체험은 적이 나의 용기를 잃게 하는 것이었다. 그중 한 명은 퍽 총명해 보이는 청년이었는데 농부들에게 끌려왔다. 그 청년에게는 불리한 증거가 하나도 없었다.
"저 녀석의 기름진 얼굴이나 미끈한 손만 봐도 영락없습니다. 저 녀석은 반혁명적인 지주의 자식이며 계급의 적입니다."

나는 명랑하고 순진무구해 보이는 그의 생김새가 마음에 들어서, 내 생각으로는 이 사람한테는 아무 죄도 없으며 필경 자기 아버지에 반대하여 기꺼이 혁명에 참가할 것 같다고 말했다. 그랬더니 펑파이가 빙그레 웃으며 내 손을 잡았다.

"자네도 저 청년만큼이나 어리고 순진하군. 계급적 정의란 개인적인 것이 아니라 내전의 필수적인 수단이야. 의심나는 경우에는 보다 적게 죽이는 것이 아니라 보다 많이 죽여야 해. 자네는 지주들이 지배했던 하이루펑의 실정과 그들이 자행한 잔인한 짓거리를 모르고 있어. 만일 내가 본 것을 자네가 직접 보았더라면 여기에 아무런 의문도 없었을 거야. 농민들의 행위는 지주들이 한 짓거리의 100분의 1도 안 되네. 지주들에 비하면 농민들은 아주 극소수밖에 죽이지 않았지. 자기를 방어하려면 무엇이 필요한지 농민들은 알고 있네. 만일 자신들의 계급적 적을 혼쭐내지 않으면 농민들은 사기를 잃을 것이고, 혁명의 성공에도 의심을 품게 될 것이네. 이것은 그들의 의무이자 또한 자네의 의무이기도 하다는 사실을 알아야 해."

이 청년이 형장으로 끌려갈 때, 그의 어머니와 누이동생이 양쪽에서 팔을 붙잡고 함께 걸으며 그를 위로하였다.

나는 광저우에서 목격한 세 명의 젊은 공산청년동맹원들의 일을 회상하며 논리적으로 확연히 이것이 유일하게 비개인적인 계급적 정의라고 깨달을 수가 있었다. 하지만 기독교와 톨스토이의 인도주의적 훈련의 영향이 강하게 남아 있었기 때문에 매번 나는 침울한 기분이었다. 그렇지만 내 임무를 착실히 수행하고 개인적 감상주의가 나아갈 길을 방해해선 안 되겠다고 결심하였다.

나머지 세 명의 경우는 사형선고를 내리기가 그다지 어렵지 않았다. 비록 최근에 반혁명적인 언동을 했다는 증거는 없었지만, 이 사람들의 얼굴에 잔혹과 부패의 낙인이 분명하게 찍혀 있었다. 그들은 오래 전부터 잔인한 짓거리를 계속해온 지주들이었다. 그중 한 사람은 우리가 행군하고 있을 때 유격대원들에게 붙잡혔는데, 하루속히 그의 운명을 결정하기 위하여 유격대원들이 그자를 나에게 데려왔.

나는 그자의 야들야들한 손을 찬찬히 뜯어보면서 대조적으로 그자를 잡아온 억센 노동으로 주름 잡힌 정직하고 순박한 농부의 얼굴을 물끄러미 바라보고 있었다. 계급적 정의는 너무나 명백하였다. 하지만 나는 즉각 사형을 선고하기가 어려워 "빨리 모여서 유죄인가 무죄인가 다수결로 정하시오" 하고 말하였다. 시간이 몇 분밖에 남아 있지 않았다. 하지만 유격대원들은 행군을 멈췄다. 그 지주를 체포한 농민들이 경위를 설명하였고 이어서 내가 피고에게 농민들의 고소에 대해 할 말이 있는가 하고 물었다. 그는 고개를 푹 숙인 채 아무 말이 없었다. 회의는 이구동성으로 그자의 유죄를 결정하였다.

얼굴을 빤히 쳐다보면서 어떻게 판결을 할 것인가? 나에게는 매우 난처한 일이었지만 현지의 사람들에게는 그렇지도 않았다. 그러나 나는 그들이 무고한 사람들을 잡아다가 괴롭히는 일은 결코 하지 않으리라고 확신할 수 있었다. 그들은 이런 일에도 즉결심판과 마찬가지로 시시비비가 분명하였다. 하이루펑에서 몇 개월 있는 동안에 나는 사형수 목록을 여럿 보았다. 명부에 오른 이름들이 펜대 하나로 너무도 간단히 체크되거나 지위지는 것을 보고 깜짝 놀랐지만, 이런 일은 국민당이 훨씬 더 심했고 수법 또한 더 지독했다. 양자의 차이는 국민당이 중국 인민 가운데서도 가장 훌륭하고 가장 용감한 사람들, 사회적으로 촉망받는 사람들을 죽이는 데 반하여, 혁명가들은 타락분자와 기생분자, 사회적으로 유해한 자들을 죽인다는 데 있었다.

하이루펑의 홍군은 그래도 인도적이어서 가능한 한 친절하게 대하고 총살해버리는 것이 그만이었지만, 지수 밑에서 학대에 시달리고 고문으로 고통받아온 지방농민들은 계급적인 죄인에 대하여 결코 친절이라는 선심을 베풀지 않았다. 그들은 귀를 잘라내고 눈알을 뽑고 나무 위에 달아매는 방법을 더 좋아하였다. 한번은 쯔진(紫金)이라는 거리를 농민들이 거의 한 달 동안이나 포위한 후에 우리들이 점령하여 읍장과 총상회(總商會)의 우두머리, 교육기관의 우두머리들을 체포한 일이 있었다. 유격대원들이 체포된 자들의 신병인수를 요구하였기 때문에 우리는 그들의 행실을 증명한 후에 그들을 농민들에게 인계하였더니, 농민들은 가느다란 철사를 가지고 세 명의 엄지손가락을 함께 묶어버렸다.

읍장은 군인으로, 제 딴에는 용맹과 자존심을 내세웠다. "홍, 너희 농민 따위 나를 죽일 수 없어. 어림없지! 홍군만이 나를 죽일 권리를 가지고 있어" 하고 버티었다. 그러고는 홍군 병사들에게 총살시켜 달라고 애걸하였다. 그는 농민들의 손에 고문당할까 봐 두려웠던 것이다.

나는 정치부에 있었으므로 죄인들을 총살하도록 사단장에게 요청했지만, 사단장은 잘라 말했다.

"아니오. 절대 안 되는 일이오. 농민들은 이런 자들을 처단하기 위해 한 달 동안이나 싸워왔소. 이자들은 인민의 죄인들이니 농민들이 하고 싶은 대로 놔두어 정의를 보여주어야 하는 것이오. 이 한 달 동안에 얼마나 많은 농민들이 그 인간 백정놈들에게 살해당했는지 당신은 상상도 못할 거요. 만일 진짜 고문이 어떤 것인지 알고 싶다면 지난날의 교도소 고문실의 벽에다 귀를 대고 들어보는 게 좋겠소. 물어보시오. 인민들은 겨우 세 놈만을 자기들 손으로 죽이고 싶어하오. 그런데 만일 이 세 놈이 권력을 장악한다면 이자들은 삼천 명은 죽일 게 뻔한 일 아니겠소?"

그러자 광저우에서 처형된 세 명의 젊은 노동자들이 또다시 생각났다. 이것은 오직 인간적인 복수일 뿐이었다. 패자는 죽어야만 하고 승자는 살아남을 수가 있는 것이다.

그날 밤 우리는 한 천주교 성당에 머물렀다. 그곳에 책이 몇 권 있었다. 아무 할 일이 없어서 나는 성경책을 집어 들고 신약을 읽었다. 예수가 하이루펑에 있다면 정의의 이름으로 무엇을 명령하였을까? "나는 눈물이 아니라 칼을 주러 왔다"라고 말했으리라. 예수는 민중을 갈취하는 지주와 환전상(換錢商)을 미워하였다. 그는 선한 것과 악하지 않은 것을 사랑하였다. 그러므로 악을 멸망시키는 것은 선하다. 악을 권력에 머물러 있게 하여 인류를 멸망시키는 것은 선하지 못한 것이다.

다음날 행군하다가 노상에서 대규모로 운집해 있는 사람들과 만났다. 모든 사람들이 기쁨에 차 싱글벙글하였으며, 아이들은 즐겁게 재잘거리고 있었다.

"이것이 짐승같이 잔혹한 놈의 최후다" 하고 사람들이 서로 이야기하고 있었다.

"왜 당신들은 저놈을 저런 식으로 죽이는 겁니까?"

나는 은근히 겁에 질려서 물어보았다.[2]

그들 가운데 한 명이 이렇게 대답하였다.

"작년에 이 읍장놈이 우리 농민동맹의 지도자를 이와 똑같은 방식으로 죽이라고 명령했답니다. 게다가 그분의 부친과 동생까지 억지로 끌어내서 구경을 시켰지요. 이제 그 두 분이 저놈을 취급하고 있는 겁니다. 아주 공평한 것이지요. 놈에게는 놈한테 당한 희생자들이 당시에 느낀 그대로 톡톡히 본때를 보여주어 앙갚음을 해야 합니다. 그 밖에도 놈에게는 자금에서 100명의 농민들을 처형한 책임이 있습니다. 만약 당신이 놈에게 잡혔다면 영락없이 놈은 당신에게 똑같은 맛을 보여 줬을 겁니다."

나는 몸을 움직일 수가 없었다. 머리가 너무 무거워서 도저히 들 수가 없었다. 박애라는 것이 나와는 아무런 인연도 없다는 느낌이 들었다. 나는 박애와는 거리가 먼 사람이었다.

동지들끼리는 그토록 친절하면서도 적에 대해서는 그토록 잔인하다. 톨스토이 같은 박애주의자는 이럴 때 뭐라 말하고 무엇을 느낄까? 틀림없이 톨스토이는 러시아 백성들이 나무에 묶인 채 맞아죽는 것을 보았을 것이다. 잔인함을 끝장내는 것은 잔인함이라는 것을 그는 알고 있었을까? 이 어둠을 비춰주는 빛은 어디에 있는 것일까?

그 이후로도 수많은 사람들이 살해되거나 처형되는 것을 보았는데 나는 항상 그 영향을 받고 있다. 하지만 내전에 참가하여 싸우는 사람은 이런 일들을 견뎌낼 수 있도록 각자 자기의 철학을 만들어내야 한다. 나는 남에게 그런 고통을 주기보다는 내가 그런 운명에 떨어지는 쪽이 더 견디기 쉽다. 하지만 나는 여기에 반대하지는 않는다. 문제는 누가 죽느냐 하는 것뿐이라는 것을 안다. 지배계급은 학살을 시작하였다. 그들은 수세대에 걸쳐서 살육을 해왔던 것이다. 우리는 그들 자신의 무기를 가지고 싸울 뿐이다.

다섯 번의 전투

교도단은 도착해서 사흘 동안 휴식을 취하고 나서 다시 전선으로 출동하였다.

하이루펑에는 무장병력이 몇 부대 있었다.
1) 예융이 이끄는 홍군 제4사단. 이 부대는 2,000명 남짓한 병력으로, 광둥코뮌에서 온 교도단 생존자와 새로운 지원병으로 편성되어 있었다.
2) 800명의 홍군 제2사단. 이 부대는 수주일 전에 산터우(汕頭) 공략을 시도하다 완패한 허룽(賀龍)군과 예팅군의 생존자들로 편성되었으며, 둥량(董良)이 이끌고 있었다.
3) 공농혁명군(工農革命軍) : 지방에서 모집된 병사들로 편성된 부대.
4) 농민석위대

우리들이 갖고 있는 소총은 1만 자루도 채 안 되었지만, 7만~10만 명에 이르는 사람들이 끊임없이 전투 임무에 종사하고 있었다. 젊은 농민들은 무기를 가졌건 안 가졌건 모두 전투에 가담하였다. 총알을 만드는 병기창이 하나 있었는데, 그 기계는 천중밍(陳炯明) 장군한테서 가져온 것이었다. 또한 숙련된 철공노동자가 있어서 200m까지 탄알이 날아가는 철포도 만들었다. 상당수의 전사가 이 철포로 무장하고 있었다.

펑파이군의 구호는 '견벽청야(堅壁淸野 : 벽을 굳건히 하고 적에게는 한 톨의 양식도 남겨두지 않는다)'였다. 50만의 적병이 두 달 가까이 소비에트를 포위하고 나서야 비로소 평파이 군의 강력한 방어벽을 돌파하려고 시도하였던 것이다.

교도단이 도착한 직후에 백군은 하이루펑으로 증원군을 보내기 시작하였다. 리푸린, 위한모(余漢謨), 리지천이 군대를 동원하여 소비에트 지역을 포위하기는 했지만 어느 누구도 앞장서서 들어오려고 하지 않았다. 우리에게 몰살당할까 봐 두려웠던 것이다. 당시 대부분이 무장도 갖추지 못한 유격대 수만 명의 지지밖에 없었던 고작 2,800명의 우리 '철위대(鐵衛隊)'에 대응하기 위한 적병은 근 10만 명 가까이나 되었다.

적이 소비에트 지구를 침범하려고 한 것은 2월에 들어와 채등휘가 서쪽으로부터 공격군을 이끌고 와서 적석(赤石)지구를 점령한 것이 처음이었다. 채등휘가 2,000명의 병력으로 적석촌에 들어왔을 때 민중들은 용감하게 투쟁하였다. 300명의 교도단이 민중의 자위투쟁을 돕기 위하여 급히 달려갔다. 민중들은 전투를 하면서 고함을 지르고 홍기를 흔들어댔다. 여자와 어린애들은 언덕 꼭대기마다 올라가서 더욱 많은 홍기를 맹렬하게 흔들어대며 응원을 하였다. 교도단은 현장에 도착하자 잠시 걸음을 멈추고 가장 필요한 곳으로 이동하기 위하여 민중의 포진이 무너지는 곳이 어디인가 형세를 관망하였다. 적이 민중의 전선을 깨뜨리자 교도단은 그곳으로 달려가서 적병을 섬멸하였다. 우리 편은 적병을 500명이나 죽인데 비해 교도단은 겨우 3명이 죽었을 뿐이었다!

대승리였다. 이 승리로 소비에트 지역은 환희로 가득 찼으며 무한한 힘을 가진 느낌으로 충만하였다. 민중을 경멸하는 데 젖어 있던 채등휘는 대중운동의 무서움을 모르고 앞뒤 재지 않고 들어왔던 것이다.

위한모는 3,000명의 병력을 거느리고 있었다. 그의 전술은 낮에는 높은 산에서 잠을 자고, 밤이 되면 전선에 싸우러 나와 언제나 동이 트기 전에 퇴각하는 것이다. 그들은 식량과 보급품을 상시 휴대하였다. 하이루펑에서 북으로 20리 떨어져 있는 궁펑촌(公平村)에서 2월 29일, 3만 명이 모인 대중집회가 열렸다. 나는 정지원과 함께 사령부에서 파견되어 참석하였다.

주요한 연설을 하고 있을 때 위한모의 병사들이 집회장을 향해 총을 쏘았다. 몰래 접근해 와서 궁펑촌을 포위한 것이다. 밤에만 공격하는 것이 적의 습관이었기 때문에 보조를 세우지 않았던 것이다.

이 갑작스런 공격을 받아 수천 명이 죽었다. 가는 곳마다 부상자와 시체가 너부러져 있었다. 창을 갖고 있는 사람도 있었지만 나머지는 겨우 단도밖에 없었다. 중국인들은 단도를 가지고 다니는 습관이 있었다.

사람들은 가까운 산으로 뛰어올라갔다. 그사이 적위대가 가지고 있던 철포를 동원하여 공평과 하이루펑 사이의 작은 들판에서 적과 싸웠다.

나는 정지원과 함께 하이루펑으로 탈출하였다. 그날 밤 적의 비열한 행위를 징계하기 위하여 하이루펑 사람들은 모두—소년도, 여자도, 심지어 지식인 공산당원까지도—무장하였다. 그들 모두가 대중집회에 집결하였다. 펑파이가 '우리가 흘린 피로 적을 수장시키자'라는 구호를 내걸었다. 사람들은 모두 열광적으로 구호를 외쳤다. 우리는 '인터내셔널가'와 다른 노래들을 불렀다. 그리고 공격대형을 셋으로 나누었다. 상당수의 여자와 어린아이도 포함하여 각자 숨이 턱에 닿도록 궁펑촌으로 달려갔다.

노동적위대가 좌익을 맡았다. 좌익은 먼저 공펑에 돌입하여 강력한 공격을 하는 데 성공하였다. 하지만 우익을 맡은 농민적위대가 깨져버렸고 중앙군도 적에게 포위되어버렸다. 그래서 좌익이 그들을 구출하기 위하여 적의 배후를 찔렀다. 중앙군은 펑파이의 동생인 펑구이(彭貴)가 이끄는 공산당원부대로 공산당원 및 공산청년동맹원 2,000명이 있었다. 나는 중앙군에 있었다.

적의 맹렬한 기총소사를 뚫고 아가씨 한 명이 뛰어나와 방긋 웃으며 내 옆에 섰다. 이 아가씨는 공산청년동맹의 가장 훌륭한 지도자 중 한 명이었는데 이따금씩 함께 일하며 서로간에 관심이 높아지고 있던 사이였다. 그녀는 자기가 나의 특별한 여자친구라고 생각하였다.

"당신을 찾으러 안 다닌 곳이 없어요. 당신이 죽으면 나도 함께 죽겠어요."

그녀가 속삭였다.

"빨리 엎드려. 총알이 날아오고 있잖아."

나는 그녀에게 애걸하다시피 말했다.

잠시 후 그녀에게 말을 걸려고 뒤를 돌아다보니 남의를 입은 채 축 늘어진 작은 몸만이 보였다. 그녀의 머리에서는 피가 흐르고 있었다.

적이 우리를 갈라놓아 좌익과 중앙군은 우익과 떨어져버렸다. 우리에게는 아무런 실질적 전술이 없었고, 오직 자연발생적인 대중행동만이 있을 뿐이었다. 몇 번이나 창과 권총만 들고 인해전술로 돌격하였지만 그때마다 기총소사에 쫓겨 후퇴하지 않을 수 없었다. 물론 우리에게는 기관총이 한 정도 없었다.

이윽고 좌익과 중앙군이 깨어졌다. 적은 하이루펑으로 후퇴하는 우리를 급추격하여 근처의 산을 점령하였다. 그들은 대낮에 도시 안에 들어와 시가전을 벌이는 것을 두려워하였다. 이 위대한 민중의 전쟁은 밤 1시에서 아침 9시까지 계속되었다. 적은 기관총을 지닌 훈련된 병사 3,000명뿐이었고, 우리 편은 7만 명의 유격대원 대부분을 그날 밤 전투에 투입하였다. 그렇지만 우리는 적을 익사시키기에 충분할 만큼 피를 흘렸지만 '우리가 흘린 피로 적을 수장시킬' 수가 없었다. 우리는 최소한 1,000명의 전사자를 내었고 도망칠 수 있는 경상자 300명을 구출하였다. 백군의 사상자는 겨우 수백 명에 지나지 않았다.

결국 우리는 메이룽(梅瓏)이라는 높은 산까지 후퇴하여 이곳을 방어하면서 하이루펑과 공평을 재점령할 수 있는 방법을 연구하기로 결정하였다. 이때 이미 적은 하이루펑 지구 전역을 포위하고 포위망을 좁혀오고 있었다. 2,000명의 사관후보생으로 구성된 홍군도 수주일 동안 싸워온 동쪽에서 철수해왔다.

3월 7일, 우리는 하이루펑을 재탈환하기 위해 공격을 개시했지만 탈환에 실패하고 겨우 산웨이(汕尾)만을 재점령하였다. 이미 아군 전투원은 얼마 되지 않았다. 홍군의 전 병력은 적위대를 포함해도 1만 명이 채 안 되었지만 반면에 적은 하이루펑에만도 병력이 9,000명이나 되는 부대를 가지고 있었다. 제2사단 병력 800명은 600명으로 줄었고, 교도단은 1,000명밖에 돌아오지 않았다. 이 두 번의 공격으로 우리는 무장병력의 5분의 1을 잃었다.

우리의 형세는 정말 지독히 어려웠다. 이 무렵 메이룽과 산웨이를 제외한 모든 마을이 적의 수중에 떨어졌다. 이윽고 우리는 또다시 산웨이를 포기하고 메이룽으로 철수하였다. 적의 전초선이 도처에서 우리를 포위하고 있어서 탈출할 길이 하나도 없었다. 필사적으로 싸우는 수밖에 달리 방법이 없었다.

이러는 사이에 채등휘가 다시 적석으로 들어와서, 메이룽을 향하여 두 번째 공격을 가해왔다. 정오에서 오후까지 우리는 메이룽에서 싸웠지만 결국 패배하고 말았다. 만사가 끝났다!

우리 병사들은 열 혹은 스무 명씩 짝을 지어 인근 마을로 흩어졌다. 적은 적의를 품고 있는 민중들 사이에서 머무를 용기가 없었기 때문에 공격한 뒤에는 언제나 안전한 곳으로 철수하였다. 전투가 끝나면 마을은 우리의 것이었다.

메이룽 전투에서 패배한 후 우리는 대병력으로 싸워본들 아무 소용이 없으므로 게릴라전을 벌이기로 결정하였다. 우리는 적의 교통망을 교란시키고, 쌀이나 보급품을 운반하러 나오는 소규모 병력들을 모조리 격파하였다.

적병은 밤에 마을을 포위했다가 아침이 되면 종종 마을 주민들을 모조리 살육하였다. 예를 들면, 3월 14일과 15일에 걸쳐 적은 칭짜오(靑棗) 지방의 전 주민 2,000명을 모조리 학살하였다. 놈들은 우리가 식량이 떨어져 버티지 못하게 하려고 집뿐만 아니라 논과 창고까지도 모조리 불살라버렸다.

유언

이즈음에는 식량도 바닥이 났다. 메이룽을 잃고 뿔뿔이 흩어질 때, 나는 공산당원과 짝을 지어 산으로 올라갔다. 적은 우리를 없애버리려고 30리나 쫓아왔다. 부상자를 끌고 가려 할 때마다 적에게 쫓겼기 때문에 할 수 없이 부상자를 내버려

둔 채 도망가야 했다. 적이 지나간 다음에 민중들이 나와서 부상자들을 그들의 집으로 옮겨 비밀리에 간호하였다.

우리가 도망친 산은 대단히 가파르고 위험해서 평상시에는 아무도 오르려 하지 않는 곳이었다. 오성륜과 손(孫)이라는 두 명의 조선인 친구가 나와 함께 갔는데 나는 일행의 맨 앞에서 올라갔다. 당시 나는 건장했던 것이다. 하지만 오성륜은 몸이 뚱뚱했고 더운 기후에 익숙하지 못했으므로 불쌍하리만치 많은 땀을 흘렸다.

"러시아의 10월혁명 때는 이렇게 산을 오르지 않아도 되었지. 중국이 아니라면 우리가 병사이면서 동시에 산양이어야 할 필요는 없는 거야."

오성륜은 이렇게 말하면서 한숨을 쉬었다.

그날 밤에는 산 맞은편에 있는 폐사(廢寺)에서 쉬었다. 일행은 10명이었는데, 모두가 먹을 것을 찾는 데 혈안이 되어 쌀을 숨겨둔 장소를 찾아내려는 희망을 품고 돌마다 들춰보았다. 오성륜과 나는 전래의 농부가를 부르면서 서로 교대로 돌을 하나하나 들춰보았다. 마침내 구멍 파인 돌 밑에서 조그마한 쌀독을 찾아내었다.

겨우 밥을 할 낡고 깨진 쇠솥을 찾아냈지만 물이 새서 쓸 수가 없었다. 그래서 쌀을 빻아 가루를 만들어 그것을 깨진 솥에 넣고 쪄서 떡을 만들었다. 우리는 떡이 다 익을 때까지 기다릴 수가 없어서 반쯤 익자 꺼내어 동료들을 불렀다.

숨을 곳을 마련하거나 떠나야 한다는 것을 알고 있었으므로 우리는 나머지 사람들에게 말하였다.

"모두 빨리 떡을 준비해야 합니다."

밤새도록 우리는 쌀을 찧어 떡을 만들었다. 이러는 사이에 먹을 것 찾는 데는 귀신인 오성륜이 운 나쁜 개를 한 마리 발견하고 쏘아 잡았다. 광둥인들이 즐겨 먹는 검붉은 개였다. 이 진미를 어떻게 요리해야 좋을까? 오랜 토론 끝에 땅에 구덩이를 파고 그 속에 집어넣은 다음 그 위로 불을 때기로 하였다. 우리는 불 옆에 둘러앉아 노래를 부르고 이야기를 하였다. 나는 내가 가장 좋아하는 노래를 모두에게 가르쳐주었다.

조선의 민요 '아리랑'. 우리는 이 노래를 부르고 모두 울었다. 중국 사람들은 이 노래가 아주 마음에 들어서 결코 잊을 수 없을 것이라고 말했다.

우리는 모두 너무 지쳐 있었기 때문에 잠을 자야 했다. 절 근처에서 머무는 것은 매우 위험했다. 그래서 각자 흩어져서 사냥꾼에게 쫓기는 맹수처럼 잡초 속에 숨었다. 우리 세 명의 조선인은 손군을 감싸주기 위해 그를 가운데 눕히고 함께 잠을 잤다. 잠들기 전에 손군은 별을 노래한 동요를 불렀다. 그는 아직 갈피를 못 잡는 18세 소년이었던 것이다.

잠시 눈을 붙인 후에 우리는 일어나서 만일의 사태에 대비하였다.

"너에게는 좋은 친구가 몇이나 있지?"

우리는 서로 물어보고 그 숫자를 헤아려보았다.

우리는 각자 자기 가족의 주소를 써서 서로 교환하였다.

"네가 죽고 내가 산다면 너희 가족에게 뭐라고 전해줄까?"

서로 이렇게 묻기도 했다.

나는 우선 어머니와 작은형에게 편지를 쓰고 그러고 나서 김충창과 딩궁무(丁公畝)와 황핑촨(黃平釧)[3]에게 편지를 썼다. 황핑촨은 중국인 가운데 가장 친한 친구였다.

나는 편지에 이렇게 썼다.

'나는 이곳에서 행복하게 죽어갑니다. 노예의 땅에서 죽는 것과는 다릅니다. 하지만 여기가 우리의 빛나는 혁명투쟁과 같이 자유로운 조선 땅이었으면 하는 마음 간절합니다.'

숨어서 산허리를 가다가 우리 일행은 농부를 한 명 만났다. 그는 우리 군대가 바이사(白沙)로 갔다고 가르쳐주었다. 그래서 바이사로 가려고 산을 몇이나 넘었다. 도로는 하나도 없고 가파른 길이어서 미끄러져 넘어지지 않을 수 없었는데, 밑으로 굴러 떨어지지 않으려면 풀뿌리나 나뭇가지를 붙잡는 수밖에 없었다. 바이사에 도착하자 우리는 각자 흩어져 농가로 찾아가 신세를 지고 농사일도 거들었다. 그곳에서 예융이 죽었으며 교도단은 겨우 400명밖에 남지 않았다는 것을 알았다.

마을 사람들은 계속 망을 보다가 백군이 나타나면 도망쳤다. 농민들은 가진 물건이 별로 없었다. 그래서 식량과 식기, 어린애 등을 둘러메고 산으로 올라갔다. 우리는 이 짓을 일주

하이루펑에서의 삶과 죽음 277

일에도 몇 번씩 하였다. 백군들은 식량을 닥치는 대로 농부들한테서 빼앗아갔기 때문에 먹을 것이라고는 고구마밖에 없었다. 하이루펑을 떠난 뒤에도 몇 해 동안은 고구마라면 진절머리가 났다.

하이펑 전투

5월 3일은 우리가 하이루펑에서 마지막으로 버틴 날이었다. 일주일 전에 제2사단과 제4사단 생존병들이 대회를 열었다. 식량은 완전히 바닥나버렸다. 회의에서 결정된 사항은 다음과 같다.

'못 먹어도 죽고 싸워도 죽는다. 그러나 하이펑 현에는 음식과 돈이 있다. 우리가 할 수 있는 일이란 오로지 하이펑 탈환을 위해 최후의 일전을 벌이는 것뿐이다.'

대회에 참가한 사람은 고작 600명으로, 홍군 병사가 400명이었고 나머지는 유격대원들이었다. 일주일 내내 우리는 전투를 위해 총을 손질하였다. 겨우 이삼 일에 한 끼밖에 먹지 못했기 때문에 5월 3일이 되니 허기가 져서 기진맥진하였다. 우리가 동원할 수 있는 총 인원은 농민 지원자를 포함하여 고작 3,000명밖에 안 되었는데, 그나마도 대부분이 맨주먹이었다.

5월 3일 밤, 우리는 각자 고구마를 한 개씩 먹은 후 12시 30

분에 작전을 개시하였다. 출발 직전에 마침 예전에 파업위원회에서 일하던 두 명의 요리사가 하이펑에서 우리를 찾아와서 백군사령부 안에 탄약 400상자와 다량의 밀가루와 쌀, 그리고 40만 원이 있다고 알려주었다. 우리의 계획은 이것을 탈취하여 도망치는 것이었다.

그날 밤 9시에 우리는 하이펑에서 30리 떨어진 곳까지 접근하였다. 오성륜과 손군과 나는 꼭 붙어다녔다. 오성륜은 우리 부대 80명의 지휘자였으며, 우리의 임무는 공산당학교를 점령하는 것이었다. 우리는 하이펑 점령의 임무를 띤 교도단 제4사단 소속이었다.

제2사단은 하이펑에서 3리 떨어진 곳에 우푸링(五福嶺)을 점령하고 백군 제2사단이 사령부로 사용하고 있는 중학교를 공략하기로 되어 있었다. 백군 제1사단은 하이펑 안에 있었다.

요리사들이 모조리 말해주었으므로 우리는 적 진지의 위치와 심지어 암호 '힘'까지도 알고 있었다.

우리는 가슴까지 빠지며 강을 건넜다. 하이펑 근처에 다다르자 가장 용감한 사람들이 자진하여 선봉을 맡았다. 우리 제4사단에는 각 20명으로 구성된 선봉대가 셋 있었다.

내 임무는 공산당학교에 있는 보초의 옷을 빼앗는 것이었다. 성 밖의 중학교에 있는 사령부에서 온 백군병사로 가장하기로 하였다. 비밀을 유지하기 위하여 절대 총은 사용하지 않고 칼만 사용하기로 하였다.

이미 지리와 적병의 배치상황을 잘 알고 있었기 때문에 우리 80명은 은밀하게 움직여 목적지까지 도착하였다.

우리가 별 어려움 없이 보초를 모조리 처치한 후 10명이 정문으로 들어가고 나머지는 담을 넘어 들어갔다. 이 공산당학교에는 겨우 적 1개 소대밖에 없었지만 우리는 소총 100자루, 탄약 8상자, 그리고 기관총 1자루를 탈취하였다. 전사자는 겨우 5명뿐이었다. 그런 다음에 거리 한 구역에 있는 모든 적병을 신속하게 포위하였다.

이어서 감옥을 부수고 200명의 동지를 해방시켰다. 이중 상당수가 사슬에 묶여 있었고 고문으로 몸이 망가져 있었다. 민중들이 나서서 그들의 탈출을 도와주었다.

한 시간도 채 안 되어 모든 일이 완전무결하게 끝났다. 농민들은 자기들이 지키고 있던 포로 100명―잠자다 붙들린 1개 소대 전원―을 풀어주었다.

백군은 우푸링 주둔군이 즉각 구원하러 오겠거니 생각하고 있었기 때문에 큰 저항을 하지 않았다. 그들은 문을 닫아걸고 담 너머로 수류탄을 던지는 데 그쳤다.

아군 제2사단이 점령하기로 되어 있던 우푸링에서는 아무런 소리가 나지 않아서 우리는 걱정이 되었다. 만일 증원군이 온다면 틀림없이 한 명도 살아남지 못하리라는 것을 알고 있었다. 그래서 밖으로부터 공격당할 위험이 있다는 이유로 하이핑 성 안에서는 투쟁을 계속할 수가 없다는 판단을 내리고 후퇴 나팔을 불었다.

우리는 하이평을 빠져나와 우푸링을 향하여 행군하였다. 그때까지는 아무 소리도 들리지 않았다. 우푸링의 중학교를 점령하라는 행동명령은 12시 30분에 떨어졌던 것이다. 이미 한 시간이나 지나고 있었다.

우푸링에 도착해보니 적병은 하이평 성에서 나는 총소리를 듣고 고개 위의 진지와 모든 군사요충지에 진을 치고 기다리고 있었다. 굼벵이 같은 우리 제2사단은 그제야 겨우 고개 밑을 지나가고 있는 참이었다. 백군은 크게 놀랐으며 어둠 때문에 우리 병력이 얼마나 되는지 짐작도 하지 못했다.

10분 후에 전투가 시작되었다. 그런데 우리에게 유리한 것이라고는 야음을 빼면 아무것도 없었다. 날이 새자 우리가 몇 명 안 된다는 것을 알게 된 적은 맹렬히 공격해 왔다. 우리는 도망쳤지만 다수의 사상자를 내었다. 고개 밑에 있던 제2사단은 거의 궤멸되었다. 그것이 허룽과 예팅이 이끈 중국 최초의 홍군 병사들의 최후였다.

손군이 허벅지에 부상을 당했다. 그래서 오성륜과 나는 그를 20리 가까이 끌고 갔다. 나는 말라리아에 걸려서 힘이 별로 없었다. 그래서 그를 끌고 가는 일이 여간 어렵지 않았다. 손군은 자기를 쏘아 죽이고 우리라도 목숨을 건지라고 애원하였지만 우리는 당연히 거절하였다.

우리가 높은 산 근처에 있는 한 마을에 도착했을 때 총성이

멎었다. 정치공작원들이 사람들을 모아놓고 모두 빨리 산으로 피하라고 명령하였다. 우리 조선인 세 사람은 악귀같이 싸웠기 때문에 너무도 피로하여 한 발짝도 뗄 수가 없었다. 그래서 우리는 손군과 함께 죽을 각오를 하고 주저앉았다. 몇 차례나 산으로 올라가라는 명령을 받았지만 도저히 올라갈 수가 없었다.

얼마 후 우리 두 사람은 별로 멀지 않은 젠유링(劍遊嶺)에 있는 비밀병원으로 손군을 데려가기 위해 길을 떠났다. 이 병원은 한의사가 돌보고 있었는데, 그 한의사는 상처에서 총알을 빼내는 데 나뭇잎을 사용하였다. 하지만 이 병원은 우리가 가진 가장 훌륭한 병원이었다. 하이루펑 어디에도 양의사는 한 명도 없었다.

도착해보니 병원으로 사용되던 초가집이 바로 조금 전에 백군 병사에 의해 타 있었다. 안에 있던 30명의 부상자들은 산 채로 타 죽었다. 뛸 수 있었던 사람 세 명만이 풀 속에서 숨어서 죽음을 면했지만, 이들도 곧 붙잡혔다. 그중 두 명은 북중국인이고 한 명은 조선인이라는 사실이 밝혀지자 이들은 하이루펑으로 압송되었다. 그 조선 사람은 오성륜의 조카였다.

가엾은 손군은 피를 너무 흘려서 이곳에서 죽었다. 그는 너무나 힘이 빠져서 가슴속에 간직하고 있던 마지막 말조차 하지 못했다.

레이양(雷陽)으로의 행군

하이펑 전투가 우리의 마지막 시도였다. 공산당위원회는 한 명도 떠나지 말고 새로운 전투를 준비하라고 명령했지만 아무 소용이 없었다. 용기도 사라졌고, 장교는 한 명도 남아 있지 않았다. 교도단 생존자의 4분의 1 이상이 하이펑 전투에서 죽었다. 광둥코뮌을 떠나올 때 2,000명이었던 병력 가운데 남아 있는 인원은 300명도 채 안 되었고, 그나마도 모두가 굶주리고 병들어 있었다. 정확한 수는 아무도 모르지만 가장 우수한 지도자의 상당수가 죽었다.

우리는 젠유링에 모두 모여 마지막 집회를 열었다. 조그마한 폭포가 구슬픈 소리를 내며 떨어지고 있었다. 이 장송곡을 들으며 우리는 부상자를 씻어주고, 전사자 수를 헤아렸으며, 우리의 강약을 논하였다. 여전히 식량은 전혀 없었다. 만일 제2사단이 자기 임무만 적절히 해냈더라면 하이펑 전투 때 식량을 입수할 수 있었겠지만, 그들이 우푸링 점령에 실패했기 때문에 우리는 허겁지겁 후퇴할 수밖에 없었다.

새벽녘에 우리는 적의 척후를 피해 터덜터덜 걸어갔다. 우리 일행은 100명이었다. 바이사에 갔더니 우리의 친구인 고구마죽이 우리를 위로하였다.

우리는 대열을 둘로 나누었다. 한 대열은 제2사단 병사들로 구성되었고, 다른 한 대열은 교도단 병사들로 이루어졌다. 그리고 적에게 섬멸당하지 않기 위해 재빨리 레이양으로 가기로 결정하였다.

백사에서 집회를 열었을 때, 병자와 달릴 수 없는 사람들은 다른 사람들이 안전하게 도망갈 수 있는 기회를 빼앗지 않도록 200리나 떨어진 레이양으로 다른 사람들과 함께 가려고 해서는 안 된다고 지도자들이 말하였다. 상당수가 중병에 걸려 있었고, 몇날 며칠을 물속에 숨고, 물속을 행군하였기 때문에 발바닥이나 허벅지가 심하게 부르터 서 있을 수조차 없는 사람도 있었다.

그러나 모두가 데려가달라고 요구하였다. 뒤에 남으면 틀림없이 죽는다는 것을 모두 알고 있었기 때문이다. 만일 행군에 따라나선다면 최소한 투쟁 중에 동지들 품안에서 죽을 것이다. 그 때문에 백사에 남은 사람은 얼마 안 되었다.

1자도 100냉이 레이양을 향해 떠나고 나머지 300명이 그 뒤를 따랐다. 그것은 너무나도 위험한 행군이었기 때문에 뒤따라오는 자 중에 콜록거리는 자가 있으면 누구라도 죽이라는 명령이 내려졌다. 적병에 바싹 붙어서 행군했기 때문에 단 한 번만 기침을 해도 즉각 발각되어 우리 모두가 섬멸되고 말 것이었다. 모두가 허약하고 허기져 있었기 때문이다. 내 전 생애를 통하여 이만 한 극기를 본 적이 없었다! 상당수가 결핵에 걸렸거나 물속에 들어가 있었기 때문에 독감에 걸렸음에도 불구하고 그 위험한 행군 기간에 기침을 한 사람은 단 한 명도 없었다.

레이양까지 행군하는 데 꼬박 3일이 걸렸고, 부상과 체력소모로 도중에서 죽은 사람도 적지 않았다. 낮에는 숲 속에 들어가 가면(假眠)을 했는데, 그럴 때면 커다란 광둥 산 말라리아 모기떼가 얼마 남지 않은 부상자의 피를 빨아먹었다. 나를 포함한 거의 모두가 말라리아에 걸렸다.

사흘째 되던 날, 몸을 숨길 곳도 없는 산길을 따라 반드시 가로질러야 할 커다란 마을에 도착한 것이 생각난다. 지휘자들이 또다시 작지만 엄한 목소리로 명령했다.

"절대로 기침을 해서는 안 돼! 만일 한 명이라도 소리를 내는 날이면 우리 모두가 목숨을 내놓아야 된다. 참을성이 없는 사람은 뒤에 남아라. 병이 심해서 빨리 움직일 수 없는 자는 따라오려고 해서는 안 돼."

하지만 뒤에 남겠다고 말하는 사람은 한 명도 없었다.

많은 사람들이 흰 여름옷을 입고 있었는데, 그것은 멀리서도 눈에 잘 띄었기 때문에 옷을 벗어서 조그마한 꾸러미를 만들었다. 부상자들에게는 지독한 고통이었지만, 키가 큰 수풀 사이로 우리를 볼 수 없게 하기 위하여 모두 자세를 낮추고 손과 무릎을 사용하여 산길을 꾸물꾸물 기어갔다. 선도자는 이따금씩 숨을 죽이고 귀를 대 이상한 발자국 소리가 들리지 않는지 살펴본 뒤에야 계속 뱀처럼 기어가라는 신호를 보냈다.

나는 기침을 하고 싶었던 적이 이제까지 한 번도 없었는데 쥐죽은 듯 조용해야 할 바로 그 순간에 갑자기 여태까지는 겪어보지 못한 참을 수 없는 충동이 일어났다. 그 순간에는 생사야 어찌되었건 목구멍의 마비만 풀기만 하면 그만이었다. 하지만 나는 땅에 납작 엎드려서 기침이 나오려는 것을 꽉 틀어막고, 숨이 막혀 축 늘어질 정도로 스스로 목을 졸랐다.

결국 나는 나 자신에 대하여 승리하였다. 낮은 대열은 안전하게 전진을 계속하였다. 그리고 30분 뒤에는 예융의 자리를 물려받은 허난(河南) 태생의 지휘관이 안도의 한숨을 내쉬며 명령하였다.

"이제 모두 소리만 내지 않는다면 기침을 해도 좋다."

우리는 모두 웃음을 터뜨렸다. 대부분의 사람들이 지난 3일간 나와 똑같은 경험을 해왔을 것이라는 생각이 불현듯 머리를 스쳤다. 그러자 자기 자신의 본능을 억누를 수 있는 인간의 힘에 새삼 깊은 존경심이 일어났다.

다음날 아침 우리는 레이양에 도착하였다. 지방농민 가운데 당원인 사람이 우리를 맞으러 나왔다.

몇 달 동안이나 쌀밥을 한 번도 먹어보지 못한 우리는 몇 년 만에 처음으로 먹어보는 기분으로 쌀밥을 먹었다.

탈출

레이양은 '백(白)'도 아니고 '적(赤)'도 아니었으며 적군은 하나도 배치되지 않았다. 사람들은 우리를 환영하지도 않고 반대하지도 않았다. 그래서 우리는 이 읍에 일주일 동안 머물렀다.

낮에는 마을에서 음식을 먹고, 밤이 되면 산에 올라가서 숨었다. 우리 대원들의 반수 이상이 30리 떨어져 있는 구이컹(貴坑)으로 갔다. 그리고 우리는 가난한 사람들이 우리를 먹여줄 수 없었기 때문에 식량을 마련하기 위하여 지주를 상대로 유격전을 시작하였다. 우리가 지주들한테 빼앗아다가 마을 사람들에게 나눠주었기 때문에 가난한 사람들은 곧 우리를 좋아하게 되었다.

적병이 추적해오는 것을 이제나저제나 기다리고 있었는데 일주일이 지나자 추격병이 도착하였다. 우리가 유격전만 펴지 않았더라면 아마도 그들은 우리의 소재를 파악하지 못하였을 것이다.

레이양 자체에는 아군 병력이 고작 100명밖에 없었다. 적은 산꼭대기에 있는 분지를 제외한 모든 요충지를 점령하였다. 적이 공격을 시작하자 아군 일부가 그 분지로 도망치기는 했지만 오성륜과 나는 산으로 올라가 수풀 속에 숨었다. 오성륜은 밑에서 샘이 솟는 커다란 바위를 발견하고는 하루 종일 이 바위 밑의 샘물 속에 숨어 있었다. 어두워지자 밖으로 나와 산을 따라 더 멀리 이동하였다. 적병은 우리가 지나간 흔적만 있으면 풀숲을 향해 총질을 해댔다.

아침에 우리는 마을을 내려다보았다. 군인이 한 명도 보이지 않았다. 레이양은 산에서는 맑은 물이 흘러내리고 그 위로는 분지가 장엄하게 솟아 있는 아름다운 곳이다.

산꼭대기 근처에서 우리는 농부를 몇 사람 만났는데 그들은 우리를 '동지'라 부르며 아주 친절히 대해주었다. 그들은 우리를 열 집 정도 살고 있는 인근 마을의 농민연맹 비밀 아지트로 안내해주었다.

오성륜과 나는 그 아지트를 찾아가서 200리 떨어진 후이라이(惠來) 지방에 있는 무텐량(牟田嶺)의 공산당 특별위원회까지 빠져나갈 수 있도록 도와달라고 회장에게 부탁하였다. 그랬더니 우리를 안내해줄 농부 한 명을 보내주었다. 우리는 농부 차림을 하고 식량을 짊어졌으며, 낮에는 산 속에 숨어 있다가 밤이 되면 길을 서둘렀다. 농부들은 우리를 한 마을에서 다음 마을로 릴레이 식으로 인도해주었다. 바오안 현(寶安縣)을 지나갈 때 안내자가 이제는 낮에 다녀도 괜찮다고 말했다. 해가 질 때까지는 아무 사고가 없었는데, 해가 지자마자 칼과 총을 가진 30명의 남녀가 쫓아와서 우리에게 총을 쏘았다. 그 사람들은 백색 봉건가문 사람들이었는데, 우리를 죽이고 총을 빼앗으려는 것이었다. 우리는 한 사람씩 교대로 바위 뒤에 몸을 숨기고 총을 쏘아 30명의 추격자를 막고, 그 사이에 나머지 두 사람은 뛰어 달아났다. 그리하여 간신히 위험을 벗어났다.

그날 밤에는 산을 몇 개나 넘고 엄청나게 많은 독사와 맞닥뜨렸다. 많은 동지들이 뱀에 물려 지독히 고생하거나 죽었기 때문에 오성륜과 나는 뱀만 보면 간담이 서늘하였다. 더군다나 우리는 맨발이었다. 광둥 성 농부들은 아무도 신을 신지 않았다. 4월 이후 우리들은 모두 맨발로 지냈고 그 이전에도 고작해야 짚신밖에 신지 못했다.

이제 오성륜은 아주 야위어서 마치 말라빠진 늙은이같이 보였다. 나는 4월에 말라리아에 걸리기 전까지는 튼튼했으며 몸매도 좋았다. 하지만 이제는 말라리아에 걸려 오한과 고열에 시달리면서도 계속된 두 달 동안의 행군과 전투로 마치 귀신 같은 몰골을 하고 있었다. 하도 아파서 정신없이 걸어간 날도 있었다. 나는 걸어가면서 자는 법을 배웠다. 그러다가 돌부리에 채여 넘어지면 잠을 깼다. 기분이 좋은 날도 있었지만 몸이 말할 수 없이 허약해져 갔다. 수없이 많은 동지들이 나와 똑같은 상태 혹은 더욱 비참한 상태에 놓여 있었다. 몇 주일 동안이나 영양가 있는 음식을 먹지 못했기 때문에 각기병에 걸려 다리가 부어올랐으며, 앉지도 못할 정도로 온몸에 심한 종기가 났다. 거의 반 년 동안을 산 속에서 아무런 바람막이도 없이 잠을 잤고, 깊은 물속을 행군했다. 거의 매일 밤마다 비가 내려서 잠잘 때면 풀잎에 맺혀 있는 물방울로 몸이 흠뻑 젖었다. 비를 막을 것이라곤 삿갓 하나밖에 없었고 갈아입을 옷도 없었다. 그 당시 하이루펑 생활로 받은 타격을 원래대로 회복하지 못했고, 그 이후 건강이 계속 좋지 못했다. 심지어는 말라리아까지도 1929년에야 겨우 떨어졌다.

8일 후에 우리는 무텐량에 도착하였다. 그곳에는 펑파이와 정지원이 있었다. 두 사람은 커다란 폭포 밑에 있는 동굴에서 살고 있었는데, 폭포수가 비밀 출입구를 가려주었다. 펑파이는 중병에 걸려 있었다. 긴장이 풀리자 내 병세는 예상외로 악화되었다. 옛날에는 위풍당당했던 오성륜마저도 거의 일어나지 못할 지경이었다. 북방인인 오성륜은 남쪽 기후에 익숙하지 못해서 무더운 기후 때문에 고생을 했으며, 언제나 일선에서 뛰어다닌 격렬한 행동으로 심장과 폐가 나빠졌다.

7월 23일, 몸이 어느 정도 좋아지자 우리는 홍콩으로 가기로 하고 중국인 네 명과 함께 산판(舢板:거룻배)을 빌리기로 의견을 모았다.

첫날 밤에 50여 리를 걷고, 날이 밝자 어느 마을에 들어가서 몰래 잠을 잤다. 다음날 저녁에도 계속 걸어서, 가까스로 조그마한 산판에 올라탔을 때 하늘에는 아식노 반날이 남아 있었다. 막 배를 띄우려는 찰나에 물가에서 총알이 빗발치듯 날아왔다. 다른 사람들은 모두 배에서 뛰어내려 도망쳤다. 나는 도망치려고 벌떡 일어나다가 병으로 약해진 데다 충격을 받아 정신을 잃고 쓰러졌다. 얼마 후에 정신이 들었을 때에는 아무도 보이지 않았고 총소리가 멀리서 들려오고 있었다. "이번에는 도저히 빠져나갈 길이 없구나" 하고 나는 우울하게 중얼거렸다. 나는 주위를 둘러보았지만 시체가 하나도 눈에 띄지 않았다. 그래서 물속에 숨어서 코만 내놓고 있었다. 나는 언제라도 붙잡힐 각오가 되어 있었다. 총살당하는 것은 전혀 두렵지 않았지만 체포는 곧 고문을 의미했다. 놈들은 내가 죽을 때까지 눈을 후비고 귀를 자르고 오장육부를 끄집어 낼 것이다. 스스로 물에 빠져 죽는 것이 단 하나의 현명한 방법이라는 생각이 들었다. 그래도 희망을 버리기가 어려웠다. 희미한 달빛이 힘이 되어줄 것 같았다. 나는 지난밤에 잠잔 마을로 돌아가기로 결심하였다. 어쨌든 고문을 받으면 정신을 잃게 되겠지······.

나는 물속에서 기어 나와 낮은 포복으로 숲속까지 꿈틀꿈틀 기어갔다. 그 후 마을을 향해 떠났다. 어둠 속을 비척비척 걸어가노라니 내 마음이 텅 비었다. 그래도 정신병자의 망령처럼 오성륜의 생사가 어찌 되었을까 하고 속으로 계속 물으며 갔다. 어떻게 그 길을 왔는지 도무지 기억이 없다. 분명히 나는 거의 의식이 없는 상태로 전날 밤의 그 집에 도착해서 하루 종일 곯아 떨어졌다. 다음날 밤에 한 농부가 나를 펑파이에게 다시 데려다주었다.

이틀 동안 나는 폭포수 줄기에 아로새겨진 다정한 오성륜의 얼굴이 실제로 나타나기를 애타게 기다렸지만 그는 오지 않았다.

"육로로 산터우까지 가는 것이 좋을 거요. 그러면 배를 타는 모험을 할 필요가 없지" 하고 펑파이가 충고하였다.

산터우는 200리 떨어져 있었다. 기력을 회복하는 한편 내

다정한 친구를 다시 볼 희망을 품고 나는 잠시 펑파이와 함께 머물러 있었다.

그러던 어느 날, 펑파이가 조용하게 말했다.

"이제 그들이 모두 죽었다고 생각하는 게 좋을 거요. 기다려봐야 소용없어요. 오동지가 오늘도 오지 않는다면 영영 돌아오지 못할 거요."

7월 27일, 나는 모든 희망을 버리고 안내자인 농부 한 명과 함께 산터우로 길을 떠났다. 이 여행에도 많은 어려움이 있었지만, 어쨌든 8월 4일에는 싼양(三洋) 근처의 산 위에 있는 둥장 강 공산청년동맹위원회 본부에 무사히 도착하였다.

나는 그들과 함께 하룻밤을 지내고 나서 나룻배를 타고 3시간쯤 걸리는 산터우로 갔다. 산터우에 가까이 가자 물가에 국민당 깃발이 나부끼고 경찰이 있는 것을 보고 깜짝 놀랐다. 이 당시 나는 국민당 깃발만 보면 공격하거나 도망졌기 때문이다. 붙잡히지 않으려면 뭐라고 말하고 어떻게 행동해야 좋을지 생각해내려고 애썼지만 도무지 좋은 방안이 떠오르지 않았다. 그러나 우리가 나룻배를 갖다 대도 우리를 체포하려는 움직임이 전혀 없었다. 나는 이때만큼 기뻤던 적이 없었다.

그날 밤에는 어느 절름발이의 숯가게에서 잤다. 다음날인 8월 6일, 배삯 4원을 주고 홍콩행 일본화물선 타가야마마루(高山丸) 호에 올랐다.

'사람은 쉽게 죽지만 또 그리 쉽사리 죽지도 않는다'는 생각을 하였다.

인삼장수 박씨

하지만 나에게는 아직도 행운과 불행이 기묘하게 섞여 있었다.

나는 다음날 홍콩에 도착해서 내가 알고 있는 여인숙에 갔다.

"어쩌다 병에 걸렸습니까? 어디서 오셨죠? 중국말을 잘 못하는군요."

종업원이 어디서 굴러온 개뼈다귀냐는 듯이 그야말로 내 몸의 냄새를 맡으면서 수상하다는 눈초리로 캐물었다.

나는 조선인삼을 팔러 다니는데 후양(湖陽) 근처에서 비적을 만나 가지고 있던 돈과 인삼과 옷가지를 모조리 빼앗겨버렸다고 대답했다.

"지금 당장 돈이 한 푼도 없지만 고향에 편지를 낼 동안만 기다려줄 수 없겠습니까?"

종업원이 마음을 놓는 것 같았다.

"좋아요. 기다리지요. 남해에서 와서 이곳에 묵고 있는 조선인삼 장수를 소개해드릴 수도 있지요."

나는 내심으로 큰일났다 싶었지만 받아들일 수밖에 없었다. 박씨 성을 가진 이 조선 상인은 마음이 너그러운 사람으로, 온몸이 상처투성이인 데다가 병까지 걸려 불쌍하기 짝이 없는 나를 보자 혀를 차더니 지체없이 말했다.

"내 방으로 오시오. 당신은 무일푼이지 않소!"

박씨는 나를 공중목욕탕으로 데려갔으며 10원을 내서 양복바지와 셔츠를 한 벌 사주었다. 심지어 그는 자기 코트까지 주려고 하였다. 그러고 나서 그는 나를 강제로 양식집으로 데려가 3원어치나 식사대접을 하고 또 영화까지 보여주었다. 우리는 톨스토이 원작의 〈부활〉을 보았다. 이 영화는 내 가슴속에 깊이 흐르고 있던 슬픔이 홍수처럼 흘러넘치도록 만들었으며, 게다가 최근의 여러 경험으로 바짝 긴장하였다가 갑자기 마음이 너무나 느긋해진 탓에 나는 엉엉 울기 시작했다. 나 자신은 말할 것도 없고, 광둥코뮌 이래 내 눈으로 보았던 일체의 인류의 비극에 애틋함을 금할 길이 없었다.

"당신은 여주인공 때문에 우는 거요, 아니면 논 때문에 우는 거요?"

그가 물었다.

그러나 나는 그에게 입을 열 수가 없었다.

"돈이나 인삼 일은 그만 잊어버려요. 내가 여기 있는 동안은 굶주리지 않게 하겠소."

영화를 보고 나서 커피와 과자를 먹으러 갔다. 그는 나를 위로하기 위하여 농담도 하고 이야기도 해주었다.

다음날 나는 알고 있던 주소를 가지고 공산당 지하조직을 찾아갔다. 당에서 준 내 신원확인서는 여관방 침대 속에 숨겨 두고 왔다.

대문을 두드렸을 때 갑자기 광둥인 사복형사 두 명이 가까이 다가오더니 나를 붙잡았다. 나는 손을 들고 조사를 받았다. 하지만 아무것도 발견되지 않았다.

"저는 인삼장수입니다. 한 달 전에 이곳에 살고 있는 미스 리에게 인삼을 한 근 팔았는데, 돈을 반밖에 받지 못했어요. 나머지 돈은 오늘 받으러 오라고 했습니다" 하고 둘러댔다.

그들은 나를 경찰서로 끌고 갔고 그곳에서 한 시간 동안이나 인도인 경찰과 중국인 경찰에게 취조를 받았다.

"주거지는 어디지?"

"타이안산(泰安三) 여관입니다."

"그곳을 조사해보자."

그들은 나보고 여관까지 안내하라고 하였다.

여관에 다다르자 나는 그들을 박씨의 방으로 데리고 들어가 박씨의 짐 꾸러미를 내 것인 양 펴보였다. 박씨는 어리둥절해서 서 있었다.

"이 인삼이 제 것이라고 말해주세요."

나는 조선말로 그에게 사정하였다.

박씨는 아무 말도 하지 않았다.

나는 양털 보자기를 두 개 꺼내서 하나는 박씨 것이고 또 하나는 내 것이라고 말하였다.

"우리는 이곳에 둘이 함께 왔어요. 박씨는 남쪽으로 갔고, 나는 광둥으로 가서 인삼을 팔았지요."

박씨는 황당해하였다.

"대관절 어찌된 일이오? 말 좀 해주시오."

박씨는 조선말로 물었다.

이윽고 그들은 나를 다시 경찰서로 데리고 갔다. 박씨가 뒤따라왔지만 안으로 들어오지는 못하였다.

마지막으로 한 영국인이 오더니 거만한 태도로 나를 쳐다보고는 가라고 했다. 그 순간 그를 끌어안고 싶어졌다. 이것으로 내 운명도 끝장이구나 하고 생각했던 터라 너무나 기뻐서 숨도 제대로 못 쉴 지경이었다.

'나는 산판에서도 죽지 않았다. 하물며 이런 곳에서 처형될 리가 있겠는가!'

나는 속으로 쾌재를 불렀다.

박씨는 거리에서 기다리고 있었다.

"큰 걱정을 했소. 일이 잘 되었소?"

"네. 네. 아무 일 없습니다."

나는 유쾌하게 말하였다.

"중국인 친구 한 명을 찾아갔어요. 그런데 그 친구가 도둑이 되었어요. 그래서 제가 의심을 받았지요. 아까 그들은 제가 그 친구와 아무런 관계가 없다는 것을 분명히 확인해보려고 했을 뿐입니다. 그뿐이예요."

박씨는 믿을 수 없다는 듯이 머리를 설레설레 흔들었지만 그 이상은 아무 말도 하지 않았다.

나는 여관에서 다시 병에 걸렸는데 박씨가 아주 친절히 돌봐주었다. 공산당본부에 있는 친구 하나가 나를 발견하고는 여관에 찾아왔다.

"상하이라면 싸구려 병원을 찾을 수 있을 거야. 상하이로 가야 해. 안 가면 죽을지도 몰라. 이곳은 너무 비싸거든. 아니면 소련으로 가고 싶니?"

"아니야. 나는 현재 중국에서 훌륭한 일을 할 수 있어. 중국에 있는 편이 더 나을 거야."

"그렇다면 어느 정도 기운을 차릴 때까지 여기서 기다렸다가 기운이 좀 나면 얼른 상하이로 가도록 해."

나는 어머니 앞으로 편지를 띄웠다. 편지에는 외국유학을 갈 계획을 세우고 지금 프랑스로 가는 배를 기다리고 있다고 썼다. 내가 아직 살아 있다는 것을 알리기 위해 쓴 것이다.

나는 죽은 뒤에 보내주기로 약속한 손군의 편지를 잃어버렸다. 하지만 그의 누이 주소를 기억하고 있었으므로 약속한 대로 누이에게 편지를 띄웠다. 오성륜에 대해서는 아직도 희망을 가지고 있었다.

얼마 후에 나는 박씨와 함께 지성호(至聖號)라는 배를 타고 상하이로 갔다. 도중에 태풍을 만났다. 나는 너무나 병약했기 때문에 침대에서 일어나지조차 못했다. 상하이에 도착하자 박씨는 나를 퉁런의원(同人醫院)에 입원시켰다. 말라리아가 재발하였다. 의사가 내 체온을 재더니 숨을 훅 들이쉬라고 말했다.

"이제까지 내가 잰 체온 중에서 가장 높군요. 체온이 떨어지지 않으면 당신은 죽고 말 것입니다. 아주 위험합니다."

나는 의식을 잃었고 그 다음주에 일어난 일은 거의 기억하지 못했다.

글을 읽을 수 있을 만큼 회복되었을 때 베개 밑에서 인삼장수 박씨의 편지를 발견하였다. 그는 나에게 30원을 남겨주며 내가 회복될 때까지 기다리지 못하고 급히 조선으로 돌아간다고 썼다. 그 후, 다시는 그를 보지 못하였다.

병원비는 하루 1원씩이었다. 그래서 나는 박씨 덕에 병원에 한 달 동안 머무를 수 있었다. 하루는 외국인 간호사가 나에게 물었다.

"기독교인인가요?"

"네, 어릴 때부터 교회에 다녔지요."

그 이후 그녀는 매일같이 귤을 하나씩 주고 간호도 잘 해주었으며 친절하게 대해주었다.

1) 이 작은 소비에트―중국 최초의―는 펑파이(彭拜)에 의해 조직되었는데 광둥코뮌보다 2개월 전인 1927년 9월 9일에 건설되었다. 국민당이 되돌릴 수 없는 반혁명당이라는 사실이 확실시된 후부터 투쟁을 계속해 갈 수 있는 희망은 오직 농민운동과 노동운동에 거는 길밖에 없었다. 중국공산당은 민주적 혁명을 성취하기 위한 유기체로서 소비에트를 건설하기로 결정했다. 8월 1일, 난창 봉기 동안 주더(朱德)와 다른 동지들에 의해 창립된 홍군은 하이루펑을 포함하여 광저우 근교 전역에 기지를 창립하기 위해 남부로 행군하기 시작하였다. 2만 5,000명의 홍군 중 살아남은 자는 겨우 1,200명뿐이었다. 그중에서도 800명만이 투쟁을 계속하고 있던 하이루펑 소비에트에 합류할 목적으로 선터우(汕頭)에 도피할 수 있었다. 우리의 합류는 빈약한 무장군의 사기를 돋우는 데 결정적인 힘이 되었다. 백군이 지역 인민 전체의 학살은 물론 그 어떤 반항이라도 계속되는 경우 어린이까지 사정없이 해치우겠고 혈안이 되어 있던 시기에 하이루펑 소비에트는 1928년 5월 3일까지 버텨냈고 최후의 순간까지 용감히 싸웠다.― 김산

2) 이 사건은 너무도 끔찍하고 소름끼치는 일이었으므로 이야기에서 빼버린 두 사건 중의 하나이다. 오래된 농경 부족사회에 내려오는 잔인한 도덕적 복수를 이해하는 것은 역사를 이해하는 데 중요한 것이다. 홍군은 고문에 대한 훈련이 되어 있었다. 농민들은 행정관리를 붙잡아 상자 안에 넣고 톱으로 두 동강을 냈는데, 고통을 연장시키려고 차를 마시면서 아주 천천히 했다. 공산당이 중국에서 권력을 잡은 후 이런 식의 고문은 중단되었다.

또 하나의 끔찍한 사건은 가톨릭 고아원에 관한 이야기이다. 인근 주민들과 공산주의자들이 믿고 있는 바에 의하면 파란 눈동자를 한 서양인들의 눈을 치료하기 위해 의사들이 어린아이들의 안구를 빼서 팔았다는 것이다(사망률이 높은 외국인 경영의 고아원에 대한 이와 비슷한 고발은 1949년까

지도 있었다). 고대 중국의 원시 의술이 신봉해온 것을 이해하고 공산주의자들 중에는 아직까지도 이런 이야기를 믿는 사람이 있다는 사실과 이것이 서양인을 비방하는 이유의 하나임을 이해하는 것이 중요하다고 생각한다. 고아원에서 일하는 중국인 직원들이 외국인들 모르게 원시 의술의 기본인 '이독제독(以毒除毒)'이라는 원칙에 따라 안구를 '약'으로 매매했을 수도 있었을 것이다. 사실 내가 베이징에 있을 당시 기관지 치료에 쓰기 위하여 사형수의 피를 사용했다. 기독교의 박애 개념은 나이 든 중국인들이 받아들이기 힘든 점의 하나인 동시에 선교사들에 대한 적대감의 원인이기도 했다.— 님 웨일즈

3) 뒷날, 내가 체포되기 직전인 1930년에 황핑촨은 내가 구해준 배편으로 일본으로 도망쳤다가 1933년 내가 다시 체포되었을 때 귀국하였다. 그는 1933년 6월 8일 베이징에서 장티푸스로 죽었다. 그때 그의 나이 겨우 28세였다. 나는 그를 아주 좋아했다. 그는 일본의 단비배상기금(團匪賠償基金)에서 월 80원씩의 장학금을 받아서 도쿄제대에서 의학공부를 했었다.— 김산

14
상하이에서의 재회

나는 10월에 병원을 나와 상하이의 프랑스 조계로 가서 그곳에서 살던 조선 사람들을 찾아보았다. 그러나 아무도 만날 수가 없었다. 여러 집 대문을 두드려보았지만 대답하는 조선인은 한 명도 없었다.

할 수 없이 어느 중국인 여관을 찾아 들었다. 이 여관은 하루에 1원씩이었는데 내 주머니에는 1원 몇 전밖에 들어 있지 않았다.

나는 우리나라 사람들을 찾고 또 찾아보았지만 허탕이었다. 그러나 어느 날 노점에서 밥을 먹고 있는데 어떤 사람이 다가와서 어깨를 툭 쳤다. 돌아보니 광저우에서 온 공산청년동맹의 조선인 학생이었다.

"우리는 모두 당신이 죽은 줄 알았어요. 광저우에서 죽은 사람 명단에 당신 이름이 들어 있었어요."

그는 나를 향해 웃으면서 큰소리로 말했다.

그날 밤 그는 나를 김충창에게 데려다주었다. 김충창은 마치 어머니처럼 팔을 내밀고 나를 껴안으러 다가왔다. 나는 너무나 가슴이 벅차서 한동안 말이 나오지 않았다. 김충창의 부인 역시 나를 반가이 맞이해 주었다. 김충장은 만나자마자 오성륜의 안부부터 물었다. "그는 살아 있기 어려울 거예요" 하고 나는 말해주었다.

광둥코뮌 후 김충창은 무사히 자기 연인의 집에 숨어 있었다. 그 후 그들은 결혼을 해서 상하이로 왔던 것이다. 이곳에서 그는 다른 사람들을 지원해 줄 돈을 벌기 위하여 글도 쓰고 번역도 하고 있었다. 만일 그의 활동이 없었더라면 우리 친구들 중에서 당시의 어려웠던 몇 달 사이에 굶어죽은 사람도 몇 명 나왔으리라.

우리는 밤새도록 이야기를 하였다. 김충창은 우리가 하이루펑으로 후퇴한 뒤 광서우에서 일어났던 일을 얘기해 주었다. 왜놈들은 코뮌에 참가한 조선 사람들을 색출해내려고 혈안이 되어서 1,000명의 조선 사람을 체포했다. 다른 사람들은 상하이의 왜놈들에게 인도되었다. 내가 프랑스 조계의 거리에서 한 사람도 보지 못한 것도 무리가 아니었다.

이틀 후 나는 김충창의 집 근처에 방을 하나 구해 놓고, 매일같이 그의 집을 찾아갔다. 서로간에 꼭 해야 할 말만 하는데도 며칠씩이나 걸렸다. 나는 건강이 완전히 무너져서 몇 주의 휴양이 필요하였다.

어느 날 나는 정크(중국 해안을 다니는, 보통 돛대가 셋이고 바닥이 판판한 배―역자)의 돛대가 빽빽이 들어서 있는 사이사이로 여러 가지 깃발을 단 열국의 군함이 우뚝우뚝 서 있는 황푸강을 쳐다보면서 프랑스 조계의 황푸탄을 따라 무작정 걷고 있었다. 그러다가 문득 고개를 들어 보니 환영을 보고 있는 것처럼 하나의 얼굴이 나를 향해 다가오고 있는 것이 아닌가! 이럴 수가! 그 얼굴은 꿈에 보이는 아련한 모습처럼 점점 크게 부풀어 오르며 눈앞으로 성큼성큼 다가오더니 익히 알고 있는 뼈만 앙상한 손으로 내 손을 덥석 잡는 것이었다. 두 사람 입에서 동시에 놀란 목소리가 튀어나왔다.

"네가 죽은 줄 알고 있었어!"

우리는 마치 한몸이거나 한 듯이 얼마 동안은 못박힌 듯 꼼짝도 않고 서서 아무 말도 하지 못했다. 이윽고 그의 얼굴에 눈물이 흘러내렸다. 처음으로 나는 오성륜이 우는 모습을 보았다!

그는 지난 일을 이야기해 주었다. 하이루펑에서 산판을 타고 있던 바로 그날 밤, 총격이 일어나자마자 오성륜은 사공과 함께 탈출하였다. 그는 몇 차례나 나를 찾아보다가 단념하고는 자기 목숨이라도 건지기 위해 도망쳤다. 적병이 오성륜과 사공이 아닌 다른 중국인들을 좇아갔던 것이다. 그들은 두 자 깊이의 논물 속에 숨어서 코만 내놓고 있었다. 그 후 동이 트기 전에 40리를 걸어서 사공의 집으로 갔다. 오성륜은 그곳에서 일주일 동안 숨어 있었다. 그도 당시 중병에 걸려 있었다. 마침내 그는 탈출에 성공하였다. 하지만 그는 산터우로 해서 탈출한 것이 아니라 일단 하이펑 지방으로 갔고 이어 후이라이로 갔다가 감시망을 뚫고 조그마한 기선을 타고 홍콩으로 갔던 것이다.

그는 몇 명의 중국인과 함께 있었는데, 후이라이에서 한 사람이 체포되었다. 민단(지방 사설경찰—역자)은 이 중국인에게 공산주의자냐고 물어보았다. 그 사람이 아니라고 부인하자 관상쟁이를 한 명 불러다가 사실을 밝혀내도록 하였다. 그 관상쟁이 노인은 현명한 사람이라, 이 젊은 혁명가를 주의 깊게 살펴보더니 이렇게 말했다.

"아닙니다. 이 사람은 지금은 공산주의자가 아닙니다. 하지만 앞으로는 공산주의자가 될 위험이 있을지도 모릅니다."

그 사람은 이 판단 덕분에 석방되었다. 후에 오성륜은 홍콩 거리에서 그 사람을 만났다.

"중국에서는 봉건주의도 쓸모가 있더군. 만일 관상쟁이 늙은이가 공산주의자라고 했으면 그 사람은 즉시 총살당했을 거야."

오성륜은 싱긋 웃으며 말했다.

오성륜은 나보다 한 달 뒤인 10월에 상하이에 왔는데 조선인 친구들을 한 사람도 만나지 못하고 있었던 것이다.

다음날 나는 그를 데리고 김충창의 집으로 갔다. 우리는 3

일 동안 그곳에서 함께 기거하면서 이야기를 나누었다. 그러나 함께 산다는 것은 너무나 위험해서 각자 자기 방을 비밀로 하고, 식사 때만 김충창의 집으로 모였다.

오성륜도 역시 병에 걸려 있었다. 하이루펑에서의 고생으로 등이 항상 쑤시고 악성 심장비대증에 걸려 있었다. 그러나 그는 병원에 가려고 하지 않았다.

김충창의 부인에게는 언니가 하나 있었는데, 그 언니는 인도차이나에서 혁명활동을 하다가 추방된 사람이었다. 오성륜은 이 아가씨를 좋아해서 매일같이 그녀를 데리고 프랑스 공원으로 갔다.

"하지만 그녀는 곧 가버릴 거야. 그러면 모든 것이 끝이야."
오성륜은 내게 털어놓았다.
"이 아가씨는 사막에서 마시는 한 모금의 시원한 물 같아."
상하이에서 그간의 후유증에 시달리며 불행한 나날을 보내는 동안, 김충창과 오성륜과 나는 엄청나게 가까워졌다. 우리는 전에는 결코 볼 수 없었던 강한 형제애를 가지고 서로를 사랑하였다. 마치 모든 것을 빼앗겨서 우리에게 남아 있는 것이라고는 깊은 우정밖에 없는 것 같았다. 그래서 우리는 가능한 한 오랫동안 함께 있고 싶어했다. 한 사람이라도 눈앞에 보이지 않으면 곧바로 염라대왕이 그 사람을 데려가지나 않았을까 하고 불안해했다. 그토록 많은 훌륭한 우리 동지들을 코뮌에서 잃어버렸다는 사실이 시커먼 저주처럼 우리를 짓누르고 있었다. 어디 가서 이 사람들—조선혁명의 정수이며 우리 당 전체의 중핵이었던 사람들—을 보충할 수 있을까? 혼자 있으면 이들 희생된 사람들의 망령이 우리들을 괴롭혔다. 그래서 우리는 매일같이 함께 만나서는 우리의 교제 속에서 위안과 용기를 얻고 우리 함께 똘똘 뭉쳐서 장차 그 사람들의 못다 한 일을 해나가자고 맹세했다.

다른 어느 누구보다도 우리는 시베리아에서 온 용감한 박씨 3형제의 죽음을 애도하였다. 박진은 코뮌 때 다른 조선인 동지 50여 명과 함께 링난(嶺南)에서 자리를 지키다 몰살당했으며, 두 명의 동생 역시 하이루펑에서 죽은 것 같았다.

내가 상하이에 온 지 두 달쯤 지났을 무렵, 어느 날 나는 분명히 가명이라 생각되는 두 사람의 이름이 서명된 편지를 한 통 받았다. 거기에는 이렇게 씌어 있었다.

"우리는 삶을 위한 새로운 투쟁을 하려고 시옥에서 온 당신의 동지요."

다음날 만나기로 하였다. 내가 문을 열자 짙은 눈썹 아래 있는 새까만 눈동자 두 쌍이 나를 쳐다보았다. 나는 잃어버렸던 내 친구들을 얼싸안았다. 두 명의 박씨 형제들! 야위고 지치고 쇠약해진 그들의 모습은 마치 내 머리를 괴롭혀 온 그 망령같이 보였다. 도대체 어떻게 하이루펑을 빠져나온 것일까?

교도단이 메이룽에서 패전하여 몇 사람씩 짝을 지어 흩어질 때 그들은 후위에서 싸우며 후퇴하였다고 한다. 오성륜과 손군과 내가 바이사에서 한 달 동안 농부들과 함께 숨어 있으면서 고구마로 연명하고 있는 동안 그들은 4월 어느 날 4명의 아가씨를 포함하여 다른 20명과 함께 해변으로 빠져나가서 조그만 나룻배를 타고 주푸 항(祝府港)으로 갔다가 그곳에서 채정개 휘하의 어느 대대장에게 붙잡히고 말았다. 장교들은 즉각 전원을 죽이려고 하였지만, 대대장이 제지하였다. 한 아가씨가 대단한 미인이었기 때문이다. 대대장은 그녀를 자기 것으로 만들기 위해 살려주려고 애썼으며 다른 아가씨들도 죽이고 싶어하지 않았다. 대대장은 이 아가씨에게 친절한 태도를 보이고 몇 차례 이야기도 나누었다. 그는 정말로 이 아가씨의 환심을 사기 위해 안달이 난 모양이었다. 그러나 물론 그 아가씨는 응하지 않았다. 이윽고 대대장은 이 아가씨가 함께 있던 사내 한 사람과 연애중이라는 것을 알고는 불같이 화가 치밀어 올라서 인정사정 보지 말고 모조리 죽여버리라고 명령하였다. 포로들은 회의를 열어 토의하였다.

"당신은 동지들을 구하고 싶소? 아니면 전원이 죽는 것을 보고 싶소?"

그들은 이 아가씨에게 물었다.

그녀는 대대장에게 좋은 '낯'으로 대해주고 대대장을 움직여 나머지 사람들을 구해보리라 결심하였다. 그녀는 하고 싶은 말이 있으니 한 번 더 대대장을 불러달라고 하였다. 이 아가씨는 아름다울 뿐만 아니라 똑똑하고 매혹적이어서 대대장은 진짜로 첫눈에 반해버렸던 것이다. 이 아가씨가 공산주의자란 것을 알고 있었지만 아마도 그녀의 용기에 감탄하였던 것 같다. 대대장은 만일 자기와 결혼만 해준다면 비밀리에 배를 떠나게 하여 다른 사람들의 목숨을 구해주겠다고 약속하였다. 그녀는 이 조치로 인하여 대대장이 좋아졌다는 듯이 가장하고는 결혼을 약속하였다. 두 사람이 결혼하자 대대장은 약속을 지켰고, 배는 어느 날 밤에 자유로이 떠나갈 수 있었던 것이다. 그리고 대대장은 부하 장교들의 입을 막기 위하여 그들에게 나머지 세 명의 아가씨를 주어야만 하였다.

박씨 형제 두 명은 잠시 홍콩에 머물다가 그 후 큰 어려움 없이 나룻배를 타고 상하이로 왔던 것이다. 이즈음 그들은 장차 훌륭한 지도자가 되기 위하여 모스크바로 가서 완전한 교육을 받고 싶어했다.

그 후 두 사람에 대한 소식을 전혀 듣지 못하다가 1933년에 가서야 신문을 읽고 그들이 지린에서 왜놈들에게 사살되었다는 것을 알았다. 두 사람은 만주에서 의용군과 함께 싸워왔는데, 그들이 지린 시에서 열린 당 비밀회의에 참석했다가 돌아갈 때 첩자 한 놈이 그들을 미행하였다. 5분 후 왜놈들이 그들을 포위하여 둘 다 사살하였던 것이다.

주푸 항 사건의 여주인공은 어찌 되었을까? 나는 이 아가씨를 하이루펑에서부터 알고 있었다. 1930년 어느 날 베이징 거리를 걷다가 바짝 마르고 창백한 여인과 마주쳤다. 바로 그녀였던 것이다.

나는 그녀의 비참한 모습을 보고 크게 놀랐고 잠시 후 "어떻게 빠져나왔어요?" 하고 물어보았다.

"그 대대장과 4개월간 함께 지냈지요. 그 후 몸도 아프고 고향집이 그리워 못 견디겠으니 잠시 동안 어머니를 보러 가고 싶다고 말했어요. 그는 상하이로 갈 여비를 내주었어요. 나는 상하이에서 교수로 일하는 오빠를 보러 갔는데 오빠는 내 앞에서 문을 쾅 닫아버리고는 '너 같은 년은 내 집에 들어올 생각도 마라'고 소리쳤어요. 나는 돈 한 푼 없는 데다가 두 달 동안이나 일거리를 찾지 못했어요. 그래서 길거리에서 구걸까지 했지만 그래도 굶기를 밥 먹듯 했어요. 할 수 없이 매춘굴에 들어갔는데 그 생활은 도저히 견딜 수가 없었어요. 그래서 오빠한테 다시 찾아가서 울며불며 도와달라고 애걸하였죠. 내 비참한 모습을 보더니 오빠는 너무나 큰 충격을 받아서 허난에 있는 집으로 돌아가라고 돈을 주었어요. 그런데 집에 가보니 어머니는 이미 돌아가셨고, 아버지는 화가 나서 다시 나를 거리로 내쫓았어요. 어느 여자 친구의 도움으로 나는 여자사범학교에 들어가 교사가 되기 위하여 베이징으로 왔어요. 하지만 몸이 너무 아파서 도무지 일을 할 수가 없어요. 게다가 도와주는 사람도 하나 없어요. 지금은 동지들이 나를 '백안시' 하고 있어요. 내가 모든 것을 희생하였는데도 동지들이 나를 도와주지 않는 것을 보고 나는 당과의 관계를 완전히

상하이에서의 재회

끊어버렸어요. 이제는 죽든 살든 개의치 않아요."

그녀는 결핵으로 거의 죽어가고 있었다. 나도 돈도 없었고 그녀를 도와줄 길도 없었다. 그래서 베이징협화의료원에 있는 사회복무처(社會服務處:무료진료소)에 가보라고 권하였다. 그 후 내가 곧바로 체포되었기 때문에 그 이후 그녀의 소식에 대해서는 아무것도 듣지 못했다.

이 어여쁜 아가씨는 중국혁명의 비극적인 희생자였다. 그녀는 혁명운동을 하기 위해 첫 남편과 유복한 가정을 떨쳐버리고 뛰쳐나온 것이었다. 그녀는 서예도 아주 뛰어났고 또한 훌륭한 마음씨를 가지고 있었다. 그녀가 집을 뛰쳐나왔다고 하여, 또한 혁명운동을 하고 정조를 잃었다고 하여 가족들은 그녀를 내팽개쳤고 절대로 용서하려 하지 않았다. 그녀가 몸이 약하고 의지할 데도 없으며 일도 할 수 없었으나 당은 무엇 하나 그녀를 원조해주지 못했다. 활동적인 낭원들한테 줄 돈조차 거의 없어서 공장이건 어디서건 일을 해서 자활의 길을 찾으라고 전 당원에게 명령을 내렸던 것이다. 이들 네 명의 아가씨들은 혁명을 위하여 모든 것을 희생했지만, 그네들의 관대함 덕분으로 배를 타고 탈출한 사람들을 제외하면 아무에게도 감사하다는 인사를 받지 못했다. 나머지 세 아가씨들이 어떻게 되었는지는 소식을 전혀 듣지 못했지만, 그녀들의 운명이라고 해서 더 나을 수는 없었을 것이다.

그 당시 조선혁명 문제를 놓고 정치적인 분열이 일어났다.

조선인의 당은 중국공산당 안에 들어 있었다. 그래서 앞으로 조선공산당은 조선 민족주의자들과 연합을 지속하고 그들과 더욱 밀접히 활동해야 할 것인가, 아니면 중국공산당이 우익과 결별하였듯이 민족주의자들과 결별하여야 할 것인가를 하는 문제를 둘러싸고 분열이 일어났다.

상하이위원회 내에는 조선공산당위원회 위원이 세 명 있었는데, 그중 두 명은 1928년 3월의 1,000여 명 일제검거 때 조선에서 탈출한 사람이었다. 하지만 이 두 사람이 너무 쉽게 탈출했기 때문에 대부분의 조선 사람들은 그들을 믿지 못했다. 둘 다 지식인이었는데, 지식인은 위기가 닥쳐오면 믿기 어려운 법이다. 우리들은 두 사람의 탈출문제에 대한 비판회를 상하이에서 열었는데 20명 정도 참석하였다. 만일 이 두 사람이 믿을 만하지 못한 자들이라면 그들이 우리들 한가운데로 들어온다는 것은 중대한 위험을 초래하는 것이었다. 이중 한 사람이 한씨인데 이 사내에 대해서는 다음에 그가 내 적이 되었을 때 더욱 자세히 말하게 될 것이다.

이 두 사람이 좋은 사람이라고 말하는 사람도 있었지만, 다수는 어쨌든 무엇 하나 증거가 있는 것이 아니므로 좋다 나쁘다를 판단할 수 없다고 말했다. 아마 그들 말마따나 공중변소를 통하여 빠져나올 수도 있겠지만 그것은 쉬운 일이 아니었을 것이다. 나는 여하한 경우에도 분파주의는 비난받아 마땅하다는 나 자신의 의견을 설명하였다. 개인적 지도권 쟁탈전과 내부의 분파가 존재하기 때문에 적이 우리 당원을 찾아낸다든지 적의 첩자가 우리 당에 들어오는 일이 용이해지는 것이다. 그렇기 때문에 조선에서 대량검거가 일어난 것이다. 각 개인이 모두 지도자가 되고 싶어서 다른 사람들과 협조를 하지 않고, 그렇기 때문에 지도자들마다 서로서로 의심하고 있다는 데에 우리가 화를 당하는 원인이 있는 것이다.

김충창은 여전히 광둥 출신 부인에게 깊이 빠져 있었으며, 두 사람은 아기가 태어나기를 학수고대하고 있었다. 그는 내가 상하이에 머물면서 책이나 논문을 저술하기를 바랐다. 언제나 내 문장실력을 크게 믿고 있었던 것이다. 하지만 나는 행동을 원했으므로 당시에는 이론문제는 거들떠보지도 않았다.

"너는 잠시 동안 직접적인 행동을 중지하고 휴식을 취해야 해. 요즘처럼 백색 테러가 자행될 때는 어떻게든 살아남아서 장차 중요한 일을 지도하기 위한 준비를 하는 것이 중요해. 네가 여기서 이론적 작업과 연구를 하는 동안 너를 먹여 살리는 데 드는 돈은 내가 충분히 벌 수 있어."

김충창의 충고에 대해 나는 씁쓸하게 말하였다.

"당신은 너무 행복에 겹군요. 결혼하더니 당신은 변했어요. 나는 지금 실제적인 투쟁을 그만둘 수가 없어요. 오히려 더 강화하고 싶은 심정입니다."

김충창은 결혼한 후 참으로 많이 변했다. 전에는 아무 데나 자유로이 돌아다녔다. 이 아가씨를 만나지 않았더라면 그는 절대로 뿌리를 내리려 하지 않았을 것이다. 하지만 이제는 자기 집에 틀어박혀서 하루 종일 글 쓰는 일에 만족하고 있었다. 나는 내 가장 친한 친구를 빼앗겨 버렸다는 느낌이 들어서 기분이 좋지 않았다. 내가 상하이를 떠나기 2주일 전에 김충창과 그의 부인은 나의 이런 태도에 화를 냈다. 하지만 그 후 그는 나를 찾아와 솔직히 시인하였다.

"그래, 네 말이 맞아. 사랑은 참으로 사람을 크게 변화시키지. 하지만 지금 나를 질책하지 마. 네가 아가씨를 알게 된다면 나보다도 훨씬 깊이 빠져들 거야."

"난 절대로 결혼 따위는 안 해요."

나는 선언하였다.

"어떤 아가씨도 내 적극적인 혁명활동의 자리에 대신 들어설 수가 없어요. 당신에게는 자유가 없어요. 당신 부인은 따뜻한 분이긴 하지만 혁명가는 아닙니다. 당신이 그녀를 감화시켜야지 그녀의 감화를 받아서는 안 됩니다."

"그래, 네 말이 옳아. 하지만 너는 한 번도 여자를 감화시키려고 해본 적이 없잖아. 그것은 그렇게 쉬운 일이 아니야."

내가 상하이를 떠나기 직전에 우리는 공원에서 조촐한 환송회를 열었다. 그 자리에는 오성륜, 김충창과 그의 부인, 박씨 형제, 김약산, 그리고 그 밖의 다른 사람들이 있었다. 환송회가 끝난 후 다른 사람들은 김충창의 집까지 따라가려고 하지 않았다. 오성륜과 나만이 '그녀의' 집—우리는 '그의'집

상하이에서의 재회 **313**

이라 부르지 않고 '그녀의' 집이라 불렀다—으로 가서 밤새도록 이야기를 나누었다. 그러고 나서 나는 그곳에서 잠을 잤지만, 오성륜은 자기 집으로 가버렸다.

김충창에게 작별인사를 할 때, 눈물이 고였다.

"지금 가는 것은 어리석은 짓이야. 너무도 위험이 커."

김충창은 머리를 설레설레 흔들며 말했다.

1928년부터 1930년까지 김충창은 언론출판 일에 종사하여 파시즘에 관한 책을 여러 권 번역하였다. 그는 식민지의 학생문제와 그 밖의 여러 가지 주제에 대한 논문을 묶은 훌륭한 책을 내었다. 또한 여러 가지 필명을 사용하여 무려 20권의 책을 출판하였다. 그는 조선혁명의 중요한 이론적 지도자다. 그는 비밀이 요구되는 일은 결코 좋아하지 않았고 공개적인 활동을 즐겨 하였다. 그것이 그의 특성이다. 그렇기 때문에 그는 백색 테러 시기에 적극적인 지하활동을 하고 싶어하지 않았던 것이다.

1931년 김충창은 대학에서 강의하기 위하여 화난(華南)으로 갔다. 이제는 세 명의 자식이 있고, 소음과 행복이 가득 찬 집에서 아주 열심히 일하고 있다.

오성륜과 김충창 둘 다 내가 가능한 한 오랫동안 자기들과 함께 상하이에 머물러 있기를 바랐지만, 나는 활동을 계속하기 위하여 1929년 봄에 베이징으로 갔다.

오성륜은 1년 동안 상하이에 머물러 있었다. 그는 의기소침해지고 시무룩해졌으며 몸이 좋지 않았다. 그는 인도차이나에서 온 매력적인 중국인 학교교사인 김충창의 처형과 깊은 사랑에 빠졌다. 1930년 가을에 오성륜은 만주로 갔다. 그 아가씨도 함께 동행했지만 넉 달 후에 오성륜은 그녀를 돌려보냈다. 그는 만주에서 건강을 회복하였으며 성마다 돌아다니며 어렵고 위험한 삶을 사는 등 아주 열심히 활동하였다. 오성륜은 만주의 빨치산 활동의 재조직을 도와주었으며, 지금은 일본 제국주의에 대항하여 싸우는 항일단 제2사단의 정치위원이다. 이 제2사단은 7,000명의 병력 전원이 조선인으로, 공산당의 지도를 받고 있다. 나머지 2개 사단은 중국인 빨치산인데 그 안에는 3,000명의 조선인 민족주의자들이 있다. 오성륜은 광범위한 대중적 기반을 가진 조선독립동맹의 중앙위원회 위원이기도 하다. 그는 나에게 편지를 띄워 현재 그곳의 사업이 매우 성공적이며, 자기가 마침내 위대한 일을 달성하고 있다고 말하였다. 오성륜은 내가 가능한 한 빨리 자기와 함께 일하기를 원하고 있다.

15
위험한 생각

나는 베이징에 도착하자마자 베이징의 공산당 비서가 되었으며 또한 인사문제를 관장하는 화베이조직위원회 위원으로 선출되기도 하였다. 붙잡히기만 하면 죽음을 피할 수 없기에 모든 것이 극비리에 지하에서 이루어졌다. 나는 다시 활동적인 일에 종사하게 되어 기쁘기 그지없었고, 우리의 혁명운동을 수행해나갈 계획으로 머리가 꽉 차 있었다. 내 성벽이 좋았기 때문에 중국인, 조선인 할 것 없이 모두 나를 신뢰하였으며 일도 잘 되어나갔다. 베이징 지부의 우두머리로서의 내 임무를 수행해야 했지만, 내 특별한 임무는 화베이와 만주에 있는 조선인 및 중국인의 모든 혁명활동을 조정하는 것이었다.

그 후 나는 한 아가씨를 알게 되었다. 내가 의장을 맡고 있는 당의 '활동가 회의'에서 한 아가씨가 토론할 때 지도적인 역할을 해냈는데, 매우 총명하고 경험이 많은 것 같았다. 회의가 끝날 때까지 계속해서 그녀에게 시선이 갔다. 그녀는 예쁘지는 않았지만 강인한 얼굴을 하고 있었으며, 특이한 매력을 가지고 있었다.

회의가 끝난 후 그녀는 나에게 다가와서 자기 소개를 하고 자신의 이력을 말해주었다. 분명히 그녀는 나와 사귀기를 원하고 있었으며 그녀의 총명한 두 눈은 나에 대한 숭배로 빛나고 있었다. 나는 즉시 서둘러서 자기방어책을 강구하였고, 의례적이고 신통치 않은 태도를 취하였다.

그 후 며칠 동안은 이 중국인 아가씨가 끊임없이 떠올랐지만 그녀의 모습을 내 마음속에서 몰아내려고 애를 썼다. 일주일 후에 나는 그녀한테서 쪽지를 받았다. 거기에는 몇 가지 이론문제에 대해 나와 토의하고 싶다며 나의 도움이 필요하다고 씌어 있었다. 나는 그 편지를 무시하고는 절대로 그녀와 사귀지 않겠다고 분명하게 결심하였다. 위험하게 될 가능성이 있었던 것이다. 며칠이 지난 후 나는 이중의 의미를 지닌 편지를 받았다. 나는 무례하거나 우호적인 행동은 하고 싶지 않았다. 게다가 연애니 결혼이니 하는 것에는 전혀 신경 쓰고 있지 않다는 사실을 확실하게 그녀에게 알려주는 것이 가장 현명한 처사일 것이라는 생각이 들었다. 그래서 그녀를 만나러 갔다.

그녀는 소탈하고 정직하며 또한 감지력이 뛰어났다. 나는 누구를 막론하고 이런 성품을 가진 사람을 대단히 예찬하고 있었다. 그녀에게는 수줍어한다거나 교태를 부리는 면이 하나도 없었다. 내가 너무 바빠서 도저히 그녀와 이야기하거나 개인적인 일로 방문할 만한 시간이 전혀 없다고 말하자, 그녀는 나를 똑바로 쳐다보더니 담백하게 말했다.

"나는 당신을 매우 좋아합니다. 당신과 나는 같은 부류의 사람이에요. 우리가 친구가 된다면 서로 즐거우리라고 생각해요. 당신에게 나를 사랑해달라고 애원하지는 않겠어요. 내 연인은 작년에 이곳 톈챠오(天橋)에서 리다자오를 비롯한 19명의 동지들과 함께 장쭤린(張作霖)한테 처형당했답니다. 그 이후로 나는 계속 마음이 언짢았어요. 또한 생활이 하도 허전해서 그동안 고통받았고 그 손실을 채워줄 만한 것을 하나도 발견할 수가 없었어요. 나는 아무한테나 쉽게 마음을 주지 않아요. 만약 당신이 나를 좋아한다면 그것은 나 자신뿐만 아니라 당신에게도 의미없는 일은 아니라고 확신해도 좋을 거예요. 당신이 여자들에게 전혀 관심이 없다는 것도 잘 알고 있어요. 그렇기 때문에 우리의 우정이 보통의 우정과는 다르지 않을까 하는 생각이 드는군요."

나는 쩔쩔매었다. 그러자니 오래 전부터 갖고 있던 부끄러움과 당혹감이 엄습해왔다.

어떻게 하든 빠져나가려고 안달이 나서 나는 매우 거칠게 말했다.

"제발 이러지 마시오. 나는 어떤 아가씨와도 연애를 해본 적이 없어요. 게다가 1923년 이래 이 문제로 내 혁명활동이 절대로 방해받지 않게 하겠다고 맹세해 왔소. 내가 당신과 가까이 지낼 수 없는 것은 개인적인 이유 때문이 아니라 이미 오래 전에 이런 결정을 내렸기 때문입니다. 당신과는 친구로서가 아니라 오직 당의 사업관계를 통해서만 만날 수 있는 것입니다."

그 아가씨는 미소를 지었다. 나로서는 알 수 없는 어떤 예지로 가득 찬, 뭔가 알았다는 느긋한 미소였다.

"당신은 마음이 거칠군요. 그렇다면 매이는 것이 필요해요. 혁명을 하는 데는 둘이 함께 일하는 것이 혼자 일하는 것보다 얼마나 좋은지 아직 모르시는군요. 내가 당신을 도울 수도 있고 당신이 나를 도와줄 수도 있어요. 어쩔 수 없이 지하생활을 해야만 한다면 한 남자와 한 여자 사이의 친밀한 우정은 심리적 안정과 깊은 동지애, 다른 어떤 관계에서 얻을 수 있는 것보다도 더 깊은 동지애를 의미해요. 언젠가는 내 말이 옳다는 것을 인정하게 될 거예요."

"나는 곧 위험한 사명을 띠고 만주로 가게 될 것입니다. 만일 당신이 나에게 얽매인다면 그것은 당신을 더욱 불행하게 만들 뿐이라고 생각합니다. 이미 당신은 한 연인을 희생시킨 경험이 있습니다. 지금 당신은 그 경험을 또 한 번 되풀이하려 하고 있을 뿐입니다. 만일 당신이 나를 사랑하게 된다면 내가 만주에 있는 동안 걱정이 되어서 당신의 일을 제대로 하지 못할 것입니다. 또한 만일 내가 당신을 사랑하게 된다면 내 마음이 깨끗하지 못하여 목숨을 걸 만큼 그렇게 열성적으로 일하지 못하게 될 것입니다."

"사랑은 남자나 여자를 겁쟁이로 만들지 않아요. 오히려 더 용감하고 더 결단력 있게 만들지요. 만일 사랑 때문에 당신의 용기가 줄어든다면 나는 당신을 경멸할 것이고 그러면 문제가 해결될 것입니다. 내 연인이 죽은 이래 나는 죽음에 대한 공포가 완전히 없어졌어요. 삶이라는 것의 가치가 줄어들고 용기가 더욱 가치있게 된 거예요. 지금은 혁명에 대한 나의 임무가 이전보다도 커졌어요. 내 임무뿐만 아니라 그이의 임무까지도 수행해야 되기 때문이죠. 만일 당신마저 죽는다면 나를 믿고 자기 자신이 혁명대열에서 사라져 버린다고는 생각지 마세요. 나는 장래의 내 짐이 두 배로 된다고 생각할 수밖에 없고, 반드시 해내고야 말 것입니다. 혁명은 하나의 추상물이 아닙니다. 살아 움직이는 인간으로 만들어지는 것이지요. 인간적인 요소가 대단히 중요합니다. 인간적 요소가 혁명에 유기적인 단결인 동지간의 충성과 더욱 커다란 책임을 부여해주는 것입니다. 함께 있으면 우리는 튼튼하지만 떨어져 있으면 당신도 나도 단지 개체에 불과할 뿐 완전한 하나의 단위를 이룰 수는 없습니다."

"아마도 내가 만주에서 돌아올 때에는……."

"아녜요. 그때는 너무 늦어요. 왜 당신은 사랑 한번 해보지 않고 죽으려고 하는 거죠? 혁명가도 역시 사람입니다. 기계가 아녜요. 당신만 좋다면 나도 함께 가겠어요. 나는 위험한 일이 하나도 두렵지 않아요. 내가 도움이 될지도 모르고, 당신이 조선 사람이라서 중국인 사이에서 할 수 없는 일도 나라면 할 수 있을지도 몰라요."

"아냐, 아냐. 그럴 수는 없어."

나는 깜짝 놀라서 버럭 소리를 질렀다.

"그렇다면 당신 마음대로 하세요. 편지나 보내주신다면 나는 그것으로 족해요. 나는 꼭 당신을 기다릴 거예요. 나는 믿고 마음에 새겨둘 사람이 있었으면 해요. 당신이 나를 원하고 있다는 것을 알기만 하면 나는 더욱 힘이 날 것이고 전처럼 불행하지 않게 될 거예요."

"하지만 나는 당신을 원하고 있지 않아요. 당신은 자기 자신을 속이고 있어요."

"아니에요. 당신은 나를 원하고 있고 필요로 하고 있어요. 나는 그걸 알고 있지요. 자기 자신을 속이려고 애쓰지 마세요. 당신은 그 정도로 어리석지는 않아요. 당신은 반드시 내게 돌아올 거예요. 당신은 자기 하나만 생각하고 있을 뿐이고, 동시에 자기 자신을 거절하고 있어요, 아무런 이유도 없이. 그렇다면 편지 같은 걸로 괴로워하지도 마세요. 하지만 당신의 속 좁은 이기심이 당신을 더욱 훌륭한 혁명가로 만들어주지는 않을 것입니다. 정말이에요. 그것은 당신의 개인생활 문제에 있어서 좌익소아병의 한 형태에 불과할 따름입니다. 그것은 자연스럽다기보다는 낭만에 더욱 가까워요."

"잘 있어요."

나는 겁이 나서 문을 향하여 주춤주춤 물러나면서 작별인사를 하였다. 내가 마지막 몸놀림으로 그녀를 내 품에 안아주기를 바라고 있다는 것을 알았기 때문이다.

"두려워하시는군요. 도망치지 마세요. 쫓아가지는 않겠어요. 정히 그렇다면 만주에서 돌아올 때까지……."

문밖에 나오자 휴! 하고 한숨을 내쉬었다. 그리고 '여자들이란 도대체가 맘대로 안 되는군' 하고 탄식하면서 큰 걸음으로 걸어갔다.

속에서 끊임없이 솟아오르는 새로운 욕망을 깨부수려 애쓰느라고 나는 며칠 밤을 잠을 이루지 못했다.

'나는 돌중보다도 더 나빠. 나는 바보야.'

나는 홀로 중얼거렸다.

"왜 나를 위해 애도해주는 사람조차 없는 상태도 만주에서 죽어야만 하지? 그래, 혁명가도 역시 한 인간이야……."

사실 이 말은 광저우에서 김충창을 변호하기 위해 내가 한 말이었다. 그런데 이 말을 이 아가씨가 나한테 거꾸로 들이댄 것이다.

김충창의 연애사건 이후 나는 만일 이상적인 아가씨와 만나기만 한다면 연애를 해도 괜찮겠다고 생각하고 있었다. 그리고 하이루펑에서 구사일생으로 살아남고 상하이에서 앓는 동안 삶이 얼마나 귀중하며 적어도 일시적이나마 삶에 주어져야 하는 일체의 것—음식, 안락함, 우정, 사랑, 안전—이 얼마나 귀중한가 하는 것을 알게 되었던 것이다. 거의 무의식적으로 나는 훗날 나와 연애하게 될 이상적인 처녀상을 그리고 있었다. 이제 이 모든 생각을 한데 뭉뚱그려 보니 류링(劉玲)이 거기에 너무나 꼭 들어맞아서 불안한 느낌이 들었다.

그 이상적인 아가씨는 첫째로 몸도 마음도 튼튼해야만 한다. 위험에 직면해서 나약해져서는 안 되고, 혁명가로서의 굳건한 결의를 가지고 있어야 하며, 또한 건강해서 병에 걸리지 않고 어려운 생활을 견뎌나갈 수 있어야만 한다. 둘째, 나를 만나기 이전부터 독립적인 생활을 하고 있어서 짐이 아니라 조력자가 되며 또한 내가 감옥살이를 한다거나 혹은 돌보아줄 수가 없게 되더라도 걱정할 필요가 없어야 한다. 미녀를 바라지는 않았지만 그렇다고 추녀를 바라지도 않았다. 그보다는 얼굴과 몸과 마음이 조화 있는 통일을 이룬 과학적인 아름다움이 있는 아가씨이기를 바랐다. 일부분만이 아니라 전체적으로 아름답기를 원했다. 의학도로서의 나에게는 겉이 아니라 튼튼함과 총명함이 아름다움이었다. 얼굴의 아름다움은 그 밑에 가려져 있는 추악함—허영심과 이기심과 우둔함—을 감추는 가리개처럼 보였던 것이다. 아니면 얼굴의 아름다움이 그러한 성질들을 만들어냈는지도 모르겠다. 나에게는 미(美)란 행동이요, 수동성이 아니었다. 아가씨를 어떻게 생각하고 어떠한 반응을 보이는가 하는 것이 그녀의 아름다움의 본질적인 부분이어야만 하는 것이었다. 이상적인 아가씨라면 예지와 정열로 반짝이지 않으면 안 된다. 차가운 지성만으로는 충분치 못하다.

이런 것이 갖춰지면 내 의대 시절의 유산이긴 하지만 그녀의 가계(家系)에 대해서도 알고 싶었다. 왜냐하면 유전은 완전히 설명할 수 없는 그녀의 일부를 이루고 있기 때문이다. 이 기초 위에 일체의 강함과 아름다움이 근거하는 것이었다. 만일 어린애가 생기게 된다면 그 애는 자기에게 주게끔 되어 있는 것만을 물려받을 것이기 때문이다. 나는 아주 이성적이고 과학적이라고 스스로 생각하였던 것이다. 이런 아가씨를 만난다는 것이 어려울 리가 없다. 그렇지만 내가 그런 아가씨를 찾아내리라고는 절대로 생각하지 않았다. 내 이상은 그 수준에 미달되는 유혹으로부터 나를 지키려는 방패였던 것이다.

설령 그런 이상적인 아가씨를 발견하게 된다 하더라도 아무튼 결혼문제를 중요하다고 생각하지 않았다. 동거를 한다 해서 정식 결혼과 다를 바가 없다. 우리 일을 하는 데 더욱 편리한 것이라면 공식적으로 결혼할 것이고 별로 편리하지 않은 것이라면 신경 쓰지 않을 것이다. 애가 생기지 않는다면 아마도 결혼이라는 것이 중요하지 않을 것이다.

그런데 류링은 이 모든 경우에 딱 들어맞는 아가씨였다. 그녀는 그다지 예쁘지는 않지만 독립적이고, 육체적으로 튼튼하고 매력적이며, 지성이 있고, 마음씨가 따뜻하고, 용감하고,

솔직하고, 훌륭한 혁명가였다. 게다가 그녀는 나를 좋아했고 나 또한 그녀가 좋았다. 단 하나 잘못된 점이 있었다. 나 이전에 이미 연인이 있었다는 것이다. 원래의 내 그림 속에는 이러한 가능성을 고려하지 않았다. 하지만 그런 생각은 혁명적 사상가에 걸맞지 않다고 생각되어서 밖으로 밀쳐내 버렸다.

나는 내 자신이 끝없는 심연 속으로 굴러 떨어지고 있다고 느꼈다. 발버둥쳐 봤자 이 꼴사나운 추락을 가속화시킬 뿐이었다. 현재 그녀를 다시 만나지 않을 정도의 의지력은 가지고 있지만 영원히 빠져나올 만한 힘은 가지지 못했다고 느껴졌다. 곧 사랑이 나를 사로잡으리라. 만일 내가 지금 이토록 어색하게 느끼고 있는 저 이상한 불안감이 이미 그 뻗쳐오는 촉수에 닿아 있지 않다 해도, '당신은 나에게 돌아오고 말 거예요'라고 한 이 아가씨의 침착하고 예언자적인 보증의 말은 일종의 최면술이었다. 그녀는 누구나 단지 두려워하기만 할 뿐 저항할 수 없는 어떤 신비와 손을 잡고 있는 것처럼 보였다. 만주에서 돌아온 뒤에는 아마도…….

16
다시 만주로

나는 중국공산당과 조선공산당을 연결시키기 위하여 중국공산당에 의해 만주로 파견되었다. 그 당시 양당은 아무런 관계도 가지지 않았다. 또한 나는 1929년 8월에 지린에서 소집된 혁명청년연맹대회에 참석하는 대표이기도 했다. 이 연맹은 전에는 중국공산당과 관련을 맺고 있었지만 지금은 독자석인 존재였다.

나는 베이징에서 펑텐까지 기차를 타고 갔다. 이것은 위험한 사명이었으므로 아주 조심하지 않으면 안 되었다. 펑텐에는 역이 두 군데 있었다. 나는 왜놈들이 쓰는 남문(南門) 역에서 내리지 않고 중국 사람들이 사용하는 선양(瀋陽) 역에서 내렸다. 남문역에서 일본인 경찰들이 기차에 올라타서는 우리 말마따나 '독살스런 눈'을 하고 수상한 자가 없나 두리번거리며 돌아다녔다. 놈들은 선양역에 도착할 때까지 왔다 갔다 하면서 나를 예의주시하였지만 내가 확실히 조선인이라는 판단이 서지 않는 모양이었다. 판단이 섰다면 나는 철저하게 조사받았을 것이다. 나는 회색 장삼을 입고 있었다. 고도의 훈련을 받은 밀정이 아닌 다음에야 만주에서 흔히 볼 수 있는 산둥 성과 허베이 성 출신에 몽골 피가 섞여 있는 키가 큰 화베이 형(華北型)의 중국인과 조선인을 분간할 도리가 없었던 것이다. 나는 키가 크고 조선 사람답게 생기기는 하였지만, 중국어에 능통하였고 중국인 학자처럼 보이게 하는 비결을 습득하고 있었다. 그 비결이란 두 손을 습관적으로 긴 소매 속에 찔러 넣고, 어깨를 구부정하게 구부리고 독특한 걸음걸이로 걷는 것이다. 조선 사람들은 매우 꼿꼿하게 가슴을 딱 펴고 걷지만 중국인 학자들은 공자시대 이래로 언제나 어깨를 구부리고 다녔다. 이것이 장삼과 더불어 학자 특유의 몸짓이었다.

일본인 경찰은 남만주철도의 각 역에서 하차하는 조선인이나 조선인이라 의심되는 사람들은 모조리 "잠깐 봅시다" 하고 불러 세웠다. 놈들은 차표를 사는 행렬이나 플랫폼에서 내려오는 행렬에서 한 사람 한 사람 끌어내서는 느닷없이 일본어로 말하는 것이었다. 놈들은 이런 일에 발군의 실력을 보였다.

선양역에서 또다시 멋지게 혐의를 벗어났다. 우선 나는 공중목욕탕으로 들어가서 비밀서류가 들어 있는 짐을 가지고 나오지 않았다. 그러고 나서 어느 여관에 들어가서 여관 심부름꾼에게 표를 줘서 짐을 찾아오게 하였다. 그 애는 아무 어려움 없이 짐을 찾아왔다.

그날 밤 9시에 중국인 헌병들이 여관에 찾아와서 나를 조사하였다. 이것은 어느 여관이나 호텔에서도 있는 통상적인 관습에 지나지 않았다. 나는 하얼빈으로 가는 길이라고 말했다. 그들은 나를 조선 사람으로 의심하지 않았다.

나는 베이징에서 받아온 주소로 공산당 조직에 암호편지를 띄웠다. 거기에는 '신문을 가져다주십시오. 나는 오랫동안 읽지 못하였습니다'라고만 썼다.

어떤 사람이 찾아와서 내게 편지를 보냈냐고 물어보았다. 그러나 이 사람은 신원확인을 위한 신문을 가져 오지 않았기 때문에 나는 부인하였다. 우리는 언제나 경찰이 서신을 가로챘을 경우에 대비하여 주의해야 했다. 마침내 그는 내 편지를 꺼냈고 우리는 서로의 신분을 확인하였다.

우리는 우리의 사업에 대해 논의하였다. 주요 문제는 조선공산당이 중국공산당과 분리되어야 하는가였다. 나는 만주의 조선공산당이 그곳 중국공산당의 산하에 들어가서 가능한 한 밀접하게 함께 일하기를 원했다.

사흘 후 나는 중국인 대표와 함께 대회에 참석해서 금후의 당 활동계획을 짜기 위해 지린으로 갔다. 우리는 산속에 있는 마을까지 80리를 가야만 했다. 그곳에서 우리는 조선공산당 지도자이며, 1926년에서 1927년 사이에 광둥에서 나와 안면이 있던 장일진(張日鎭)을 만났다.

이 회의에서 우리는 모든 오류를 지적하고 논의하였으며

만주에서 새로운 노선을 채택하기로 결정하였다. 이 노선에는 조선인과 중국인이 서로 협력하기로 되어 있었다. 우리 조선 사람들은 만주에서 일제에 대한 투쟁만을 하고 중국인 지배계급이나 지주에 대한 투쟁을 하지 않는 것은 잘못이라고 결정 내렸다. 만주에는 대부분이 중국인 지주를 위하여 일하고 있으면서 중국인 봉건계급에게 시달리고 있는 조선인 농부가 100만 명이나 있다. 그러므로 우리는 일제에 대한 투쟁은 물론이요, 그 당시 여타의 모든 지역에서 택하고 있던 일반적인 당 방침에 따라 중국농민과 합세하여 중국인 지배계급에 대한 농민투쟁을 지도하기로 결정하였다. 그래서 우리는 새로이 '조선인·중국인 농민동맹'을 조직하였다. 1925년 이후 다수의 지식인과 도시노동자를 조합 속에 엮기는 했지만, 이때까지는 이 지방의 중국공산당은 농민조직이라고는 하나도 없었고 당원 가운데 농민은 한 사람도 없었다. 조선공산당은 농민과 농업노동자를 묶은 조합은 있었지만 도시무산자의 조합은 없었다. 이제 조선공산당은 중국공산당의 농민조직 창설을 돕느라고 눈코 뜰 새 없이 바빴다. 그리하여 중국공산당 내에 농민부가 설치되었고 여러 명의 조선인이 거기서 일하게 되었다.

 대회에서는 이 새로운 노선을 만장일치로 채택하였다. 80명의 대표가 왔는데, 모두가 열성적이었으며 목적의식과 정치의식이 투철하였다. 문제를 주의 깊게 객관적으로 검토하는 동안 개인차는 사상되었다. 대개 중국에서는 이러한 회의가 끝난 후에는 격론이 벌어져서 많은 사람들이 불만을 품게 되는 게 상례였던 것이다. 하지만 이 대회에서는 상호협조와 단결의 정신이 돋보였다. 나는 한편으로는 놀라면서 기쁘기 짝이 없었다. 몇 년 후면 파벌주의가 극복되겠구나 하는 느낌이 들었다. 내가 조선공산당에 의해 지도되는 대중운동을 경험한 것은 이번이 처음이었는데, 나는 여기에 대단히 깊은 감명을 받았다. 대표 중에는 심지어 유능한 처녀농군이 7명이나 있었다. 이때 비로소 나는 만주—오늘날 우리의 핵심적 혁명지역—에서의 조선인 대중운동의 충분한 가능성을 인식하였다. 비록 내가 아직도 극동에서의 지도적인 혁명과제가 중국 문제라 생각하고 거기에 몰두하고 있기는 하지만, 조선에 대한 믿음이 무한히 되살아나고 전에는 상상도 못 할 정도로 우리 조국의 앞날에 희망을 갖게 되었던 것이다. 국내의 공산당은 1928년의 일제 검거로 깨어져 버렸고 아직도 각 파벌이 주도권 쟁탈전을 벌였다. 그렇지만 이곳 만주에서는 그런 단계는 이미 막을 내렸고, 대회는 통일된 지도부의 대표들을 구성하였다. 또한 대회에서는 조선혁명청년연맹은 만주위원회의 조선공산청년부의 지도하에 독자적인 체제를 유지해야 한다고 결정하였다.

이 대회를 지배한 것은 공산주의자들이지, 민족주의자들이 아니었다. 이는 고양되는 혁명의식의 지표였던 것이다. 지도

자는 광둥코뮌의 역전의 세 용사 장일진, 정공민(丁公敏), 마진묘(馬眞畝)였는데, 이 중 두 명, 즉 장일진과 마진묘가 이듬해에 과로로 죽은 것으로 알 수 있듯이 모두가 힘든 일을 마다않는 훌륭한 일꾼이었다.

대회가 끝나고 그에 따른 토의를 마친 뒤 중국인 대표는 펑톈으로 돌아갔다. 나는 현지 정세의 모든 국면을 시찰하고 연구하기 위하여 두 달 동안 지린에 머물러 있었다.

만주에 있는 조선 공산주의자들의 생활은 비참하리만치 형편없어서 상당수가 병들어 있었다. 심지어는 겨울에도 이따금씩 산속에서 눈비를 맞으며 땅바닥에서 잠을 잤다. 경험 있는 지도자가 극히 적었기 때문에 그네들은 아주 열심히 일해야만 했고, 끊임없는 활동에서 오는 과로로 지칠 대로 지쳐 있었다.

지린 성을 두 달간 시찰하는 동안, 나는 매일같이 돌아다니면서 만주의 일반적인 정치나 경제문제에 대해 물어보기도 하고 연구도 하였다. 만주에서의 혁명운동이 승승장구하는 것을 보니 내 마음이 기쁘기 짝이 없었다.

그 당시 재만 조선인들은 중국 국적을 얻기 위해 투쟁하고 있었다. 왜놈들은 모든 조선인을 일본 국적 하에 두려고 하였다. 하지만 중국에 귀화하려고 애쓰는 조선 사람들에게 돌아오는 결과는, 왜놈들은 왜놈들대로 그들을 아직도 조선인이라 하여 체포하고 또한 중국인은 중국인대로 그들은 자기 나라 국민이라 하여 처형한다는 식이었다. 나는 1922년 상하이에서 중국시민이 되었지만 나중에 이 시민증을 없애버렸다.

1924년에서 1931년에 걸쳐서 조선민족주의자들에게는 만주에서 기능하는, 서로 분리되어 있으면서도 상호협조하는 두 개의 정부가 있었다. 하나는 대한 '정의부(正義府)'였고 또 하나는 대한 '신민부(新民府)'라 하였다. 이 두 정부는 자기들 영역 내에 있는 조선인 농민과 학교를 다스리고 교과서를 찍어냈으며 독자적인 경찰과 재판소도 가지고 있었다. 정의부는 7만 명을 통치하였으며 수도는 펑텐 성의 신빈군(新賓郡) 안에 있었다. 그 지도자는 1910년 이전에 일본무관학교를 졸업한 홍우찬(洪祐贊)이었다. 신민부는 3만 조선인을 통치하였으며, 그 수도는 지린성 북방에 있었고 김좌진에 의해 지도되었다.[1]

이들 두 민족주의 정부는 만주의 조선공산당에 반대하였다. 1924년에 재만 조선공산당은 농민청년으로 이루어진 공청(共靑)의 동만청년동맹(東滿靑年同盟)을 조직하여 민족주의자에 대항하였다.

민족주의자는 1924년에 우익과 좌익으로 분열되었다. 좌익은 공산주의자와 협력하기를 바랐지만 우익은 거절하였다.

재만 조선인이 중국인에 의해 많은 시달림을 받았고 또한 농민들이 두 정부에 추가세금을 내는 데 염증을 내었기 때문에 1931년에 이 두 정부는 문을 닫았다. 공산주의자들도 그들의 붕괴에 일익을 담당하였다. 공산주의자들은 두 정부가 무익한 것이며 그 대신에 대규모 항일연합전선이 만들어져야 한다고 생각해서 두 정부 모두에 반대했기 때문이다. 민족주의 우익은 그들의 대중적 기반을 상실하였고, 좌익은 공산주의자들의 프로그램에 협력하였다. 1931년 9월 18일 일본이 만주를 점령한 이후 빨치산 운동이 대규모로 시작되었다. 1937년이 되자, 재만 조선인 사이에는 두 개의 조직밖에 없었다. 하나는 공산주의 조직이고 또 하나는 민족주의자 통일조직인데 전자가 끊임없이 힘을 증대시키고 있었다. 1937년에는 조선인 빨치산 정규군이 재만 공산주의자 산하에 7,000명, 민족주의자 산하에 3,000명이 있었다.

장쉐량은 1931년 이전까지는 앞의 두 정부를 공산주의에 대항하는 데 이용하였다. 장쉐량 정권은 1928년에서 1931년 사이에 상당수의 조선인 공산주의자를 죽였다. 예를 들면 내가 도착하기 직전에 만주 동부의 허룽 현(和龍縣)에서 40명의 조선인 공산주의자들이 처형되었다.

지린 성의 수도인 지린 시에는 일본군이 점령했을 때 80명의 조선인 공산주의자들이 감옥에 갇혀 있었다. 일본군은 그들을 이용하여 중국인에 대항하게 하려고 그들을 전원 석방하였다. 하지만 소수만이 배반자가 되었을 뿐이다.

재만 조선인 농민들의 논밭을 돌아다니며 그들과 이야기를 나누는 동안 나는 그들의 내면생활과 여러 가지 고뇌에 대해 많이 알게 되었으며 그들이 아주 친근하게 느껴지게 되었다.

1920년에 만주에 있었을 때는 여러 가지 실정을 보고 농민들을 불쌍하게 여기기도 했지만, 그들의 고뇌를 파악하거나 최종적인 해결을 위해 그들을 지도하겠다는 책임감을 심각하게 느끼기에는 너무나 어렸다. 당시 내가 생각하고 있던 유일한 해결책은 왜놈들을 모조리 내쫓아 버리고 나서 조국으로 돌아가는 것이었다. 하지만 중국에서 오랫동안 충실한 세월을 보낸 지금, 나는 계급적 단결과 국제적 협력 모두의 의미를 이해하게 된 것이다. 억압받고 있는 제 민족과 제 계급을 지도하기 때문에, 소련을 나는 어머니처럼 사랑한다. 중국혁명은 그 삶과 운명이 나 자신의 것이기 때문에 피를 나눈 형제와 같이 사랑하였다. 조선혁명은 어리고 불안정한 어린아이로서 애정이 갔다. 나는 조선혁명의 발걸음이 그 전에 러시아와 중국이 걸어간 길을 따라가도록 도와주어야 한다고 생각하였다.

오랜 세월 동안 버팀이 생활을 해온 나이 먹은 농부들은 내 말을 꿈을 꾸듯이 듣고 있었지만, 젊은 농부들은 지혜와 결의를 가지고 열성적으로 방법과 수단을 물어왔다. 그들은 조선으로 돌아가고 싶어해봐야 아무 소용이 없다는 것, 그리고 항일투쟁을 위해 만주에 영원한 기지를 건설해야만 한다는 것과 또한 지주제를 타도하기 위해서는 물론이요, 항일투쟁을 위해서도 가난한 중국농민과 단결하지 않으면 안 된다는 것에 모두가 동의하였다.

중국농민들은 중국 대다수 지역 이상으로 자기들의 생활이 개선되었다고 생각하고 있었기 때문에 억압받는 소수인 조선사람만이 혁명적이었다. 노동자의 투쟁은 유일하게 일본인 소유의 남만주철도와 소련과 중국이 공동 소유하고 있는 동지나(東支那)철도의 철도노동자들 사이에서 일어났다. 이 양 철도는 만주의 2대 경제기관이고 만주의 전 경제를 지배하고 있다. 당시 만철노동자들은 강력하게 조직되어 있었으며 지금도 여전하다고 듣고 있다. 하지만 철도노동자들의 생활은 농업노동자의 생활보다 훨씬 낫기 때문에 그들은 급진적인 투쟁은 하지 않는다.

일본공산주의자들은 만철 내에서 크게 활약하였지만 1930년에 80명이 체포되었고, 이것으로 만주의 일본공산당 전 조직이 깨져버렸다. 이 일본인들은 아주 용감하고 자신들의 혁명임무에 헌신적이었다. 그들의 활동은 중국인 노동자들을 크게 격려하였고 심지어는 일본이 만주를 점령한 뒤에도 중국 공산주의자들은 민족주의적인 구호를 내걸 수가 없었다. 당시 그들의 방침은 프롤레타리아 국제주의였기 때문이다. 그래서 결국 기회를 놓쳤고 재기하지 못하였다. 이것은 좌익소아병이며 새로운 상황에 맞도록 변화해야 한다고 처음으로 지적한 것은 조선공산당이었다.

왜놈들은 1929년에 이미 만주를 점령할 준비를 하고 있었으며 조선인과 중국인을 상호 적대적 진영으로 분열시키려는 음모를 꾸몄다. 만주정부도 역시 이 양자 간 증오를 부채질하는 죄를 저질렀는데 그것은 왜놈들의 손에 놀아난 것이었다.

조선인 공산주의자들은 이 적대적인 분열을 막으려고 애를 썼지만 1932년 이후 조선인 민족주의자들의 독립운동은 중국인과 일체의 관계를 끊고 실질적으로 공동투쟁을 하고 있다는 객관적인 사실 이외에는 중국인과 아무런 연락관계도 갖지 않았다.

겨울이 오자 나는 지방에 있는 제 중국공산당과 제 조선공산당 간의 관계를 건설하기 위하여 조선 국경에 있는 안둥으로 갔다. 나는 그곳에서 한 달 동안 머무르면서 어느 군수공장에 20명의 비밀세포를 조직하였다. 또한 신의주 형제회사에도 세포를 조직하였다. 조선 국내의 옛 친구들에게 안둥으로 찾아오라고 연락하였더니 여러 명의 친구가 찾아왔다. 그 당시 안둥에는 공산당원이 겨우 7명밖에 없었다.

안둥에 머무르는 것이 대단히 위험해졌으므로 나는 1930년 초에 그곳을 떠나지 않으면 안 되었다. 한 달에 겨우 12원밖에 쓰지 않았는데도 돈이 한 푼도 없었다. 하지만 친구들이 돈을 얼마간 주고 당에서도 약간 내주어서 베이징으로 무사히 돌아올 수가 있었다.

1) 신민부 : 1925년에 창설. 중앙집행위원장 김혁(金赫), 군사 김좌진(金佐鎭), 참모 나중소(羅仲昭), 외교 조성환(曺成煥) 등을 중심으로 한인연합회로부터 발전한 조직으로서 영안 현(寧安縣)에 본거지를 두고 있었다. 이 전투적인 민족주의자들의 지방정부는 성동(城東)사관학교를 설립하여 약 500명의 졸업생을 배출하였다. 또한 광범한 반일전선을 수행하고, 많은 민족주의 지도자들을 양성하였다.— 강덕상, 안도 지로, 조지 토튼

17
위대한 첫사랑

 베이징에 도착하자마자 류링한테서 만나고 싶다는 편지가 왔다. 나는 돌아오자마자 곧바로 당의 동지들을 만나는 것은 너무나 위험하기 때문에 그것은 불가능하다고 답장하였다. 나는 만주에 있던 몇 달 동안 내내 그녀를 생각했다. 그것은 즐거운 상념이었다. 하지만 굴복할 시기를 가능한 한 늦추고 싶었다.

 다음날 내가 묵고 있는 여인숙의 방문을 노크하는 소리가 들렸다. 직감적으로 누구인지 알았다. 나는 두근거리는 가슴으로 문을 열었다.

 "아이고, 기어코 찾아내고야 말았군!"

 나는 퉁명스럽게 말했다. 그러고는 담배에 불을 붙이며 평온하고 예사로운 표정을 지으려 애써 노력하였다.

 "왜, 안돼요?"

 그녀는 코트를 벗고 느긋한 미소를 띠면서 의자에 앉았다.

"당신이 부치지 않은 편지를 받은 걸요."

"당신은 마술사군."

나는 몹시 불편하고 부끄러운 느낌이 들어서 심부름하는 애를 불러 차를 갖다 달라고 하였다.

"우리에 갇힌 짐승처럼 왔다 갔다 하지 마세요. 나는 보기보다 그다지 무섭지 않아요."

그녀가 웃으면서 말했다. 나는 용기를 내서 말했다.

"당신은 나에게 해를 끼칠 것 같지는 않군요."

이 말은 진심이 아니었다. 그래서 그녀가 의심스러운 표정을 짓고 눈썹을 치켜 올리는 것을 보자 나는 그만 얼굴이 새빨개졌다. 차를 따르는 내 손이 떨리고 있었고 찻잔을 건네줄 때도 차를 흘렸다.

"내가 해를 끼치지도 않는데 고양이 새끼처럼 물에 빠뜨리려고 애쓸 필요는 없잖아요."

그녀는 옷에 묻은 차를 닦아내면서 능글맞게 말하더니 찻잔을 상 위에 내려놓고 내 잔도 빼앗아 갔다.

"이리 오세요."

그녀는 내 손을 잡으며 명령하듯 말했다.

나는 조용히 손을 빼고 방 한구석으로 물러나서 또 한 번 담배에 불을 붙였다.

"이런 중요한 용건에 꼭 굴뚝처럼 우스꽝스러운 모습을 보여야만 하나요? 자, 담배를 끄고 숨을 크게 쉬세요."

"어찌하면 좋겠소?"

나는 약간 위엄 있는 모습을 지어 보이며 앉을 자리를 찾아 두리번거리면서 사정하다시피 말하였다.

"우리가 서로 사랑하고 있다는 걸 당신도 알고 있어요."

그녀는 딱 잘라 말하고는 가까이 다가와 내 옆에 앉더니 내 손에서 담배를 빼앗았다. 그러고는 담배를 구두 뒷굽으로 밟아버렸다.

"정직하고 소탈하다는 점에서 우리는 서로 비슷하지 않아요? 안 그런 체 해봐야 아무 소용없어요. 나는 나 자신만큼이나 당신에 대해서 알고 있어요."

"뭐라 해야 좋을까?"

나는 갈라진 목소리로 나직이 말했다.

"우리에게는 더 이상 할 말이 없어요."

그녀는 내 두 손을 잡고 따스하게 감쌌다.

나는 그녀의 옆에 무릎을 꿇었다. 그러고는 그녀의 무릎에 얼굴을 묻고 감격하여 몸을 떨었다.

'살아 있다는 것은 좋은 일이다……'

다음날 오후 나는 그녀를 데리고 베이하이(北海)로 갔다. 우리는 아주 즐겁고 가벼운 마음으로 맑고 쌀쌀한 공기를 마시며 손을 맞잡고 공원을 이리저리 거닐었다. 지나가는 사람들이 미소를 지었고 우리도 미소를 보냈다. 온 세상이 친근하게 느껴졌으며 빛과 영광으로 가득했다. 우리는 벤치에 앉아서 석양이 베이하이의 흰 사리탑에다 부지런한 풋내기 예술가처럼 알록달록하게 수를 놓는 것을 바라보았다. 나는 그녀의 허리를 감싸고 있는 내 손이 추위로 얼어붙는 것조차 몰랐다. 이처럼 젊고 행복했던 때가 이제까지 한 번도 없었던 것 같았고, 마치 다른 별 위에서 새 생활이 시작되고 있는 기분이 들었다. 겨우 어제까지만 해도 나는 인류의 짐을 어깨에 지고 있지 않았던가.

그날 밤 나는 김충창과 오성륜에게 각각 편지를 띄웠다.

"나는 당신의 낭만적인 난센스를 모조리 용서합니다. 실은 오늘 밤 나는 어느 사람이 저지른 어떠한 일이라도 용서해주고 싶은 심정입니다. 김형이 내게 한 말이 맞았어요. 유감스럽게도 너무나 정확했어요."

이 고백을 받고 그들이 얼마나 통쾌했겠는가!

우리는 어느 여관에 방을 하나 얻어 서로가 행복하게 생활하였다. 나에게는 그녀가 하는 말이 모두가 매력적이고 기지가 넘쳐 흐른다고 생각되었고, 그녀도 내 이야기가 재기 넘치고 재미있다고 느끼는 모양이었다. 일상생활에서 일어나는 가장 사소한 일조차도 흥미롭고 유쾌하게 느껴졌다. 우리의 동반자 의식은 점점 자극을 받아 높아만 가고 있었다. 내 두뇌는 더욱 날카로워지고 몸은 새로운 활력으로 가득 찼다. 하이루펑에서 얻은 병이란 병은 몽땅 영원히 쓸려 내려간 것 같았다. 때때로 나는 한밤중에 깨어 일어나 이 모두가 꿈이라고 생각하곤 하였다. 말라리아로 인한 환각을 일으키고 있는 것이 아닌가 하고 생각할 정도였다.

우리는 몇 달 동안은 행복에 겨울 정도로 함께 살았다. 안전한 여관이 하나도 없어서 붙잡히지 않으려면 자주 옮겨 다녀야만 했지만 우리는 이런 잦은 이동을 모험처럼 여기고 즐거워하였다. 우리는 혁명사업을 계속하였다. 그리고 나는 그녀의 말이 확실히 옳다고 생각했다. 둘은 하나의 단단한 단위이다. 하나는 단지 개체에 불과하다. 우리는 의기소침해질 때에는 서로 위로할 수 있었고, 승리와 패배를 함께 나눌 수 있었다. 생활은 자연스럽고 건강하고 훌륭한 것이었다. 류링은 튼튼했으며 생활의 어려움이나 음식의 빈곤함에 대해 힘든 내색을 하지 않았다. 가난하다는 것이 조그마한 안락의 가치를 증대시켰고, 그럼으로써 우리의 사랑을 측량할 수 없을 정도로 귀하게 만들어주는 축복처럼 여겨졌다. 우리는 많은 문제점을 안고 있었지만 그것들도 스스로 해결되는 듯이 보였다. 류링은 나의 이상적인 여자였다.

그런데 이윽고 밝고 맑은 하늘 위로 구름이 드리우기 시작하였다. 어느 날 갑자기 류링이 내 이상에 너무나도 들어맞는다는 생각이 들었다. 한 예를 들면, 내가 가장 강조하던 독립심이 너무나 강하였다. 나는 스스로 평등의 원리에 집착하고 있었던 것이다. 그래서 작은 일에서부터 좀더 큰일에 이르기까지 여러 가지 결정해야 될 일들이 끊임없이 닥쳐왔다. 처음에는 오히려 재미있다는 느낌까지 들었다.

"그것은 단지 일시적인 헤게모니의 문제에 불과해."

나는 웃어넘기곤 하였다.

"우리의 결혼은 혁명적인 결혼이오. 하지만 혁명이란 것은 모두 조만간 헤게모니의 문제를 결정하지 않으면 안 되지요. 나는 프롤레타리아고 당신은 부르주아요. 그러니 훌륭한 마르크스주의자의 가르침에 따르면 헤게모니는 내 것이어야만 해요. 말할 것도 없이 당신은 세상에서 가장 훌륭하고 귀여운 마르크스주의자니 그것을 모를 리는 없겠지."

그러면 그녀는 내 귀를 확 잡아당기며 말하는 것이었다.

"당신의 변증법은 대단히 훌륭해요. 하지만 당신의 경제학은 그렇지 못하군요. 나는 추상적인 변증법을 믿는 것이 아니라 경제적 결정론을 믿습니다."

우리 사이의 최초의 주요 문제는 돈에 관한 것이었다. 류링은 학교선생이라는 직장을 가지고 있었지만 나는 직장이 없었다. 내 벌이는 아주 신통치가 못했다. 하지만 나는 우리의 생활비를 그녀가 대서는 안 되며 어렵더라도 내 수입 범위 내에서 생활해나가야 한다고 고집을 부렸다. 내가 그녀를 '부르주아'라고 부른 이유는 이 때문이었다. 그녀의 개인적 용도에 들어가는 돈은 자기 돈을 쓰건 말건 상관하지 않았지만, 음식비와 집세는 내 부담으로 치러야 했다. 그녀는 내가 한쪽 손은 돈벌이하는 데 사용하고 다른 손은 혁명사업에 사용하든가, 아니면 자기에게 생활비를 내게 해야 한다고 하였다. 그러나 나는 두 손을 다 내 일에 사용하고 싶었고 필요하다면 굶어도 좋다고 생각했다. 이윽고 나는 그녀를 훌륭한 혁명가로 만들어 준 바로 그 여러 가지 확고부동한 성격들이 또한 그녀를 고집불통이고 독단적인 사람으로 만든다는 사실을 발견하였다. 일단 결정을 내리면 객관적인 '상황이 변해버린' 최후의 순간까지도 절대로 그것을 바꾸지 않는 것이었다.

나는 종종 그녀에게 말하곤 하였다.

"당신은 당의 기본노선보다 더 지독해요. 새로운 사태에 강제로 말려들어가기 전에 좀더 유연성을 가지고 거기에 적응하도록 해야만 해요."

하지만 우리는 이인일당(二人一黨)이어서 다수결로 결정하는 것이 불가능했다. 표가 양쪽으로 똑같이 나눠지는 경우가 비일비재했던 것이다.

나는 그 '부르주아'에게 지배당하고 있다는 느낌이 들어서 조바심이 났다. 나 역시도 독단적이고 자존심이 센 성격이었던 것이다.

"다행히도 결혼은 하지 않아서 나를 마구 억누를 수가 없군."
나는 종종 이렇게 중얼거렸다.

한번은 류링에게 이런 말을 한 적이 있었다.

"나는 우리 아버지의 의견을 크게 존중한 적이 한 번도 없어. 그런데 딱 한 번 아버지가 명언을 한 적이 있지. 이런 말씀을 하셨지. '만일 사내의 삶이 여자에게 지배당하게 된다면 그 사내는 200% 노예야. 하지만 만일 여자가 사내에게 지배를 받는다면 그 여자는 50%만이 노예지.'"

그러자 그녀는 내 모든 비판에 대해 이렇게 대답했다.

"우리는 너무나 닮았어요. 당신이 내게 하는 모든 말을 나 역시 당신에게 할 수 있어요."

확실히 그녀는 내게 아무런 부담도 되지 않았다. 그렇지만 내가 생각해도 놀랄 정도로 그녀가 그토록 자유롭고 유능한 것을 전혀 원하고 있지 않았던 것이다. 내 자신이 그녀의 훌륭한 특성에 부담을 느낀 것이다. 사실 나는 이따금씩 그녀가 병에 걸려 무기력해져서 내가 그녀를 돌보아줄 수 있게 되기를 바라기도 하였다.

"당신도 알다시피 나는 내 역할을 하지 못하고 있소. 나는 약한 자와 억눌린 자를 위해 싸우려고 태어났소. 당신같이 그렇게 유능한 사람에게는 내가 쓸모가 없소."

만일 우리가 정식으로 결혼한다면 아마도 그녀는 좀더 나에게 묶일 것이고 우리 사이의 마냥 느슨한 관계도 모조리 동여매지지 않겠는가 하는 생각이 들었다. 하지만 나는 이것 역시 바라지 않았다. 그렇게 되면 나 자신도 속박을 받을 것이기 때문이다. 류링은 우리가 정식으로 결혼하기를 바랐고, 그녀의 형제자매 역시 그러했지만, 나는 절대로 이와 같이 영구적인 결정에 나 자신을 맡길 수가 없었다.

우리들 사이에서 점차 솔직함이 사라졌다. 서로 매우 공손해지고 서로 마찰과 상처 입히는 것을 피하기 위해 조심하였다. 우리는 우리 사이에 놓여 있는 기본적인 문제들을 해소하려는 노력을 포기하고 작은 문제에 대해서는 타협을 하였다. 속으로는 많은 어려움이 잠재해 있었지만 그래도 우리는 부드럽고 다정한 관계를 유지해 나갔다. 만일 우리가 아주 결혼했더라면 우리는 모든 현안들을 근본적으로 해소하지 않으면 안 됐을 것이다. 하지만 우리는 개인으로서 자유롭게 남아 있었다. 처음에는 서로의 장점만을 보았지만, 차후에는 일체의 단점이 겉으로 드러났던 것이다.

나는 마침내 어느 편에도 별 잘못이 없다는 생각이 들었다. 우리는 어느 누구에게도 못지않을 만큼 짝이 잘 맞았다. 그러나 뮤닝에게는 말하지 않았지만 나는 행복하지 못했다. 그녀는 나를 행복하게 하려고 많은 노력을 기울였다. 하지만 내가 너무 많은 요구를 한 것 같다. 우리는 너무나 비슷했지만 우리 사이에는 너무도 다르게 훈련된 모습이 있었다. 다음과 같은 점에서 그녀는 전형적으로 중국인이고, 나는 조선인이다. 즉 그녀는 남에게 지기 싫어하고 강직하다. 하지만 나를 있는 그대로 받아들일 뿐 나를 바꾸려고 노력하지는 않는다. 반면에 개혁운동가인 나는 비록 우리 두 사람을 위해 생활이 더욱 유쾌해지도록 변화시키는 데 실패하기는 했지만, 여하튼 조그마한 방법으로라도 그녀를 뜯어고치려고 노력하였고, 그녀나 나나 현재의 모습 그대로 받아들인다는 것이 도저히 불가능하였던 것이다.

    결국 내 본질 속에는 행복이라는 것이 없으며 행복을 찾는 것조차도 잘못이라는 결론을 내렸다. 어떤 다른 아가씨와 함께 있다 할지라도 나는 다시 불행해질 수밖에 없으리라.

18
아리랑 고개를 넘다

 1930년 11월 20일, 나는 베이징의 서성(西城)에서 체포되었다.
 거의 2년 가까이 나는 베이징의 공산당 서기로서 지하활동의 임무를 성공적으로 수행하고 있었다. 나는 주의를 해왔지만 더 이상 운이 따르지 않았던 것이다.

'야만적'인 행위

 우리는 광둥코뮌 기념일 추도회를 준비하고 있었다. 중국 공산주의자 한 명과 나는 공과대학에 붙어 있는 어떤 궁우(公寓:하숙 아파트)에서 열리는 비밀집회에 참석할 계획이었다. 그런데 문을 열자마자 다른 동지 두 명을 붙잡아두고 있는 여섯 명의 사복경찰과 맞닥뜨렸다. 나는 문을 쾅 닫고 뛰어 달아났다. 하지만 정문에서 격투 끝에 붙잡히고 말았다.

나는 다시 방으로 끌려 들어갔다. 놈들은 회의에 참석하러 오는 사람들을 더 많이 붙잡기 위해 기다리고 있었던 것이다. 시간이 한참 지나도 그 밖에 아무도 오지 않자 경찰들은 그만 돌아가기로 결정하였다.

경찰 두 명이 자동차를 부르러 밖으로 나가자 나는 도망치기 위해 싸워보아야 한다고 판단하였다. 최소한 한두 명은 도망칠 수 있을지도 모른다. 나는 눈짓 손짓으로 다른 사람들에게 내 뜻을 알리려고 애썼다. 그들은 알아듣기는 했지만 움직이려 하지 않았다.

내가 담배를 피우게 해달라고 부탁하고, 심부름하는 아이를 불러 차를 한 주전자 가져오라고 하였다. 차를 따르고 있는 사이에 나는 가장 체구가 큰 경찰에게 등잔을 집어던져서 그를 기절하게 만들고 이어서 뜨거운 주전자를 집어서 다른 놈에게 던졌다. 중국인들은 전혀 도우려 들지 않았다. 그렇지만 않았다면 우리는 어렵지 않게 도망칠 수 있었을 것이다. 결국 경찰들이 나를 덮쳐 두 팔을 목 뒤로 묶어서 침대 위로 내동댕이쳤다. 그래도 중국인들은 손끝 하나 까딱하지 않았다. 그네들은 쉽사리 도망칠 수 있었을 텐데…….

"왜 당신들은 병신같이 거기 서 있소? 모두가 겁쟁이뿐인가요? 왜 도망치지 않소?"

나는 힐문하였다.

"우리는 문화인들이오!"

이것이 그들의 대답이었다.

이 말을 듣고 나는 속이 왈칵 뒤집혔다. 그 자리에는 체포된 사람 네 명과 경찰 넷이 있었다!

'조선 사람이라면 절대로 이렇게 포기하지는 않았을 것이다' 하고 나는 입술을 깨물며 생각하였다. 설령 경찰이 총을 쏜다 하더라도 우리의 다리만을 쏠 것이다. 아아, 하이루펑 시절의 우리 친구 오성륜이 있다면!

그토록 훌륭하게 개화되었다고 하지만 결국 그녀들은 모두 일반 살인범과 마찬가지로 꽁꽁 묶이고 말았다. 차가 오지 않아서 우리는 혼잡한 거리를 따라 경찰서까지 걸어갔다.

내 차례가 되자 경찰이 물었다.

"언제 공산당에 가입했지? 어느 부서에 있었지?"

"나는 공산당원이 아니오."

나는 단호하게 말했다.

"조선독립당 이외에는 어떤 당과도 관계가 없소. 나는 조선 민족주의자이고 중국 계급투쟁을 걱정할 시간이 조금도 없소. 우리 자신의 민족운동을 하는 데도 정신없이 바쁘오."

그럼에도 놈들은 손발을 한데 모아 무거운 칼을 씌웠다. 나는 16명이 들어 있는 좁고 더러운 방에 내동댕이쳐져서 밤새도록 한잠도 자지 못하였다. 바로 옆에서는 어떤 놈인지 줄곧 아편을 피워댔다. 그 역겨운 냄새에 속이 메스꺼워졌다. 나는 노래를 부르고, 다른 죄수들에게 국민당 험담을 늘어놓았다.

"중국 사람을 억누르는 것만으로도 충분하다. 그런데 이제 놈들은 조선 사람까지 억누르고 있다."

나는 중국인의 성격을 알고 있었으며, 보수를 받지 않은 한 어려운 일에는 일체 손을 대지 않는다는 것도 알고 있었다. 그래서 귀찮은 놈이라 하여 내쫓기도록 가능한 한 성가신 놈이 되자고 계획을 세웠다.

다음날 나는 지쳐서 곯아떨어졌다. 잠에서 깨보니 옥수수죽과 동치미가 배급된 것을 보았다. 나는 그것을 더러운 방구석에 집어던졌다. 경찰이 왜 그러느냐고 물었다.

"나는 분명히 법을 깨뜨렸다. 그래서 여기에 끌려 온 것이다. 이제 나는 교도소 법도 깨뜨리겠다. 그러면 어쩔 테냐?"

다음날 취조 받을 때 나는 일체 모른다고 대답하였다.

"조선의 독립을 위해서라면 당신은 아마 중국공산당이라도 이용하려고 하겠지? 어젯밤에 공과대학에는 왜 갔나?"

"친구를 만나러 갔소."

"친구 이름이 뭐야?"

나는 실제로 그 학교에 다니고 있는 조선인 학생의 이름을 말해주었다.

나는 또다시 음식을 집어던졌다. 그래서 다음날에는 걸을 힘조차 없었다.

경찰이 나를 일으켜 세웠지만 나는 땅바닥에 털썩 주저앉고는 더 이상 입을 열지 않았다.

"당신이 대답하지 않으면 혐의가 풀리지 않을 거요. 빨리 대답하면 사건을 일단락 짓겠소."

나는 입을 다물고 내 감방으로 돌아와 3일째 단식투쟁을 계속하였다. 이 방법으로 경찰을 놀라게 하여 그들 스스로 '귀찮은 일'을 피하기 위해 나를 석방하도록 만들 작정이었다. 왜냐하면 만일 내가 자기들 손에 죽을 경우 진상해명이 쉽지 않을 것이기 때문이다.

나는 너무나 굶주려 있어서 거의 음식에 대한 자제를 할 수가 없었다. 하지만 만일 밥을 먹으면 내일은 놈들이 고문을 할 것이라고 생각했다. 놈들은 자백을 강요하기 위해서 고문을 사용했기 때문이다. 한밤중에 간부 한 명이 붓과 종이를 가지고 왔다.

"말을 하기 싫으면 글을 쓰시오. 그러면 상관에게 보내주겠소. 그분이 석방이나 재판 회부 여부를 결정할 거요."

나는 거절하였다. 그리고 잠을 자고 있는데 문득 한 경찰관이 말하는 소리가 들렸다.

"이 친구는 이미 끝났어."

나는 벌떡 일어나서 물어보았다.

"그게 무슨 말이오? 도대체 무슨 말을 한 거요?"

"아무 말도 아니오."

'이 방안에서 그렇게 쉽사리 죽이지는 못할 거야' 하는 생각이 드는가 하면 이어서 '아니야, 그럴 수도 있어. 중국에는 법이 없잖아. 놈들은 못하는 짓이 없으니까' 하는 생각이 꼬리를 물었다.

'일본에는 최소한 법은 있어. 석방될 것인가 징역을 살 것인가, 그리고 형량이 얼마나 될 것인가를 언제라도 알 수 있어. 하지만 중국에서는 죽음과 자유가 백지 한 장 차이야. 어떤 형편없는 증거에 의해 어떤 판결을 받을지 아무도 알 수 없거든. 좋은 연줄이 있다면 쉽게 석방될 수도 있고, 평범한 사람이라면 아무 일도 아닌 걸로 처형될 수도 있지.'

공산주의는 사형에 해당되었다. 이 죄명으로 처형된 수천 명의 젊은 남녀의 경우를 생각해볼 엄두가 도무지 나지 않았다. 그중 상당수는 전혀 죄가 없는 사람들이었다.

마침내 나는 무슨 일이 벌어지든지 신경 쓰지 않기로 작정하였다. 이래 죽으나 저래 죽으나 마찬가지다. 하루 걸러 한 끼씩 나는 죽을 조금씩 먹었다. 그랬더니 간수가 좀더 먹으라고 신신당부하였다.

"당신이 제3인터내셔널의 오르그라는 것을 이미 당신 동지들이 실토했소."

어느 날 경위가 내 입을 열게 하려고 말하였다.

"도대체 그 따위 거짓말을 할 사람이 어디 있겠소. 당신네들이 고문을 하니까 어떻게든 고문을 면해보려고 거짓말을 했겠지요. 그 사람을 이리 데려와서 나와 대면시켜 주시오. 그러면 감히 거짓말을 하지 못할 거요."

나는 소리쳤다.

"나에게는 중국인 '동지'가 한 사람도 없어요. 단지 친구가 몇 명 있을 뿐이오. 중국 사람이 조선독립운동을 도와줄 수 있을 것 같소? 천만에요!"

경위는 "바른말을 하지 않는군" 하고 말하더니 다시 나가버렸다.

1931년 2월 1일 7시에 식사를 하고 있는데 판사와 경찰 두 명이 내 방으로 들어왔다. 나는 젓가락을 놓고 기다렸다. 그랬더니 판사가 "서두를 것 없소. 천천히 식사를 하시오. 기다려 주겠소" 하고 말하였다.

이런 시간에 법정으로 데려갈 리가 만무하였다. 경찰관은 수갑과 상자를 가지고 있었다.

'어디로 보내려는 셜까?'

나는 궁금한 마음에 속이 울렁거렸다.

자존심 때문에 마음을 가라앉히고 계속해서 식사를 하려고 노력했지만 젓가락이 덜덜 떨리고 음식이 줄줄 흘러내렸다. 나는 젓가락을 내동댕이치고 물어보았다.

"어디로 데려가는 거요?"

"기다려. 곧 알게 될 테니까."

놈들은 내 만년필과 시계를 돌려주고 영수증에 서명해 달라고 요구하였다. 나는 큰 글씨로 '틀림없다'고 쓰고 이름은 쓰지 않았다.

이윽고 나는 수갑을 찼다. 더는 말하지 않았다. 정치범을 비밀리에 처형하는 곳인 군 사령부로 이송되리라고 생각하였다. 나와 함께 가는 경찰 두 사람이 그다지 힘이 세 보이지 않았으므로 나는 도망갈 궁리를 하였다. 이것이 도망칠 마지막 기회이리라.

경찰국 앞에는 일본대사관 감찰이 붙은 자동차 한 대와 두 명의 일본인이 있었다. 여러 가지 생각이 번개같이 머리를 스치고 지나갔다. 일본법정에서 해야 할 이야기를 하나도 준비해두지 못했던 것이다. 놈들이 나에 대해 이미 알고 있는 것이 무엇일까, 그리고 거기에 아귀를 맞추기 위해서는 무슨 말을 해야 할까 하는 것을 궁리해보지 않으면 안 된다.

"타시오" 하고 일본인이 말했다. 내가 차에 오르자 양 옆에 한 사람씩 앉았다.

"기분이 어떻소?"

그들은 내가 겪은 일에 큰 호기심을 가지고 물었다. 중국감옥에서의 고문 이야기는 일본 내에서도 파다하였다.

"중국경찰 밑에서 얼마나 시달렸겠소? 이제는 염려하지 마시오. 우리 일본은 공정한 법을 가지고 있으니까. 중국감옥이라면 당신은 확실히 목이 잘리겠지만 우리의 최고 형량은 7년이오. 당신은 당신 사건과 그에 따른 형량을 짐작할 수 있을 거요."

나는 대답하지 않았다. 내 머리 속은 걱정으로 소용돌이치고 있었다. 나는 왜놈에게 붙잡혔던 수많은 친구들을 모조리 기억해내려고 애썼으며 그들이 한 말과 하지 않은 말을 생각하려고 무진 애를 썼다. 나에 대해 거론된 것이 무엇일까? 왜놈들이 얼마나 알고 있을까? 놈들이 어떤 증거를 얻을 수 있었을까?

대사관 증거문서 A

"어서 오시오. XX씨."

경찰간부 한 사람이 내 이름을 부르면서 대사관에서 나를 맞았다. 그는 내가 고문을 받았는지 여부를 알아보려고 내 손목을 주의 깊게 살펴보았다.

"이가 있소?"

"상당히 많소. 이의 식민지요."

"쳇! 중국경찰은 너무 더럽단 말이야."

"아니오, 중국경찰이 더러운 것이 아니라 내가 더럽소."

나는 무미건조하게 말했다.

"목욕하러 갑시다."

그들은 내게 기모노를 내주었다. 그리고 그 기회에 총알자국이나 고문자국이 보이기를 기대하며 내 알몸을 쳐다보았다. 그러고 나서 내가 총을 사용했는지 여부를 보기 위해 엄지손가락 밑쪽을 더듬어보았다. 나는 권총만을 사용했을 뿐이었다. 그래서 놈들은 내가 직업군인이 아니라는 사실에 만족한 모양이었다. 나는 지식인처럼 보였던 것이다.

나는 조그마한 시멘트 방에 갇혔는데 좋은 음식과 깨끗한 누비이불이 지급되었다. 그리고 나는 회풍은행(匯豊銀行)의 시계 치는 소리를 들었다.

사흘째 되던 날, 아침 9시에 경찰 주임이 얼굴에 웃음을 띠고 들어오더니 말했다.

"우리 인간적으로 허물없이 이야기합시다. 당신이 어떤 말을 하든지 누를 끼치지 않을 것이오. 당신 같은 유형의 조선인을 이해하고 싶은 것뿐이오. 당신이 한 말은 일체 법정기록의 자료로 삼지 않겠다고 약속하겠소."

'저놈은 나를 어린애로 생각하는군. 내가 그런 말을 믿으리라고 진정으로 생각하고 있는 걸까?' 하는 마음이 들었다.

"나는 일본어가 형편없소. 몇 해 동안 사용해본 일이 없으니까. 조선을 떠난 이래 처음으로 일본어로 말해보는 것이오. 그래서 안타깝게도 내 생각을 자유롭게 표현할 수가 없소."

그는 미소를 지으며 말했다.

"당신 일본어는 훌륭하오."

나는 그가 나를 단지 이상을 꿈꾸는 학생이요 철학자일 뿐이라고 생각해주기를 바랐다.

"언제 마르크스 이론 공부를 시작하였소?"

"중국혁명이 실패한 이후요."

"베이징에 살기 이전부터 이미 공산주의 동조자가 아니었나? 이미 혁명적인 잡지들을 읽지 않았소?"

"생각이 안 나는군."

"1927년 이후부터 겨우 3년 동안 마르크스주의를 연구했다는 말이로군. 정확하오?"

"전에는 단지 알고만 있었을 뿐이오. 일반적인 관심만은 줄곧 가지고 있었소. 나는 진정 유물변증법 철학에만 관심을 가지고 있었소. 변증법은 두뇌훈련에는 그만이고 심지어 플라톤이나 아리스토텔레스를 읽는 데도 좋소. 나는 역사의 과정을 이해하는 데 역사적 결정론이야말로 단 하나의 올바른 방법이라고 생각하기 시작했소. 하지만 일차적으로 윤리학에 관심이 있소. 나는 인간의 의지가 자유롭다고 믿지는 않소. 인간의 의지를 결정하는 것이 무엇인지 확신할 수는 없지만 유물론 철학은 이제까지 내가 발견한 것 중에서 가장 논리적으로 설명해주고 있소."

나는 수많은 철학적 논의로 그를 지쳐 떨어지게 만들 작정이었다. 그러나 그는 내 생각을 알아차리고 손을 들어 마구 쏟아지는 말을 못하게 막았다.

"계급투쟁의 전술들을 공부하지는 않았소? 마르크스주의는 모두가 이 주제를 다루고 있소. 틀림없이 당신도 알고 있을 거요. 그렇지 않소?"

"그렇소. 어떤 의미에서는 그 말이 맞소. 하지만 마르크스주의는 또한……."

"그렇다면 당신은 마르크스주의 이론의 실천을 신봉하오?"

"현재는 단지 이론을 공부하고 있을 따름이오. 1927년 이전에 중국인의 운동에 참여했던 것은 혁명이 틀림없이 성공하리라고 생각했기 때문이었소. 4월 12일까지는 비판할 생각조차 하지 못했는데 그 당시까지는 국민당이나 공산당이나 똑같은 것이라고 생각했소. 즉 모든 중국인이 제국주의와 봉건주의에 반대하고 있다고 생각한 것이오. 혁명이 실패하자 나는 다른 사람들을 맹목적으로 따라다니기만 한 바보였구나 하는 생각이 들었소."

그는 잠시 무엇인가를 골똘히 생각하더니 고개를 들고 나를 뚫어지게 쳐다보았다. 이놈이 얼마나 알고 있을까? 나는 그의 재미있어 하는 눈빛이 마음에 들지 않았다.

"당신은 공산당원이 아니라고 맹세하오?"

"그렇소. 공산주의를 공부하고는 있지만 공산당원은 아니오."

"공부가 끝나면 공산당원이 될 생각이오?"

"지금 당장은 어떻다고 말할 수 없소."

"당신은 계급투쟁을 선동할 생각이오?"

"내게 계급투쟁을 선동할 힘이 있을지 모르겠소. 나는 내 능력을 그다지 자부하지 못하오."

"당신 혀는 대단히 매끄럽군."

그는 이런 말을 남기고 나가버렸다.

12시에 점심을 먹었다. 오후에는 주임이 나를 불렀다. 그들은 수많은 서류와 기록들을 펼쳐놓고 있었다.

"이것이 당신 이름이오?"

"그렇소. 내 이름이오."

"이 보고서는 조선총독부에서 보내온 것이오. 분명히 당신은 신문보도와는 달리 1929년 베이징에서 죽지 않았소. 그런데 당신 부모는 당신이 죽었다고 생각하고 있소. 당신은 부모님께 편지를 하지 않았더군. 당신의 늙으신 부모님께 편지를 써야 할 거요. 공산주의자들은 자기네 부모를 인정하지 않는다는 말이 사실이오?"

"나는 공산주의자가 아니오. 그들이 자기 부모를 어떻게 생각하는지도 나는 모르오."

그는 내 두개골이 깨어져 거의 죽을 뻔한 사건을 말하고 있었다. 1929년에 조선민족주의자들과 공산주의자들은 심각한 정치투쟁을 벌이고 있었으며 난폭한 폭력사태도 종종 일어났다. 나는 정식으로 베이징에 있는 조선독립동맹의 위원으로 선출되었는데, 동맹 내의 민족주의자들이 우리 공산주의자들로부터 지도력을 빼앗아 보려고 중국대학(中國大學)에서 불법적으로 집회를 소집했을 때, 나는 한 명의 동지와 함께 그들이 무엇을 계획하고 있는지 알아보기 위해 그 집회에 참석하였다. 나는 의장의 허락도 없이 벌떡 일어나서, 동맹의 충실한 동지들은 전원 퇴장하여 우리 위원회가 합법적인 집회를 열 때까지 기다려달라는 연설을 하였다. 그랬더니 곳곳에서 함성이 일어나고 집회가 분열되었다. 그러자 성난 민족주의자 한 사람이 무거운 차 주전자로 내 머리를 때리고 눈과 코 사이를 나이프로 찔렀다. 상처가 대단히 깊어서 생명이 위독했다. 나는 정신을 잃고 피를 엄청나게 흘리는 상태로 운반되었다. 모든 사람들이 내가 죽었다고 생각하였다. 나는 베이징협화의대로 운반되어 머리와 코를 몇 바늘 꿰맸다. 이다 프루이트(Ida Pruitt)라는 쾌활한 부인이 들어와서 유창한 중국어로 나를 위로해주던 기억이 난다. 나는 그녀가 아주 좋은 사람이라고 생각하였다. 그러는 동안에 조선의 모든 신문이 내가 죽은 것으로 보도하였던 것이다.

"자, 이제 당신은 진실을 써주어야만 하오. 우리는 이처럼 커다란 서류철을 가지고 있소. 이 속에 있는 한마디 한마디가 모두 당신에 관한 말이오. 괜히 거짓말을 해보아야 아무런 소용이 없소. 당신에게 해를 끼칠 따름이오" 하고 심문관이 다시 시작하였다.

나는 내 이름, 본적, 부모의 성함, 친가와 외가의 조부와 조모의 존함, 모든 일가친척, 그리고 나서 언제 어떻게 체포되었는가 하는 것을 써야만 했다.

"자, 이번에는 소학교에서 현재에 이르기까지 행적을 전부

소상히 설명하시오. 교장 선생과 선생들 이름, 구식학교인가 아니면 신식학교인가 등을 구체적으로 써야 하오."

놈들이 요리 찔러보고 조리 캐내는 것을 가까스로 막아내며 보통학교에서 체포될 때까지의 이야기를 전부 다 쓰는 데 꼬박 사흘이 걸렸다. 나는 매일같이 작성한 서류에 서명을 하였다.

그 일이 끝나자 주임이 말했다.

"두 가지 이유 때문에 우리는 당신을 석방시켜 줄 수가 없소. 첫째, 우리는 당신이 광저우(廣州)에 있는 조선혁명청년연맹 중앙위원회의 위원이었다는 증거를 가지고 있소. 둘째, 당신은 중국 공산주의자들과 어떤 연관을 가지고 있소."

그러면서 그는 조선의 재판소에서 보내온 보고서를 보여주었다. 그것은 동지였던 두 사람이 1927년에 나에 대해 쓴 자백서와 베이징의 공산당위원회 위원장이었던 중국인 동지의 자백서였다.

"나는 단지 프롤레타리아 문화연맹에 들어 있었을 뿐이오. 당신이 말하는 중국 사람은 보지도 못했소. 그 사람은 자기의 목숨을 구하고 징역살이를 보다 편하게 하기 위하여 거짓말을 하고 있는 것이오."

"당신이 중국공산당과 어떤 연관을 가지고 있는지 없는지 우리는 그다지 개의치 않소. 하지만 조선의 법정에서 보내온 연맹에 관한 모든 증거를 가지고 있소. 당신이 할 일이란 고작 자신이 아무 연관도 없었다는 것을 증명할 만한 증인이나 서류를 제출하는 것뿐이오. 당신 동지들은 당신이 연관이 있다고 말했소. 도대체 당신은 무슨 이유로 '아니오, 아니오'를 되풀이하고 있소?"

이제 나에게는 길이 보였다. 그래서 기쁘기 짝이 없었다. 나는 마음이 평온해짐을 느끼고 두려움도 사라져서 조용히 앉아 있었다.

"아무래도 연맹과의 관계를 자백하는 것이 좋을 거요. 우리는 당신 진술을 믿을 수가 없소. 만일 당신이 자백을 한다면 우리의 법정으로 보내겠소. 고문은 전혀 하지 않을 것이오. 하지만 끝까지 아니라고 고집한다면 조선으로 보낼 수밖에 없소. 조선에서는 어떻게든 당신의 자백을 받아내고야 말 것이오. 그러면 당신 사건은 우리 손을 벗어나게 될 것이오. 개인적으로 나는 당신을 도와주고 싶소. 그리고 만일 당신이 말하기만 한다면 반드시 공정하게 처리할 것을 보장하겠소. 이곳 베이징에서 수많은 조선인 사건을 다뤄보았지만 모두 강도나 테러리스트에 불과하였소. 정치범은 단 한 명도 없었소. 이런 사건은 당신이 처음이오. 당신은 아주 뛰어난 청년이고 자신의 행동을 분별할 수 있는 머리를 가지고 있소. 잘 생각해보기 바라오."

반시간이 지나도록 그는 담배를 피워댔고 나는 끄떡 않고 앉아 있었다. 일본경찰들은 머리가 잘 돌아가고 대단히 영리했으며 훈련이 잘 되어 있었다.

이윽고 그에게 말했다.

"나는 관계가 있다는 낭설을 부정하오."

나는 보통학교에서 체포될 때까지의 내 경력조사서에 대해서는 확인 서명을 하였지만, 형사주임이 작성한 내 사건조서에는 서명하기를 거부하였다.

"돌아가서 기다리시오. 당신은 조선으로 이송될 것이오. 더는 당신 사건을 다루지 못하겠소. 내일쯤이면 당신은 톈진(天津)으로 이송될 거요."

2월 10일 아침 8시에 형사가 "오늘밤은 일찍 잠자리에 드시오. 내일 톈진으로 이송될 것이오. 오늘밤이 친구나 부인을 부를 수 있는 마지막 기회요" 하고 말했다.

"부를 사람이 아무도 없소. 이제 모든 게 끝났다고 생각하오."

그날 밤 잠이 오지 않았다. 나는 벽 위에다가 '이곳에서 또다시 아리랑 고개를 넘어간다'라고 쓰고 내 이름을 적었다.

아침 일찍 나는 경찰서로 끌려갔다.

"당신 사건은 이곳에서는 끝났소. 만일 당신이 청년연맹과 아무런 관계가 없다면 조선에 이송된 뒤 석방될 것이오. 당신이 말썽만 안 부리고 신사적으로 행동한다면, 당신의 난처함을 덜어주기 위하여 톈진까지 한 사람을 딸려 보내겠소."

수갑을 채울 때 간부가 말했다.

"용서하시오. 이건 규칙이오."

그러고 나서 그는 수갑이 보이지 않도록 내 팔 위에 모직 보자기를 덮었다.

우리는 역까지 차를 타고 갔다. 나는 마지막으로 근처의 시계종이 마치 신음소리처럼 울리는 소리를 들었다.

우리는 2등 칸에 올라탔다. 나와 함께 가는 사복형사는 와세다대학 출신이었는데 꽤 감상적인 사내였다. 그는 나를 찬미하고 있다는 태도를 분명히 보였고 또한 내가 지은 시를 몇 편 주거나 아니면 감옥에서 느꼈던 바를 말해달라고 졸랐다. 중국 감옥에 들어갔다 나온 경험은 존경할 만한 가치가 있는 일이었던 것이다. 모든 일본인들은 용기 있는 삶을 찬미하며, 겉으로는 혁명가를 미워한다 할지라도 속으로는 존경한다. 중국인이라면 혁명가를 바보 아니면 돈을 가져다주는 대리인 쯤으로 여길 것이다.

"감옥은 인간성 연마를 위한 최고의 대학이지요."

내가 말했다.

그는 이 말을 충실하게 받아쓰고는 그 구절이 마음에 들었다는 듯이 나를 쳐다보았다.

"그곳에서 무엇을 배웠나요?"

"내 자신 속에 엄청난 힘을 가지고 있다는 것을 배웠지요. 내게 힘이 없다면 당국이 나를 억누르기 위해 그토록 많은 힘을 사용할 필요가 어디 있겠소? 국가와 나는 대등합니다."

그는 이 문구도 좋아하여 조심스레 인용부호를 찍었다.

베이징 대사관 무관들이 나를 완전히 전시품으로 여긴 것이 아닌가, 혁명의 화신과 대면하고 있다는 느낌을 가졌던 것이 아닌가 하는 생각이 들기도 했다.

그는 속을 터놓고 말했다.

"비록 조선에 가본 적은 없지만 나는 조선을 매우 좋아합니다. 실은 내 아내도 조선 사람이지요. 당신네 말로 제게 시를 한 편 써주셔도 좋습니다. 그러면 안사람이 번역을 해줄 것입니다. 안사람은 그것을 고이 간직할 것입니다."

나는 시를 가지고 있지도 않으며 이런 순간에 시를 짓고 싶은 기분이 안 든다고 말했다.

그는 약간 투덜거리며 털어놓았다.

"나는 아직까지 한 번도 '인터내셔널가'를 들어본 적이 없습니다. 그 노래 좀 불러주시지 않겠어요? 대단히 좋은 노래임이 틀림없어요."

"오늘은 '인터내셔널가'를 부르고 싶은 생각이 없군요. 그것은 승리의 노래이지 패배의 노래가 아닙니다. 하지만 조선말로 가사를 써드리지요. 그러면 당신 부인이 번역할 수 있을 겁니다."

나는 가사를 적어주었다. 그랬더니 그는 차곡차곡 접어 넣고 감사하다고 말했다.

"오늘 같은 날에 내가 부를 수 있는 노래는 오직 하나밖에 없습니다."

"그게 뭔가요?"

"조선에서 아주 오랜 옛날부터 내려오는 죽음과 패배의 노래입니다. '아리랑'이지요."

나는 이 노래의 의미를 말해주었다. 그리고 황량한 갈색 벌판을 바라보고 광둥코뮌과 하이루펑을 생각하면서 낮은 목소리로 '아리랑'을 불렀다.

그는 대단히 감동하여 이제까지 들은 노래 중에서 가장 아름다운 노래라고 칭송하였다.

"당신 부인도 이 노래를 알고 있습니다. 조선 사람이면 누구나 대대로 이 노래를 알고 있지요. 만일 부인이 이 노래를 부르는 것을 들으면 당신은 부인에게 새옷을 사주고 친절히 대해주지 않고는 못 배길 것입니다."

"이 노래를 절대 잊지 않겠어요."

그는 다정하게 약속하고는 맥주를 주문하여 함께 마셨다.

해외에 파견되는 일본인 관리는 말단 직원까지도 교육이 잘 되어 있다. 이들은 일본제국의 전위인 것이다. 조선 국내의 경찰은 이들과는 질이 다르다. 그놈들은 이만큼 정중하지가 못하다. 조선에서는 이미 패권을 장악하고 있다. 그래서 일상적인 업무를 수행하기 위하여 2류 행정관리들이 파견되는 것이리라.

나는 그들 말마따나 정말로 베이징 대사관이 취급한 첫 번째 '조선인 정치범 사건'이었다. 민족주의자나 테러리스트들은 고작 '정치비적'이나 살인자로 간주되었던 것이다. 이전에는 일본경찰이 직접 조선인 집에 찾아가서 비밀리에 거주자를 체포하였다. 중국경찰은 그에 대해 아무것도 몰랐다. 이러한 피검거자들은 현지의 분규를 피하기 위하여 톈진으로 압송되었던 것이다.

톈진의 영사재판소에서는 아무 일도 일어나지 않았다. 일어난 일이라고는 고작해야 명치 28년의 법률 제80조에 따라 중국의 사회제도에 위험한 인물은 누구나 3년 동안 중국에서 추방되는 정도였다.

여섯 차례의 '물고문'

나는 작은 배로 다롄(大連)으로 입송되어 나낸 수상(水上)경찰서에서 하룻밤을 지냈다. 다음날 아침 경찰 두 명의 호위를 받아 남만주철도로 3등 열차를 타고 조선 국경에 있는 안둥까지 갔다. 그곳에서 우리는 하룻밤을 묵었다. 다음날 왜놈 병사 몇 놈이 나를 오토바이에 태워 압록강을 건넜다. 날씨가 엄청나게 추웠고 눈보라가 무섭도록 불어 닥쳤다. 두 귀가 얼었다. 꽁꽁 묶여 있어서 귀를 보호할 수가 없었던 것이다. 나는 경찰본서에 있는 초라한 작은 방에 끌려들어갔다. 그곳에서 다시 보통학교 이래의 기나긴 이야기를 되풀이해야 했다.

놈들은 베이징과 톈진에서 온 이 건에 대한 충분한 기록을 가지고 있었다.

그러고 나서 첫 고문이 시작되었다. 왜놈 한 명이 입과 코로 물을 들이부었고, 다른 놈이 자백을 얻기 위하여 연필과 종이를 들고 곁에 서 있었다. 놈들은 입과 코로 가는 관을 집어넣고 머리카락을 끌어당겨서 머리를 낮게 만들었다. 압력이 너무나 거세서 위장이 부풀어 터질 것만 같았다. 놈들은 내가 의식을 잃을 때까지 목을 조르기도 하였다.

"참 지독한 놈이군. 옥중에 있는 네놈의 동지 둘이 이미 네놈과의 관계를 증언했어. 이래도 거짓말을 해서 풀려날 수 있다고 생각하나?"

놈들은 반복하여 물었다.

내가 의식을 잃자 놈들은 나를 감방으로 돌려보냈다. 그곳은 습기가 차고 더럽기 짝이 없는 곳이었다. 나는 독방을 사용하고 있었지만 다른 열 개의 감방에는 4~6명의 죄수가 짐짝처럼 들어 있었다. 매일같이 약 30명의 신입이 들어오고 다른 사람들은 이송되었다.

나는 이 감방에 40일 동안 있었다. 여섯 차례나 놈들은 내가 정신을 잃을 때까지 폐와 코로 물을 주입시키는 '물고문'을 실시하였다. 몇 차례나 나는 장시간 동안 의사의 치료를 받고서야 겨우 의식을 회복했다. 체력이 약했고 병에 걸려 있었기 때문이다. 약간씩 숨을 쉬는 편이 물이 더 쉽게 흘러나가기 때문에 숨을 꼭 참으려고 하는 것보다 낫다는 것을 알았다.

어느 일요일 날 다른 간부들이 비번이었을 때 왜놈 형사 한 놈이 들어오더니 게다짝을 가지고 살이 터져 뼈가 드러날 때까지 정강이를 마구 때렸다.

"이미 우리가 사실을 알고 있는데도 어째서 네놈은 아무 관계가 없다고 고집을 부리는 거지?"

놈이 윽박질렀다.

그놈이 나를 배반한 두 동지의 사진을 보여주었으나 나는 계속 주장하였다.

"나는 이 두 사람을 전에 한 번도 본 적이 없소. 그들이 나를 알아보는지 여기 데려와 보시오. 알아보지 못할 것이 분명하오."

정강이의 얻어맞은 곳이 썩어 들어가 몹시 쑤셨다. 폐와 코에서도 출혈이 계속되어 끊임없이 나를 괴롭혔다.

이 물고문이 계속되었더라면 폐가 완전히 망가져버렸을 것이다. 때로는 동맥이 터지지만 그래도 죽지는 않는다. 그 이후에도 오랫동안 폐에서 피가 나오는 끊임없는 고통으로 괴로워했다.

대개 왜놈들은 지식인을 정신적으로 고문할 뿐 육체적으로는 고문하지 않는다. 형사 두 명이 피의자를 3일 밤낮을 계속해서 한자리에 서 있게 만든다. 피의자가 지쳐서 잠이 들면 형사들이 머리를 두들겨 패고 소리를 지른다. 이런 일을 오랫동안 계속하고 있노라면 머리가 멍해지고 의지가 사라진다. 그러면 심문관이 질문을 할 때, 피의자는 아무런 의지도 없이 아무것이나 자백할 수밖에 없게 된다. 이렇게 하여 심문관은 자백과 또 수많은 허위자백을 얻게 되는 것이다. 이런 경험을 당하게 되면 몇 년이 지나도 회복되지 못하는 경우가 종종 있다. 그리고 정신착란이 일어난다. 내가 알고 있는 수많은 조선 사람들이 이런 식의 고문으로 고통을 받았다. 이것은 가장 위험한 고문이었다. 그렇지만 의사가 보더라도 아무런 표시가 남지 않는다. 고문으로 생긴 육체적 증거에 대해서는 여론이 분분하지만, 이러한 정신질환의 경우는 그다지 많은 주의를 끌지 못했다.

요즈음 조선의 감옥은 옛날보다 아주 많이 좋아졌다. 1928년 이래 감옥에도 난방이 되고 있다. 또 기장과 조, 두부, 혹은 때때로 쌀겨—9분도 도정 후 남은 최하급인 쌀겨—로 만든 음식이 나왔다.

법정에서 간단한 심문을 받고 나서 나는 조선의 중심지인 신의주에 있는 큰 감옥으로 이송되었다.

이 감옥에는 1,000명 이상이 수용되어 있었다. 대부분이 만주에서 활동하던 유격대원이었다. 왜놈을 죽였다거나 죽이는 데 협조했다는 것이 입증되면 사형이었고 그렇지 않았을 때에는 유기징역이었다. 1910년 이래 이 감옥에서 수천 명이 처형되었다. 독립과 자유를 위하여 싸운 가장 걸출한 조선의 투사들이.

  내 뒤에서 문이 쾅하고 닫히자마자 방안에 있던 사람들이 기다렸다는 듯이 덤벼들더니 만주에서 왔느냐고 물었다. 베이징에서 왔다고 하니까 한 시간 동안은 아무도 말을 거는 사람이 없었다. 만주가 조선인 활동의 중심이었던 것이다. 베이징에서 온 전입자에게는 아무런 관심도 없었다. 그렇지만 내가 무슨 죄로 기소되었는지 알게 되자 다시 내 주위로 모여들어 많은 질문을 퍼부어댔다.

  "요새 무엇 때문에 그렇게도 많은 공산주의자들이 체포되고 있는 것일까?"

  그들은 그 점에 대해 알고 싶어했다.

  "아하, 그것 참 안타깝군. 공산주의자들은 많은 경험을 가지고 있는데, 또한 우리는 그네들의 방법을 연구하고 앞날을 위해 그네들한테 배우지 않으면 안 되는데, 모조리 체포되어 버리면 누가 일을 한단 말인가?"

  그들은 재판부가 어떤 증거를 가지고 있으며 또한 어떤 판결을 내릴 것인가를 알아맞추려고 가슴을 졸였다. 또한 바깥 세계의 정치정세와 중국에 관해 남김없이 배우려고 열심이었다.

  일주일 뒤 나는 출정하였다. 감옥에서 법정까지 아무도 보지 못하도록 짚으로 만든 가리개를 씌웠다. 이것은 오래된 관습이었다. 내 공판이 열릴 때까지 나는 비둘기집에서 대기하였다. 벽에는 앞서 다녀간 사람들이 써놓은 글귀들이 많이 있었다.

'오늘 나는 사형선고를 받는다.'

'26년을 사나 100년을 사나 한평생이기는 모두 마찬가지다. 나는 불행하지 않다.'

'여기에 오는 사람은 모든 희망을 버려야 한다.'

'정의가 없는 것인가, 나는 결백하다.'

'나는 귀신이 되어 돌아와서 조선에 있는 왜놈이란 왜놈은 모조리 죽여버리겠다.'

'이곳에 들어올 때는 걸어왔지만 나갈 때는 걸어 나가지 못할지도 모른다.'

일본 천황이나 재판관, 그리고 모든 왜놈에 대한 저주도 많이 있었다. 그리고 '아리랑' 가사도 많이 있었다. 많은 이름들이 사형선고를 받은 날짜와 함께 새겨져 있었다. 이런 문장들은 나무판자 위에 손톱이나 수갑으로 새겨져 있었다. 단어 하나하나마다 우리 가난한 동포의 피눈물이 아로새겨져 있었다. 그것은 마치 지옥 속에 있는 방 같았다.

법정에 들어섰을 때, 나는 붉은 죄수복을 입고 증언석 근처에서 대기하고 있는 두 사람을 보았다. 나에 관한 증거를 제시했던 동지들이었다.

재판관이 이 두 사람에게 몸을 돌리고 그들이 나를 알고 있는가, 그리고 내가 조선혁명청년연맹의 일원인가 하고 물었다.

"맞습니다. 저 사람은 청년연맹의 일원이었습니다. 저 사람은 광저우에서 마지막으로 소집된 회의에서 선출되었습니다. 하지만 저 사람은 참석하지 않았으므로 아마도 그 사실을 몰랐을 것입니다. 우리는 어디서 저 사람을 찾아야 할지 몰랐고 저 사람과 연락을 취할 수도 없었습니다. 우리는 저 사람을 다시는 보지 못했으며 또한 무엇을 하고 있는지도 몰랐습니다."

내 사건은 기각되었다.

4월 1일 2시에 간수가 나를 불렀다.

"현재로서는 당신의 증거가 유죄를 내릴 만큼 충분하지는 못해. 그러니 석방될 거야. 하지만 단지 운이 좋았을 뿐이라는 점을 명심해야 해. 앞으로는 일거수일투족이 모조리 감시를 받을 거야. 어느 집단에 들어간다거나 어떤 일을 하려고 해봐야 아무 소용이 없어. 당신이 하는 일은 모조리 알아내고 말 거야. 앞으로 아무 일도 안 한다면 과거는 용서해 줄 수도 있어. 하지만 다음에 또 일을 저지른다면 염리대왕에게 보내주겠어."

고문을 받으면서 보인 내 인내는 헛수고가 아니었다. 자백을 거부한 것이 나를 구해주었던 것이다.

잠시 조선에서

나는 병들고 허약해졌다. 감옥의 식사는 형편없었으며 감방은 벌레로 들끓었다. 기침이 나고 매일같이 폐에서 혈담이

나왔다. 그 당시는 모르고 있었지만 폐가 망가져서 폐결핵도 걸렸다. 그 이후로 줄곧 결핵이 낫지 않아서 타고난 내 건강을 회복할 가능성이 없었다. 한때 그렇게 건강하던 나는 이제는 걸어 다니는 폐인이 되었다. 겨우 스물여섯 나이에! 조카가 나를 처음 보고 한 말에 나는 충격을 받았다.

"저 사람은 보기 싫은 늙은이야. 엄마는 그분이 씩씩하고 멋진 사람이라고 했잖아요."

나는 평양 근처에 있는 고향으로 돌아가서 두 달 동안 지냈다. 그동안 나는 처음으로 모성애의 의미와 헌신이 어떤 것인가를 알았다. 특별한 음식을 만든다 어쩐다 야단법석을 피우고 신주 모시듯 하는 것이 불편하기는 했지만, 어머니의 그런 마음에 눈시울이 뜨거워졌다. 어머니의 사랑이 고마워서 내가 살아온 이야기를 몇 가지 말씀드렸다. 어머니는 공산주의자나 민족주의자나 똑같은 사람이라고 생각하셨다. 어머니는 조선 독립을 위한 나의 투쟁을 동정해 주셨으며 또한 독립을 바라고 계셨다. "조선이 자유로운 나라가 된 다음에는 이곳에 와서 나와 함께 살지 않겠니?" 하고 어머니께서는 물어보셨다.

아버지는 이제 아주 늙으셨지만 아직도 밭에 나가 일하고 계셨다. 아버지는 옛날 그대로 보수적이셨고 별로 말씀이 없으셨다. 아버지에게 나는 아직도 배은망덕한 후레자식이었다.

조선에서는 출소자에 대한 사람들의 태도가 중국하고는 다르다. 조선 사람들은 출소한 사람을 존경하며 친절히 대해준다. 심지어는 노인네와 아낙네까지도 남몰래 동정심을 보여준다.

중국에서는 아무도 출소자를 도와주지 않는다. '귀찮은 일'이 일어날까 봐 두려워서 모든 사람들이 가능하기만 하다면 관계를 끊으려고 한다. 본인 자신의 운이 나쁘다고 생각할 뿐, 아무도 그 불행을 함께 나누려 하지 않는 것이다. 그런 이유로 중국에서는 혁명가가 되는 데 크나큰 용기가 필요하다. 그래서 나는 위험을 무릅쓰는 중국인을 보면 그들에게 찬탄을 금할 수가 없다.

각 개인은 자기가 곤경에 처했을 때 타인의 희생을 바라는 것이 아니라 각자 자신과의 싸움을 하는 것이다. 오직 공산주의자들만이 상호협력 정신과 동지적인 책임감을 가지고 있다. 그렇지만 이곳에도 이기주의라는 오래된 암이 조직을 먹어치우고 있어 그 부패가 어느 정도인지 아무도 확실히 알 수가 없다. 이것은 인간의 생사가 본인 이외에는 어느 누구에게도 별다른 의미를 지니지 못하는 사회제도의 잘못이며, 그렇기 때문에 각 개인은 자신의 제반 이해를 돌보기 위해 이중으로 이기적인 인간이 되지 않으면 안 된다.

일단 당신 손에 권력을 장악하기만 한다면 그 권력은 자동적으로 누적되어 간다. 그러면 모든 사람들이 당신 친구가 되려고 안달을 한다. 아무 권력도 없다면 당신은 틀림없이 아첨꾼이 될 것이요, 평등의 이름으로 당신과 함께 일하고 투쟁할 친구가 별로 없게 될 것이다. 이것이 옛날부터 내려오는 '귀천(貴賤)'이라는 유교적 위계질서인 것이다. 조선에도 이와 같은 것이 있지만 생활이 그렇게 가혹하지 않으므로 사람들이 나면서부터 더 친절할 수 있었던 것이다.

19
당내 투쟁과 개인적 투쟁

 내가 베이징으로 돌아간 것은 1931년 6월이었다. 6월의 베이징은 아름다웠다. 내가 체포된 겨울에는 그토록 적막하던 흐릿한 회색벽 위로 거대한 아카시아 나무가 그 푸른 가지를 드리우고 있었다. 내가 자유의 몸이 된 것을 알려주기 위하여 나는 류링을 찾아 나섰다.

 희지만 내게 들려온 말은 이러했다.

 "당신이 체포된 후 그녀의 모습은 비참했어요. 당신이 조선으로 압송된 것을 알자 그녀는 당신이 몇 년 동안이나 감옥살이를 할 것이라 생각하고는 칭다오로 일하러 갔어요. 그 무렵에 대량검거가 일어났던 걸로 보아 그곳에서 아마도 한푸주(韓復榘)에게 체포된 것 같습니다. 체포된 사람 거의 모두가 처형되었지요. 그녀는 다른 이름을 사용하고 있어서 우리는 그녀가 어떻게 되었는지 알 수가 없었습니다만 아마도 살아남지 못했으리라 생각하고 있지요."

낙심천만이었다. 나는 화사한—아주 오래 전 오후의 첫 데이트 때의 우리만큼이나 화사한—봄꽃한테서 위안을 찾으면서 오후 내내 베이하이 공원을 배회하였다. 이날은 아무도 나를 향해 미소 짓지 않았다. 몇몇 학생들이 병원에서 뛰쳐나온 병자처럼 홀쭉한 사내가 이리저리 방황하는 모습을 호기심 어린 눈초리로 바라볼 따름이었다.

희생자는 언제나 가장 용감하고도 훌륭한 사람이었다. 인생은 나의 짧은 사랑에 대하여 특별히 복수를 하는 것만 같았다. 만주에 있던 안동희 목사의 딸과 인민들을 위하여 싸우다 죽어간 확고하고 쾌활했던 하이루펑의 공청(共靑) 아가씨를 생각하였다. 고독한 운명을 선택한 것은 내가 아니었다. 죽음이 나를 위해 언제나 고독한 운명을 골라낼 준비를 갖추고 있는 것이다.

왜놈 첩자라고 재판을 받다

하지만 이것은 단지 첫 타격에 불과하였다. 나는 동지들이 친절한 태도를 보이고는 있지만 나와 만나기를 꺼려한다는 것을 알았다. 당연한 경계이긴 했지만, 처음에는 왜 그러는지 도무지 알 수가 없었다. 이윽고 나에게 적의를 품고 있는 자들이 나를 중상모략하는 비밀보고서를 당에 제출하였다는 사실을 알았다. 그 보고서는 도대체 어떻게 하여 내가 조선의 감옥에서 그토록 쉽사리 석방되었는가에 의문을 제기하고 있었다. 나는 용서를 모르는 단호한 성격의 소유자여서 정적이 많이 있었다. 완전무결한 '순결'과 청렴결백을 고집하였기 때문에 때로는 로베스피에르라 불리기도 하였다. 나는 자신의 정치적인 어려움으로 고민한 적이 한 번도 없었다. 설령 사소한 경우라도 탈선하는 사람을 보면 거의 참을 수가 없었고 언제나 정당함이라는 높은 자리에서 최종판결을 내릴 자세가 되어 있었다. 나는 서슴지 않고 당의 노선이란 이름으로 누구든지 공박하였으며, 다른 사람에 대해 제출한 엄숙한 고발장도 많이 있었다. 그 응보가 로베스피에르의 전통으로 내 머리 위에 떨어질 판이었다.

나에 대한 이 비공개적인 비방은 1928년에 상하이에서 딱 한 번밖에 만난 일이 없는 한(韓)이라는 조선인이 주도하고 있다는 것을 알아냈다. 그 사람은 1928년 3월에 있었던 국내의 대량검거를 피해 탈출한 당 지도자의 한 사람이었으며, 또한 그 사건을 논의할 때 우리들이 믿을 수 없는 사람이라고 비난하였던 사내였다. 나는 그들이 의심스러운 상황에서 탈출하였기 때문만이 아니라 그들의 지도도 객관적으로 문제가 있었기 때문에 그 사람들을 신뢰하기 어렵다고 내 의견을 분명히 밝혔던 것이다. 그네들의 어리석은 분파적 태도 때문에 만일 그네들이 투옥된다 하더라도 운동에는 아무런 해도 되지 않는다. 분파적 태도는 첩자들이 우리 사이에 들어와서 전 조직을 팔아먹는 것을 쉽게 만들 뿐이라는 생각을 내 의견으로서 말했던 것이다. 당시 1,000명 이상이 체포되었으므로 나는 이 커다란 손실을 초래한 그들의 객관적인 죄과에 대해 탈출한 지도자들을 규탄하였던 것이다. 한씨는 당의 태도에 분개하고 불만스러워 하였으며 또한 당의 태도가 나에 의해 좌지우지되었다고 생각하였다. 내 공격이 개인적인 것이 아니었음에도 불구하고—실제로 나는 상하이의 그 회의 때까지는 한씨와는 한 번도 대면한 적이 없었다—그는 나를 미워하였다.

한씨는 1930년 내가 체포되기 직전에 베이징으로 오지 않으면 안 되었는데, 당시 조직위원회의 서기로 활동하고 있던 나에게 편지를 띄워 베이징의 당 조직에 들어갈 수 있도록 해달라고 요청하였다. 그는 아무런 신임장도 가져오지 않았다. 그래서 나는 상하이위원회에 연락을 하여 신임장과 완전한 보고서를 받지 않으면 안 되니 이들 서류가 도착할 때까지 기다려야 할 것이라고 답변하였다. 내가 체포될 때까지 상하이에서 아무런 회답도 오지 않았다. 그래서 한씨는 내가 자기를 당에서 축출하려 하고 있으며 아직도 자기를 믿지 못하고 있다고 생각하고는 복수하려고 하였다.

1931년 4월에 그는 다른 조선인의 추천으로 당에 받아들여졌다. 그런데 이제 내가 돌아왔으므로 만일 내가 책임 있는 자리에 다시 앉게 되면 자기가 나나 당에서 함께 일할 수 없게 되리라고 생각하였다. 이러한 그의 믿음에는 아무런 증거가 없었다. 왜냐하면 상하이에서 신임장이 오기만 한다면 나는 그와 함께 일할 준비가 되어 있었기 때문이다. 하지만 그는 물론 이 사실을 알지 못했고, 그래서 생사를 걸고 정치적, 개인적 숙적과의 투쟁에 몸을 바치겠다고 생각하였던 것이다.

한씨는 이전에 나와 싸운 적이 있어서 나를 미워하는 조선인 민족주의자들을 몇 사람 동원하고 또한 몇몇 공산당원들까지도 내가 의심스러운 사람이라고 믿게 만들었다. 내가 자술서를 썼으며 첩자로서 왜놈들과 비밀연락을 갖도록 강요받았다고 하는 암시를 넌지시 비춘 것이다. 그는 이런 말을 공공연하게 한 적은 한 번도 없었고 다만 내 사건 배후에는 어떤 비밀이 숨겨져 있다는 암시만 할 뿐이었다.

나를 알고 있던 중국인들은 내 편이 되어 주었다. 그네들은 그 따위 가능성은 믿지 않는다고 말했지만, 그래도 신뢰를 재확립하기 위해 그 문제를 분명히 밝히기를 원했다. 다른 사람들은 같은 조선인들이 나를 의심하고 있기 때문에 회의적이었다. 나는 이 일을 분명하게 못 박기 위해 공개재판을 요구하였다.

나는 특히 한 가지 사실 때문에 한씨에 대해 분개하였다. 공격을 맨 처음 시작한 것은 바로 그였다. 그런데도 내가 결백하다는 증거를 현지 감옥이나 조선에서 입수하기를 거부하였다. 그는 내 결백이 증명되어서 유력한 지위에 다시 복귀하는 것을 원치 않았다.

중국공산당은 이 사건의 해결을 위하여 사정회의를 소집하였다. 문제의 쌍방이 모두 참석한 가운데 나라는 사람과 내 경력, 나의 체포와 석방 경위에 대한 정보를 모조리 제시해 달라는 요청을 받았다. 나는 체포에서 재판받기까지의 모든 사항을 자세히 이야기하였다. 나에게 불리한 것은 아무것도 제시되지 않았다. 이윽고 사정회의에서 유일한 규탄자인 한씨에게 나를 믿지 못하는 이유와 그 증거를 보여 달라고 요구하였다.

그가 한 말은 겨우 이러했다.

"저 사람의 유죄를 결정할 수 있는 방법은 하나도 없습니다. 하지만 바로 이 때문에 우리는 그의 결백을 믿을 수가 없습니다."

나는 이전에 한과 다퉜던 일을 설명하였다. 그러자 사정회의는 나 때문에 체포된 사람이 하나도 없으며 이제까지 내가 아무 문제도 일으키지 않았다는 점을 지적하였다.

"그렇습니다."

한씨도 동의하였다.

"이 순간까지 그것은 사실입니다. 그렇지만 저 사람이 우리 조직을 왜놈들에게 팔아먹고 파괴할 결정적인 시기를 기다리고 있는 것이 분명합니다. 그를 믿는다는 것은 우리 당을 위험에 노출시키는 것입니다."

"당신은 꿈을 꾸고 있어요."

나는 한씨에게 말했다.

"이것은 단지 개인적인 복수에 지나지 않아요. 두고 봅시다."

마침내 사정회의는 내가 무죄라고 결정했다. 그리고 조선사람들이 나를 적대시하는 것은 잘못이며 공정하지 못하다고 말하면서 내가 훌륭하고 강인한 당원이라고 칭찬하였다.

더 이상의 잡음 없이 나는 당원으로 복귀되었다. 한은 자신의 지위가 아주 불안정해졌기 때문에 애가 탔으며 또한 나를 적대한 것이 정당화되지 못하였기 때문에 다른 사람들로부터 신뢰를 잃었다고 여겼다. 그래서 언젠가는 자기가 올바랐다는 것이 입증되기를 바라고 나에 대한 비공개적인 악선전을 멈추지 않았다. 그는 다른 사람들에게 막연한 의심을 퍼뜨리는 독물 작용을 하였다. 그래서 나를 잘 알지 못하는 사람들은 나와 가까워지는 것을 꺼려하였다. 그는 내가 리리산(李立三)[1]주의자이며, 따라서 지도부에서 일힐 자격이 없다는 소문을 퍼뜨렸다. 이 일로 나는 힘이 쭉 빠지고 울화가 치밀었다.

노선

중국 전역의 당 활동 속에 심각한 정치정세가 전개되고 있었다. 숙청이 일어나고 있었고 새로운 노선이 주창되고 있었다. '리리산주의자' 들은 축출되고 있었고 당원들은 개인적인 경쟁과 정치상의 여러 문제 양쪽의 기초 위에서 패권을 둘러싸고 마구 싸우고 있었다. 우리 운동이 지하에서 이루어지고 있는 특성상 많은 부정의를 피할 수가 없었다. 나는 수많은 환경의 희생자 가운데 한 사람이었다.

중국공산당은 내가 극좌 리리산 시대의 가장 중요한 지도자의 일원이었으므로 새로운 노선을 충실하게 수행하는 것을 믿을 수 없다는 결정을 내렸다. 나는 새로운 노선에 따른 준비가 되어 있었을 뿐만 아니라 광저우와 하이루펑, 베이징에서 과격한 '폭동주의'에 지긋지긋할 정도로 괴로움을 당해왔으므로 비참한 직접 경험으로부터 이러한 전술에 대한 판단을 내릴 수 있었기 때문에 지도부에서 해임되는 데 강력히 이의를 제기하였다. 하지만 그것은 위에서 내려온 일률적인 명령이었다. 그래서 지방당에서는 내가 다시 복직될 때까지 이 훈련을 받아들이지 않으면 안 된다고 언명하였다. 그들은 내가 장자커우(張家口)에 있는 광산에서 육체노동을 하라는 명령을 내렸다. 징역살이를 한 후 병든 내 몸의 상태로 보아 그것은 자살행위였지만 나는 거기에 복종하였다. 그렇지만 광산에서는 아무런 일자리도 얻을 수가 없었고, 또한 당 활동을 하기에는 상황이 절망적이었으며 너무나 위험해서 시도조차 할 수 없다는 것을 알았다. 내가 너무나 지식인처럼 보였기 때문에 두 번씩이나 체포될 뻔하였다. 경찰의 감시가 지독히 엄하였던 것이다. 보고서를 제출했더니 건강을 회복하면서 잠시

대기하라고 하였다. 나는 옌징대학(燕京大學) 근처에 있는 낭랑묘(娘娘廟)에 가서 도서관에 다니며 공부도 하고 개인적인 문제나 정치적인 문제에 대하여 철저하게 생각해 보았다.

리리산 노선은 국민당 지역에서의 무장봉기와 홍군에 대한 대도시 점령을 요구한 것이었다. 이 방침은 1931년 4월 최종적으로 바뀌었고 리리산은 훈련을 받으러 모스크바에 파견되었다. 한창 논쟁이 일어나고 있을 때 나는 감옥에 갇혀 있었고, 이때까지만 해도 주요한 이론문제로 골머리를 앓아본 적이 없었으며 오직 현지의 전술에 대해서만 문제를 삼았고, 명령이 오는 대로 수용하기에 급급하였다. 이제 나는 기본원칙들을 재검토하기 시작하였고 여러 가지 의문을 제기하고 해답을 찾기 시작하였다.

스파이라고 비난을 받고 리리산주의자라고 재훈련을 받은 후 내 마음은 갈피를 못 잡고 혼란에 빠져 있었다. 내 어려움의 일부는 내가 중국인 사이에 끼여 있는 조선 사람이라는 데서 오는 것이라는 느낌을 피할 수가 없었다. 중국에서는 심지어 공산주의자들조차도 국수주의적 경향을 가지고 있다. 그때는 전반적으로 사기가 저하되고 있던 시기였다.

리리산식 봉기에 대한 보복은 지독히도 잔인하였다. 수천 명의 공산주의자들이 붙잡혀서 처형되거나 투옥되었다. 붙잡히지 않은 많은 사람은 배반하고 국민당 쪽으로 돌아서거나 수동적이 되었다. 그 나머지는 트로츠키주의자나 파시스트가 된 자도 있었다. 밖으로는 당 활동이 점점 약해져 갔고 안으로는 사기가 꺾였다. 정세도 복잡해서 분석하기가 어려웠다. 우익으로 기울어지는 자도 있었고 항복하려는 경향도 있었다. 나는 매우 염려가 되어서 당과 대중운동의 사기 저하를 막을 수 있는 확실한 방법을 찾아내려고 조바심을 하였다. 마지막에 가서는 우리의 주요한 슬로건들은 올바랐지만 국내 각지의 다종다양한 제 조건에 맞도록 전술을 변화시키지 않으면 안 된다는 결론에 도달했다. 공통된 동의를 얻어 단결을 유지할 수 있게 해주는 어떤 중간 지점이 틀림없이 있을 것이다.

백구(白區)에서는 봉기가 불가능하고 봉기가 일어났다 하더라도 섬멸되는 결과만을 초래하므로, 백구에서는 민주주의적 슬로건을 활용하고, 동시에 적구(赤區)에서는 소비에트를 만들기 위한 투쟁을 계속해나가야 하며, 두 개의 상이한 발전 수준의 평준화를 향해 활동해 나가야 한다고 하는 내 의견을 제시하였다. 그러나 당의 대다수는 이 의견에 반대표를 던지고, 내전을 하고 있는 동안은 우리가 아무리 노력한다고 하더라도 민주주의가 불가능하다는 노선을 채택하였다. 내가 제창하였던 것은 후에 백구에 있어서 인민전선이라 불린 것의 한 형태였는데, 그것은 적구에서의 소비에트 운동을 지원해주고, 그럼으로써 잠재세력으로 존재하고 있는 전략적 맹우(盟友)들을 '도처에 홍기와 소비에트를'이라는 우리들의 공공연한 구호로써 현재와 같이 공개적으로 소외시키는 것이 아니라 그들을 동원하려는 것이었다. 이 생각은 1935년에 실시되었으며 그때는 소비에트도 역시 단념하기로 결정되었다.

---

1) 리리산(李立三) : 1896년 출생. 1922년 노동자 학생으로 프랑스에 유학. 5·4운동(1919) 때 상하이 총공회(上海總工會 : 노동조합총동맹) 위원장으로 혁명운동에 투신한 후 최후까지 도시노동자에 의한 공산혁명의 달성이라는 중국공산당 내의 이른바 '리리산 노선'의 지도자였다. 귀국 후 중국정부의 노동부 부장(1949)도 역임했다. 그는 중국공산당 서기를 지냈고 극좌파였다.― 님 웨일즈, 리영희

20

살인, 자살, 절망

성마다 체포되는 사람이 늘어났다. 중앙권력과 지방군벌이 경쟁하고 있었다. 배반자가 놀라울 정도로 불어났고 심지어는 화베이공산당 군사위원회 서기까지도 변절하였다. 베이징 당 조직은 깨어졌고, 우리와 모든 연락이 단절되었다.

나는 일자리도 구하지 못하고 돈도 한 푼 없었다. 열병이 심해졌고 육체적으로 점점 더 허약해져 갔으며 정신적으로는 더욱 억눌림을 받았다. 그래서 베이징협화대학의 자선진료소를 찾아갔다. 의사는 엑스레이를 보더니 양쪽 폐가 지독히 나쁘며 또한 결핵이 급속히 번지고 있다고 알려주었다. 어째서 양쪽 폐가 이런 정도로까지 나빠지고 염증을 일으키게 되었을까, 의사들이 머리를 설레설레 흔들었다. 그렇지만 나는 이 지경에 이른 것이 일본 감옥에서 받은 고문 때문이라는 사실을 말할 수가 없었다. 결핵이 악화되어 여전히 혈담이 나오고 있었다. 몇 달 동안 절대적인 안정을 취하고 영양섭취를 잘하고 주의하지 않는 한 오래 살 수 없을 것이라는 경고를 받았다. 나는 쌀 한 되 살 돈도 없었다. 어떻게 달걀과 고기와 채소를 사먹고 '몇 달 동안의 휴양'을 할 수 있을 것인가?

내가 결핵에 걸렸다는 것은 커다란 충격이었다. 하이루펑 이후 완전히 건강을 회복한 적이 없기는 했지만 그래도 언제나 강인하고 튼튼하였으므로 충분히 휴식할 시간만 있다면 언제라도 원래대로 회복되리라고 생각하였던 것이다. 그리하여 언젠가는 남방에 가서 홍군에 가담하겠다는 꿈을 가지고 있었는데 이제는 불가능하게 되어버린 것이다. 중국 홍군에는 조선인 동지가 몇 명 있었다. 나는 공개적인 활동을 좋아하였다. 비밀 지하공작이나 혹은 당의 정치적인 음모나 투쟁을 하고 있노라면 행복감을 느낄 수가 없었다.

좌절과 궁핍 때문에 나는 아무 일에나 화를 냈다. 이 때문에 몸의 상태가 더욱 나빠졌다. 휴식을 취할 수도 없었고 진히 잠을 잘 수도 없었다. 여러 날 동안 한숨도 자지 못하고 궁핍에 시달리며 살았다. 하숙집 주인은 매일같이 방세를 달라고 성화였으며 나를 내쫓고 싶어했다. 나는 초췌해지고 현기증이 일어났으며 지칠 대로 지친 나머지 걸을 수 없을 지경이었다. 하숙집 주인은 아편을 맞는 것이 어떻겠냐고 내게 권하였다. 신경을 안정시키고 잠을 좀 자면 자기에게 낼 만한 돈을 충분히 벌 수 있지 않겠는가 하는 것이었다.

나는 인력거를 타고 다시 베이징협화의대를 찾아갔다. 의사들은 내 상태가 급속히 악화되어 가는 것에 놀라서 즉시 입원하지 않으면 안 된다고 말하였다. 그들은 내가 장기간의 악성 신경흥분 상태에 빠져 있다는 것을 발견하였다. 이것은 하이루펑 시절과 몇 달 전의 감옥살이 경험에서 물려받은 것이었다. 나는 하숙집으로 되돌아왔다. 아무하고도 말하려 하지 않고 단지 뜰 안에서 개하고만 놀았다. 몸을 거의 움직일 수 없는 상태였다. 만일 하숙집 주인이 내 신원을 의심했더라면 나를 경찰에 넘기고 많은 돈을 받을 수가 있었을 것이다. 나는 매일같이 그런 일이 일어나기를 반쯤은 기다리고 있었다. 그것도 빚을 갚는 하나의 방법이니까.

이즈음 나는 숙적인 한씨가 귀신 들린 사람처럼 아직까지도 나에 대해 거짓말을 퍼뜨리고 있다는 것을 알았다. 나는 불같이 화가 치밀어올랐다. 그놈은 사람이 아니라 독사였다. 진득진득 달라붙는 더러운 것을 대하듯이 나는 그를 증오하였다. 놈은 내게 한 것과 똑같은 짓거리를 다른 사람들에게도 하리라. 놈을 죽여 그런 짐승 같은 놈을 영원히 이 세상에서 싹 쓸어내 버리자. 안 될 이유가 무엇인가? 이런 생각이 가슴속에서 또렷한 형태를 갖추었고 그것이 나를 짓누르고 있던 깊은 좌절감과 무력감을 해소시켜주는 듯하였다. 또한 놈이 나를 죽인다 하더라도 그 또한 괜찮았다. 그는 완력이 강한 사내였고 당시 나는 계집애처럼 연약한 상태였다. 나는 아주 오랫동안 행동하는 데 익숙해져 있었으므로 무엇인가를 때려 부수고 싶었고 자신과 육체적으로 투쟁하고 싶었으며 나를 둘러싸고 있는 여러 힘들과 투쟁하고 싶었다. 내 자신이 희생물이 되는 그런 상황에 스스로를 순응시키고 맡겨버릴 만한 심적 상태에 있을 수가 없었다.

나는 절망과 분노에 떨며 마지막 힘을 내어 날카로운 비수를 품고 한씨를 찾아갔다.

그는 집에 혼자 있었다. 나는 문간에 기대어 서서 5분 동안 끈질기게 그를 노려보았다. 내 두 눈은 밝은 광점(光點)에 홀린 뱀처럼 그에게서 떨어질 줄 몰랐다.

나는 아주 천천히 식탁으로 갔다. 그는 나를 멍하니 바라보고 있었다. 나는 느리지만 확고한 태도로 비수를 꺼내서 둘 사이에 있는 식탁 위에 조용히 올려놓았다.

"5분 안에 둘 중 하나가 죽게 될 것이다."

나는 길라진 목소리로 말했다.

그는 움직이지 않았다.

나는 기다렸다.

이윽고 나는 그의 눈에 눈물이 고여 있는 것을 보았다. 그 눈물은 두려움에서 나온 눈물이 아니라 부끄러움과 후회의 눈물이라는 것을 알 수 있었다. 나는 그가 불쌍해서 칼을 식탁 위에 남겨둔 채 천천히 방을 나왔다.

분노가 사라져버렸다. 대신 그 자리에는 지독한 슬픔만이 남아 있었다. 나는 아무도 죽이고 싶지 않았다. 나에게는 육체적으로도 그렇고 정신적으로도 나 자신을 죽일 힘밖에 남아 있지 않았다. 하지만 나에게는 총도 없었고 독약을 살 돈도 없었다. 그러나 다행스럽게도 언제라도 굶어죽을 수는 있었다. 나는 배가 전혀 고프지 않았다. 죽기 싫다는 감정과 싸우느라고 완전히 지쳐버렸던 것이다. 나는 허해져서 정신이 오락가락하는 상태로 자리에 누워 있었다. 물에 빠져 죽는 것이 쉽겠지만, 안타깝게도 베이징에는 빠져 죽을 만한 곳이 한 군데도 없었다. 나는 아름답고 맑은 조국의 강들을 떠올렸다.

그곳이라면 즐거이 뛰어들 텐데……. 나는 바야흐로 죽음을 앞두고 조국, 그대를—그대의 아름다운 강과 사랑스런 푸른 산을—떠올려 보았다. 그대의 자식은 나약하지만 삼천리 강산은 강하다. 우리가 모두 이국 땅에서 죽더라도 삼천리 강산만은 살아남으리라. 나는 내 피를—절망의 독이 스며 있는, 결핵균이 섞인 썩어 문드러진 내 피까지도—가지고 돌아가 내가 태어난 땅을 비옥하게 만들지 못하는 것이 안타까웠다. 그대를 위하여, 인류의 자유를 위하여 싸우느라고 내 몸은 망가져버렸다. 은혜를 모르는 낯선 이국 땅에서 한 줌의 비료가 될 뿐 아무것도 남지 않았다. 심지어는 혼마저도 죽어버렸다. 남아 있는 것이라고는 오직 스스로를 조속하게 깨끗이 끝장내는 일뿐이다. 죽으려는 의지는 아직 남아 있었다. 살려는 의지는 사라져 버렸다. 건강과 힘과 신념과 용기가 충만하던 영웅적 시절의 친구들이여, 나를 옛날 그대로 기억해주시오. 광둥코뮌에서도, 하이루펑에서도, 만주에서도, 감옥에서도 죽지 않았다는 사실은 잊어주시오. 내 일부는 그런 곳에서 죽었고 일부는 그 어느 곳에도 묻히지 못한 채 쓰러져 있소. 이 너저분한 방에서 죽는 것은 오직 심장과 의지뿐이오. 그 나머지는 전투를 하다가 영광스럽게 희생되어 당신들과 인류를 위한 새 희망을 만들어냈던 것이라오……

이다지도 쉽게 고통을 없애주고 조용히 죽게 해주다니 자연이란 얼마나 친절한 존재인가 하는 생각을 하며 나는 정신을 잃었다. 열이 내 뼈를 기분 좋게 덮어주었다.

마냥 시간이 지난 후 눈을 떠보니 하숙집 주인이 내 침상 주위에서 야단법석을 떠는 것이 보였다.

먹을 것을 가져오면서 주인이 말했다.

"당신은 며칠 동안 아무것도 먹지 않았어요. 열이 대단했어요. 설령 당신이 죽기를 원한다 하더라도 젊은 사람이 이런 식으로 죽는다는 건 개죽음이에요. 방세는 아무 염려 마세요. 밥을 먹고 몸이 좋아지면 고향의 노친네한테로 돌아가시구려."

그는 내가 자기 집에서 죽지 말아야 한다고 야단이었다. 자기가 시체를 책임지게 될 것이기 때문이었다. 그래서 그는 내 건강을 어느 정도 회복시켜서 내쫓으려고 하였다. 어디로 가든 알 바가 아니었다.

돌이켜보면 그간 잠잠하던 말라리아가 불과 며칠 사이에 도져서 그 고열이 내 병의 치료를 도와주지 않았나 생각된다.

의식을 잃고 잠에 곯아떨어진 결과 신경과 육체가 휴식을 취하게 되었으며, 귀청을 울리던 죽음의 방망이 소리도 그쳤다는 것을 알았다. 새로운 생명수가 내 피 속에 넘쳐 흐르는 것 같았다. 이제는 살든 죽든 아무래도 괜찮았다. 먹느냐, 먹지 않느냐는 전혀 문제가 되지 않았다. 손가락 하나 까딱할 힘도 없었지만, 나는 음식을 주는 대로 받아먹었다. 해골바가지처럼 삐쩍 마르고 퀭하긴 했어도 점차 조금씩 힘이 쌓였다.

"언젠가 당신의 친절에 보답할 날이 있을 것입니다. 번역 일을 해서 돈을 벌 수 있을 거예요. 하숙비는 염려하지 마세요" 하고 나는 하숙집 주인에게 말했다.

그가 원한 것은 나를 내쫓는 것뿐이었다. 그래서 떠나갈 수 있을 정도가 되자 나는 곧 다른 하숙집으로 옮겨야 했다. 내 책과 옷가지는 저당 잡힌 지 오래였고 가진 것이라곤 몸뚱이뿐이었다. 어느 날 누군가가 20원을 봉투에 넣어 보냈다. 지금 생각해보니 한씨가 보낸 것 같다. 나는 누가 보냈든 상관하지 않았다. 이 돈이면 몇 주일 동안은 넉넉히 먹을 수 있었다.

나는 다시는 자살하지 않겠다고 결심하였다. 아무런 고통도 받지 않고 죽는다는 것은 아주 쉬운 일이었다. 다른 사람이 죽여주면 더욱 좋았다. 나는 언젠가는 그런 일이 일어나리라는 것을 예상해왔다.

내 기질에 맞지 않는 새로운 철학이 환한 햇살처럼 나에게 자리 잡는 것 같았다. 그 어느 것도 중요하지가 않았다. 내가 안고 있는 많은 문제들을 해결하기에는 몸이 너무 약하다는 사실을 나는 받아들였다. 될 대로 되라지. 내 한 몸으로 중국 혁명을 구하려 해봐야 불가능한 일이었다. 무엇 때문에 매사에 그토록 심각할 필요가 있겠는가? 오류란 피할 수 없는 것이다. 오류란 심지어는 진리를 드러내는 데 유익하기도 하다. 나는 오류를 범하고 있었는지도 모른다. 어쩌면 옳은 것과 그른 것이란 존재하지 않는지도 모른다. 아마도 '존재하는' 모든 것은 옳은 것이 아닐까? 왜 회의나 걱정 따위로 자신을 괴롭혀야 하는가? 세상에는 자기에게 괴로움을 주는 적이 너무나 많지 않은가? 어차피 인생은 생명을 내놓고 있지 않으면 안 된다. 목숨을 잃을까 봐 두려워해서는 안 된다. 다른 사람들이 목숨을 잃는 것에 대해서도 너무 애태워서는 안 된다. 역사는 언제나 자기 나름의 방식으로 승리를 얻는 것이다. 중국인들은 얼마나 놀라운 사람들인가? 그네들은 수천 년 동안이나 되는 대로 몸을 내맡기고도 즐거워하고 만족하고 있다. 왜 세상을 바꾸려고 하는가? 세상이 그대를 바꾸도록 내버려두어야 하지 않겠는가? 아무 변화도 일어나지 않는다면 그 또한 좋은 일이다. 될 대로 되어라.

   나는 결국 삶과 죽음과 투쟁에 대한 중국인의 태도에 압도당하고 있는 것일까? 결국 점술과 숙명의 신봉자들의 커다란 무리 속으로 흡수되어 버리고 있는 것일까? 그것이 어쨌단 말인가? 갑의 행운은 을의 불행이다. 꿈꾸지 않고 자는 것은 행복하다. 자기 멋을 궁리나 하고 타인의 생활방식이나 삶의 목적을 묻지 말 것. 지켜보기만 하고 호기심을 품지 말 것.

만일 몸이 건강하기만 하다면 먹고 굶는 것은 하늘에 맡기고 한 10년 동안 세상을 유랑하겠다고 생각하였다. 먹든 굶든 개의치 않으리라. 방랑시인이 되어 가는 곳마다 시를 팔고 공원에서 노숙하며 살리라.

나는 11살 때부터 세계를 변화시키려고 분망하게 뛰어다녔다. 하지만 이제는 세계가 나를 변화시키고 있다. 상호작용이라는 것이다. 어느 쪽의 변화가 보다 큰가 하는 데는 관심이 없었다.

너무나 진리에 가까운 질문을 한다는 것은 위험하다. 그런 질문은 사람을 미치게 만들어버릴 것이다. 자신에게 진리라고 생각되는 것을 다른 사람에게 강요하는 것은 위험하다. 자기가 틀렸을지도 모르는 일이다. 다른 사람들이 자기 나름의 신념과 오류를 지닌 채 행복하게 죽어가도록 내버려두어라. 근본적인 질문으로 타인의 영혼을 괴롭히지 말라. 자기가 원하는 문제에 대해 자기 나름의 해답을 찾도록 내버려두어라.

나는 점차 정상으로 회복되었다. 이제는 의사가 다 되어서 신체와 신경조직에 휴식할 기회를 주기 위하여 긴장을 풀고 근심 걱정과 정치적 고민을 없애기만 하면 내 병이 나을 것이라는 것을 알고 있었다. 나는 신문조차 읽지 않고 하루 종일 침상에 조용히 누워서 어떤 일에도 마음이 흔들리지 않도록 하였다. 전 재산 20원에서 떼어낸 돈으로 시집을 한 권 샀다. 그리고 이따금씩 시를 써서 신문사나 잡지사에 보냈다. 그중 몇 편은 채택되었다. 나는 이런 방법으로 몇 원을 벌었다. 왜 당에서는 아무도 나를 보러 오지 않는가 하고 의아한 생각이 들었다. 그러던 어느 날 한 명의 젊은 여성동지가 찾아왔다. 어느 곳에서나 연락이 끊어져서 다른 사람들이 모두 어찌 되었는지 모르겠다고 그녀는 말했다. 당은 깨어졌으며 얼마 동안은 아무런 활동도 가능하지가 않았다.

이 아가씨는 매우 친절했는데, 종종 과일과 책을 싸들고 나를 보러 왔다. 이 아가씨는 류링보다 지적인 면은 덜했지만 훨씬 예뻤다. 그녀는 연인이 재작년에 처형되어서 불행한 처지였다. 이 사실 때문에 그녀는 나를 보살펴주는 데 특별한 관심을 가졌다. 나는 언제나 미망인의 헌신을 받는 것 같았다. 나는 불행한 사람들을 좋아한다. 나는 그들을 이해한다. 고통은 성격을 창조하고 인간적인 감정을 만들어낸다. 즐겁고 행복한 사람들이 내게는 멍텅구리처럼 보인다. 그들은 삶의 표면 위를 날아다니고는 있지만 절대로 그 의미는 알지 못하는 것 같다. 요즘 같은 상황에서 그들은 인간의 참마음에 가까이 붙어 있는 것이 아니라 멀리 떨어져 있고 고립되어 있다. 아마도 그 때문에 그들이 즐거운 상태로 남아 있을 수 있으리라.

나는 이 친구에게 내가 가장 즐겨 읽는 괴테, 테니슨(Tennyson), 키츠(Keats)의 저서들을 모조리 빌려다 달라고 부탁하였다. 셸리(Shelley)는 차라리 읽지 않는 편이 나았다. 이 시인도 나와 마찬가지로 혁명적인 낭만주의자였으므로 나는 이 정서적 단계를 떨쳐버리고 싶었던 것이다. 중학 시절에 나는 『젊은 베르테르의 슬픔』을 읽고 또 읽었다. 『파우스트』는 지금까지도 이해가 되지 않는다.

나는 잭 런던(Jack London)의 저서들을 다시 읽었다. 런던은 내가 언제나 좋아하던 사람이었다. 그 사람은 내가 알고 있는 미국 작가 중 유일하게 보편적 경험이란 형태를 가지고 프롤레타리아적 해석을 제시한 인물이다. 그의 문장은 간결하면서도 힘이 넘치며, 다른 나라 말로 쉽게 번역될 수 있다. 노동자에 관한 그의 이야기는 어느 나라의 경우에도 그대로 들어맞는다. 그는 가난과 힘든 투쟁의 의미를 알고 있으며 사람들의 성격을 이해하고 있다. 『흰 송곳니(White Fang)』에서는 한 마리의 개가 삶의 투쟁을 하기 위하여 늑대가 되는데, 사람도 역시 그렇게 되지 않으면 안 된다. 런던의 작품에서는 동물의 생활 하나하나가 살아서 움직이고 생기가 넘쳐 흐른다. 생명력과 극적인 성격을 느낄 수 있다. 그가 지식인이 아니라 자기 작품 속에 감정과 실제 경험을 이입시키는 행동인이라는 느낌이 들고, 그 주제는 언제나 실패와 새로 시작하는 투쟁이라 느끼게 된다. 일본노동자와 조선노동자들은 런던의 작품을 다른 어느 작품 못지않게 쉽게 읽고 또 이해하고 있다. 어느 곳에서 살든 가난한 노동자들은 런던을 통하여 미국의 무산

자들에게 친근감과 유대감을 가지게 된다. 나는 고리키보다는 런던을 더 좋아한다. 고리키는 훌륭한 이념을 갖고 있기는 하지만 런던처럼 강한 인물도 아니고 강한 작가도 아니다.

런던은 가난과 투쟁을 해석함에 적극성을 보이고 있다. 아마도 그것은 자기 나라인 미국이 노동자에게 기회의 땅이기도 하기 때문이리라. 도스토예프스키는 부정적이다. 그는 인간영혼의 어두움을 주관적 심리에 의하여 폭로하고 있다. 그는 투쟁의 적극적인 가치를 전혀 인정하지 않는다. 그는 조선에 대해서도 아주 똑같은 책을 쓸 수가 있었으리라. 조선에는 러시아보다도 더욱 지독한 어두움과 슬픔만이 있을 따름이니까.

나는 업튼 싱클레어(Upton Sinclair)의 작품을 즐기지 않지만 극동 사람들은 누구나 자본주의 국가 미국의 산업노동자의 생활 모습을 알기 위하여 싱클레어의 작품을 읽는다. 그는 단순히 묘사적일 뿐이요 이론에는 아무것도 공헌하지 못했다. 그는 밤에 비추는 탐조등처럼 넓기는 하지만 깊지는 못하다. 그는 표면은 비춰주지만 그늘 속에 숨어 있는 사람들의 마음에 대해서는 아무것도 알지 못하고 있다.

발자크도 또한 이때 다시 읽었다. 나는 인간의 지성과 정열 사이의 갈등에 대한 그의 연구가 마음에 들었다. 그의 주제는 인간은 어느 한 목표에 도달하더라도 또 다른 목표를 찾아 영원히 헤맬 뿐이라는 것이다.

이윽고 나는 체력을 되찾았으며 이와 함께 심리적 안정도

되돌아왔다. 나는 새로운 성격의 확신과 안정감을 느꼈다. 내 마음은 다시 민활해져 갔고 행동에 굶주렸다. 나 자신에 대하여 커다란 새로운 믿음이 솟아올랐다. 이 몇 달 안 되는 사이에 나는 여러 가지로 유익한 영향을 받았다는 것을 알았다. 감옥살이와 정치투쟁, 한씨와의 충돌, 절망, 병. 이러한 경험들은 나를 새로운 지적 성년기로 끌어올려 주었다. 살인, 자살, 절망. 그 짧은 순간은 내 인생에서 단지 하나의 서표(書標)에 불과하였다. 그곳에서 나는 내 길을 찾아낸 것이다. 새로운 장이 내 앞에 열려 있었다. 내게 필요한 것은 충분히 일을 해나갈 만한 체력을 회복하는 것뿐이었다.

나는 내 과거의 경험을 분석하고 가혹한 자기성찰을 철저히 하였다. 1919년에서 1924년까지는 지식과 방법과 수단을 더듬더듬 찾아 헤매는 학생이었다. 그 첫 단계에서는 하나의 이론에서 다른 이론으로 옮겨 다녔던 것이다. 1919년에서 1920년 사이에는 민족주의자였다. 1920년에서 1922년 사이에는 이상주의자이자 무정부주의자로, 앞으로 전진하기 위한 확고한 발판을 찾아다녔다. 이 발판을 나는 1922년에서 1924년 사이에 마르크스주의를 연구하는 가운데 발견하였던 것이다. 그때 나는 공산당에 들어갔다.

내 인생의 두 번째 단계는 1925년부터 1928년까지로, 이때는 중국혁명에 뛰어들었던 혁명적이고 낭만주의적인 행동시대였다. 광둥코뮌, 하이루펑. 이 경험들로 건강이 파괴되었지만 정신은 더욱 튼튼해졌다. 그 후 나는 충분한 준비도 갖추지 못한 상태에서 지도부의 지위에 앉게 되었다. 하지만 나는 급속도로 발전하였다. 비밀활동을 지도한 베이징과 만주에서의 지하생활은 나에게 많은 것을 가르쳐주었다. 감옥생활은 수많은 거친 모서리들을 단단한 형태로 다듬어 주었다. 살인, 자살, 절망의 시대는 나를 인간답게 만들어 주었으며, 인간의 본성에 대한 새로운 이해와 관용을 가져다주었다.

이제 나는 학생이 아니었고 더는 혁명적 낭만주의자도 아니었으며, 당의 관료도 아니었다. 다년간에 걸친 힘든 혁명적 경험으로 무장되고 장차 올바른 지도자가 될 자격을 갖춘 하나의 성숙한 인간이었다. 나 자신의 문제들을 통하여 다른 사람들의 문제를 이해하게 되었다. 내 판단은 균형이 잡히고 건전하게 되었다. 감정에 흐르거나 이론에 치우치지 않고 정신적으로나 육체적으로나 투쟁의 확고한 배경을 갖는 실제적이고 현명한 인간이 되었던 것이다. 다른 사람들의 경우와 내 앞에 있는 문제들의 경우를 비교하면서 나 자신의 삶과 오류와 지혜를 음미해 보는 동안 나는 자신에 대하여 강력하고 흔들리지 않는 신뢰를 느꼈다. 그때 이후 나는 한 번도 이 신념을 잃어본 적이 없다. 나는 어떤 경우에도 결코 꺾인 일이 없는 용기와 힘을 지녀왔다. 그 어떤 것도 두렵지 않았다.

나는 내 의견과 능력에 절대적인 신뢰를 가지고 있다. 일단 어떤 과제에 마음을 쏟기만 하면 그 일을 반드시 해낼 수가 있다. 나는 내 결정이 올바르다는 것을 스스로 확신할 수 있게 해주는 논리적인 방식으로 추리를 하고 판단을 내릴 수 있다. 그러므로 나는 이리저리 동요한다든지 방향을 잃는 일이 절대로 없다. 결단력도 가지고 있다. 당면한 것과 역사적인 운동을 구별할 수도 있다. 중요한 문제에 대한 내 판단이 사소한 일 때문에 비뚤어지는 것을 허용하지 않는다. 어떤 어려움도 개의치 않는다. 아무리 위협을 해봐야 끄떡도 하지 않는다. 무엇이 올바르고 참된가 하는 것을 스스로 결정한 뒤에는 어떤 외부적인 바람도 그것을 흔들어 놓을 수가 없다.

나는 적극적인 결정과 해석을 내릴 수 있도록 진리를 충분히 파악하게 해주는 역사의 과정을 이해하고 있다. 일단 내 지도방식이 올바르다고 느낄 때에는 조금도 주저하지 않고 결정을 내리고, 다른 사람들한테 따르라고 명령을 내린다. 확신을 갖게 될 때까지는 마음속에서 결정하기를 거부한다. 내 마음은 나한테서 떨어져 나간 물건 같았다. 즉 내가 할 것인가 안 할 것인가를 달아보고 균형도 잡아보면서 움직이는 정밀 기계 같았다. 때로는 내 마음이 그런 정도까지 확실하거나 적극적이지 않았으면 하고 바랄 때도 있다. 그렇지만 아무리 해도 그렇게 되지 않았다. 나는 자신을 배반하지 않을 작정이었다. 나는 정직하지 못한 일은 할 수가 없었다. 남이야 어떻게 생각하든 혹은 얼마나 나와 의견이 다르든지 나는 나를 앞으로 밀어붙이는 도덕적, 지적 지상명령을 수행하지 않을 수가 없다. 이 마음을 나는 자신의 문제하고만 등식이 성립되는 개인적 속성으로 보지 않고 외적 경험의 산물로 간주한다.

자신의 개인적인 안락이나 행복을 위해서라면 나는 지도를 하기보다는 차라리 따라갈 것이다. 추종하는 자들에게는 단 하나의 길밖에 없다. 지도하는 자들에게는 언제나 두 갈래의 길이 있다. 추종하는 자는 자유롭지만 지도하는 자는 그렇지 못하다. 추종하는 자는 책임 없이 행동할 수 있지만 지도하는 자는 역사적 결정의 무거운 짐을 지고 있다. 나는 더 이상 추종자가 아니다. 추종자였을 때가 더 행복하기는 했다. 주도권을 잡고 지도하는 것이 내 임무이다. 이 임무는 내 경험에 의해 부여되고 내부에서의 강제에 의해 억지로라도 이행해야만 하는 의무인 것이다. 이 지도를 수행하기까지 살아남지 못한 수천 명의 앞서 죽은 사람들이 수많은 손가락을 가진 하나의 손이 되어 나에게 앞으로 나가라고 명령을 내리고 있다. 그들의 지식도 그들과 함께 죽었다. 내가 그들과 함께 나누고 있는 그 지식은 나와 함께 살아남아서 나 또한 죽을 때까지 창조적 역할을 해야만 하는 것이다.

21
다시 대중운동으로

1932년 초 나는 바오딩푸(保定府)에 있는 유명한 제2사범학교의 학생단체로부터 그곳에 와서 강의해달라는 초청을 받았다. 이 학교는 중국공산당 창립자의 한 사람인 리다자오(李大釗)가 설립한 것으로 오랜 혁명적 역사를 가지고 있었다. 그곳 학생 중에는 내 친구들도 있었으므로 학생단체가 교장에게 베이징으로 가서 나에게 직원이 되어달라고 부탁해 줄 것을 요청하였다.

나는 강의를 하면서 당의 대표로서 학생운동의 조직을 도와주기 위하여 바오딩푸로 갔다. 이 학교에는 두 명의 다른 좌익교사가 있었다.

5월 어느 날, 30명의 중국경찰이 학교를 둘러싸고 나를 체포하러 온 일본 경찰 한 놈을 데려왔다. 이 왜놈은 옥중에서 찍은 내 사진을 가지고 내가 다른 이름을 사용하고 있는 조선인이므로 인도해달라고 요구하였다. 학생들은 내가 체포되지 않도록 교문을 닫아걸어 버렸다. 교장은 직원 중에는 그런 이름을 가진 사람도 없고 조선 사람도 없다고 부인하였다. 교장은 나를 광둥 사람이라고 생각하였던 것이다. 그러는 사이에 학생들이 나를 병원으로 데리고 가서 아무도 들어오지 못하게 하고 나를 보호해 주었다. 경찰은 교장을 믿었고 또한 찾고 있는 사람이 있다는 증거가 없었으므로 어떻게 할 수가 없어서, 그냥 돌아가 버렸다. 학생들은 병원 안에서 밤새도록 나를 호위해 주었다. 다음날에는 가오양(高陽) 소학교에 새로운 직장을 잡아주었다. 내가 떠날 때 많은 학생들이 울었다. 나는 그들과 좋은 친구가 되어 있었던 것이다. 교장도 역시 눈물을 흘렸으며 내가 가는 것을 원치 않았다.

이 소학교에서는 일주일에 30시간씩 강의를 했으며 또한 반종교동맹(反宗敎同盟)에 가입하였다. 이 학교에는 농촌 교사교육을 하는 학급이 하나 있었는데 학생이 50명이었다. 이들은 모두가 16세에서 27세 사이의 농촌청년들로 나는 그들에게 큰 희망을 품고 있었다. 나는 그들에게 역사와 정치학과 철학을 가르쳤다. 좌익이었던 교장으로부터 훌륭한 지원을 받았다.

나는 이 지방 농민들 사이에서 활동하며, 비록 회의에는 80명밖에 오지 않았지만 300명의 농민을 조직하였다. 그 즈음에 화베이위원회와 연락을 더욱 밀접하게 하기 위하여 당 대표가 한 사람 파견되어 나를 찾아왔다. 7월에 당 위원회는 무장봉기를 일으키려고 하였다. 지방 민단의 80명의 병사를 지휘하고 있던 사람이 대혁명 시대의 동지였으므로 당은 정세가 유리하다고 판단하였다.

이 지방 지주들이 새로운 민단을 무장시키기 위하여 이제 막 톈진에서 권총 200자루를 들여온 참이어서 당은 내가 가르치던 학생들이 이 권총을 잡고 싸우기를 바랐다. 민단 지휘자는 자기 병사들을 단 한 사람도 죽여서는 안 된다는 조건으로 여기에 동의하였다. 그는 총을 비적들에게 도둑맞았다고 보고할 생각이었다.

나는 이 행동에 반대하였다. 왜냐하면 내가 추진하는 공작이 순조로이 발전하고 있었으므로 만일 봉기를 일으켜서 권총을 탈취하는 데 성공한다고 하더라도 우리의 장래 가능성이 모조리 깨어져 버리리라는 것을 알고 있었기 때문이다. 내 건의에 따라 이 계획은 중지되었다.

8월이 되자 허베이성위원회(河北省委員會)에서 또 한 명의 대표가 나를 찾아와서 즉시 무장봉기를 조직해달라고 요구하였다. 나는 변함없이 반대를 하였다. 그랬더니 그는 이렇게 말했다.

"여기에 반대하는 자는 누구를 막론하고 비겁자이며 반혁명분자이다. 현재 무장투쟁만이 토지문제를 해결할 수 있는 방법이다."

나는 학교를 그만 두고 상황을 설명하기 위하여 베이징으로 갔다. 나는 베이징당에 공작이 순조로이 발전하고 있다는 것과 현재와 마찬가지로 운동을 확장시킬 수 있다는 가능성을 이야기하였다. 나는 봉기가 모든 것을 파괴해 버리고, 실패하리라 확신하고 있었던 것이다. 그러나 위원회는 내 의견에 동의하지 않았다. 위원회는 이미 화베이에서의 소비에트 운동을 시작하라는 명령을 받았으므로 그대로 하지 않으면 안 되었던 것이다.

그래서 나는 비록 봉기에 공공연하게 가담하지는 않았지만 봉기를 조직하는 것을 도와주기 위하여 돌아왔다. 리현에서 온 우리 동료 30명이, 협력하는 데 동의하였던 8명의 민단병사와 남신장(南新蔣)에서 합류하여 가오양으로 행군하였다. 가오양에서 경찰서장과 향신(鄕紳) 두 사람을 체포하였다. 마을이 점령된 후 800명의 인근 농민들이 와서 구경하였다. 그들은 대중집회에 모이기는 했지만 손수 참여하지는 않았다. 어떤 대중운동도 동원할 수가 없어서 이틀이 지나도록 행동이 확대되지를 못했다. 적이 마을을 포위하러 오자 800명의 농민들은 흩어져 버렸다. 이러는 사이에 혁명위원회와 그에 동조하는 민단은 소학교를 포위하고 학생들을 모조리 인질로 잡아 학부모들에게 어린이들의 몸값을 요구하였다. 이것은 총을 사기 위한 것이었다. 하지만 그것은 중대한 오류였다. 돈 있는 학동들은 석방되었지만 가난한 애들은—그네 부모들이 우리 편이었는데도—인질로 남아 있었다.

장쉐량 군이 마을을 포위하였다. 그러자 혁명정권은 성(城) 안에서의 통제력을 잃어버렸다. 어려운 점이 한두 가지가 아니었다. 아무도 빠져나갈 수가 없었다. 어떤 사람들은 조그마한 학동들과 함께 학교 안에 숨으려고 하였다. 학부모들이 제발 자기네 아이들을 쏘지 말아달라고 백군 병사들에게 애원하였다. 그러자 병사들은 교문을 열고 모든 어린이들이 나갈 수 있게 하였다. 몇몇 혁명가들과 민단병사가 어린이들한테 묻혀서 빠져나가려고 하였다. 그러자 백군이 그들에게 발포를 하여 몇 명의 어린이와 우리 편 30명이 죽었다.

  모든 것이 끝나버렸다. 계엄령이 선포되고 앞으로는 대중운동이나 당 활동이 더 이상 불가능하게 되었을 뿐, 아무 성과도 없었다. 내가 이룩해놓았던 것이 깡그리 무너져버린 일과 내가 손수 훈련시켰던 청년농민들의 죽음으로 나는 마음에 상처를 받았다.

  베이징당은 주위의 철도노동자들과 시당국의 노동자들이 파업을 일으키고 가오양으로 구원하러 가기를 바랐지만 아무도 움직이지 않았다. 파업조차도 전혀 일어나지 않았다. 노동자들은 개혁의 슬로건을 갈망하고 있기는 했지만 무장봉기에는 참가하려 들지 않았다.

  가오양 이후에도 당은 비슷한 무모한 봉기를 허베이 각지에서―닝수이셴(寧水懸), 난청(南城) 등등―조직했지만 모두 실패로 끝났고 당 조직은 도처에서 파괴되었다. 이 일이 있은 후 우리는 허베이 남부에 있는 처난(冊南)을 제외하고는 전혀 운동을 할 수가 없게 되었고, 그 후 1935년에 처난의 유격군마저 쑹저위안(宋哲元)에게 모조리 괴멸되고 말았다.

나는 처음부터 이 정책에 찬성하지 않았다. 그래서 1932년 말에 베이징으로 돌아갔을 때 내 논지를 제시하였다. 그랬더니 그들이 나를 '우파(右派)'라고 하였다. 나는 화가 나서 그 따위 어리석은 정책을 그만두지 않으면 당과의 관계를 완전히 끊어버리겠다고 말하였다.

당내 인사의 상당수가 나와 같은 방향으로 생각했다. 지방전술을 무장봉기로부터 농민과 노동자와 지식인 모두를 위한 공개적인 민주투쟁으로 바꿀 필요가 있으며, 낮은 단계의 슬로건에서 시작하여 점차 높은 단계의 슬로건으로 나아갈 필요가 있다는 것을 알고 있었다. 나는 다른 당 지도자 25명과 연서(連署)로 이런 생각을 담은 이견서를 당에 제출하였다. 그랬더니 위원회는 우리더러 '우파', 트로츠키주의자, 더 나아가서는 난징(南京:국민당 정부) 쪽으로 기울어지고 있다고 말하였다. 나는 일본 사람이 지은 『마르크스주의와 종교』라는 책을 번역한 일이 있는데, 그 책의 출판사가 어느 트로츠키주의 잡지에 그 책의 광고를 내었다. 그래서 위원회는 이게 어찌된 일이냐고 힐문하였다. 그 책의 광고와 나는 아무런 관계도 없고 트로츠키주의자들과 어떠한 관계도 갖고 있지 않으며 갖고 싶지도 않다. 아무런 이유도 없이 그 따위 꼬리표를 마구 붙이는 당신들의 태도에는 넌더리가 난다고 말해주었다. 처음에는 아무런 이유도 없이 리리산주의자라고 불렸으며, 그다음에는 우파, 그리고 이번에는 트로츠키주의자라 불린 것이다. 나는 그들에게 이제는 무분별하게 경멸적인 이름을 붙이는 것을 그만두고 방침을 바꾸기 위해 정세를 검토해볼 때라고 말하였다. 이제 마지막으로 나를 '조선놈'이라 부를 일만 남아 있었다. 그것으로 만사가 끝날 것이다. 비록 나 자신이 인정하기 싫은 일이기는 했지만, 이런 의식이 다른 사람들의 밑바닥에 잠재해 있다는 것을 암암리에 느꼈다.

당의 지도자들이 하나둘씩 체포됨과 동시에 국민당 쪽으로 넘어갔다. 도처에서 사기저하 현상이 보였다. 사람들마다 서로 다른 사람을 불신하였고, 얼마 안 되어 활동이 사실상 정지되었다. 나는 이런 사태를 예견하고 있었다. 돌이킬 수 없게 될 때까지 방침을 변경하지 않는 것은 매우 무모한 짓이었다. 그렇지만 관료주의라는 무거운 기구는 거의 국민당만큼이나 제대로 움직이지 않았다.

1932년이 되자 중국에서도 고도로 훈련된 정치경찰제도, 즉 '비밀경찰'을 만드는 파시스트 운동이 시작되었다. 그들은 유럽의 파시즘에서 많은 수법을 빌려왔는데, 대단히 효과적이었다. 그들의 주요한 전술은 변절자가 되어 타인을 배반하는 일에 동의한 자들에게는 자유를 줌으로써 당의 사기를 저하시키는 것이었다. 처형될 것인가 아니면 전향할 것인가 둘

중의 하나였다. 장샤요셴(蔣孝先)이 이끄는 제3헌병대가 베이 징으로 왔다. 이놈들은 남의사(藍衣社)[1]라 지칭하는 파시스트 집단이었으며, 장샤요셴은 중국에서도 가장 잔인하면서도 머리가 기막히게 돌아가는 앞잡이 가운데 한 놈이었다. 그의 부하 중에는 상당수의 공산주의자와 좌익 전향자들이 있었으므로 그의 염탐활동은 훌륭했다.

대규모 배반의 원인이 개인적인 것이 아니라 정치적인 것이며 따라서 당의 방침을 바꿈으로써 배제할 수 있는 것이라는 생각이 들었다. 제6차 당 대회 시대에는 누구나가 혁명이 확실히 성공하리라 믿고서 용감하게 죽었던 것이다. 그렇지만 그 후 상당수가 혼란을 일으켰으며 당의 노선을 진정으로 믿지 않았던 것이다. 확신이 없었으므로 쉽사리 배반하였다. 만일 방침을 진심으로 믿지 못한다면 모든 것을 희생하고 그것을 실현하기 위하여 열심히 일하는 것이 쉽지 않은 일이다. 이런 의문이 만주에서 광둥에 이르기까지 존재하고 있었다. 만주위원회는 체포되고 거의 전원이 배반하였다. 그리고 1932년에는 지린에서 조선 공산주의자들이 300명이나 체포되었던 것이다. 나는 이 일로 크게 놀랐다. 그 사람들과는 1929년에 함께 일한 적이 있어서 당시 그들이 얼마나 강력하였던가를 알고 있었기 때문이다.

나는 틀어박혀서 배반문제는 오로지 정치적으로만 해결될 수 있다고 하는 내 의견서를 당에 써 보냈다. 우리는 모든 객관적 정세를 다시 분석하여야 하며 정확한 평가에 이르기 위해서는 모든 동지들의 의견을 고려해야만 한다고 주장하였다. 그러고 나면 당의 노선이 올바른가 아니면 잘못되었는가 하는 결론이 명확하게 입증될 것이다. 다수가 그것이 옳다는 데 동의한다면 그때에는 아무도 불신을 하지 않을 것이며 새로이 사기가 올라가게 될 것이다. 만일 잘못이라고 한다면 우리의 오류를 인정하고 전면적으로 붕괴되기 전에 노선을 바꾸지 않으면 안 된다. 저항이 격렬하게 터져 나오고 있다. 너무 늦기 전에 당 지도부는 그들의 항의에 유의해야만 할 것이다. 이것은 하나의 질병이다. 피가 나쁜 것이다, 손가락을 잘라낸다고 해서 치료될 수 있는 게 아니다, 전 유기체가 원기를 회복해야만 하는 것이라고 결론지었다.

그러나 당 지방부의 중국인 지도자들은 여기에 전혀 귀를 기울이지 않았다. 될 대로 되라는 식이었다. 배반자가 되는 것은 운명이기 때문에 어찌해볼 도리가 없다고 생각하는 것 같았다. 그들은 의심과 공포심을 배가시킬 뿐 아무것도 하지 않았다. 얼마 지나지 않아 지도부가 너무 지독하게 깨어져서 어떤 일을 하건 어떤 사람에게도 아무런 권위가 없었다. 이미 너무 늦어버렸던 것이다. 나는 우울해졌고, 이 우둔함에 울화가 치밀었지만 옛날만큼은 마음의 동요를 느끼지 않았다. 내 힘이 미치지 않는 일에 다시는 그토록 심각하게 뛰어들지 않겠다고 마음을 정해 두었던 것이다. 오류란 피할 수 없는 것이다. 그리고 오류에는 비극이 뒤따른다. 사람이라면 마땅히 다른 사람들이 오류를 깨달아 고칠 수 있도록, 할 수 있는 일이라면 모조리 해야만 한다. 하지만 실패했을 경우에는 사람들이 눈을 뜰 때까지 기다릴 수밖에 없다. 그러는 동안에 걱정이 된다고 안달을 해서는 안 된다. 인내력을 가져야 한다. 게다가 중국에서는 쓸데없는 인명피해를 두려워하는 인도주의적 마음가짐을 버려야 한다. 이것을 객관적 조건의 일부로 받아들이지 않으면 안 된다. 마마후후(馬馬虎虎 : '될대로 되라'의 중국어 표현—역자)인 것이다. 나로서는 이 인명에 대한 무관심을 받아들이기가 어려웠다. 왜냐하면 중국에는 혁명가가 드물기 때문이다—대중처럼 지천으로 깔려 있는 것이 아니기 때문이다. 중국인이 인명에 무관심한 것은 인구과잉 때문이다—그렇지만 이 논의는 혁명분자에 대해서는 들어맞지 않는다. 혁명가는 희귀하였다. 불필요하게 희생된 우리들 한 사람 한 사람이 보통 사람들 천 명 혹은 만 명의 값어치가 있는 것이다.

당의 노선은 변경될 수 없다고 고집하던 관료주의적 사고방식을 가진 바로 그 사람들이 제일 먼저 배반하였다. 그 사람들은 당과 혁명을 유지·강화하는 데 깊은 관심을 가지지 않았기 때문이다. 자기들도 알고 있듯이 그네들은 단순히 자기 임무만 수행할 뿐이다. 즉 상부에서 명령을 받기만 할 뿐이요, 어느 진영으로부턴가 비판받을까 봐 건의할 책임마저도 지려 하지 않았던 것이다. 비판적이었던 사람들이, 노선에 대하여 아무런 염려도 하지 않고 단지 명령에 따르기만 하였던 사람들보다도 당에 대하여 더욱 충성을 바쳤다. 하지만 모두가 마찬가지로 체포되어 처형당했다. 사형 집행인은 속이 찬 사람과 골 빈 사람을 구분하지 않는 법이다.

그 당시 백구의 지도부에는 경험이 없는 사람들이 많이 있었다. 이미 대부분의 아주 뛰어난 지도자들은 투옥되거나 처형을 당하였고 반면에 다른 사람들은 백색 테러하에서 일어나는 어떠한 운동에도 실망하여 적구로 일하러 가버린 형편이었다. 지도자의 상당수가 젊은 학생들로서 타오르는 정열을 가지고 있었지만 그들을 이끌 수 있는 지도원칙을 전혀 갖고 있지 못했다. 그러나 좋은 자건 나쁜 자건 고통 받는 데는 별 차이가 없었으며, 비록 고립된 개인들이 연락을 취하려고 필사적으로 노력하고 가능한 한 최선을 다하여 활동을 해보려고 발버둥쳐 보았지만 얼마 안 가서 당 조직이 거의 모든 곳에서 와해되고 말았다.

국민당 지도자들은 공공연하게 히틀러와 무솔리니를 찬양하였고 그들을 따르라고 부추겼다. 반동이 정말로 지독히 심하였다. 자유주의 운동이나 심지어는 항일운동까지도 탄압을 받았다. 이때쯤이면 홍군이 무력으로라도 점령하지 않는 한 백구에서는 평면적으로 소비에트 운동을 이어갈 수 없고, 오직 역사적인 발전을 거듭함으로써만 이어갈 수 있다는 것이 누구에게나 명백해졌다. 우리는 홍군운동에 희망을 걸었다.

그런데 곧바로 제5차 토벌이 시작되어 1933년에서 1934년까지 계속되었다. 장제스는 백만이란 군대를 동원하여 소비에트 지구를 봉쇄하였다. 홍군은 살아남기 위해서라도 힘겹게 싸우고 있었으며 곧 북으로 장정을 시작하였다. 1935년 8월 1일, 소비에트 지도부 역시 새로운 정세가 도래하였으니 세력을 만회하고 항일투쟁을 불러일으키기 위해서는 민주주의적 슬로건을 활용하지 않으면 안 된다는 결론을 내렸다. 중앙위원회는 1931년에 소비에트 지역으로 옮겨갔다. 그리고 대부분의 훌륭한 마르크스주의 지도자들이 하나하나 소비에트 지구로 갔고 뒤에 남은 사람들은 투옥되거나 죽었다. 모스크바에서 돌아온 사람들도 1932년에서 1933년 사이에 대개 소비에트로 갔다. 그들이 백구에 있는 우리들에 대해 가지고 있는 정보는 매우 제한되어 있었고 그들에 대한 우리의 정보 역시 마찬가지였다.

그렇지만 설령 우리가 그러한 잠재력을 활용하여 대중적 기반을 건설하지 못했다고 하더라도 백구에는 거대한 잠재적 혁명세력이 틀림없이 존재하고 있었다.

1) 남의사 : 장제스 독재 정부가 만든 전국적인 비밀경찰 조직. 공식 명칭은 역행사(力行社)이나 이곳의 제복이 하의 노란색, 상의 남색이었기 때문에 '남의사'로 불렸다. 황푸 군관학교 출신자를 중심으로 1932년 3월에 건립되어 주로 항일 애국운동과 민주운동을 진압하였고, 공산당원들을 참살하였다.— 역자

22
다시 일본에 잡히다

1933년 4월 26일 아침 5시, 하숙집의 심부름하는 소년이 내 방문을 마구 두드리며 부르짖었다.

"형사가 찾아왔어요. 문 좀 열어주세요. 안 열면 그들이 방문을 부숴버리고 말 거예요."

내가 미처 잠에서 깨나기도 전에 형사 몇 명이 강제로 문을 열고 들어왔고 다른 몇 명이 창을 통해 뛰어들었다. 나는 침대에 누운 채 사태를 파악하려고 애를 썼다.

놈들은 내 방을 수색했으나 아무것도 찾아내지 못했다. 몇 분 후 사복 차림의 남의사 대원들이 도착했다. 이 지방 공산당 위원회 위원이었던 배신자 장원슝(張文雄)[1]과 또 한 명의 전향 공산주의자 수링커(徐靈克)가 놈들과 함께 있었다. 나는 그들을 모른 체하였다.

이후 놈들은 나를 찾아오는 사람이 있으면 기습해서 잡으려고 방에서 조용히 기다렸다. 8시가 되자 귀에 익은 가벼운 노크 소리가 났다. 젊은 여성동지였다. 나는 가슴이 마구 뛰어 질식할 것만 같았다. 형사가 문을 열더니 그녀를 체포했다.

"우리는 이 둘을 데려가겠소. 다른 놈들이 올지도 모르니 나머지는 안에서 기다리시오" 하고 남의사 한 놈이 말했다.

골목길에서 경찰차 한 대가 기다리고 있었으며 그 주위에 사람들이 빽빽이 몰려 있었다. 사람들은 젊은 아가씨와 내가 체포되어 가는 것을 호기심 어린 눈초리로 쳐다보았다.

호송차 안에서 나 때문에 체포되어 미안하다고 그녀에게 말했다.

"괜찮아요."

"경찰서에 도착하고 나면 다시는 서로 볼 수 없게 될 거요. 지금 무슨 이야기를 하면 좋겠소?"

"아무것도 없어요. 전에 다 말했어요. 당신이 잊어버리지만 않았다면 거기서 어떤 의미를 찾아낼 수 있을 거예요."

그녀는 아버지가 정부고관이었으므로 자기는 곧 석방될 것이며 나를 도와줄 수 있을 것이라 생각하고 있었다.

나는 아무런 두려움도 없었다. 무슨 일이 일어나건 내 마음의 평정을 흐트러지게 못할 것이라는 확신이 들었다. 죽을지도 모른다는 것을 알면서도 거사를 하러 국내로 떠날 때 조선 테러리스트들이 으레 부르던 유명한 노래가 얼핏 떠올랐다. 가사는 조선의 무정부주의 시인인 임사(林査)가 지은 것이었다.

흰 새 두 마리가 두터운 구름 속으로 날아가네.
저 아래 세상이 달걀만 하게 보이네.
그 자유롭던 날개가 지금은 우리 속에 갇혔구나.
태양이 떠오르기를 기다리지 말지어다!

"당신 노래가 마음에 드는군."
형사 한 명이 싱긋 웃으며 말했다.
"어젯밤에 우리는 30명을 체포하였소. 하지만 두려워하지 않는 사람은 당신 한 사람뿐이오. 당신은 진짜배기 공산당원임이 틀림없소."
나는 옆에 있는 젊은 아가씨를 쳐다보며 미소를 지었다. 결국 혁명가의 생애에서 자유는 짧고 감옥살이는 길다. 행동을 계속하는 기간에 과연 여러 해를 한 해로 압축시켰는가 하는 것이 문제인 것이다. 이따금씩 옥중에서 보내야 하는 불괴 몇 년, 그것은 문제가 아니다. 또한 만일 감옥이 죽음을 의미하는 것이라면 그만큼 감옥살이는 한층 더 짧아진다.

남의사와 변절자들

경찰본부에 도착하자 사복 차림의 남의사 요원이 나를 배반한 당원 두 명과 나를 한방에 집어넣었다.

남의사는 창원슝을 가리키며 말했다.

"저 사람은 당신의 당 동지요. 내가 나간 뒤에 저 사람과 이야기해보시오. 우리는 당신을 리스트에 올려놓고 있소. 그래서 당신에 관한 일이라면 모조리 알고 있소. 우리가 묻는 것은 단순히 당신이 사실을 말하는가 아닌가를 확인하기 위한 것뿐이오."

이렇게 말하고 나서 그는 두 당원 앞에서 나에게 여러 질문을 하였다. 이것은 두 사람이 피의자를 배반했다는 사실을 알고 있으므로 피의자가 거짓말을 할 수 없도록 만들기 위한 것이다. 이 둘 외에 다른 사람들도 역시 줄곧 배반해왔고 형사들에게 명단을 넘겨주었던 것이다. 남의사는 배반하는 공산당원마다 적어도 다른 당원을 두 명 이상 체포하도록 안내를 해야만 그네들의 석방을 보장해주겠다고 윽박질렀다. 석방되기에 앞서 그네들은 당 활동을 그만두겠다고 공개적으로 서약해야만 했다. 이 공개적인 전향 성명은 당원들이 다시는 당 활동을 할 수 없도록 만들기 위한 것으로, 대개는 신문지상에 발표되었다. 그렇게 해버리면 다른 모든 당원들이 그들을 믿지 않을 것이기 때문이다. 이것은 파시스트의 새로운 전술이었다.

남의사가 나를 지목한 두 당원과 나를 남겨두고 나가버리자, 창원슝이 나를 향해 돌아섰다.

"당신이 다른 25명과 연서로 당에 보낸 의견서를 이미 읽었소. 당신은 당이 거기에 동의하리라 생각하오?"

"나는 당에 의견서를 보낸 일이 절대로 없소. 나는 생활비를 벌기 위해 학교에서 선생질을 하고 있을 따름이오."

"중국문제에 대해 당신의 의견은 어떻소?"

그는 끈질기게 물고 늘어졌다.

"잘 모르겠소. 나는 지금 중국문제를 전혀 연구하고 있지 않소. 오직 조선에 대한 활동만 하고 있을 뿐이오."

"정치활동을 하기 위해서는 자유를 갖지 않으면 안 되오. 옥에 갇혀서는 아무 일도 할 수가 없소. 자유를 회복해야만 혁명 활동을 수행할 수가 있는 것이오. 그렇지 않으면 처형당하거나 영원히 갇혀 있게 될 것이오."

창원슝이 말했다. 그것은 내가 남의사와 국민당에 가담해야 한다는 것을 의미했다.

"당신은 정치인이지만 현재 나는 한 명의 평범한 사람일 따름이오. 내 자유는 단순히 개인의 문제에 지나지 않소. 어떠한 정치운동에도 도움이 되지 않소. 나는 어떠한 정당 활동도 하고 있지 않소."

"그렇다면 결심을 하였소?"

"결심? 무슨 결심?"

"죽을 작정이오?"

"좋을 대로 생각하시오."

"위험한 말을 하는군. 조심하시오."

몇 날 며칠이 지났다. 그런데도 놈들이 나를 어찌할 작정인지 전혀 짐작이 가지 않았다.

내가 구금되어 있던 4월 26일에서 6월 15일[2] 사이에 약 50명의 공산당원이 감옥에 들어왔다. 거기에서 거의 40명이 전향하고 배반하였다. 각자 자기 자신의 석방을 보장받으려면 다른 두 명의 동지를 팔라고 강요당했다. 감옥에서 나가는 자들은 모두가 배반자였으며, 자기에게 배당된 두 명의 동지가 체포될 때까지 경찰 두 명이 따라다녔다. 동지 두 명이 체포되어서야 비로소 그는 자유의 몸이 되고 더 이상 경찰도 따라 다니지 않게 된다.

이러한 배반과 도덕성의 실추는 지난 2년 동안 줄곧 늘어나고 있었지만, 지금껏 그 상황이 어느 정도였는지 전연 모르고 있었던 것이다. 한 투쟁의 막바지에서 패배를 당하는 것처럼 보이는 이 집단적 배반의 이유를 토의하기 위해 나는 감옥 안에서 비밀회의를 조직하였다. 그리고 당 노선의 잘못이 무엇이며 체포되면 법정에서 사용해야 할 전술이 무엇인가를 토의했다. 법정에서 혹은 박해를 받더라도 자기가 당원이라는 사실을 절대로 인정하지 않기로 전원이 결의했다. 또한 전향서를 쓰거나 혹은 다른 동지들을 배반하여 체포당하게 만든다는 것은 어떤 상황에서도 절대로 용납될 수 없다고 결의했다. 당 관계를 자백하느니 차라리 죽어야 한다. 운동 전체의 사기와 규율이 위태롭게 된 것이지 지도자 개개인의 운명이 위태로운 것은 아니었다. 훌륭한 당원이라면 반드시 계속해야만 하는 지극히 중요한 사업을 위해 자기 목숨을 부지하고자 쫓겨난 자나 믿을 수 없는 자를 배반해야 하는 것이 아닐까? 아니다! 위태로운 것은 추상적인 원칙이 아니라 어떻게 하면 혁명의 통합력을 보존할 수 있을까 하는 총체적인 문제인 것이다. 목적은 수단을 정당화시키지 못한다. 수단과 목적은 서로 떨어질 수 없는 것이기 때문이다. 수단은 목적에 의해 유기적으로 창출되는 것이다.

　이 모든 배반을 직접 목격하고 나는 마음에 상처를 받았으며 병세도 급격히 악화되었다. 인간생활의 특징에는 아름답고 장렬한 것이 아무것도 없다는 느낌이 들었다. 나는 인간성에 대한 믿음을 상실하였다. 중국공산당에 대한 믿음도 흔들렸다. 오류니 부정이니 어리석음이니 비겁함이니 하는 것은 용서해줄 수가 있다. 하지만 변절을 이렇게 용시할 수 있단 말인가. 비슷한 상황이라면 조선 사람도 이런 짓을 할까 하고 자문해 보았다. 조선 사람이라면 개인적인 증오 때문에 배반하는 일이야 있겠지만 나약함이나 비겁함 때문에 배반하지는 않으리라는 생각이 들었다. 일본인이라면? 러시아인은? 유럽인이라면? 이것은 중국인의 성격에 깊숙이 뿌리박혀 있는 것으로, 혁명조차도 변화시킬 수 없는 것일까. 어떤 인종을 다른 인종과 따로 떼어놓고 매도하는 것은 내가 여태까지 품고 있던 신념에 위배되었다. 어느 나라에서나 줄곧 배반이 일어났었다는 것을 알고는 있었지만 그것이 중국에서 일어나는 이런 배반에 필적하는 것이라고는 믿을 수가 없었다. 그것은 인종적 특징이라 할 수 없는 것이었다. 정치적 윤리의 붕괴로 인해 약체화가 발생하고 있다는 것, 또한 이러한 동지들은 더는 우리가 내걸고 싸우고 있는 강령을 위해 기꺼이 희생하려 하지 않는다는 것, 이것은 틀림없는 것이었다.

이 체험은 내게 대단히 귀중한 것이었다. 이 체험으로 나는 자신의 용기와 지조에 완전히 자신감을 얻었다. 나는 나 자신을 시험해 보았다. 그리하여 내가 끝까지 건강함을 유지할 수 있으며 절대로 배반하지 않을 것이란 것을 알게 되었다. 설령 그 목적이 아무리 중요하다 하더라도 목적을 달성하기 위하여 어떤 미심쩍은 수단에 호소하는 일은 절대로 하지 않겠다고 결심하였다. 절대로 친구나 개인적인 적을 배반하지 않으리라! 내 적을 내 손으로 죽일지언정 다른 사람에게 밀고함으로써 파멸시키는 짓은 절대로 하지 않으리라. 배신으로 혁명을 성공시켜야만 한다면 도대체 우리가 무슨 도덕적 권리를 가지고 있단 말인가? 우리는 개개인을 계급의 적 이상으로 뛰어나게 또 훌륭하게 만들지 않으면 안 된다. 지도자의 타락은 우리의 목적을 파기해버릴 것이다. 변절과 음모로 살아남으려고 애쓰는 것보다는, 설령 우리의 사업이 달성되지 못하는 한이 있더라도 정직하게 죽는 편이 더 낫다.

1933년 베이징의 그 감방 안에서 나는 언제나 내 자신에게 진실하고 타인의 거짓말이나 변절을 절대로 마음에 두지 않겠다고 결심하였다. 변절을 가지고 변절과 싸우지는 않겠다. 나 자신의 방식으로 하다가 이기지 못한다 하더라도, 내게 그 실패는 명예이고 승리인 것이다. 지하운동 속에서는 배반을 하기도 쉽고, 혹은 음모나 용의주도한 거짓말, 또는 발뺌에 의한 정치적 지위를 얻는 일도 용이하다. 그렇지만 이런 방식에 호소할 수밖에 없는 자는 지도자가 될 자격이 전혀 없으며 이런 자들을 숙청하지 않는 당은 절대로 살아남을 수가 없을 것이다. 내적으로든 외적으로든 마찬가지 논리이다. 지도부는 반드시 정직하고 솔직해야 한다. 그렇지 않으면 추종자뿐만 아니라 그 자신까지도 파멸한다. 내가 어떤 것을 믿건 믿지 않건 배반에 의해 그것을 거부하지는 않겠다. 공공연하게 또한 정직하게 그것과 싸우겠다. 진실은 언제나 진보주의자의 편이다. 거짓은 오직 반동분자에게만 봉사할 뿐이다. 승리를 하기 위해서는 거짓이 단 한 마디도 필요하지 않다. 역사는 우리 편이다. 역사는 거짓말을 하지 않는다.

이런 배반으로 국민당이 얼마나 좋아 날뛰었는가! 이 한 가지만으로도 배반자들은 도저히 용서받을 수 없다.

5월 31일에 전향한 자들은 전원 시 정부(市政府)로 출두하라는 명령을 받았다. 그 장소에는 그네들의 고백을 보도하기 위해 신문기자가 참석할 것이며 고백을 듣기 위해 국민당원이나 학생대표들도 약간 참석하리라. 그것은 공산당원이나 그 지지자들의 사기를 꺾기 위한 국민당의 선전극예였다. 수인(囚人) 몇 명이 공산당 비방연설을 하였으며 다른 자들은 거짓말을 하였다. 그리고 자기들은 중요한 공산당원이었는데 이제는 국민당을 지지하고 싶다고 말하였다. 당 지도부가 배신했다는 것을 보여주기 위해 남의사가 그들에게 이렇게 시켰던 것이다……

법정에 나가 보니 전향한 자들이 모조리 시 정부로 가기 위해 이발을 하고 깨끗한 옷을 입고 있는 것이 눈에 띄었다. 내일이면 모두가 자유로운 몸이 될 것이다.

남의사 간부와 창원승이 내 곁으로 다가오더니 말했다.

"이것이 마지막 기회요. 시 정부에 가서 전향선언을 하기만 하면 당신도 역시 자유를 얻을 것이오. 신문기자들이 당신 사진을 찍고 당신의 전향 연설을 기록할 것이오. 그러면 당신은 자유로운 사람이 되어 걸어 나갈 수 있게 되오."

"나는 신문기자에게 말할 게 하나도 없소. 내가 가야 할 아무런 이유도 없다고 생각하오."

나는 담담하게 말했다.

"이번 기회가 아니면 다시는 자유의 몸이 될 수 없을 것이오. 나는 젊은이들을 한 사람도 다치게 하고 싶지 않소. 구해주고 싶소. 하지만 이후 당신에게 어떤 일이 일어나건 나는 책임질 수 없소."

"그렇다면 당신네 중국 청년들을 구해주고 기꺼워하면 되겠군요. 나는 당신에게 구원받지 않은 것을 큰 다행으로 생각하오."

"당신 부인은 곧 석방될 것이오. 하지만 당신은 죄수가 될 것이오. 그러면 부인은 다른 사내한테 가버리고 말 거요."

"그녀는 내 처가 아니오. 절대 아니오."

나는 혐오감이 치솟아 이렇게 내뱉었다.

전향을 거부한 것은 관념적이고 어리석고 미치광이 같은 짓이었을까? 대중 앞에서 전향을 하여 재차 활동할 수 있는 자유를 얻는 것이 단 하나의 현명한 행동이 아니었을까? 그것은 간단한 일 같아 보였다. 하지만 나는 이미 확고히 결심하였다. 자기 자신도, 당도, 다른 어떤 사람도 절대로 배반하지 말자. 어리석은 태도일지도 모르지만 나 자신에게는 진실이었고 또한 그것이야말로 내 도덕성을 편히 쉬게 해주는 반석이었다.

나는 천천히 걸어서 감방으로 돌아왔다. 겨우 여섯 명밖에 남아 있지 않았다. 넷은 어린 학생들이었다. 아름다운 거동을 위하여 자유를, 어쩌면 생명까지도 내던지려 들다니, 나는 아직도 어린 학생들처럼 혁명적인 낭만주의자인 것인가? 누가 뭐라든지 나는 그렇게 할 것이다······.

내 여자 친구의 부모가 찾아왔다. 그들은 그녀를 석방시키기 위하여 많은 돈을 썼다. 그래서 경찰은 그녀를 석방해주기로 했다. 그러나 그녀는 재판관에게 내 사건에 대해 알아본 후

두 사람이 함께 석방될 수 있도록 며칠간 기다려달라고 말하고 자기 부모에게도 나를 구해달라고 부탁하였다. 그렇게 하면 재판관을 움직이게 할 수 있지 않을까 생각한 것이었다. 그녀의 부친은 격노했다.

"이 감옥에서 한 10년간 기다리고 있어라! 그 따위 생각을 가지고 있는데 빼내봐야 무슨 소용이 있겠냐?"

결국 그녀는 더 큰 어려움이 닥치기 전에 자신의 석방을 받아들이지 않으면 안 되었다.

노련한 심문자

6월 15일 형사가 들어와서 "당신은 오늘 이곳을 떠나게 될 거요" 하고 말했다.

소지품 영수증에 서명하고 밖으로 걸어 나왔다. 그곳에는 호위경찰 다섯 명과 대형차 한 대가 기다리고 있었다. 일본영사관으로 보낼지도 모른다고 생각했는데 일본인은 한 놈도 없었다. 그래서 매우 걱정이 되었다. 아마 처형하기 위해 제3헌병대 사령부[3]로 이송하는 것이 아닐까 하는 생각이 들었기 때문이다. 그곳은 남의사의 본거지로서 수많은 혁명가들을 비밀리에 처형하던 곳이다. 떠나올 때 마지막으로 창원슝의 점잔 뺀 얼굴을 보았다. 놈의 조그마한 눈은 마치 아직은 자기의 노획물을 빼앗긴 것이 아니라는 듯이 나를 힐끔힐끔 쳐다보고 있었다.

우리가 어디로 가고 있는지 도통 알 수가 없었다. 차가 섰을 때 전면에 눈에 익은 일본대사관이 있는 것을 보고 놀라는 한편 마음이 놓였다.

일본 관리들이 내 '몸뚱아리'에 대한 인수증(!)을 경찰한테 떼 주었다.

모든 직원들이 처음 보는 얼굴들 같았다. 그런데 그중 한 사람이 나를 알아보았다.

"아이고, 바짝 늙었네! 3년만 지나면 전혀 딴 사람이 되겠군" 하고 소리를 질렀다.

특히 6주 동안이나 구금된 이후로 내 얼굴이 진짜로 매우 안 좋아 보인 것은 사실이었다. 그 몇 해 동안 내 마음속에 품고 있던 모든 생각들이 내 얼굴 위에 쓰여 있지 않았나 하는 생각이 든다.

그들은 내가 어디서, 왜 체포되었나 하는 것과 그 밖에 여러 가지 질문을 하였다.

"내 방에서 잡혔소. 내게는 친구가 많아 누가 공산당원이고 누가 아닌지 나는 모르오. 나는 그런 것을 물어보지 않으니까" 하고 나는 대답했다.

"거짓말을 하는군. 그런데 중요한 위원인 당신이 체포되다니 대체 어찌된 일이지? 일본에서는 공산당 거물급을 잡는 일이 쉽지 않고 고작해야 아무 곳에서나 강령을 써갈기는 멍청한 녀석들을 붙잡을 뿐인데. 그런데 당신은 다른 사람들처럼 전향을 하지 않았소. 그렇지 않소?"

그러면서 그들은 내게 신문을 보여주었다. 그곳에는 내가 있을 당시에 체포되었던 자들의 전향서와 연설로 한 면이 꽉 차 있었다.

"중국 공산당원은 다른 중국인들보다는 용감한 사람들이야. 하지만 그자들도 역시 중국인이야. 중국놈들은 비가 오면 모여들고 비가 그치면 다시 흩어져 버리지. 그 비란 바로 돈이야. 공산당원들도 다른 어느 중국놈 못지않게 돈을 좋아하지. 난징정부가 돈을 많이 뿌리기만 한다면 공산당 간부들도 다른 자들과 조금도 다름없이 모두가 배신하고 말 거야. 하하하!" 하고 경찰주임이 떠벌렸다.

"당신이 왜 체포되었는지를 알고 있소?" 하고 그는 말을 계속하였다. "틀림없이 당신 동지들은 국민당한테 돈을 받기 위해 스스로 체포된 것이오. 지금 당신은 국민당이 원하고 있는 이익이 많은 상품이오. 어떻소? 그들이 돈을 주지 않습디까?"

다음날 조선담당 경찰계장이 나를 찾아왔다. 그가 조선말을 해서 나는 깜짝 놀랐다. 조선에 오랫동안 살고 있는 일본인은 모두가 잔소리꾼이며, 또한 말단직원에서 시작하여 높은 지위까지 올라간 자들은 지독히 잔인하다. 그자들은 벼락출세의 오만한 근성과 결합된 제국주의자적 심리를 가지고 있다. 반면에 일본에서 온 때 묻지 않은 자들은 훨씬 더 선량하고 인간적이다.

"정신 차려."

그는 무뚝뚝하게 말했다.

"1930년에 네 사건을 취급했던 사람은 네게 친절했더군. 너는 그게 우리의 의무라고 생각하고 있겠지. 안 그런가? 당시 그 사람이 네게 관대했다는 것을 잊지는 않았겠지? 너를 중국 감옥에서 나오도록 도와준 사람도 잊지 않았을 게다. 그런데 이제는 어느 한쪽도 없을 것이야. 나는 20년 동안이나 경찰 밥을 먹어왔지. 정치범이 내 전문이야!"

그는 눈을 가늘게 뜨고 째려보았으며, 또한 아무런 이유도 없이 화를 내고는 얼굴이 벌게졌다. 그자는 잔인한 자였다.

그는 나를 심문하기 시작했다. 하지만 내가 대답할 틈도 주지 않고 몇 차례나 군화발로 정강이를 걷어찼으며 머리카락을 한 움큼씩 잡아당겼다. 나는 한 마디도 대답하지 않았다. 그러자 놈은 자로 내 양쪽 귀를 피가 날 정도로 마구 팼다. 그 이상은 어쩔 수 없었으므로 놈은, "나는 내일 톈진으로 간다. 너도 데려가서 그곳에서 네놈 사건을 다루겠다. 이렇게 완강하게 버틴 것을 후회하게 될 거야"라고 말하고 나를 감방으로 돌려보냈다.

당시 베이징의 상황은 중국인과 일본인 사이에 굉장한 긴장이 감돌고 있었다. 최근에 중국의 29로군과 교전이 있었기 때문이다. 내가 멀리 이송되리라는 것은 명백하였다.

나는 너무 화가 나고 몸도 쇠약해져서 신경이 극도로 피로하였기 때문에 침상 위에 나동그라졌다.

다음날 아침 9시에 나는 수갑을 차고 전에 한 번도 본 일이 없는 사복형사 한 명의 호위를 받으며 톈진으로 향했다. 도중에 그 형사는 나와 이야기를 나누었는데, 서적, 철학, 일반적인 문화문제에 관하여 대단히 지성적으로 논하였다. 중국어를 배우려면 어떤 책이 가장 좋으냐고 그가 물었다. 아하, 중국어는 너무 어려운 언어.

톈진 동부역에는 자동차 한 대가 기다리고 있다가 나를 일본영사관으로 데려갔다.

젊은 법률가인 부영사가 심문법정의 판사였다. 그는 성명, 주소, 연령, 직업 등만 물어보고는 나를 형무소로 보냈다. 형무소는 조그마한 단층건물이었다. 그 안에는 조선인 세 명과 일본인 다섯 명이 있었다. 조선인들과 일본인 네 명은 헤로인 사건이었고 또 한 명의 일본인은 사기죄였다.

이틀 후 나는 감방에서 불려나갔다. 기차로 따로 온 베이징의 그 심문관과 대면하기 위해서였다.

"자, 이제 다시 시작할 수 있게 되었군" 하며 그는 거칠게 명령하였다.

"여기 앉아서 1931년 조선에서 출감한 이후 네가 한 일을 모조리 써라. 서류의 뒷부분을 만들어야 하니까 말이야."

그는 내 모든 관계서류철과 1930년에 내가 작성한 문서를 자기 앞에 두고 있었다.

질문, 또 질문. 왜? 왜? 왜? 왜 베이징으로 돌아왔는가? 왜 다시 도망쳤는가? 왜 직업과 거주지를 그토록 자주 바꾸는가?

나는 자세히 서류에 써내려갔다.

"너는 중국공산당원이지, 그렇지?"

"아니오."

"베이징에 있는 조선인은 모조리 네가 공산당원이라는 걸 알고 있어. 너는 몸이 두 갠가? 나는 그렇지 않다고 생각하는데."

그의 얼굴은 점점 더 잔인해져 가고 있었다.

"그러면 네가 빨갱이도 아닌데 무엇 때문에 경찰이 너를 체포하는 거지?"

"좌익작가연맹의 회원 한 사람이 우리 집에 오는 것을 탐지했기 때문이오."

"너 역시 그 연맹의 회원인가?"

"그렇소."

"공산당원이 아니란 말이지? 바른 대로 말해."

"아니오. 나는 공산당원이 아니오."

"그러면 왜 그 연맹에 들어갔지?"

"이 그룹을 통해 새로운 인사들과 접촉하여 번역일이나 교사직 같은 직장을 얻기 위해서요. 중국에서는 반드시 어느 그룹에든 속해야지, 안 그러면 생활비를 벌기 위한 새로운 일자리를 구할 수가 없소. 그들도 역시 내가 다른 도시로 가서 직장을 얻도록 도와주었소."

"좌익작가연맹의 강령을 알고 있는가?"

"그렇소."

"말해 봐."

"세 가지 목표가 있소. 제국주의 반대, 난징정부 타도, 홍군 옹호."

"이 연맹은 합법단체인가, 비합법단체인가?"

"잘 모르겠소. 그런 것을 논의한 일은 한 번도 없었는데 아마 양쪽 다가 아닐까 생각하오."

"일본제국주의 반대란 슬로건은 없었나?"

"그 연맹은 문화단체이지 정치적인 집단이 아니오."

"모두가 거짓말뿐이야. 진실이라고는 조금도 없어. 중국에는 정치적 목적이 아닌 다른 목적의 문화단체란 단 하나도 없어."

그는 내 얼굴을 때리고 거칠게 머리카락을 잡아당겼다.

"나를 전에 베이징에서 네 사건을 다뤘던 사람처럼 멍청하다고 생각지는 마라. 조선놈들에게는 친절이란 게 통하지가 않는단 말야."

그는 정강이와 무릎 아래를 마구 걷어찼다.

나는 재빨리 그 방을 뛰쳐나와 옆방으로 들어갔다. 그곳에는 많은 사람들이 서 있었다. 나는 경찰서장을 보자고 요구했다. 그러나 누군가가 나를 다시 원래 있던 방으로 밀어 넣었다.

나는 화가 머리끝까지 솟아올라서 입을 꼭 다물고 한 마디도 대답하지 않았다. 내 심문관은 머리카락을 몇 움큼씩 끌어당기고 얼굴을 이리저리 마구 때렸다.

"말해! 이 연맹은 반일 슬로건을 내세우고 있지?"

나는 한 마디도 하지 않았다.

"전에 이곳에서 네게 친절히 대해주었던 사람은 너를 정중하게 취급해주면 네가 일본에 대한 적대행위를 계속하지 않을 것이라 기대했던 거야. 그런데 너는 그 사람이 바보였고 자기는 아주 똑똑했다고 생각했지? 그렇지 않아?"

그는 벨을 눌렀다. 그러고는 감시인을 붙여서 나를 감방으로 데려가게 했다.

다음날 아침 9시, 나는 재차 그놈에게 불려나갔다.

나는 싸늘한 비웃음을 띠며 말했다.

"그만 내 사건을 결정해라. 너 같은 놈에게는 더 이상 대답하지 않겠다."

재판이 열리고, 나는 두 명의 판사 앞에서 재판을 받았다. 하지만 1930년에 체포된 후 3년 동안은 중국으로 돌아가서는 안 된다고 하는 명령을 어긴 것을 제외하면 내게 불리한 주요 증거가 하나도 없었던 것이다. 그렇기 때문에 명치 법률 제80호 제2조에 의해 징역 1개월과 벌금 20원의 판결을 받았다. 하지만 나는 돈이 없었기 때문에 하루 2원씩 벌금을 갚기 위해 노역을 하지 않으면 안 되었다.

나는 붉은 죄수복을 입고 땅 파는 작업에 배치되었다. 형무소에서 있던 이 두 달 동안에 86명의 조선 사람이 들어오고 나갔다. 나는 와세다대학 졸업생인 경찰 한 사람과 친하게 되었다. 그 사람은 매일같이 내게 담배를 한 갑씩 주었으며 열심히 마르크스주의를 배우려고 하였다.

7월 30일 아침에 나는 다롄으로 이송되었다. 펑톈행 기차에서 몇 명의 일본군 병사가 한 덩어리가 되어 내 주위를 둘러싸더니 중국 홍군에 대해 이것저것 물어보았다. 그들은 내가 공산당원 용의자라는 사실을 알아냈던 것이다. 우리는 네 시간 동안 함께 이야기를 나누었다. 그들은 '훌륭한 학식을 가진 사람을 이렇게 취급하는 것은 수치'라며 내가 점심을 먹는 동안 수갑을 풀어주라고 경관에게 요구했다.

조선에서 나는 다시 오랫동안 샅샅이 조사를 받았지만 결국은 석방되었다.

판사가 경고를 하였다.

"나는 지금 당신의 석방지휘서에 서명한다. 그렇지만 당신이 1931년 이후 3년 동안은 중국으로 돌아가서는 안 된다는 명령을 받았기 때문에 그 기간이 만료되는 1934년 1월까지는 조선을 떠나는 것을 금한다. 당신은 새로운 범죄를 저지르지 않았지만, 이 명령을 지킬 것을 강조한다."

나는 몸이 몹시 아파서 한 달 동안을 병원에서 보내야만 했다. 내 가족과 일가친척들은 아주 친절히 대해주었다. 그들이 나를 자랑스레 생각한다는 것을 알았다. 그들은 내게 단지 앞으로는 더욱 주의해야 한다는 것을 요구하였을 뿐, 내 정치신념에 어긋나는 말은 단 한 마디도 꺼내지 않았다.

  1월이 되자 나는 중국으로 떠났다. 다롄행 기차에는 창에 차폐막이 내려져 있었으며 연도에서 총소리가 들렸다. 철도선을 따라 유격대가 흥청거리며 불침번을 서고 있었던 것이다. 베이징에서는 잠시 동안 시산(西山)에 있는 친구 집에서 기거하였다.

1) 중국공산당 창립자인 리다자오의 장례 기간에 20명의 학생들이 체포되었다. 창원슝이 학생신분으로 가장하여 구속된 학생들과 함께 감방에 들어갔다. 학생들은 앞으로 정치활동을 하지 않을 것과 공산당을 반대하겠다는 각서에 서명할 것을 강요받았다. 서명을 하면 체포된 지 3일 후에 자유를 얻을 것이라는 약속을 받았다. 학생들이 서명한 각서는 신문에 보도되었다. 학생 전체가 참회각서에 동의하였다. 학생사건을 다룬 판사가 남의사 단원이 아니었고 정의로운 판결을 내렸으므로 9명을 제외한 모두가 석방되었다. 창원슝이 공산당원 집회에서 보았거나 공산청년회원임을 알아낸 학생 9명은 석방에서 제외되었다.

변절자 창원슝은 수많은 사람들을 투옥하고 사형시킨 장본인이다. 당시 베이징에는 대거 숙청 분위기가 만연하였다. 수많은 주요 인사들과 공산당원 전체를 포함하여 지역당원들이 국민당에 의해 체포되었다. 이들 대부분이 창원슝에게 배신당한 사람들이었다. 그에게 있어서는 10명을 구속하는 것과 100명을 구속하는 것이 하등 다를 바 없었다. 당은 이 첩자를 절대 용서할 수 없을 것이다. 배신자 창원슝은 계급적 원수보다 더 악질이었다. 혁명이 성공한다면 제일 먼저 처형당할 놈은 당연히 그였다. 따라서 국민당의 집권만이 그가 바라는 바였다.

창원슝은 남녀노소를 가리지 않고 공산당원들을 잡아넣기에 혈안이 되어 날뛰었다. 그는 자기 가정으로 돌아가 인간의 삶을 살아갈 수도 있었겠지만 첩자질이 의무이자 취미가 되어버린 그에게는 그렇게 사는 것이 더 좋았다. 마지막 한 사람의 공산당원까지 잡아 죽이거나 감옥에 가두지 않는 한 자기 생명이 안전하지 못하다는 것을 너무도 잘 알기 때문이다. 첩자질에 대한 보수를 받고 있었지만 그에게 이런 돈은 필요하지 않았다. 그의 마누라가 굉장한 부자였기 때문이다. 그는 인간의 운명보다 권세를 더 사랑하였고, 자기 마음대로 악마의 세력을 휘두르기를 즐거워했다.

보통 다른 변절자들은 떳떳하지 못한 심정으로 방 한구석 커튼 뒤에 숨어서 뒷마당에 줄지어 서 있는 사람들 속에서 좌익학생들과 공산당원들 그리고 공산청년회원들을 남의사에게 지적해주었다. 그러나 창원슴만은 아주 당당히 걸어 나와 아무 거리낌도 없이 악마처럼 히죽거리며 그들을 지적하며 고발하였다. 불과 몇 시간 전까지만 해도 창원슴이라는 작자를 공산당의 중요한 간부로 알고 있던 가엾은 학생들은 속은 것을 깨닫고는 크게 당황했다.— 김산

2) 김산은 앞으로 있을 수 있는 문제에 증거를 남겨놓지 않기 위하여 그의 구속과 감옥생활의 장소와 일자를 바꾸어달라고 부탁했다. 그래서 나는 베이징을 톈진으로 바꾸고 톈진을 베이징으로 하였다. 김산은 1933년 5월 1일, 베이징에서 구속되었으며 톈진이 아니라 베이징에서 심문을 당했다. 1933년 7월 20일, 김산은 톈진에서 다롄과 조선으로 이송되었다.— 님 웨일즈

3) 이 제3헌병대 사령부는 베이징 학생들의 공포의 표적이었다. 그러나 1936년 12월 12일의 시안사변 때, 좌파 사람들은 그들에게 복수를 하였다. 그 당시 제3헌병대는 장제스의 특별호위대로서 린퉁(臨潼)에서 활동하고 있었던 것이다. 장제스가 붙잡혔을 때 그들은 대부분 살해되었다. 대장 장샤요셴(蔣孝先)은 신원이 확인되자마자 총살당했다. 사람들은 이자의 새디스트적인 잔혹함을 지독히 증오했던 것이다.— 님 웨일즈

23
두 여인

내가 감옥에서 나왔다는 것을 알자마자 나 때문에 체포되었던 그 아가씨는 곧바로 나를 찾기 위해 베이징으로 돌아왔다. 그녀는 잠시 어머니와 함께 멀리 떨어진 곳에 있었던 것이다.

방으로 들어올 때 보인 그녀의 눈빛이 심상치 않아서 나는 마음이 어지러워졌다. 또다시 골치 아픈 여자문제에 끌려들게 되는 것이 아닐까?

우리는 감옥에서 일어났던 일들과 사사로운 일들에 대해 이야기를 하였다. 그러나 그녀에게는 그 이상으로 할 말이 있었다.

그녀는 어쩔 줄 모르며 말을 꺼냈다.

"부모님께서 당신에 관해 물어보시더군요. 우리 관계가 어떤 것인지 알고 싶으시다는 거예요."

"정말 미안하군요. 우리는 좋은 친구 사이였을 뿐 그 이상 아무 관계도 아니라는 것을 당신 부모님께 설명해드리지요.

나 때문에 당신이 부모님께 의심받는 일이 없었으면 좋겠군요. 이제까지 당신에게 끼친 괴로움만으로도 족해요."

"하지만 나는 그런 사실을 부모님께 알리고 싶지 않아요. 당신이 내 남편이라고 말했거든요. 아버지가 언제 결혼했느냐고 물으시자 결혼식 같은 성가신 일은 하지 않았다고 말했어요. 그랬더니 아버지는 단단히 화가 나서 나를 가만두지 않겠다고 하셨어요. 어머니가 말리지 않으셨다면 나를 내쫓고 부모자식의 연을 완전히 끊어버렸을 거예요. 아버지는 지금도 여간해서는 내게 말을 걸려고도 하지 않으신답니다."

나는 대경실색하였다.

"왜 그랬어요? 무엇 때문에 부모님께 그런 거짓말을 하신 겁니까?"

그녀는 대답 대신 부끄러운 듯이 고개를 숙였다. 이윽고 기어들어가는 목소리로 말했다.

"당신을 좋아해서요. 당신과 결혼하고 싶어요……."

나는 너무 놀라서 말도 할 수 없었다. 나는 창으로 다가가서 짜증스럽게 밖을 내다보았다.

얼마 후 작고 조용한 목소리가 들려왔다.

"당신이 나와 결혼하고 싶지 않으시다면 나는 당신을 부인처럼 돌봐드리겠어요. 언젠가는 당신이 나를 좋아하게 되겠지요. 나는 당신을 도와줄 수 있어요. 당신을 행복하게 만들고 다시 건강해지도록 애써보고 싶어요. 당신은 지금 병이 너무

깊어 다른 일은 생각할 겨를이 없어요. ……저는 당신 곁에 있는 것만으로도 행복해질 거예요."

뜨거운 피가 마구 솟구쳐 올랐다. 이기심이 없고 충실한 이 작은 아가씨가 내 삶의 가난과 슬픔을 함께 나누려 하면서도 그에 대한 대가를 전혀 바라지 않는다는 사실이 고마워서 가슴이 뛰었다. 내가 그 추악함으로 인하여 인간을 거부하고 인간에 대한 신뢰를 잃어버린 이때, 인간성이 그 장엄함을 다시 보여줌으로써 나를 비웃고 있었다.

나는 순간적으로 충동에 끌려서 그녀 곁으로 되돌아가 그녀의 손을 내 입술에 대었다.

"그대는 향기롭고 사랑스러운 어린애군요. 당신 같은 사람이 세상에 존재한다는 사실만으로도 나는 행복해집니다."

내 말은 순간적인 진리가 담긴 성실한 것이었다.

그녀는 미소를 지으며 손을 잡아 빼더니 문밖으로 도망쳤다.

결혼? 이렇게 되리라고는 생각지도 않았다. 영원히 사랑할 여인을 찾아 헤매는 꿈을 꾼 적은 있었다. 그렇지만 결혼이라는 것을 그 자체만 떼어놓고 생각해본 적은 없었다. 그런 여인은 절대로 찾아내지 못하리라. 그런 여자는 존재할 수가 없었던 것이다. 그렇다면 내가 꿈꾸고 있는 이미지대로 그녀를 만들어낸다면 어떨까?

이 아가씨는 아주 어렸으므로 내 뜻대로 키울 수 있는 여성이었다. 내 손에 쥐어지지 않았던 류링에게 느꼈던 어려움은 하나도 없으리라. 이 아가씨라면 내 영혼을 혼란에 빠뜨리지도 않을 것이며 내 마음이 흐트러지지도 않을 것이다. 그다지 예쁘지는 않았지만 귀여워하거나 친절히 해줄 수도 있다. 몸도 건강하고 튼튼하다. 게다가 착하다. 그녀를 완벽하게 혁명가의 아내로 만들 수 있을 것이며, 그녀의 마음과 지식을 길러줄 수 있을 것이다.

충성, 관용, 정직, 선량함이 모두 여기에 있다. 그 이상 아름다운 속성을 어디서 찾는다는 말인가? 나는 내가 겪었던 배반, 잔혹, 이기주의에 병들었다. 내가 보기에는 충성이라는 것이 인류의 가장 귀중한 성질처럼 생각되었다.

나는 이 아가씨에게 아무것도 줄 것이 없었다. 그렇지만 내 인생은 안락한 인생보다도 더욱 풍요롭지 않은가? 비록 물질적인 즐거움은 없겠지만, 정신적으로는 찬란하리라.

역사상의 어느 시대에나 존속해온 가정이라는 것은 도대체 무엇일까? 그것은 확실한 근거를 갖는 관계가 아닐까?

암흑 속에 있는 나에게 충성을 다하는 사람이 여기에 있다는 생각이 겨울밤의 따뜻한 담요처럼 지치고 병든 내 몸을 감싸주었으며 아픈 근육과 번민하는 마음과 영혼을 달래주었다.

그러나 우리가 서로 완전히 이해할 때까지는 결혼하지 않을 작정이었다. 나는 이 아가씨한테 내 모든 문제와 어려움을 얘기해주어 그녀의 열정을 꺼뜨리려고 노력하였다. 그렇지만 그것은 그녀를 전보다 훨씬 더 헌신적으로 만드는 결과를 가져왔을 뿐이다.

나는 솔직하게 말했다.

"그대와 나는 행복하지 못할 것이오. 우리를 둘러싸고 있는 사회 전체의 병리적 조건들이 변하지 않는 한 결혼은 성공할 수가 없어요. 우리가 기대할 수 있는 유일한 행복이라면, 사회를 변혁하기 위해 우리가 함께 하는 활동 속에 있다고 생각합니다. 현재의 이 세상에서는 어떠한 지식인 부부도 행복하게 될 수 없어요. 나도 행복하게 될 수 없다는 것을 압니다. 이 사실을 인정해야만 비로소 우리는 무언가 건전한 관계를 이룰 수가 있습니다. 만일 우리의 결혼이 비참하지 않게 된다면 다행일 것입니다. 비참하게 된다 하더라도 할 수 없지요. 만일 당신이 객관적 조건을 있는 그대로 기꺼이 받아들이겠다면 어쨌든 노력해 봅시다. 나는 언제나 자유롭지 않으면 안 되는 몸입니다. 속박되어서는 안 되지요. 나 역시도 당신을 속박하고 싶지 않아요. 당신을 속박하는 것은 또한 나 자신에게도 속박이 되니까요. 나는 이따금씩 당신을 남겨놓고 멀리 떠나가야 해요. 그러면 당신은 혼자서 스스로를 돌봐야 해요. 어쩌면 우리가 함께 살 수 있는 것은 고작 서너 달로 끝나버리고 말지도 모릅니다."

"당신은 아주 우울한 얘기만 하시는군요. 우리는 결혼을 해서는 안 될지도 모르겠군요."

"자유연애란 것은 단지 환상에 지나지 않아요. 전 세계의 여러 사슬들이 우리를 묶고 있어요. 사회적 관계도 기본적으로는 동일해요. 그렇지 않으면 진실한 관계는 전혀 존재하지 않을 것이오."

우리는 결혼을 하였다. 우리는 서직문(西直門)에 방이 네 개 달린 조그마한 집을 한 채 얻었다. 내 친구들이 보러 와주었다. 우리는 몇 달 동안 아주 평범한 결혼생활을 하였다. 나는 마음을 느긋하게 갖고 앞날에 대비하여 몸과 신경을 쉬게 하려고 애썼다.

무엇으로 생계를 유지할 것인가? 언제나 돈을 벌어야 한다는 압박에 부딪친다. 나는 어느 부잣집의 가정교사 자리를 얻었다. 한 달에 30원을 받고 세 아이를 따로따로 가르쳤는데 결코 쉬운 일이 아니었다. 아이들은 버르장머리가 없고 이기저이었으며, 책을 아무 데나 던져놓는가 하면 거칠기 짝이 없었다. 그 녀석들은 다음날 학교에서 선생님께 제출할 산수 숙제를 나보고 해달라고 졸랐다. 나는 이런 속임수에 동조하기를 거절하고 그 일을 때려치웠다.

이어서 나는 글을 썼는데 글을 팔 곳이 나타나지 않았다. 또한 번역일을 하여 1,000자당 1원 50전을 받고 어느 중국인에게 그 사람 명의로 출판하도록 팔아넘겼다.

그 무렵에 좋은 생각이 떠올랐다. 나는 벙어리 교육방법을 습득하기로 하였다. 중국에서는 부잣집 어린이의 상당수가 귀머거리거나 벙어리인데, 그런 어린이들을 교육시키는 곳이 중국 전역을 통틀어 불과 몇 군데밖에 없었던 것이다. 이런 직업을 가진다면 내 활동을 할 수 있는 자유를 가지게 될 것이었다. 그래서 일본에서 몇 권의 교과서를 가져다가 공부를 하였고 석 달 후에는 가르칠 수 있게 되었다. 어느 소년을 상대로 3주간 실습을 해보았더니 성공적이었다. 그래서 어느 가정에서 여러 달 동안 자리를 잡았다. 그러나 부모들이 비협조적이어서 모든 것이 쓸데없다는 것을 느꼈다.

내 처는 이런 짓이 모두 어리석은 일이라고 생각하였다. 그녀는 왜 대중교육을 하지 않는가 하고 추궁하였다. 나는 여기에 흥미를 느껴서 그 무렵 중국에서 막 시작되고 있던 로마문자화(중국어의 로마자 표기 운동―역자)를 연구하였다.

나는 기만과 사기 그리고 인색한 마음과 돈지갑에 넌더리가 났다. 그래서 우리는 1934년 겨울에 스자좡(石家莊)으로 가서 월급 40원을 받고 한 달간 일간지 편집을 보았으며, 이어서 학교 교사로 취직하였다. 얼마 지나지 않아 어느 철도노동자의 가정 학교에서 내 로마자 표기를 사용하기 시작하여 대단한 성공을 거두었다. 1935년에는 그 철도 노동조합에서 철도노동자들의 학업을 도와주는 것뿐만이 아니라 정치교육반도 여러 개 만들었다. 나는 철도노동자들과 친하게 되어 훌륭한 조직을 만들었다. '어떤 정당을 위한 선전도 일체 하지 않는다' 는 것이 우리의 슬로건이었으며, 이 조직을 공개적이고 합법적인 조직으로 유지하였다. 1935년 5월에는 훌륭한 조직이 되어 있었다. 그래서 나는 이 조직을 중국공산당 화베이 위원회의 직접적인 지도하에 두었다. 내 처도 이 일을 도와주었다. 나는 그녀가 혁명활동에 있어서 급속한 발전을 한다는 사실이 자랑스러웠다. 그녀도 학교 교사로 취직하였다.

1935년 봄에 나는 상하이로 가서 조선인 혁명가들과 새로운 접촉을 시도하기로 결심하였다. 10년 동안이나 중국혁명에 종사해 왔으므로 이제는 조국을 위하여 좀더 활동하고 싶었던 것이다. 처는 스자좡에 머물러 있었다.

김충창이 광시(廣西)에서 나를 만나러 왔다. 우리는 모든 문제와 생각에 대해 이야기를 나누었다. 내가 결혼을 했으며 거의 집안일에 빠져 있다는 이야기를 해주자 그는 내 말을 믿으려 하지 않았다. 그는 내 처에 대해 꼬치꼬치 캐묻더니 이윽고 머리를 설레설레 흔들며 한숨을 쉬었다.

"지난 몇 해를 통틀어 자네와 짝이 될 만한 아가씨를 꼭 한 사람 만났지. 지금 그녀는 이곳 상하이에 있다네. 무엇 때문에 자네는 타협해버렸나? 이곳에서 세기의 대사랑을 맺어주었으면 했었다네."

"그녀를 만나고 싶지 않아요. 내 조그맣고 귀여운 아내를 진정으로 사랑하고 있어요. 예전에 가졌던 그 모든 덜 익은 환상들은 모조리 잊어버렸어요. 충성과 관용과 선량함이라는 점에서 나는 도저히 그녀를 따라가지 못해요."

나는 그 엄청나다는 아가씨를 소개시켜 주겠다는 김충창의 제의를 거절하였다. 그래서 그는 몹시 서운해 하였다.

"내게는 자식이 셋이나 있네. 그리고 나는 가정의 행복에 빠져버린 구제될 수 없는 중년층의 전형일세. 그렇지만 자네는 아직 자유롭고 겨우 서른 살밖에 안 되지 않았나? 자네는 어떤 것에든 포부를 가질 수 있어. 그런데도 자네 마음은 슬프고도 쓸쓸해. 자네에게는 헌신적으로 봉사함으로써 자네의 자아를 어루만져주는 어린애 같은 처가 필요한 것이 아니라 반려자가 필요하네."

나는 상하이에 있는 많은 조선인 동지와 중국인 동지들과의 토론에 몰두하느라고 김충창의 충고를 잊어버렸다. 그러던 어느 날 오후에 있은 몇몇 중국공산당 동지들과의 비밀회의에서의 일이었다. 나는 한 친구와 대화에 열중해 있었는데, 문득 고개를 들어보니 한 줄기 빛처럼 빛나는 갈색 눈동자가 내 얼굴 위에 못 박혀 있다는 사실을 발견하였다. 그것은 방 반대편에 앉아 있는 어떤 아름다운 중국인 아가씨의 눈동자였다. 나는 하던 말을 갑자기 멈추고 마법에 걸린 듯이 그녀에게서 눈을 떼지 못하였다. 그녀는 재미있다는 듯이 내게 미소를 보내고는 딴 데로 눈길을 돌려버렸다.

"저 사람은 미스 리야. 우리 중 가장 훌륭한 동지중 하나인데, 아주 지식이 풍부하고 유능한 사람이지. 저 아가씨는 완전히 믿어도 좋다네. 그녀는 위험한 활동을 훌륭히 해치우지. 이제까지 한 번도 실패한 적이 없다네"라고 내 친구가 말하였다.

그 친구는 그녀를 부르더니 나를 소개시켜 주었다. 그녀는 대화에 끼어들어 재기발랄한 여성답게 자연스러운 기지와 매력을 발휘해서 나는 거의 숨도 못 쉴 지경이었다. 갑자기 내가 폭삭 늙어버렸고 초라하기 짝이 없으며 지칠 대로 지쳐버렸다는 느낌이 들었다. 내가 너무도 오랫동안 자신과 자신의 문제에 거의 매몰되어 왔다는 사실을 그녀가 일깨워주었던 것이다.

자기의 뛰어난 아름다움과 지성과 매력을 의식하고 있는 여성만이 가질 수 있는 이러한 몸가짐과 확신을 여태까지 본 적이 없었다. 만일 이처럼 사랑스러운 여성이 내가 전에 숭배했던 다른 아가씨들과 같은 운명에 부딪친다면 그 얼마나 엄청난 비극일 것인가 하는 생각이 들어 오싹 소름이 끼쳤다. 나는 내 불길한 찬탄을 떨쳐버리려 하였다. 마치 그 찬탄이 그녀에게 죽음의 도장을 찍기라도 하는 듯이.

미스 리는 갑자기 재기 넘치는 말을 몇 차례 던져서 나를 당황하게 만든 것을 빼고는 내게 특별한 관심을 보이지는 않았다. 나는 그녀의 말을 받아낼 수가 없어서 아카데믹한 대학교수처럼 장중하고 심각한 문구를 읊조릴 뿐이었다. 한 인간이 혁명가이면서 동시에 명랑하고 쾌활할 수도 있다는 사실을 잊어버리고 있었던 것이다. 거기에는 두려움과 공포 그 자체를 비웃는 대담성이 있었다. 갖은 고생을 다하고 오랜 시련을 거친 끝에 얻은 내 용기와 나에 대한 자신감도 그녀의 자기 확신 곁에서는 지루하기만 할 뿐 생명력이 없는 듯이 보였다. 나는 전혀 생명에 애착을 가지고 있지 않았다. 그렇기 때문에 어떤 경우에도 전혀 두려움이 없었다. 죽음이라는 것 자체가 아무런 의미가 없었다. 그러나 그녀에게는 삶과 죽음 그리고 모든 것이 의미와 목적으로 충만해 있었다. 그녀는 죽임을 당할지언정 상처를 받는 일은 절대로 있을 수 없을 것이다. 그러나 내 몸 속에 있는 것은 상처받은 정신과 자존심과 패배라고 하는, 반은 죽어 있는 검은 상처 덩어리뿐이었다. 나는 아무리 조그만 파탄이라 할지라도 신경이 나가떨어질 때까지 반응을 계속할 만큼 예민하였다. 내 자아는 사방팔방으로 팽창해 왔으며 개방되어 있고, 모든 측면으로부터 타격을 받아 멍들기 쉬운 상태였던 것이다. 그런데 그녀의 자아는 부드러우면서도 탄탄했으며 또한 여간해서는 뚫리지 않는 방패막으로 싸여 있었다.

어째서 여자들은 모조리 그처럼 재미난다는 듯이 나를 쳐다보는 것일까? 내가 그토록 무해하면서도 그토록 쉽사리 해를 입는 사내란 말인가? 그녀의 우월한 태도가 나를 당황케 하였다. 내 자아는 자기방어 속에서 생겨났다. 이번에는 쫓기지 않으리라. 또한 도망치지도 않으리라.

그러나 미스 리는 나를 쫓고 있다는 표시를 전혀 드러내지 않았다. 그 추적이 상대편으로부터 와야 한다는 사실을 그녀는 아주 분명히 알게 만들었다. 좋다. 그렇다면 다행이다.

그날 오후 그곳을 나온 뒤, 나는 아내에게 성심이 담긴 장문의 편지를 보내어, 우리의 결혼이 내가 안정과 평형을 유지하는 데 얼마나 많은 기여를 하였나 하는 것과 또한 언제나 당신 생각만 하면 얼마나 행복한 느낌이 드는가 하는 것을 이야기하였다.

하지만 그에 대한 답장은 나를 당황케 하였다. 이 여자라는 동물들은 얼마나 약삭빠른 자들인가!

"저는 당신께 걸맞지 않은 사람이에요. 당신은 저보다 훨씬 뛰어납니다. 나는 성장하려고 애써왔지만, 아직은 너무 어려요. 저는 당신이 어떤 다른 아가씨와 만날까봐 항상 두려워해 왔어요. 이미 만났는지도 모르겠어요. 만일 당신이 다른 아가씨를 사랑하고 있다면 저 때문에 고민하지 말아 주세요. 당신에게 걸맞을 만큼 당신을 행복히게 헤드리는 것이 지로시는 불가능하다는 것도 알고 있어요. 진실로 저는 당신의 행복만을 염려하고 있답니다. 그래서 당신이 만일 어디선가 행복을 찾게 된다고 하더라도 저는 슬퍼하지 않을 것입니다. 제게는 당신이 제 자신보다도 더욱 중요해요. 저는 계속해서 당신을 사랑하고 찬미할 거예요. 또한 어찌 되었건 간에 우리는 친구로 남아 있을 수가 있을 거예요."

나는 다시는 미스 리를 보지 않을 것이며 어떤 희생을 치르더라도 아내에게 충실하리라 결심하였다. 내가 믿는 것은 단

한 가지, 나 자신의 의지력뿐이었다. 일단 결정을 내린 것은 어떤 일이 있어도 하고야 말리라.

내가 자신의 엄격한 자제력을 유지하고 있었지만, 그럼에도 우리의 공동 활동 속에서 나는 몇 차례나 미스 리와 어울렸다. 얼마 안 돼 상하이에서 어떤 음모가 진행되고 있다는 생각이 들었다. 나는 김충창에게 미스 리를 알고 있는가, 그리고 나를 위하여 '발견했다'는 아가씨가 바로 그녀인지 알려달라고 다그쳤다.

"맞아" 하고 그는 고백하였다.

"하지만 그녀는 내 생각을 전혀 모르고 있어. 나는 단지 그녀에게 자네의 훌륭한 점만을 이따금씩 말해주었을 뿐이야. 나는 그녀가 이미 자네를 사랑하고 있다고 확신하고 있지. 그대들은 훌륭한 짝이야."

"과연 그렇군! 그렇다면 이걸로 끝이에요. 나는 내 처를 불러오겠어요" 하고 나는 소리쳤다.

그날 오후 어느 비밀회합에 우연히 미스 리가 참석하였다. 경찰의 의혹을 피하기 위해 시간을 달리하여 따로따로 흩어지는 것이 우리의 습관이었는데, 어찌하다 보니 방에는 미스 리와 나만이 달랑 남게 되었다. 아무래도 먼저 나갈 수가 없었다.

"얼마 동안은 상하이에 머무르게 될 것 같군요. 이제 막 제 처에게 이곳에서 나와 합류하자는 편지를 보냈답니다."

그러자 그녀의 얼굴이 일그러졌다.

"어머나! 결혼하셨어요? 진짜로 결혼하셨어요?"

"그래요. 더구나 구식으로, 틀림없이 결혼했지요."

"그러리라고는 전혀 생각도 못했어요. 죄송해요. 제 말은 사람들이 결혼하고 싶은 사람을 거의 제대로 만나지 못하고 있다는 뜻이에요. 그렇게 생각지 않으세요?"

"나는 하나의 구체적인 시도만을 스스로 해왔을 뿐입니다."

나는 신경이 날카로워진 것을 내색하지 않으려 애쓰면서 대답했다.

"나는 오히려 어떤 키가 크고 잘생긴 이방인을 기다려왔어요" 하며 그녀는 소리 높여 웃었다.

"나 역시 기다렸지요. 그러나 충분히 기다리진 못했어요."

"그건 잘못이 아닐까요?"

"그렇지 않습니다. 어쨌든 저는 아주 귀중한 것을 찾아냈습니다."

"그것으로 충분하신가요?"

"그렇습니다. 그것은 내가 가치 있다고 생각하는 것이며 절대로 깨뜨리지 않을 작정입니다. 나는 절대로 귀여운 내 처에게 상처를 주지 않겠어요. 처가 나에게 충실한 한 그녀의 행복을 깨뜨리지 않겠습니다. 아무튼 우리는 오래도록 함께 있을 수는 없습니다. 나는 곧 여행을 떠날 예정인데, 돌아올 수 있으리라고는 생각하지 않아요."

"자기 질책을 즐기시는 모양이지요?"

"그렇습니다. 다른 사람을 괴롭히는 것보다는 그게 나아요."

"그렇다면 잠시 작별을 해야겠군요."

그녀의 눈동자가 반짝였다. 하지만 눈물은 보이지 않았다.

나는 약간 엉뚱한 짓거리를 하는 멍청이 같은 느낌이 들어 의기소침해지고 비참한 기분으로 집으로 걸어왔다.

내게 어떤 특정한 종류의 인간적인 교제가 결핍되어 있다는 것은 반성할 필요조차 없었다. 나에게는 나를 변화시키고 내게 영향을 줄 사람, 내 의지를 꺾고 내 의견을 비판해 줄 사람, 내가 옳을 때에는 지혜롭게 축하해주고 틀렸을 때에는 그 오류를 깨닫게 도와주는 사람이 필요했다. 내게는 강하고 뛰어난 사람이 필요했다. 아니라면 내가 충분한 것일까? 그렇다면 왜 자신을 향하여 부족함을 고백하는 것일까? 특별한 필요를 느끼지 않는다 해도 부족하다는 것을 인식하는 것만으로 충분한 것이다. 왜 잊어버린 꿈의 잔해를 휘젓는 것일까?

모든 조선인 동지들이 처와 헤어지라고 나를 설득하였다.

"다시는 이런 아가씨를 찾을 수 없을 걸세. 자네는 바보야. 자네의 부인은 곧 잊어버릴 거야. 그러나 미스 리는 절대로 잊지 못할 걸세."

"이런 것은 낭만주의적 잠꼬대야. 자네들 어떻게 된 것 아냐? 자네들 이제는 좀더 어른스러워야지" 하고 나는 주장하였다.

며칠 후 처가 북에서 내려왔다. 오래지 않아 미스 리를 알게 됐다. 그러나 우리 사이에 아무런 일도 없었다는 사실을 알고는 대단히 좋아하였다. 몇 달 후에 나는 북서쪽으로 여행을 떠날 계획을 세웠다.

"당신은 몇 년간 홀로 지내야 할 거요. 이 여행을 한 뒤에는 빨치산과 함께 싸우기 위해 만주로 갈 생각이오" 하고 그녀에게 말해주었다.

그러자 그녀는 언제까지라도 정절을 지키겠다고 맹세했다.

24
항일전선

 1935년 여름과 가을에 걸쳐 우리의 제반 문제를 토의하기 위하여 중요한 조선혁명지도자들이 거의 모두 상하이에 비밀리에 모였다. 우리는 광둥코뮌 이래 우리의 역할을 검토하고 중국은 물론 조선, 일본, 만주의 여러 조건들을 철저히 연구하였다.

 1933년 8월에서 1934년 1월까지 감옥에서 나와 조선에 머물러 있던 석 달 동안 나는 지체 없이 그곳의 정치 경제 상황의 모든 국면을 알려고 하였다. 또한 극동 각국에서 활동해온 동지들한테서 더 많은 정보를 얻어들은 지금, 나는 상하이에 자리를 잡고 조선혁명과 그 앞에 놓여 있는 과제들에 대하여 분석한 장문의 보고서를 썼다. 이 보고서는 조선의 지도자들에게 상당한 영향을 주었다. 많은 토의를 한 후에 우리는 새로운 혁명정세가 이미 도래하였다는 것, 그리고 여기에 대처할 준비를 해야 한다는 것을 결의하였다. 결론의 요점은 이런저런 내부투쟁에 우리의 정력을 분산시키지 말고 이제는 일본제국주의와의 투쟁에서 우리가 지도력을 가져야 한다는 것이었다.

우리는 우리 전열에 남아 있는 소수의 경험 있는 베테랑들을 꼽아보고, 그들이 하나의 결합력을 갖는 단위로 통합되어 조선혁명 그 자체를 활발히 지도해야 한다고 결의하였다. 우리는 더욱 성과를 올리고 더욱 영향력을 확대하기를 바랐다. 또한 중국과 만주에서의 운동이 1931년 9월 18일 이후 대단히 중요해졌다. 이제는 조선인 운동의 중심이 중국이 아니라 만주였다. 그래서 모든 조선혁명가들이 만주로 가기를 열망하였다. 많은 사람이 오성륜처럼 이미 만주로 갔는데, 그중 상당수가 박씨 형제처럼 이미 고인이 되어버렸다.

1927년 이후 중국에 거주하는 우리 조선인 사이에는 중국공산당만이 있을 뿐이었다. 조선공산주의자의 별개 조직은 하나도 없었다. 이제 우리들은 우리 당원들을 독자적인 조선인 조직으로 다시 묶어서 일체의 조선혁명가들—민족주의자, 무정부주의자, 그 밖의 사람들—을 그 주위에 모을 수 있도록 하고 민족전선을 준비하기로 의견을 모았다. 중국에 거주하고 있는 조선인으로서 연락이 닿을 수 있는 사람과는 모조리 상의를 하였다. 그들은 이구동성으로 이 정책에 찬성하였으며 참가하기로 약속하였다. 그토록 오랜 세월을 중국운동 속에 매몰되어 완전히 자기 자신을 잃어버렸다고 하여 항상 우리 공산주의자들을 비판해왔던 민족주의자들은 쌍수를 들고 환영했다. 그들은 우리와 함께 일하며 그들의 당 안에서 우리가 한 부분을 차지할 수 있도록 해줄 것에 동의하였다.

조선 사람이 중국공산당 내에 여기 한 사람 저기 한 사람씩 흩어져 있는 것은 별 소용이 없었다. 우리는 공동행동을 위하여 한데 모여야 하며 또한 중국만을 위하여 희생될 것이 아니라 직접적으로 조선혁명을 보위하지 않으면 안 된다고 결의하였다. 1932년 이래 조선공산당과 우리의 만주공산당은 독립해 있었다. 이것은 중국인들이 조선 문제를 연구하지 않았으며 조선 문제를 별로 이해하고 있지 못했기 때문이었다.

"우리는 더는 물속에 녹아 있는 소금처럼 우리 자신을 잃어버릴 처지가 못 된다. 우리는 쫓겨난 개인으로서가 아니라 다른 세력에 가담하는 하나의 세력으로서 중국에 가세해야만 한다. 일본제국주의가 매우 빠른 속도로 움직이고 있기 때문에, 장래의 행동을 위하여 조선인의 운동을 건설하고 준비하는 방향으로 재빨리 우리의 정력을 기울여야 한다"는 데 우리는 동의하였다.

1935년 8월 1일, 중국공산당과 홍군과 중화소비에트 정부는 국민당과의 항일연합전선을 제창하는 선언을 발표하였다. 그러자 우리 조선인들은 즉시 중국민중과 협력하기 위하여 우리 자신의 민족전선을 결성하기 시작했다.

우리는 상하이에서 '조선민족해방동맹'을 창설하였다. 나는 중앙위원으로 선출되었다. 중앙위원회는 다른 공산주의자들뿐만이 아니라 민족주의자들과 세 명의 무정부주의자도 포함되어 있었다. 이 동맹의 강령은 항일투쟁의 기초 위에서 자유로운 공화국을 건설하여 조선혁명의 부르주아 민주주의 단계를 달성한다는 것이었다. 우리의 주안점은 일체의 일본제국주의 그리고 조선에서의 그 기득권의 타도와 몰수, 민족주의적인 시민적 자유의 보장과 조선 민중에 대한 교육받을 권리의 보장, 생활조건의 개선과 가혹한 세금의 폐지, 공공사업과 독점기업(현재는 모두 왜놈의 지배하에 있다)의 국유화, 조선민족해방에 동정적인 모든 민족이나 국가와의 우호였다.

이 동맹을 핵으로 하여 이어서 우리는 '조선민족연합전선'의 형성에 착수하였다. 그 행동강령은 1936년 7월에 정식으로 작성되었다. 그리고 나서 이 강령에 대한 지지를 동원하기 위하여 지두자들은 각자 조선, 만주, 일본 및 중국 각지로 돌아갔다. 이 강령의 15번째 항목은 '사회적 계급, 정당, 정치적 신념이나 종교적 신념에 관계없이 조선독립의 원칙에 동의하는 모든 조선 사람의' 단결을 규정하였다. 조선인 소유의 기업은 보호를 받을 것이며 조선에서의 왜놈의 제반 권익은 보장 받을 수 없을 것이다. 계급투쟁은 조정되어 민족투쟁에 종속되도록 했지만, 직접적으로 일본제국주의의 지배하에 있는 모든 노동자는 '무제한으로 조직' 하기로 하였다. 광범위한 경제개혁과 여성의 평등을 포함하여 가장 폭넓은 대중운동의 동원을 장려하기로 하였다. 중국의 항일운동, 소련, 일본의 반파쇼인민전선 및 파시스트 침략자에 반대하는 전 세계의 평화전선과 더불어 거대한 공동전선을 형성하기로 하였다.

25
패배하더라도 좌절하지 않는 자만이

작년(1936년) 8월에 나는 조선민족해방동맹과 조선공산당에 의하여 서북에 있는 중화소비에트 지구에 파견될 대표로 선출되었다. 중국공산당이 나를 위해 연락을 해주어서 나는 중국인으로 가장하고 단신으로 위험한 여행길에 올랐다.

그 무렵 중화소비에트의 수도는 산시 성(陝西省) 북단에 있는 촌락인 바오안(保安)에 있었다. 아직도 내진과 소비에트에 대한 봉쇄가 적극적이었으므로 전선을 뚫고 숨어들어 가려고 시도하는 것은 위험하기 짝이 없었다. 나는 잠시 시안에서 기다렸다. 이윽고 홍군 밀사가 만주군 출신인 장쉐량의 둥베이 군(東北軍)이 장악하고 있는 옌안까지 통과할 수 있도록 배려해 주었다. 옌안에서 바오안까지 식량도 없고 숙소도 없이 험한 산길을 숨어서 걸어가야만 했다. 이 일로 나는 허약해졌고 결핵균이 다시 활동하게 되었다. 그래서 도중에서 중병이 들어 여행을 계속할 수 있는 기력을 거의 상실해 버렸다. 바오안에 도착하는 데는 여러 날이 걸렸다. 그리고 바오안에 도착하자마자 쓰러져서 두 달 동안이나 침상에서 일어나지 못했다. 다시 일어난다는 것은 기대도 할 수 없을 정도로 거의 죽어가고 있었던 것이다.

내가 도착하기 몇 주 전에 에드가 스노우(Edgar Snow)가 소비에트 지구에 들어와 바오안에 있었지만, 나는 병으로 만나지 못했다. 서북 봉쇄선을 뚫고 지나간 외국인은 그 사람이 최초의 인물이었으며 내가 그 다음이었다.

시안사변 이후, 12월, 홍군이 옌안을 탈취하여 수도를 바오안에서 옌안으로 옮겼다. 나는 아직도 병 때문에 허약했지만 다른 사람들과 함께 옌안으로 옮겨갔다.

내 건강이 좋아지자마자 군사위원회의 간부 특별학급에서 강의를 해달라는 요청을 받았다.

지금 옌안에는 조선인이 나하고 이(李)라는 어린 학생 단 두 사람뿐이다. 이 친구는 장제스가 린퉁(臨潼)에서 체포되었을 당시에 그 부대에 소속해 있었는데 시안사변 이후에 군정대학(軍政大學)에서 공부하기 위하여 옌안으로 왔던 것이다. 전선에서는 무정(武亭)[1]이라는 조선 사람이 펑더화이(彭德懷)의 참모장으로 있다.

다가오는 투쟁에 대비하여 간부 후보생을 훈련시키기 위해 중국에서 온 많은 조선인 혁명가들이 지금 만주로 가고 있다. 만주는 조선 국내에서 활동할 수 있는 유리한 시기가 올 때까지는 유격작전의 근거지가 될 것이다. 다른 사람들은 도래할 때를 대비하여 일본인과 함께 전략요충지에 침투하고 있다. 조그마한 실패가 수없이 많이 일어난 곳에서 최후의 대승리를 확보하기 위하여, 우리는 대단히 주의를 해가며, 또한 과학적으로 그 준비를 진행시켜 나가고 있다. 이제 나의 임무는 이 새로운 운동을 지도하는 데 있다. 이 과업을 위하여 나는 과거의 모든 경험을 총동원하여 활용하지 않으면 안 된다.

아내한테서 자식이 태어났다는 소식이 왔다. 그러나 일본과의 전쟁이 시작된 이래 처와 자식이 어떻게 되었는지 모르겠다.

내 전 생애는 실패의 연속이었다. 우리나라의 역사도 실패의 역사였다. 나는 단 하나에 대해서만—나 자신에 대하여—승리했을 뿐이다. 그렇지만 계속 전진할 수 있다는 자신감을 얻는 데는 이 하나의 작은 승리만으로도 충분하다. 다행스럽게도 내가 경험했던 비극과 실패는 나를 파멸시킨 것이 아니라 강하게 만들어주었다. 나에게는 환상이라는 것이 거의 남아 있지 않다. 그렇지만 나는 사람에 대한 신뢰와 역사를 창조하는 인간의 능력에 대한 신뢰를 잃지 않고 있다. 역사의 의지를 알 사람은 누구일까? 살아가기 위해서는 반드시 폭력을 뒤엎지 않으면 안 되는 피억압자뿐이다. 패배 속에서도 좌절하지 않는 사람, 일체의 새로운 세계를 최후의 전투에서 얻기 위하여 모든 것을 잃어버린 사람뿐이다. 억압은 고통이요, 고통은 의식이다. 의식은 운동을 의미한다. 인간 그 자체가 다시 태어날 수 있으려면 수백만이란 사람이 죽어야 하고 수천만 명의 사람들이 고통을 받지 않으면 안 된다. 나는 이 객관적인 사실을 받아들이고 있다. 유혈과 죽음의 광경, 그리고 어리석음과 실패의 광경은 더 이상 미래에 대한 나의 통찰력을 가로막지 않는다.

인류 역사의 전통은 민주주의적이요, 이 전통은 모든 인간에게 평등하게 주어진 천부의 권리이다. 그러나 이 천부의 권리를 주장하지 않는 사람도 있고, 그런 사람들한테서 그것을 도둑질해 가는 자도 있다. 물은 사람을 빠뜨려 죽이기도 하고 구해주기도 한다. 오늘날 인간사회는 고요한 마을 연못이 아니라 성난 홍수이다. 사람은 반드시 헤엄치는 법을 배워야만 한다. 14살 때부터 지금 이 순간에 이르기까지 나는 결코 물에서 떠나본 적이 없다. 나는 몇 차례나 스스로를 포기하였다. 하지만 아직도 파괴되지 않았다.

중요한 것은 단 하나뿐이라는 사실을 배웠다. 민중과의 계급관계를 유지하는 것. 왜냐하면 민중의 의지는 역사의 의지이기 때문이다. 이것은 쉬운 일이 아니다. 민중은 깊고 어두우며 행동에 들어가기 전까지는 단 한 마디도 말을 하지 않기 때문이다. 그대는 소곤거리는 소리와 침묵의 웅변에 귀를 기울여야 한다. 개개인과 집단들은 큰소리로 고함을 지른다. 그리하여 그 때문에 혼란에 빠지기 쉽다. 그러나 진실은 아주 작은 목소리로 이야기되는 것이지 큰소리로 이야기되는 것이 아니다. 민중들이 이 작은 목소리를 들을 때, 그들은 손에 총을 잡는다. 마을 노파 한 사람의 긴박한 속삭임만으로도 충분하다. 진정한 지도력은 날카로운 귀와 신중한 입을 필요로 한다. 민중의 의지에 따르는 것만이 승리로 인도하는 유일한 길인 것이다.

우월한 권력에 대항하여 개인적으로 싸우는 것은 쓸데없는 비극에 지나지 않는다. 힘에 대해 저항할 수 있는 대등한 힘을 조직하지 않으면 안 된다. 그리고 그 힘을 동원할 수 없다면 행동을 늦추어야 한다. 모험주의에 빠져서는 안 된다. 여러 정당과 집단, 군중조직은 수많은 어리석은 오류를 범하여 비참한 결과를 초래하였다. 나 역시도 그러한 섣부른 행동에 수없이 참가하였다. 그러니 오류는 지도의 불가결한 부분이다. 그리고 이 오류는 찾아낼 수 있다. 그렇지만 다수의 추종자를 얻기 전에는 지도할 권리가 전혀 없다. 자기 시대를 앞서 있다는 것은 선전 작업과 비판할 수 있는 자격에 불과할 뿐 지도할 자격은 되지 못한다. 우리 시대 최고의 위대한 민주주의적 대중 지도자는 대중을 쫓아가서 앞으로 밀 뿐 대중을 밧줄로 잡아 끌지는 않는다.

그러나 소수는 보호되어야 한다. 소수는 변혁의 최초의 도구요, 다수의 자식이며 아버지이기 때문이다. 소수의 숨통을 막는 것은 단지 괴물을 키우는 것일 뿐이다. 그리고 자기의 신념을 위하여 싸우는 것은 모든 사람의 의무이다. 자기 자신을 속이는 것은 자기 계급을, 자기 당을, 자기의 혁명가적 의무를 속이는 것이다. 혁명적 지도 속에는 비겁함이 끼여들 여지가 전혀 없다. 강한 신념과 자기의 판단에 대하여 자신을 갖지 못하는 자는 지도자가 될 자격이 없다. 도덕적 용기야말로 혁명 윤리의 정수인 것이다. 자기 견해 표현의 자유를 행사할 권리를 박탈하려는 자들에게 굴복할 때, 혁명가는 자기의 임무에 실패하고 있는 것이다. 또한 타인을 억압하는 자치고 마음이 자유로운 자는 한 명도 없다. 깨진 돌이나 가장 연한 점토만 가지고는 절대로 돌비석을 만들 수가 없다. 살아 있는 인간과 강한 정신이 있어야만 비로소 만들어질 수 있는 것이요, 또한 자유로운 제휴라고 하는 시멘트 이외에는 어떠한 접착제도 그것들을 결합시킬 수가 없는 것이다. 이러한 민주주의가 없다고 한다면 가장 연한 점토라 할지라도 언젠가는 다이너마이트로 변하고 말 것이다. 아치 꼭대기의 쐐기돌만으로는 아치가 세워질 수 없다. 좌우 양쪽의 지지가 없으면 붕괴되어 버릴 것이다. 자발적인 추종이 두려움에 가득 찬 복종으로 바뀔 때 해체가 시작되는 것이다.

정당 안에서는 도덕적으로 용감하다는 것이 쉬운 일이 아니다. 남들을 따라가며 책임을 회피하는 편이 더 쉽다. 산꼭대기에서 홀로 있는 것은 유쾌한 일이다. 하지만 동지들 사이에서 홀로 있다는 것은 참으로 외롭기 짝이 없는 것이다.

그렇지만 도덕적 강도의 특징은 완고한 우둔함 속에 있는 것이 아니라 변화하는 여러 조건과 함께 변화할 수 있는 능력 속에 있는 것이다. 인간정신의 성장에는 한계가 있는 것 같다. 어느 일정한 지점까지 가면 인간정신의 성장이 정지되고 그 이상 신장되지 않으며, 더 이상 새로운 사실을 파악하지 못하고 도리어 이미 옛날이야기인 10월 혁명에 대한 향수에 빠져들게 된다. 다음 세대에는 그 꺼칠꺼칠한 구레나룻을 깎이는 조롱을 당하기 전에 '구 볼셰비키'들은 자기네 레닌들과 함께 영광에 싸여 매장되는 것이 좋으리라.

주어진 다수의 투표는 반드시 받아들여야 한다. 그러나 그 다수가 올바른가 아닌가는 별개의 문제이다. 레닌 한 사람이 옳고 당 전체가 그를 수도 있다. 그러나 고독한 레닌 한 사람이 옳다고 하는 경우, 레닌이라는 사람이 개인적으로 전혀 오류를 범하지 않은 인물이기 때문에 옳은 것이 아니라 대중의 다수 의사를 대표하고 있기 때문에 옳은 것이다. 또한 당이 그르다고 하는 경우, 그것은 당이 자기 밑에 있는 대중의 다수를 더 이상 대표하고 있지 못하기 때문인 것이다. 민주적 의사표시가 존재하는 곳에서는 지도력의 문제는 그다지 어려운 문제가 아니지만 그것이 억압당하고 있는 곳에서는 지도력의 문제가 위험하고도 어려운 것이다. 진정한 민주적 대중투표를 하면 잘못된 결정이 내려질 수가 없다.

문제는 어떤 방식으로 이런 투표를 실현시킬 수 있을까 하는 것이다. 옳고 그름의 분계선은 유동적인 것이다. 급격한 역사적 변화의 시기에는 한때 옳았던 것이 일주일도 되기 전에 오류로 될 수도 있다. 대중운동에서 나타나는 변덕스러운 변화는 대중의 판단이 올바르다는 증거인 것이다. 대중들은 변화를 진정으로 반영하는데, 이 변화야말로 진리의 정수이기 때문이다. 진리는 상대적인 것이지 절대적인 것이 아니다. 즉 변증법적인 것이지 기계적인 것이 아니다. 오른쪽에서 왼쪽으로, 다시 왼쪽에서 오른쪽으로 왔다 갔다 하는 것은 그 자체가 올바른 평가에 도달하는 과정인 것이다. 또한 그러한 진동 그 자체가 변화를 낳는 한 요인이기도 하다.

사람은 오로지 경험을 통하여 비로소 올바른 판단을 배우고 올바른 판단에 도달한다. 일정한 행동방침을 시험하는 것은 오류를 범하는 것이 아니라 올바른 방침을 발견하기 위한 첫발을 내딛는 것이다. 시험 결과 그 특정한 방침이 잘못이라는 게 입증된다면 그 시험 자체는 올바른 것이요, 올바른 것을 탐구하는 실험인 것이며, 따라서 꼭 필요한 것이다. 사회과학이라는 거대한 실험실에는 통제된 조건이라는 것이 하나도 없다. 하나의 시험관을 던져버리고 동일하게 주어진 요소들을 가지고 다시 시작한다는 것은 불가능하다. 시험관은 단 하나밖에 없으며, 그나마도 당신이 지켜보고 있는 사이에 그 내용물이 질적으로도 양적으로도 변화해 간다. 그대가 하는 일이나 실패하는 일이 모조리 그 혼합물 속으로 섞여 들어가서 결코 다시는 원상복구될 수 없는 것이다.

내가 언제나 이런 식으로 생각해왔던 것은 아니다. 1932년까지는 재판관처럼 떡 버티고 앉아서 무자비하게 '오류'를 규탄하기도 하고 훈련교관처럼 말썽꾸러기들을 대열 속에 두들겨 맞추기도 하였던 것이다. 어리석은 지도와 어리석은 추종 때문에 사람들이 죽거나 운동이 깨지는 것을 보면 열화처럼 분노가 솟아올랐다. 나는 용서를 몰랐다. 한씨와 또 한 명의 조선인 당 지도자가 1928년에 상하이에서 심문받았을 때, 나는 그들이 왜놈 첩자인가 배반자인가에 대해서는 개의치 않았지만 불과 며칠 사이에 왜놈에게 1,000명이나 체포될 정도로 당 조직을 약하게 만들었다는 객관적인 범죄적 우둔함에 대해서는 당연히 처벌을 받아야 한다고 생각했던 것이다.

나는 관념론자였던 것이다. 나는 지성을 가지고 사람들의 행동을 판단하였던 것이다. 이제는 사람이라는 것이 두뇌 이외에도 여러 가지 것으로 이루어져 있다는 것을 알게 되었다. 혁명적 지도자는 좌익이다 혹은 우익이다 하고 늘어선 사람들의 머리통을 만지작거리는 것이 아니다. 인간생활의 소재를, 그 모든 동식물적인 특징을, 그 모든 가변적이고 계량 불가능한 속성을 가공하는 것이다. 혁명지도자는 여간해서는 깨뜨릴 수 없는 영혼과 아주 쉽사리 파괴될 수 있는 육체를 가공하는 것이다. 다른 사람들의 영혼을 일깨우고 해방시키기 위해서는 이따금씩 육체가 파괴되어야 한다. 리다자오나 펑파이와 같은 인물 하나의 처형이 백만 명의 각성을 의미하는 것이다.

나는 무엇이 선이고 무엇이 악인가, 무엇이 정(正)이고 무엇이 사(邪)인가, 무엇이 올바른 것이고 무엇이 잘못인가 하는 것을 논함으로써 사람을 단죄하는 짓을 더는 하지 않는다. 내가 묻는 것은 무엇이 가치 있는 것이고 무엇이 낭비인가, 무엇이 필요하고 무엇이 쓸데없는가, 무엇이 중요하고 무엇이 부차적인가 하는 것이다. 다년간의 마음의 고통과 눈물을 통하여 '오류'가 필수적이며 따라서 선이라는 것을 배웠다. 오류는 인간 발전의 통합적인 일부분이며, 사회변화 과정의 통합적인 일부분인 것이다. 사람들은 말을 믿을 정도로 그렇게 어리석지가 않다. 사람들은 실험을 통하여 비로소 지혜를 배우는 것이다. 실험은 사람들의 안전장치이며 권리이다. 거짓〔僞〕을 배우지 않는 자는 사실〔眞〕을 알지 못한다. 마르크스주의와 레닌주의의 교과서는 잉크로 쓰인 것이 아니라 피와 고통으로 쓰인 것이다. 사람들을 죽음과 실패로 이끌기는 쉽다. 그러나 승리로 이끄는 것은 어려운 일이다.

비극은 인생의 한 부분이다. 억압을 딛고 일어서는 것은 한 인간의 영광이요, 굴복하는 것은 한 인간의 수치이다. 내게는 수백만의 사람들이 제국주의 전쟁 속에서 자신들의 생명을 맹목적으로 포기하는 모습을 본다는 것이 비극이다. 그것은 낭비인 것이다. 사람들이 서로를 억누르는 데 이용당하고 있는 것을 보는 것이 내게는 비극이다. 그것은 어리석음이다. 자유를 위하여, 자기들이 믿고 있는 것을 위하여 싸우다 의식적으로 죽는 것은 비극이 아니다. 그것은 영광이요 장렬함인 것이다. 죽음은 선도 아니요 악도 아니다. 또한 죽음은 무익한 것도 아니요 꼭 필요한 것도 아니다. 스스로 믿고 있는 하나의 목적을 위해 자발적으로 싸우다 죽는 것은 행복한 죽음이다. 나는 너무나 많은 인명의 낭비를 보아왔으며 결국은 실패로 끝나고 마는 쓸데없는 희생을 너무나 많이 보아왔다. 그래서 나의 경우에는 이것을 철학적으로 시인한다는 것이 쉬운 일이 아니었다. 그렇지만 한 가지만은 늘 기억하고 있다. 혁명가들은 자기의 희생 속에서 행복하게 죽어가는 것이요, 그것이 무익하다는 것을 알지 못한다는 것이다.

한 사람의 행복은 다른 사람의 슬픔이다. 나는 거기에 대해서는 어떠한 권리도 요구하지 않는다.

내 청년시절의 친구나 동지들은 거의 모두가 죽었다. 민족주의자, 기독교 신자, 무정부주의자, 테러리스트, 공산주의자 등등 수백 명에 이른다. 그러나 내게는 그들이 지금도 살아 있다. 그들의 무덤을 어디로 정해야 하는지 따위는 전혀 마음에 두지 않는다. 전장에서, 사형장에서, 도시와 마을의 거리거리에서, 그들의 뜨거운 혁명적 선혈은 조선, 만주, 시베리아, 일본, 중국의 대지 속으로 자랑스럽게 흘러 들어갔다. 그들은 눈앞의 승리를 보는 데는 실패했지만 역사는 그들을 승리자로 만든다. 한 사람의 이름이나 짧은 꿈은 그 뼈와 함께 묻힐지도 모른다. 그러나 힘의 마지막 저울 속에서는 그가 이루었거나 실패한 것이 단 한 가지도 없어지지 않는다. 이것이 그의 불사성(不死性)이며, 그의 영광 또는 수치인 것이다. 자기 자신이라 할지라도 이 객관적 사실은 바꿀 수가 없다. 그는 역사이기 때문이다. 그 무엇도 사람이 역사라고 하는 운동 속에서 점하는 자리를 빼앗을 수 없다. 그 무엇도 사람을 빠져나가게 할 수 없다. 유일한 그의 개인적 결정이라고는 전진할 것인가 아니면 후퇴할 것인가, 싸울 것인가 아니면 굴복할 것인가, 가치를 창조할 것인가 아니면 파괴할 것인가, 강해질 것인가 아니면 나약해질 것인가 하는 것밖에 없다.

1) 무정(1905~?)의 본명은 김무정이다. 함경북도 경성 출신. 김산과 동년생. 서대숙에 의하면 무정이 군대생활을 한 것은 옌시 산(閻錫山) 휘하에서였다고 한다. 그는 1928년 상하이에서 조직된 조선청년전선의 재정위원이었다. 후에 그는 중국공산당의 대장정에 참가, 옌안에 도착한 후 홍군 포병사령관이 되었다. 그는 옌안 행군 도중 조선민족주의자들에게 환멸을 느꼈다. 1941년 그는 산시 성에서 화베이 조선인청년연합회 결성에 협력하고 다음해에는 화베이 조선독립동맹 창건을 도왔다. 조선청년들은 이 두 단체에서 공산주의 운동보다 항일사상에 더 끌렸다. 일본이 패망하자 그는 조선지원병을 조직하여 북한으로 가 조선인민군의 창건에 참가하였다. 한국전쟁 동안 그는 조선인민군 제2군단장으로 활약하였다. 서대숙에 의하면 후에 그는 김일성에 의해 숙청당했다고 한다.
― 안도 지로, 조지 토튼

기록을 끝내며

님 웨일즈

  1937년 말에 내게 신상 이야기를 들려준 후, 김산은 앞으로 2년 동안은 이 원고의 출간을 미뤄달라고 요청하였다. 그 이후 김산이 친구인 오성륜, 조선인 의용군들과 함께 활동하기 위해 화베이의 위험한 유격전선을 뚫고 만주로 갔다는 소식을 간접적으로 들은 적이 있다. 하지만 아직까지도 살아 있는지, 아니면 죽었는지 알지 못한다.

  1938년, 예전에 유명한 테러리스트였던 김산의 친구 김약산이 일본과 싸우기 위하여 화중(華中)에서 조선항일의용군(최초의 명칭은 국제여단)을 조직하였다. 이 수백 명의 조선인들은 조선민족연합전선 및 조선민족혁명당의 서기인 김약산의 지휘를 받고 있다. 내가 받은 이 집단의 선전책자에는 그들의 최대 임무는 '국내외의 모든 혁명분자를 통일하여 전 조선 인민의 항일투쟁을 준비하는 것'이라 쓰여 있다.

내 남편 에드가 스노우는 1938년 한커우(漢口)에서 이 의용군 소속의 조선인 몇 명과 회견하였다. 그는 이들이 중국정부로부터 지원을 얻어내는 데 많은 어려움이 있다고 내게 이야기하였다. 국민당은 이처럼 열렬한 좌익혁명가들이 자기네 군대에 대하여 형제애를 갖도록 하는 일을 별로 탐탁지 않게 여겼으며, 그랬을 경우 나타날 정치적 결과를 두려워하는 태도가 역력하였다. 그렇지만 얼마 지나지 않아서 이 부대는 최전선에 배치되었다. 그러자 수많은 조선인들이 일본군을 탈출하여 여기에 합세하였다. 조선인의 일본군에 대한 태업도 많이 일어났다. 또한 그들은 중국의 첩보활동에서 매우 귀중한 부분이기도 했다. 조선인 징병자들은 기회만 있으면 탈주하였다. 1939년 2월에는 약 7,000명의 조선인 부대가 광저우 부근에서 반란을 일으켜 일본인 장교들을 죽였다. 이런 사건들은 빈번하게 일어났다.

최근 몇 달 동안에 조선인들은 더욱 활발한 활동을 벌이고 있다. 1940년 6월에는 조선독립당이 충칭에서 결성되었다. 이것은 조선민족당, 조선독립당, 조선혁명당이 합병한 것으로, 그 속에는 '미국 내에 있는 6개의 해외 조선인 단체'도 들어 있었다.

1940년 9월에는 1920년대 초반의 상하이 시절 이래 명목상으로만 계속 존재해온 대한민국 임시정부가 충칭에서 부활하였다. 1940년 9월 17일에는 '대한독립군' 사령부가 충칭에 설립되었는데, 이 군대는 일본 육군사관학교의 조선인 졸업생이고 1919년 이전에 일본 육군대위였던 당년 53세인 이중근(李中勤) 장군이 지휘하고 있었다. 설립 집회는 대한민국 임시정부의 재무총장이며 대한독립당 주석인 김구가 사회를 보았다. 이것은 보수적 집단이었으며, 이 새로운 독립군은 장제스 총통에 의하여 공식적으로 후원을 받고 재정지원을 받았다. 그 포고문(중국정보위원회, 1940년 9월 13일, 충칭)에 의하면 이중근 장군의 사령부는 화베이에 둘 것이며, 군대는 만주의 조선인 유격대에서 모집할 것이요, 일본군에서 탈주한 조선인 병사들을 모으기로 되어 있었다. 이중근 장군은 '또한 소련극동군에 있는 조선인들도 참가하리라 기대하고 있다', '현재 중국군 각 부대에서 싸우고 있는 조선인 병사 및 장교는 대한독립군으로 개편될 것이다'라고 성명을 낸 점으로 보아, 이 집단은 김약산의 의용군도 역시 끌어들일 생각인 것이 분명하였다.

타이완인 혁명가들의 연맹 또한 1940년에 충칭에서 결성되었다. 그 지도자들은 "타이완 혁명가들은 타이완에서 이미 수많은 봉기를 시작하였다. 일본인 소유의 광산을 폭파하고, 유정을 불태우고, 철도를 파괴하였다"라고 발표하였다.

중일전쟁 발발 이후 엄격하게 검열당하고 있는 조선 본토에서는 정보가 거의 흘러나오지 않고 있지만, 어쩌다 나타나는 보고서는 모든 것이 잘 돌아가고 있지는 않다는 것을 보여주고 있다. 그들이 계획대로 '유리한 시기'를 기다리고 있다는 것은 의심할 여지가 없다. 그렇지만 1940년 9월에는 20만 명의 기독교 신자들 사이에서 1919년 3·1운동의 반향인 새로운 반일비협력운동이 있었다는 보고가 있었다.

1936년 새 총독인 유명한 미나미 지로(南次郎) 장군이 도착했을 때 당시에 나는 서울에 있었다. 그 후 그는 '일본제국의 아킬레스건'을 방어하고 조선 내에 군수산업기지와 수송기지를 건설하느라고 동분서주하였다. 1939년 8월에 그는 "일본 정부는 내선융화(內鮮融和)라는 지극히 어려운 임무에 온갖 정력과 주의를 집중하고 있다. 1940년경에는 조선인들이 일본 사람과 엄청나게 감정이 나빴었는데, 그 이후로 이 점에 있어서 이루어진 발전은 현저한 것이었다"라고 발언하였다. 그들이 의도하는 바는 조선인을 일본인과 비슷하게 만들어 일본에 '동화(同化)'시키는 것이요, 조선을 일본 국내경제의 일부로 만드는 것이다. 이것은 별 성과가 없으면서도 돈은 많이 드는 사업이다. 조선에 대한 군사비는 해마다 1,500만 엔을 상회하였다. 1935년에는 20만 6,414명을 체포하였는데 그해에 정규경찰력은 1만 9,409명, 보조경찰력은 20만 명이었다. 만주에서 오는 유격대는 종종 '압록강을 건너' 일본인들에게 손실을 입히고 있다.

일본인은 조선 전 경작지의 17%를 소유하고 있으며, 조선인 농부의 85%는 소작농이거나 반소작농이다. 노동계급은 일본인 노동자 임금의 반밖에 받지 못한다. 여기에 폭발적인 혼합가스가 있는 것이다.

조선이 받고 있는 억압과 착취는 아마도 근대의 다른 어느 식민지보다도 더 클 것이다. 어쨌든 이제까지는 한반도에서 대중적 무장봉기가 일어나는 것을 어떻게 하든 막아왔다. 그러나 조선이 중요한 이유는 그 지정학적 위치 때문이다. 그것은 아직도 '일본인의 심장을 겨냥하고 있는 비수'인 것이다. 조선인이 일본의 현 체제를 뒤엎는 기본 동력의 하나가 되리라는 것, 그리고 그때가 아주 가까웠다는 것은 전혀 의심할 여지가 없다. 그 사정을 고찰해보자. 김산의 말에 의하면 만주에 거주하는 백만 명의 유랑자 사이에는 5만~7만의 조선인 정규유격대원이 있으며 1만의 의용병이 있다. 시베리아에는 80만의 소비에트화(化)한 조선인이 있다. 조선에 있는 노동계급은 100만을 헤아리며 산업노동자는 30만에 달하고 있다. 1937년만 하더라도 일본에는 이미 30만의 고집 센 조선인 노동자들이 있었는데 그 이후에도 노동력 부족 때문에 더욱 많은 사람이 현해탄을 건너가고 있다.

일본인 지배에 대한 조선인들의 끊임없는 투쟁 이야기는 어떠한 억압 아래서 이 투쟁이 유지되고 있는가를 고려해볼 때, 대단히 영웅적인 것이다. 대부분의 무장습격이 만주에서 행해지고 있기는 하지만 인도, 자바, 인도차이나, 타이완, 버마의 식민지운동과 비교해 볼 때, 그것은 대단히 집요하면서도 활발하게 전개된 것이었다. 조선에서 검증된 것처럼 일본의 식민지정책은 개화한 제국주의의 모범 따위와는 거리가 먼 것이다. 그것은 극동에서도 가장 불행한 나라를 만들어내고 있는 것이다.

해설

 전혀 가공되지 않은 순수한 인간 드라마. 바로 이것이 이 책의 본질이다. 이 책은, 삶의 의미를 자신에게 되묻고 도덕적 질서가 퇴락한 사회에서 정의를 바로세우고자 하는 인류의 갈망을 지닌 한 혁명가가 느끼고 경험한 그대로의 내면세계를 통해, 중국혁명과 조선독립운동을 생생하게 묘사하고 있다. 그런 만큼 이 책은 정치나 세계가 어떻게 달라지든, 남녀노소를 불문하고 누구에게나 호소력을 지닌다.
 이 책은 마치 소설같이 재미있게 읽을 수 있는—또한 연극이나 영화, 혹은 텔레비전 연속극 같은 요소들을 가지고 있는—반면에, 전기만이 지닐 수 있는 진실을 담고 있으며, 한 인간이 비록 아직은 청년이지만 죽음을 앞두고 부른 '최후의 노래'인 것으로 밝혀졌다. 그리하여 우리는 이 사람이 해방 이후 한국에서 수행했음직한 매력적이고 건설적이지만 동시에 비극적인 역할을 상상 속에서 그려보게 된다.

이 책에서 서술되는 거의 모든 사건은 중국에서 일어난 것임에도 불구하고, 실로 이 책은 한국에 관해서, 그리고 진정한 독립을 위한 한국의 투쟁에 관해서, 또한 인류 전체의 행복에 기여하는 하나의 세력으로서 세계무대에서는 밝은 미래를 꿈꾸는 이 나라의 열망에 관해서 쓰고 있다.

이 책의 유래

중국으로 떠나기 직전의 님 웨일즈.

1937년 7월 7일 일제의 중국 침탈 직후 옌안의 한 지구에서, 님 웨일즈(헬렌 포스터 스노우)는 '김산'이라는 단어를 수십 번씩 써대고 있었다. 그녀는 미국의 젊은 언론인으로서 자신이 금세기의 특종에 전념하고 있다는 것을 직감적으로 의식했다. 김산은 중국공산당에 가입함으로써 자신의 조국을 점령한 일본제국주의자들에 대항하여 싸우기로 결심한, 단련된 불굴의 조선인이었다. 그는 32살의 실제 나이보다 더 들어 보였다. 부패한 사회제도와 당시 기승을 부리던 외국 제국주의 신질서에 대항하는 투쟁에 자발적으로 참여한 대가로 그가 얻은 병마와 투옥과 고문과 잠행 때문이었다. 실로 어느 순간에나 이 혁명가가 자신의 생각과 경험을 드러내는 방식은 다른 인간이 결코 흉내 낼 수 없는 독특한 것이었다.

김산은 중국공산당의 조선인 당원으로서, 중국혁명과 이웃나라 조선 및 일본의 운동에 대해 중국혁명이 미치는 영향에 관해 조사·보고하는 특수한 임무를 맡고 있었다. 그러나 이

1937년 옌안에서의 김산.
이 사진은 1940년 당시에는 김산의 희망대로 발표되지 않았다. 1965년 일본어판에서야 비로소 저자의 후의로 수록될 수 있었다.

책은 동아시아 역사에 관심을 갖는 사람들에게만 중요한 것이 아니라, 좌익진영의 사람들이 언제나 부딪칠 수밖에 없는 몇 가지 문제들에 주목하게 한다는 점에서 중요하다. 그 문제들이란 이론연구와 실천행위 사이의 관계, 한 인간의 생활(사랑)과 혁명의 요구(증오) 사이의 관계, 목표와 수단 사이의 관계에 대한 것이다. 이 책은 단순한 모험 이야기 이상의 것으로서, 정치에 무관심한 사람들조차 사로잡을 것이다.

우리는 세계적으로 유명한 마오쩌둥이나 김일성에게 우리

해설 483

가 이 책에서 김산에게 느끼는 것 같은 친밀감을 가질 수는 없을 것이다. 이러한 지도자들에 관한 책은 이미 여러 권이 나왔고 앞으로도 계속 나오겠지만, 그 책들은 지도자나 주석이 될 수밖에 없는 당위성과 운명을 타고난 인물에 관한 목적론을 벗어날 수 없을 것이다. 그러나 이 책에는 아직 권좌에 오르지 않은 잠재적 지도력을 지닌 인간이 등장한다. 이 책의 인물은 강건한 혁명가이지만, 살인을 해야 할 듯한 필연성에 부딪치면 여전히 두려움을 느끼는 인간, 원초적으로 자신을 움직이는 힘인 낭만성을 숨기지 않는 그런 인간이다.

대체로 혁명적 전기를 쓴 사람들은 국외자들이거나, 혹은 혁명운동에서 떠나든지 축출당한 사람들이다. 이런 저자들은 오직 국외자로 있을 때에만 책을 쓸 시간이 있고 (전직 당원들의 경우에는) 자기정당화의 절실한 요구를 갖게 된다. 이런 종류로 얼른 떠오르는 책들은, 레온 트로츠키의 방대한 저작(그가 권력을 누리던 초기의 내용은 전혀 담지 않고 단지 『1905년』이라고 제목을 붙인 책)이나, 혹은 중국공산당에서 지도권을 놓고 마오쩌둥과 경쟁하다 패배한 장궈타오의 자서전이다.[1] 활동적인 혁명가들이 침묵해야 했던 것은 겸손함, 보안을 위한 신중성, 당 규율 때문이기도 했겠지만, 아마도 더욱 중요한 이유는 그들의 저술을 이론과 전략 및 전술의 문제에만 한정해야 할 의무와 시간상의 제약을 받았기 때문일 것이다.

1937년에 김산은 옌안에서 대기 중이었던 조건 덕분에, 헬렌 스노우에게 자신의 이야기를 할 기회가 있었고, 그녀와 함께 이 책을 집필할 여가를 갖게 되었다. 비록 아직 '성공한' 혁명가는 아니었으나, 그는 이미 많은 일을 달성하였고, 여전히 필생의 사업에 전적으로 헌신하면서 정열적으로 활동하고 있었다. 그리하여 역사적 문건임이 분명하지만 이처럼 매우 독특한 종류의 책이 나오게 된 것이다. 실제로 이 책의 몇 장면은 재구성되었고 간혹 날짜와 장소가 서로 맞지 않는다(이 판에서는 이러한 불일치를 거의 다 바로잡았다). 그러나 김산이 자신의 이야기를 쓸 당시에 전쟁은 아직 승리로 끝나지 않았으며 따라서 그는 자신과 동료들을 보호할 필요가 있었다는 점을 우리는 염두에 두어야 한다. 실제로 그는 경우에 따라서는 다른 사람들의 체험을 자기 자신의 이야기 속에다—좀더 정확히 말하자면 조선의 이야기를 그보다 더 규모가 큰 중국의 혁명적 격변 속으로—끌어들인 것이 분명하다. 게다가 1937년 옌안에서 김산이 각종 문서에 접근할 수 없었다 하더라도, 대신 그는 암호로 쓰인 수년간의 일기를 갖고 있었다. 이 책이 엄청나게 희귀한 가치를 지니는 부분적 이유는, 중요한 역사적 인물들[2]에 관해 그 개성을 직접적으로 묘사한 것, 그리고 1927년 광둥코뮌의 실패라든지 그 직후에 일어난 중국 최초의 하이루펑 소비에트의 붕괴 같은, 흔히 적당히 얼버무려지는 투쟁 모습을 생생하게 설명하고 있는 것 때문이다.[3]

그러나 이 책 전체에서 다면적인 인격체로 부각되는 인물은 당연히 김산 자신이며, 그는 자신처럼 스스로의 이상을 위해 투쟁하며 탄압에도 굴하지 않는 수많은 사람들에게 이해와 존경을 표출한다. 헬렌 스노우는 전기라는 문학의 한 장르에서 그녀가 결코 기대하지 않았던 호소력을 지닌 고전을 만들어냈다는 사실을 아마도 깨닫지 못했으리라.

이 책의 출판

미국에서는 이 책이 1941년 처음 출판되었다가[4] 곧 사라졌고, 도서관에 소장된 판본들까지도 전국에서 불가사의하게 그리고 체계적으로 없어져 버렸다. 일본정부의 제국주의 정책을 지지하는 일본인들이 그 책들을 수거해간 것일까? 아니면 친독립운동 계열의 다양한 분자들이 그 책을 비밀에 부치고 싶거나 혹은 손에서 손으로 더욱 넓게 확산시키고 싶어서 가져간 것일까? 어떤 경우이든 그 책은 구할 수 없었다. 그러나 1961년 헬렌 스노우는, 1941년에 출판된 책을 쓸 때에는 활용할 수 없었던 각주와 자료들을 붙여 타이프한 원고를 스스로 출판하였다[5](이 타이프 본은 일본어로 번역되어 1991년 도쿄에서 출판된 책의 한 장(章)으로 들어갔다).

1973년에 나온 제2판[6]에 이르러서야 이 책은 도서관에 비치되는 행운을 누렸고, 대학의 몇몇 과목에서 보충 독서 교재로 지정되었다. 그러나 불행하게도 이 책은 영세한 출판사에서 출판기금을 거의 받지 못한 채 발간되었고, 무관심 속에 계속 방치되었다. 그럼에도 이 책은 미국 전역의 한국인 사회에 널리 알려졌다.

1973년에 출간된 『아리랑의 노래』 2판.

일본에서는 1953년 10월 최초로 나온 일본어 번역판이, 당시 막 끝난 한국전쟁에 의해 야기된 두려움 때문에 전혀 팔리지 않아 이 책을 낸 출판사는 결국 파산하고 말았다.[7] 그러나 1965년 개정판인 제2판은 대단한 성공을 거두었다.[8]

이 책은 일본에 사는 대다수 한국인 사이에서 널리 읽혔을 뿐만 아니라, 일본의 젊은이들과 나이 든 사람들의 한국인에 대한 편견, 즉 일본이 한국을 식민지로 삼은 때부터 전해 내려온 편견을 깨뜨리는 데 단행본으로서는 다른 어떤 책보다도 많은 기여를 했을 것이다. 이 책이 10판쯤 나간 후, 일본의 최대 출판사인 이와나미쇼텐(岩波書店)은 이 책을 고전이 될 것으로 판단하였고 미국의 제2판에 기초하여 새로운 번역본을 출간하였다.[9]

북한에서는 이 책이 출판되지 않았을 것으로 추측되지만, 중국에서는 1986년에 한국어로 출판되었다.[10] 중국에서는 한국어를 아는 사람들만 이 책을 읽었다. 그러나 단지 나이 든 사람들만 읽었다는 뜻은 아니다. 왜냐하면 조선인 자치구의 학교 교과과정에서는 중국어와 함께 한국어를 제2국어로(아주 잘 배울 수 있게) 가르치기 때문이다. 그곳의 모든 조선인들은 조선문화를 간직할 자유를 충분히 누리고 있음에도 법적으로는 중국인이고, 자신의 문화적 뿌리에 대한 강렬한 관심에도 불구하고 그들은 중국에 충실하다고 말할 수 있으리라. 물론 그곳에는 한국어를 배우는 한족(漢族) 중국인들도 꽤 있다(내가 지린 성의 조선인 구역을 방문했을 때 안내를 해준 사람도 그런 중국인이었다). 끝으로 『아리랑』의 중국어 번역판이 홍콩에서 나왔지만 그 번역은 형편없다는 것을 말해둔다.[11] 남한에서는 이 책이 2차대전 직후에 지하에서 출판되었던 듯한데, 이에 관해서는 전혀 아는 바가 없다. 어쨌든 도서출판 동녘이 1984년에 이 책을 출판했다.[12] 이 번역판은 곧 미국에서 복사판으로 만들어졌다.[13] 이제 이 책은 한층 징성 들여 편집된 판으로 한국에서 다시 나오게 되었다.

나는 1944년 봄에 이 책을 처음으로 읽고 깊은 감명을 받았다. 당시 나는 군복무 중으로, 일본어 문서들을 번역하고 일본인 포로들을 심문하는 일을 맡을 통역장교 훈련을 받고 있었다. 나는 해외근무를 위해 승선하면서 이 책을 갖고 출발하였으며, 동남아시아에서 전쟁을 치르는 동안에도 줄곧 이 책을 간직하였다. 이 책 덕분에 나는 일본 제국주의에 침략당한 조선인 및 중국인과 기타 민족들, 특히 인도네시아인과 필리핀인들의 해방투쟁을 바로 나 자신의 일부라고 느낄 수 있었다. 또한 나는 참혹한 전쟁 속으로 자신들을 끌어넣은 일본정부의 손아귀로부터 벗어나려는 일본국민들의 해방을 위해 나 자신이 싸우고 있다고 생각할 수 있었다. 그리하여 나는 '누런 왜놈 쥐새끼들'에 반대하자는 당시의 숱한 반일전쟁 선전이 조장한 인종적 증오에 전혀 공감할 수 없었다. 나는 내가 상대하게 된 일본인 전쟁포로들과 쉽사리 친화적 관계를 맺을 수 있었다. 항복한 일본인들에게 이 책을 돌려 읽히자, 이 책은 그들의 눈을 뜨게 했다. 영어를 좀 알아서 이 책을 읽을 수 있었던 일본인 포로들은 다른 포로들에게 그 내용을 얘기해 주었다. 이 책의 일부는 일본인 병사들 및 민간인들이 본국으로 되돌아가기 위해 기다리고 있던 다바오의 송환센터에서 1945년에 번역되었다. 이 번역 덕분에 그들은 중국과 조선에서 일본이 한 짓이 무엇인지를 깨달았다. 이 책은 전쟁의 죄악이라는 문제로부터 여성의 사회적 지위에 이르기까지 모든 종류의 의문을 그들의 마음속에 불러일으켰다.

김산의 생애

김산과 관련된 사건들은 1905~1937년에 걸쳐 일어났다. 그는 1905년 3월 10일 한국 북서부의 한 농가에서 장지락(張

志樂)이라는 이름으로 태어났다. 그러나 그는 자신의 신분을 감추기 위해 수많은 이름들을 사용했다. 옌안에 갔을 때, 그는 장명(張明)이라는 이름을 썼다. 그를 보호하기 위해 헬렌 스노우는 김산이라는 이름을 제안했고 그도 동의했다.[14] 그의 출생지는 중국자료에 따르면, 아마도 평안북도 용천군(龍川郡) 북중면(北中面) 하장동(下長洞)이었을 것이다.[15] 그의 고향마을은 그가 태어날 당시 한창이던 러일전쟁의 싸움터 가까이에 있었다. 그 전쟁의 결과 마침내 일본은 조선민중의 격렬한 항거를 무력화시키고 조선을 강점했다.

김산의 설명에 따르면, 그가 장로교 계통의 학교에 다니고 있을 때 3·1운동이 일어났다. 당시 전 세계 피압박 민족들은 윌슨 미국 대통령의 주창에 희망을 걸고 봉기하여, 조선뿐 아니라 중국, 인도네시아, 터키 등지에서 평화시위를 일으켰다. 이 조선이 시위를 일본 식민당국이 피의 상을 이룰 만큼 잔혹하게 짓밟았다는 사실은 모든 한국인들이 이미 잘 알고 있고, 전 세계적으로 점점 더 널리 알려졌다. 그 후 수년 동안 수십만 명의 조선인들은 조국을 빠져나와 해외로 갔다. 그중 일부는 일본으로 건너갔지만 그들의 상황은 거기서도 고향 땅에서와 마찬가지로 혹독했다.[16] 그해 여름에 김산은 공부를 하려고 동경으로 갔다가 1년 정도 머무른 뒤 다시 만주로 떠난 것 같다. 그는 삼원보를 거쳐 하니허 부근에 신설된 군사학교에 들어갔다. 그러나 훈춘사건이 발발한 직후 아직 일본 군대가 도착하기 전에 그는 그곳을 떠나 상하이를 거쳐 베이징으로 갔다. 1925년까지 베이징에 머무르는 동안, 그는 베이징협화의학원(北京協和醫學院)에서 공부했다. 그 대학은 1915년 록펠러재단의 자금으로 설립되었다가 교육기관으로 바뀌었다. 상하이에서 그는 안창호와 이동휘를 만났을 것으로 짐작된다. 또한 그는 상하이의 대한민국 임시정부 주변에서 활동하던 수많은 젊은 항일 '급진주의자'들과 접촉했다. 1919년부터 1920년 사이에 그는 무정부주의로 기울어져 무정부주의자가 되겠다는 서약을 했다. 1921~1922년에 마침내 그는 확고한 신념을 가진 마르크스 레닌주의자가 되었다. 분명 김충창(김성숙)이 그에게 막대한 영향을 주었을 것이다.

김산은 무정부주의, 공산주의, 민족주의 등에도 영향을 받았으나 헬렌 스노우가 느끼기에는 가장 궁극적인 영향은 어린 시절의 기독교적 영향, 즉 진리와 근면의 윤리로부터 온 것이었다. 물론 그는 야수적인 제국주의의 부당한 탄압법을 집행하는 경찰에게는 거짓말을 해야 했지만, 그의 친구들에게는 거짓을 말하지 않았으며, 그가 일본경찰에 협력하지 않았다는 것을 동료 중국 공산당원들이 믿어주리라고 순진하게도 기대하였다(그를 잘 아는 사람들은 물론 그를 믿었다). 그는 성실했으며, 혁명의 이상을 위하여 신들린 사람처럼 열심히 일하였다. 그는 탐욕이나 이기심이 아닌 압박받는 사람들에 대한 사랑으로 고무되었다. 그는 일본 지배자들에 대항하여 아무

효과도 없는 기도를 올리는 것을 비웃었지만, 헬렌이 보기에는 그의 심연에는 종교적인 것으로 가득 차 있었다.

중국의 민족주의운동은 1924년에 사실상 지하로 들어갔고 많은 혁명적 조선청년들이 그 운동에 가담했다. 김산도 1925년 초겨울에 광저우(광둥)의 혁명근거지에 도착했다. 그는 황푸 군관학교에서 훈련을 받는 한편, 후에 쑨원(중산)대학으로 바뀌게 된 학교에서 경제학과 사회발전의 역사를 공부했다. 중국자료에 따르면 김산은 중국공산당에 평당원으로 입당했다. 실제로 그렇다면 중국공산당이 아직 소규모 세력이었던 초기에 이미 그는 공산당원이 된 것이다.[17] 그렇지만 그는, 군벌을 해체하고 그들의 제국주의 후원자들을 패퇴시킬 목적으로 감행된 북벌에는 참가하지 않았다. 쑨원이 이 북벌을 시작하여, 1925년 3월 12일 죽을 때까지 이를 지도했다. 김산은 광둥의 북벌군 근거지에 머물렀다. 이 책에 생생하게 묘사되고 있듯이, 그는 1927년 상하이에서 공산당을 배반한 장제스에 대해 치를 떨었고, 광둥 봉기와 하이루펑 소비에트에 참가했으며 공산당이 패배한 뒤에는 백색 테러가 난무하는 와중에서 빠져나왔다.

간신히 목숨을 부지하여 홍콩을 거쳐 1928년 9월 상하이로 되돌아온 후에, 그는 베이징 지구당의 조직부 부장직을 맡도록 요청받았다. 그리하여 그는 이 직책을 수행하기 위해 1929년 봄에 베이징으로 갔다. 이 무렵에 코민테른 제6회 총회에

조선인 의용군.
이 부대에는 조선인 외에 일본인도 포함되어 있었다. 일본인 병사들은 조선인에 의해 사상 개조된 포로들이었다. 이 부대가 대혁명운동을 일으켰을 때 그 중요한 청년지도자 중 하나가 김산이다. 그러나 이 사진에는 들어 있지 않다.

서 선포된 '1국 1당' 정책이 추진되기 시작하였다. 그해 8월 지린 성에서 공산당회의가 열렸고, 김산은 이 회의에 참가했다. 이 회의에서는 조선공산당의 만주분국 해체 및 그 당원의 중국공산당으로의 당적 이전 문제가 안건으로 올려졌다. 김산은 중국공산당의 대의원으로서, 이 안건을 결정하는 데 분명 결정적 역할을 수행했을 것이다.

그 당시 베이징은 반동세력의 요새였고, 그에 따라 김산의 활동은 철저히 지하에서 이루어질 수밖에 없었다. 그럼에도

학생복에 서양 모자를 쓴 장쉐량.

27세때의 김산.
(아리랑나라 제공)

1930년 11월에 그는 베이징 경찰에 체포되어 일본영사관에 넘겨졌다. 영사관 관리들은 즉시 그를 조선으로 보냈고, 그곳에서 심문을 받았다. 그렇지만 그는 일본 및 조선경찰에게, 자신은 중국공산당이나 어느 공산당에도 들어간 적이 없다고 처음부터 끝까지 단호하게 부인했다. 증거 불충분으로 그는 1931년 4월 석방되어 6월 베이징으로 되돌아왔다. 이 체포기간이 예상보다 짧아서, 당의 다른 지도자들이 그를 의심하기 시작했고 그의 당적(黨籍) 복권을 보류했다.

김산과 그가 '한'이라고만 밝힌 인물 사이의 불화 때문에 이 상황은 더욱 복잡하게 꼬였다. 이러한 오해와 갈등으로 그는 상하이로 되돌아와서 개인적인 시간을 가졌다. 이 '한'이란 인물은 누구일까? 가지무라(梶村秀樹)에 따르면, 그는 안광천(安光泉)이거나 한위건(韓偉

健)이었을 것이다.[18] 왜냐하면 이 두 사람은 'ML' 파라고 부르는 제3차 조선공산당 집행부에 깊이 관여하였기 때문이다. 그러나 가지무라는 이후의 사건들로 미루어볼 때 그 인물은 한위건일 가능성이 높다고 주장한다. 어쨌든 김산은 그가 극구 부인했음에도 불구하고 극좌 편향주의자로 낙인찍혔다. 이 부분의 이야기를 다시 읽다 보면 독자들은, 그가 베이징에서뿐만 아니라 과거에 광둥과 하이루펑에서 급진적 '모험주의'에 지나치게 사로잡혀 있었다고 생각하게 된다. 각종 악소문이 계속 퍼지자, 그를 염려하는 친구들이 베이징 남부 해남지구 보정(保定)에 있는 제2사범학교의 교사 자리를 구해주었다. 그러나 당국은 계속 그를 추적했고, 그래서 그는 가오양으로 옮겨 초등학교 선생이 되었다. 그는 어디에 가 있든 학생 및 청년을 조직했다. 가오양에 있는 동안, 그는 왕밍(王明)의 무장봉기 정책에 반대한 반면, 베이징 지구당의 통일전선 노선을 지지했다. 탄압이 심해지자 이런 상황 아래서 조직선을 공개적으로 확고하게 유지하는 것은 매우 어려운 일이었다. 그러나 김산은 베이징에서 활동에 전념하다가 1933년 4월에 중국경찰에 다시 붙잡혔고, 그의 행적을 시인하기를 거부했기 때문에 일본영사관에 넘겨졌다. 다시 한 번 그는 조선으로 이송되었다가 비교적 빨리 풀려나, 1934년 1월에 베이징으로 되돌아왔다.

이 책의 내용에 따르자면, 그 직후 김산은 자신과 함께 체포되었던 자오아핑(趙阿平)이라는 중국처녀와 결혼했고, 베이징의 서직문 지구에 방을 얻어 잠시 평화롭고 안락한 생활을 즐겼다. 그의 당원 자격이 여전히 복권되지 않는 상황에서, 친구들의 중재로 그와 그의 신부는 스자좡으로 이사했다. 그곳에서 김산은 철도노동자로 일하면서 당의 지방조직을 재건하는 데 성공했다.[19] 그러자 그는 1935년 5월에 당의 북부지구위원회에 직접 파견되었다.[20]

1935년 11월에 일본군은 '만주'를 수호한다는 명목으로 중국본부〔華北〕에 총구를 겨누었고, 기동방공자치위원회(冀東防共自治委員會)라는 괴뢰정권을 세웠다. 이 시기는 특히 베이징을 둘러싼 상황이 차갑게 긴장되고 있던 때였다. 이런 상황에서 '12·9(1935년) 학생운동'—스노우 부부도 참가한 운동—이 시작되었다. 1935년은 중국공산당에게는 일대 격변의 해였다. 팽팽하게 긴장되었던 국민당과이 합자이 깨지면서, 1934년 10월 15일에 장정이 개시되었다. 그러나 1935년 1월 그들은 일본군의 맹렬한 공격을 받았고 사기가 극도로 떨어졌다. 이런 상황에서 마오쩌둥은 지도부에 도전하여 승리했다. 그는 처음부터 소규모 게릴라 부대로 군대를 재편할 것을 주장하며 지도부를 비판해왔다. 그리하여 그는 정치국 의장이 되었으며, 죽을 때까지 이 직위를 지켰다. 또 다른 변화는 그해 7~8월에 열린 코민테른 제7차 대회에서, 전 세계의 파시즘과 군국주의 및 제국주의에 반대하는 모든 집단들과 통일전선을 형성한다는 정책을 채택한 것이다. 그러자 8월 1일 중국공산당 중앙위원회는 일본에 저항하여 나라를 구하자는 구호를 발표했다. 이 구호는 중국인민의 애국심에 호소하는 것으로서, 개혁 및 혁명에 대한 호소보다 훨씬 큰 힘을 발휘했다. 그 결과 당 지도부는 다른 정당들, 군대 및 조직들과 협력하여 광범한 항일연합을 구성할 수 있었다.

이같이 달라진 상황 아래서, 조선혁명가들은 어떻게 하면 일본으로부터의 해방이라는 목표를 프롤레타리아 국제주의에 맞물리게 할 수 있을지를 고민했다. 그들은 중국혁명의 곳곳에 작은 무리로 흩어져 있었다. 1935년 후반부터 1936년 초 사이에 그들은 아직 약간의 자유가 있었던 상하이에 모였다. 이곳에서 공산주의자들을 골격으로 하고 무정부주의자들과 민족주의자들을 참여시켜 조선민족해방동맹이 창설되었다. 김산은 이 일을 추진하는 데 몰두했고, 상해의 소란 속으로 뛰어들었으며, 지도적 지위에 올랐다. 이때가 1936년 7월경인 듯하다. 그는 광범한 통일전선을 창출하기 위한 활동계획을 작성하는 일에서 핵심적인 역할을 수행했다.[21]

1936년 8월에 조선해방동맹과 조선 공산주의자들은 김산을 산시(陝西)-간쑤(甘肅)-닝샤(寧夏) 소비에트 지구에 거주하는 조선혁명가 대표로 선발했고, 그는 중국공산당 북부지구당의 권유에 따라 옌안으로 옮겼다. 1937년 초에, 김산은 백색 지구에 남겨두고 온 자신의 아내 자오아펑이 아들을 낳았다는 소식을 들었다(그 아들은 후에 고영광이라는 이름을 갖게 되었다).[22] 바로 이 시기에 헬렌 스노우가 김산을 만났는데, 당시 그는 항일군정대학(中國人民抗日軍事政治大學)에서 물리학, 수학, 일본어, 한국어 등의 과목을 가르치고 있었다. 그때 그는 여러 해 동안의 과로로 폐결핵을 앓고 있었다.

김산의 죽음

헬렌 스노우는 옌안을 떠난 후 김산의 운명에 관해 한마디 소식도 듣지 못했다. 그녀의 이 책을 읽은 많은 독자들과 마찬가지로, 그녀 역시 그가 죽었는지 살았는지조차 알 수 없었다. 북한 전문가들은, 그가 바로 '중국파'의 초기 지도자였다가 후일 숙청된 인물일 것이라고 추정했다. 또 다른 사람들은, 그가 만주에서 벌어진 항일전쟁에서 살해당했거나, 혹은 악화된 건강상태에서 결핵이나 다른 질병으로 사망했을 것이라고 추측했다. 그러나 중국 문화혁명이 끝난 후에 헬렌 스노우는, 자신이 옌안을 떠난 직후인 1938년에 그가 비밀리에 부당하게 처형되었다는 소식을 듣고 몹시 충격을 받았다. 그에 대한 재판이 진행된 장소는 산시-간쑤-닝샤 변경지역에 있는 바오안이었고, 죄명은 '트로츠키주의자' 혹은 '일본 스파이'라는 것이었다. 증거가 불충분했기에, 혹은 불충분했음에도 바오

안 법정의 책임자였던 캉성의 지시에 따라 이 재판은 비밀리에 진행되었다.[23)

헬렌 스노우는 1981년 9월 14일에 김산의 아들 고영광에게 보낸 편지에서 이 일을 심사숙고하면서, 만일 이 재판이 실제로 있었다면 그리고 그 책임자가 캉성이었다면, 캉성은 1937~1938년의 소련의 '트로츠키주의자' 청소에 약간 관여했을 것이며, 결국 김산도 1938년 옌안에서 일어난 이와 유사한 캠페인의 희생물이 되었을 것이라고 썼다.[24) 그렇다면 1941년 그녀의 책이 처음 출판되었을 때, 김산은 이미 사망한 것이다. 1983년 1월 27일 중국공산당 중앙위원회 조직국은 공식적으로 다음과 같이 결의했다.

"김산의 처형은 특수한 역사 상황 아래서 발생한 잘못된 조치였다. ……본 결의에 의해, 그에게 덮어씌워졌던 불명예가 제거되며 그가 지녔던 명예를 모두 그에게 되돌린다. 또한 이로써 그의 당원 자격은 회복된다."[25)

이러한 복권으로 헬렌 스노우의 설명이 믿을 만하다는 것이 확증되었다. 즉 김산은 자신이 믿는 대의를 스스로의 삶에서 실천할 수 있는 능력을 지닌 뛰어난 인격의 소유자였다는 점을, 헬렌 스노우는 잘 알고 있었다. 그는 자신의 원칙을 고수했다. 헬렌 스노우가 옌안에 도착했을 때, 그녀는 어느 누구에게도 이처럼 많은 면담시간을 할애할 생각이 없었다. 그러나 그녀는 짧은 체류 기간에 스물두 차례나 김산을 만났다. 그녀는 매번 그래왔듯이 자신이 통역을 두어야 할 것이라고 생각했다. 그러나 김산은 영어로 된 책을 광범하게 읽은 사람이었다. 그는 풍부한 어휘들을 알고 있었지만, 그때까지 한 번도 영어로 말할 기회가 없었다. 헬렌 스노우에게는, 그가 자기 자신을 표현하려는 열정 때문에 일부러 문법을 무시하는 것처럼 보였다.[26]

헬렌 포스터 스노우

님 웨일즈는 그녀의 남편 에드가 스노우가 그녀에게 붙여준 필명이었다. 그 이름은 그녀의 조상이 웨일즈 태생임을 뜻하는 것으로, 그녀는 이를 매우 자랑스럽게 생각했다. 그녀는 1907년 미국 서부 유타 주에서 변호사의 딸로 태어났다. 어린 시절 그녀의 꿈은 작가가 되는 것이었지만, 1930년대는 소설보다 훨씬 더 흥미진진한 시대였다. 그녀는 신문기자를 선택했고, 활동의 중심지라고 생각하던 중국으로 갔다.

1931년 8월에 그녀는, 기자라기보다는 마치 영화배우 같은 외모를 한 채, 중국 상하이에 첫발을 내디뎠다. 그녀는 도착하자마자 자신의 미모에 뒤지지 않게 잘생긴 청년을 만났다. 두 사람은 가난하고 억눌린 자들에 대한 동정심과, 상황을 개선하기 위해서 이루어져야 할 일에 관한 공통된 관심을 갖고 있

홍군(紅軍)의 투항을 환영한다는 국민당의 벽서.
그 밑에서 장제스 군대를 떠나 홍군에 합류한 병사들과 환담을 나누는 님 웨일즈.

었다. 1932년 말에 그들은 결혼했고, 곧 베이징으로 이사해서 에드가는 언론에 관한 강의를 했으며 헬렌은 어떤 주제에 관한 것이든 영어 강연에는 모조리 참석했다.

1935년 그들은 '내전을 종식하고 항일을 위해 단결할 것'을 요구한 이른바 '12·9 학생운동'을 목격했고 최선을 다해 그 운동을 도왔다. 이러한 지원을 통해 그들이 쌓은 신뢰와 선의 덕분에, 그들은 중국의 격앙된 상황을 훨씬 깊이 이해하게 되었다. 특히 에드가는 1936년에 산시-간쑤-닝샤 지구로 비밀리에 초대되어 마오쩌둥을 만났고, 그리하여 세계적으로 유명한 『중국의 붉은 별』을 쓸 수 있었다.

한편 헬렌은 에드가가 떠난 그 다음해에 장애물을 뚫고 옌

해설 501

안으로 잠입할 수 있었다. 이 시기에 두 사람은 늘 서로 연락하고 긴밀히 협조하면서, 각자 자신의 자료를 모았다. 헬렌은 결코 남편의 발자취를 따라간 것이 아니라, 그녀 자신의 일을 하고 있었다.

헬렌이 자신의 귀중한 메모들을 갖고 보안에 신경을 곤두세우면서 베이징으로 안전하게 돌아온 직후에, 그녀와 에드가는 막 일제의 통치 아래로 들어간 상하이로 이주했다. 그 다음해인 1938년에 두 사람은 레위 앨리(Rewi Alley)라는 고대 중국사에 능통한 뉴질랜드인과 함께—이 사람 역시 가난하고 억압받는 사람들에게 동정적이었다—전쟁의 약탈로 고통 받는 인민을 돕기 위해 협동조합(industrial cooperatives)운동을 조직했다(이 조합은 Indusco라 약칭된다. 이를 일컫는 중국말 '궁호'는 2차대전 때 태평양 주둔 미 해군에서 '의기와 열정을 가지고 함께 일하자'는 뜻의 전쟁구호로 사용되었다).27)

1937년, 옌안에서 주더(朱德)와 함께한 님 웨일즈.

일제 치하에서는 이러한 활동의 폭이 제한되었기 때문에, 또한 건강을 회복하기 위해서 에드가와 헬렌은 1939

502 아리랑

년을 필리핀 마닐라 뒤편의 산맥 가운데 있는 휴양도시 바기오에서 보냈다. 바로 이곳에서 헬렌 스노우는 『아리랑』의 초고를—그 책은 1941년이 되어서야 출판되었지만—집필했다. 두 사람은 1940년에 다시 상하이로 되돌아갔으며, 그해 말 헬렌은 미국으로 귀향했고 이어서 다음해 초에는 에드가도 헬렌을 뒤따라갔다.

제2차 세계대전의 승전고가 울리고 난 후, 미국정부가 중국 내전에서 공산당에 반대하여 국민당을 지지하기로 결정하자 음울한 냉전은 좌익과 자유주의적인 인민을 희생자로 삼기 시작했다. 1949년 마오쩌둥이 중화인민공화국을 선언함과 동시에, 미국이 중국을 '잃어버린' 원인에 대해 속죄양을 찾으려는 캠페인이 확산되었다. 이것이 부분적으로는 이른바 매카시즘으로 나타났다. 바로 이런 분위기 속에서 헬렌과 에드가는 이혼했다. 그 까닭은 정치적 견해가 서로 달랐기 때문이 아니라, 아마도 개성 차이 때문이었을 것이다. 약 7년이 지난 뒤에 정치상황이 많이 개선되고 있었지만, 에드가는 재혼한 부인과 스위스로 이주했다. 그 후 헨리 키신저가 중국과의 문호개방을 시작하는 돌파구를 열고 닉슨 미국 대통령이 중국을 방문하려고 준비하던 때에, 에드가 스노우는 자신의 꿈이었던 미국과 중국의 화해가 실현되는 것을 보지 못한 채 1972년에 세상을 떠났다.

헬렌 스노우는 코네티컷 주 매디슨에 있는 그들의 옛집에서 여전히 살고 있었다. 그 집은 두 사람이 그렇게 많은 글을 썼던 곳이다. 두 나라 간의 화해가 이루어지자 헬렌 스노우는 1972년 말에 중국을 방문할 수 있게 되었다.[28] 그러나 외국인에 대한 광적인 불신을 동반했던 문화혁명이 여전히 진행되고 있었기 때문에, 그녀는 대부분의 옛 친구들과 긴밀한 접촉을 할 수 없었다. 1980년대가 되어서야 그녀는 김산의 친척들과 접촉할 수 있게 되었다. 그러나 앞서 말한 대로 편지만을 주고받았을 뿐이다.

1979년 1월 1일, 미국과 중국 관계가 공식적으로 정상화되었고, 1980년대에는 중국에 대한 관심이 되살아났다. 이에 따라 헬렌 스노우 자신이 중국에 관해 쓴 책과 논문, 대담 들이 다시 읽혔다. 1989년 천안문 사건의 좌절 후 미중관계가 점차 개선되자, 중국문예재단〔대표:저명한 중국작가인 바진(巴金)〕은 그녀의 84회 생일인 1991년 9월 20일 인민대회당에서 기념식을 열고 헬렌 스노우에게 '국제우호친선 공로 최고문예상'을 수여했다. 그녀는 건강이 나빠서 이 기념식에 참석하지 못했으나, 중국대표단은 이 상과 여러 가지 선물을 뉴잉글랜드 시 근교에 있는 헬렌의 애정 어린 고풍스럽지만 검소한 집으로 가져갔다. 그들이 찾아갔을 때에도 그녀는 열심히 타이프를 치고 있었고 여느 때와 마찬가지로 주의 깊고 정신적으로 강건했다.

그녀는 한국에 관한 지식이나 경험이 중국에 비해서 훨씬 못하지만 한국 또한 사랑하게 되었다고 내게 털어놓았다. 그녀는 중국에서 격무로 악화된 건강을 회복하기 위해서 1936년 여름 잠시 한국에서 지냈을 뿐이지만, 그때 금강산을 둘러 볼 수 있었다. 아마도 부분적으로는 이 방문 덕분에 그녀가 김산의 생애에 그토록 민감해 하고 감동할 수 있었을 것이다.

최근 들어 많은 한국인들이 그녀를 방문하러 오거나 그녀에게 편지를 보내고 있다. 일본에 사는 한국인들은 그녀에 관한 글을 더욱 많이 발표하고 있다.[29] 그녀는 많은 한국인들과 마찬가지로 『아리랑』을 자신의 불후의 문학적 고전이라고 생각한다.

남캘리포니아대학 정치학부 교수
조지 토튼
George O. Totten III

1) 장귀타오(張國燾), 『자서전(Autobiography)』(Lawrence, Kansas : Kansas University Press, 1971).

2) 펑파이(彭湃)와 예팅(葉挺) 같은 중국 공산주의자들, 조선의 민족주의자인 안창호와 이광수, 테러리스트 김약산(김원봉)과 오성륜 그리고 조선 공산주의자 이동휘와 김충창 같은 사람들.

3) 헬렌 스노우는 그녀의 책 『홍진(Red Dust)』[Palo Alto, CA : Stanford University Press, 1952 : 『중국 공산주의자들(The Chinese Communists : Sketches and Autobiographies of the Old Guard)』(Westport, CT : Greenwood Publishers, 1972)이라는 제목으로 재판이 나옴]에서 이 시기의 역사를 보충하고 있다. 이 책은 그녀의 남편 에드가 스노우가 주로 마오쩌둥에 초점을 맞춘 『중국의 붉은 별(Red Star over China)』(New York : Random House, 1938)이라는 세계적으로 유명한 책에서 다루지 못한 지도자들의 전기를 기록하고 있다. 그녀는 애초에 김산의 전기를 이 책에 포함시킬 예정이었으나, 그의 이야기가 정말 너무나 흥미로웠고 그녀가 김산에게 느낀 친화감이 스스로 주체할 수 없을 정도여서 마침내 별도의 단행본으로 바뀌게 되었다. 이 시기에 관해 그녀가 쓴 또 다른 중요한 책은 『나의 중국 시설. 헬렌 포스터 스노우의 추억(My China Years)』(New York : William Morrow and Company, Inc. 1984, 349p)인데, 이 책은 처음에는 중국에서 중국어 번역판으로 출판되었고, 1991년에는 베이징에서 『붉은 별』의 후속편으로 출판되었다.

4) 김산·님 웨일즈, 『아리랑의 노래: 한 조선인 혁명가의 생애 이야기 (Song of Ariran : The Life Story of a Korean Rebel)』(New York : The John Day Company, 1941).

5) 님 웨일즈(헬렌 포스터 스노우), 『한국과 김산의 생애에 관한 주해(나의 연안 비망록)[Notes on Korea and the Life of Kim San]』(출판사 및 출판일 없음. 헬렌 포스터 스노우에 의해 간행됨, 70p). 이 주해집은 일본어로 번역출판되

었다. 이회성(李恢成)·미즈노 나오키(水野直樹) 편, 『'아리랑의 노래' 각서: 김산과 님 웨일즈』(東京: 岩波書店, 1991, 518p), pp. 179~365. 스노우가 붙인 주해의 번역자는 가지나가 사토코(加地永都子)이다.

6) 님 웨일즈(헬렌 포스터 스노우)와 김산 공저, 조지 토튼 서문 및 각주, 『아리랑의 노래: 중국혁명 속의 조선 공산주의자(Song of Ariran: A Korean Communist in the Chinese Revolution)』(San Francisco: Ramparts Press, 1973, 348p).

7) 님 웨일즈 저, 안도 지로(安藤次郎) 역, 『アリラソの歌』(東京: 朝日書房, 1953, 10)

8) 님 웨일즈 저, 안도 지로 역, 『アリラソの歌: 一朝鮮人革命家の生涯』(東京: みすず書房, 1965, 282p). 이 개정판의 각주는 강덕상 씨의 도움으로 보완되었다.

9) 님 웨일즈 저, 마쓰데라 이오코(松平いを子) 역, 『アリラソの歌: ある朝鮮人革命家の生涯』(岩波文庫, 東京: 岩波書店, 1987, 434 p).

10) 연변역사연구소 역, 『白衣同胞的影子』(瀋陽市: 遼寧民族出版社, 1987, 507p).

11) 이 책은 난유출판사(Nanyue Chubanshe)에서 출판되었다고 한다.

12) 님 웨일즈 저, 조우화 역, 『아리랑』(동녘문예 6, 서울: 동녘, 1984, 300쪽).

13) 김산·님 웨일즈 공저, 조우화 역, 『아리랑의 노래』(Kariri 6, New York: Pana Press, 1985, 300p). 이 책은 저자 두 사람이 모두 기명되고 제목이 약간 달라진 것을 제외하고는 1년 전에 서울에서 출판된 책의 완벽한 복사판이다.

14) 그가 사용한 다른 이름들을 알려면, 앞의 주에서 언급한 마쓰데라 번역의 이와나미판에 가지무라 히데키가 쓴 '해설' pp. 419~434를, 특히 이름에 관해서는 p. 422를 참고하라.

15) 앞의 책, p. 422. 나는 김산의 생애와 관련된 많은 사실들에 관해서

또한 이 글의 일부에 제시된 자료들의 배치 순서에 관해서도 가지무라의 번역판에 많이 의존했다.

16) 식민지 주민이 교육을 받거나 더 많은 자유를 누리고자 그들의 억압자인 식민본국의 수도로 가고, 식민지에서보다도 오히려 더 심한 고통을 겪는 이러한 현상은 영국, 프랑스, 독일 등의 다른 제국주의적 관계 속에서도 발생했다.

17) 앞의 책, p. 423.

18) 같은 책, p. 424.

19) 가지무라는 이 내용을 『朝鮮族革命烈士傳』, 제2부, p. 61(가지무라가 참고했을 것이 분명한 책)에 나오는 몇몇 날짜와 일치하지 않는다고 지적한다. 그 책에는 김산이 이사한 날짜를 1934년 겨울이 아니라 1935년 9월이라고 적고 있으며, 이후 1936년까지의 날짜들도 완전히 다르다. 그럼에도 가지무라는 김산이 스노우에게 설명한 내용에 따라 자신의 글을 쓰고 있다. 가지무라, 앞의 책, p. 425.

20) 『조선혁명열사전』에는 1936년 1월에 중국공산당의 시자쭝 노동자위원회(共助委員會)가 설립되었고, 그 직후 중국공산당의 시자윤 자치위원회(甘治委員會)가 생겨났다고 기록되어 있다. 어쨌든 그 조직들이 김산의 노고로 설립되었음을 인정한다 하더라도, 그로 인해 그의 당적이 복권되었는지는 밝혀져 있지 않다. 앞의 책, p. 425.

21) 이 계획에 관해서는 앞의 책, pp. 372~376에 상세히 인용되어 있다.

22) 나는 1982년과 1985년 베이징에서 김산의 아들 고영광(高永光)을 만났다. 그가 헬렌 스노우에게 편지를 쓴 적이 있어서 그녀가 내게 주소를 알려준 덕분이었다.

23) 캉성은 뒷날 문화혁명의 선봉에 선 사람이며, '4인방'의 지지자였다. 로스 테릴(Ross Terrill)은 그의 책 『마오 전기(Mao : A Biography)』 (New York : Harper & Row, 1980), p. 245에서, 그를 "추잡한 책략으로 마

오쩌둥의 신임을 받은 우두머리"라고 표현했다.

24) 가지무라의 주해에 따르면, 스노우의 편지는 한국어로 번역되어 앞에서 언급된 『백의동포의 영상』, pp. 494~505에 첨부되어 있다. 가지무라, p. 427를 참고하라.

25) 가지무라, p. 427에서 인용함.

26) 홍미롭게도 김산은 일본 수상 다나카 기이치의 암살음모에 연루되었던 그의 친구(중국 발음으로는 우챙류)를 면담했고, 그 이야기를 허구적으로 중국어 소설로 써서 1930년에 출판했다. 이 소설은 가마 도요히코에 의해 일본어로 번역되었다. 이회성·미즈노 나오키 편, 앞의 책, pp. 367~405를 참고하라(나는 이 책을 영어로 번역할 생각이다).

27) 헬렌 포스터 스노우, 『나의 중국 시절』, p. 266을 참고하라. 중국의 공장소비조합 운동에서 그녀가 한 창시자적 역할 덕분에 그녀는 1981년과 1982년에 노벨평화상 후보로 지명되었다.

28) 어느 젊은 영화제작자 겸 배우가 헬렌 스노우의 중국 방문을 영화로 찍었다. 그는 톰시 컨시딘(Tomthy Considin)으로, 현재 할리우드 근처에 살고 있다. 그러나 이 영화는 아직 개봉되지 않고 있다.

29) 李恢成·朴重鎬,「ニム・ウエイルズ(上): 'アリランの歌'と私の生涯」, 『民濤』 제1권 제1호(1987년 11월), pp. 8~47을 참고하라. 또한 李恢成·朴重鎬,「ニム・ウエイルズ(中): '私の中國時代'と合作社(Indusco)」, 『門き手』 제1권 제2호(1988년 2월), pp. 8~47을 보라.

역자 후기

이 책 『아리랑』은 『Song of Ariran : The Life Story of a Korean Rebel, by Kim San and Nym Wales』(New York : John Day Co., 1941)을 우리말로 옮긴 것으로, 김산이라는 한 한국인 독립혁명가의 고뇌에 찬 생애의 기록이다.

이 책에 담긴 이야기는 서장에 나타나 있듯이 1937년 중국 옌안에서의 김산과 님 웨일즈의 우연한 만남에 의해 기록될 수 있었다. 이러한 기원이 이 책을 김산과 님 웨일즈의 사적인 관계의 산물일 뿐이라고 생각하도록 하는 것은 아니다. 오히려 이 책은 1920~1930년대의 격변하는 동아시아사에서 이에 적극적·주체적으로 대응해가던 지식인들과 혁명가들, 특히 한국인 독립혁명운동가들이 겪은 엄청난 좌절, 고통 그리고 그 속에서의 정열, 희망 등 증언하지 않고는 못 배길 삶의 총체가 한 서구 지식인을 매개로 하여 그 일부일지언정 자기표

현을 얻은 것이라고 보아야 할 것이다. 우리가 이러한 관점에서 이 이야기를 대해야 할 필요성은 당시의 정황을 전하는 기록이 전무하다는 점에서 더욱 절실하다 할 것이다.

김산은 이 책의 내용으로 볼 때 분명히 공산주의자였다. 그러나 그것이 우리가 김산과 이 책을 폐기해야 할 필요하고도 충분한 이유는 아니다. 이 책을 엄밀히 읽어보면 김산은 이데올로기가 만연하던 시대에 공산주의 운동에 참여한 공산주의자였지만, 적어도 김산의 동선(動線)은 이데올로기가 요구하는 원칙이 아니라 당면한 싸움의 리듬에 이끌리고 있다. 또 그 저변에는 톨스토이류의 인류애, 또는 휴머니즘적 감성이 흐르고 있다. 따라서 성숙한 독자의 눈은 이 책에서 이데올로기적 편향과 좀더 보편적인 가치에 대한 성실성을 구별해내야 하는 것이다.

이 책은 역사 자료로서도 상당한 가치가 있다. 이야기 중의 광둥코뮌 부분이나 하이루펑 소비에트에 관한 설명은 당시의 상황을 말해주는 자료가 희귀한 만큼 독보적 가치를 지니고 있다. 그러나 우리에게, 동아시아사 또는 한국근대사를 전공하지 않은 평범한 시민에게 중요한 것은, 역사 속에서 한 개인이 온몸으로 쌓아올린 역사적 성실성일 것이다.

역자가 생각하는 것보다 더 큰 가치를 지니고 있을지도 모르는 이 책을 번역하면서 긴장감을 갖지 않을 수 없었지만 그것이 번역상의 성과로 나타났는지는 의문이며, 또한 여러 오역이 있을 것을 염려하지 않을 수 없다. 독자 여러분의 질정을 기대한다.

1984년 7월

송영인